"十二五"普通高等教育本科国家级规划教材

北京高等教育精品教材

BEIJING GAODENG JIAOYU JINGPIN JIAOCAI

新编21世纪档案学系列教材

文书学

第四版

主编 王 健 徐拥军

Records Management

中国人民大学出版社

·北京·

主编简介

王健　女，中国人民大学信息资源管理学院教授、电子文件管理研究中心研究员，中国人民大学首届“十大教学标兵”，中国文献工作标准化技术委员会委员；美国密歇根大学高级访问学者，国际档案理事会档案教育培训处指导委员会副主席、国际信息资源管理学会项目委员会委员；全国MPA核心课程“公文写作”师资培训班授课专家，教育部“十一五”“十二五”普通高等教育本科国家级规划教材《文书学》主编，《中国大百科全书·档案学》第三卷“现代公文”主编，国家标准《信息与文献——电子办公环境中文件管理原则与功能要求》（GB/T 34840）采标负责人。主要研究领域：公文写作与处理、电子文件管理、档案管理现代化、社交媒体、信息治理等。近年主持或参与多项国家自然科学基金项目、国家社会科学基金项目、国际合作项目，获国家级、省部级“科学技术进步奖”十八项。出版两部专著、两部译著，主编六部全国统编教材。主要代表作：《文书学》《电子时代机构核心信息资源管理——OA环境中的文件、档案一体化管理战略》等。多次应邀担任国内外机关及企事业单位“公文写作”“电子文件管理”等方面的培训主讲教师，对我国“文书学”教学与研究做出了重要贡献。

徐拥军　管理学博士，中国人民大学信息资源管理学院教授、博士生导师，《档案学通讯》杂志社执行总编辑，中国人民大学人文北京研究中心/北京市人文北京研究基地（北京市哲学社会科学研究基地）执行主任，教育部高等学校档案学专业教学指导委员会秘书长，中国档案学会理事、中国档案学会档案学基础理论学术委员会副主任、中国档案学会企业档案学术委员会委员。获“2015年度中国人文社科最具影响力青年学者”和“2016年宝钢优秀教师奖”，2018年入选国家档案局“首批全国档案专家”。主要研究方向为档案学基础理论、知识管理、公文写作。出版著作四部，发表核心期刊论文百余篇；主持省部级以上课题四项，作为核心成员获得省部级科研奖励六项。

内容简介

本教材是“十二五”普通高等教育本科国家级规划教材、北京高等教育精品教材。在继承前三版教材精华的基础上，本教材继续突出理论性和实用性，并且与同类教材相比，具有以下三方面独树一帜的显著特点：

（1）新颖性。本教材基于现代办公环境，依据党和国家有关文件管理的最新标准、法律法规，全面升级教材内容，不仅吸纳最新研究成果、讲解最新前沿知识，还配备最新的例文、案例和附录，并将新的信息技术融入公文的制作、处理等流程中。

（2）立体性。为更好地满足教与学的需求，本教材除配套提供各章节详尽的教学PPT之外，还同步配备丰富多彩的网络资源库，为读者打造数字时代的立体教材和教学网站（http://wenshuxue.crup.cn），既为教材内容的扩展延伸与实时更新提供最佳平台，也是对读者的增值服务与回馈。

（3）交互性。本教材不仅一如既往地根据广大读者的反馈不断升级内容、完善形式、提供多元服务，还在配套网站上新增三重交互功能：一是提供思考练习题和案例分析的参考答案要点，帮助读者实时自我评估；二是读者可参与网络资源库建设，教学相长、共建共享；三是与常用社交媒体链接，满足读者之间的互动以及教学群体的社交需求。

本教材是新中国成立以来素有“文书学”课程、教材诞生地和播种机之美誉的中国人民大学三代教育专家不懈努力的成果结晶，在全国同类教材中具有领先地位，是高校课堂教学、单位岗位培训、个人自学成才的良师益友。

前言

文书学是一门以文书和文书工作为研究对象的应用性学科。文书和文书工作作为存在于各类机构的一种普遍的社会现象，与机构各类活动同步产生、运行，发挥着特殊功效，成为各类机构开展行政管理活动和业务活动不可或缺的重要工具、信息通道和运行支柱。文书和文书工作伴随着人类的文明史历经数千年的发展，如今又与社会一同踏入电子时代、进入现代办公环境、跨上网络平台。在历久弥新的发展与演进过程中，文书学的研究范畴、研究焦点和研究方法一直与社会和机构的改革创新同步发展，“文书”和“文书工作”的习惯性称谓也渐渐为现代惯用语“文件”和“文件工作”所取代。

文件是社会组织或个人在各项活动中形成的、具有特定效用的凭证性信息记录。文件家族有公务文件（以下简称公文）和私人文件之分，无论是国外还是国内，公文均是文件的主流，这也是文书学教材中的内容通常主要围绕公文展开的原因所在。本教材定位于公文的管理，顺应当代人的语言习惯（特别是随着新型载体文件如电子文件的出现），书中多用“文件”“公文”，“文书”一词较少使用。

文件工作是指应机构开展各类业务活动的需要，酝酿生成文件直至办理完毕予以有效管理的全部活动，包括文件的撰制、传递、运转、处理、整理编目、检索查阅、归档保存等各项管理活动。

在现代办公环境中，特别是伴随着电子文件的大量涌现以及近年数字转型的全球背景的出现，在外部环境与自身发展规律的双重影响下，文件与文件工作呈现出一系列新特点，面临诸多新挑战。文件的种类、处理方式、管理理念与管理方法，文件工作的内涵外延、管理规则、组织形式，文件工作人员的知识结构和素质要求等都相应地发生了一系列变化乃至剧变。无论是理论研究人员还是一线工作人员，无论是行政管理人员还是业务人员，无论是身处决策层、管理层还是身处操作层，都必须了解和把握文件与文件工作的发展趋势，研究新领域，拓展新思维，学习新知识，掌握新技能。无论是专职负责还是间接协同，文件与文件工作都是机构依法行政、开展业务活动的重要工具，具有全员参与和全程管理的特点。

对现代办公环境中文件与文件工作的研究与探讨，既是现代文书学研究的逻辑起点，也是本教材的定位基点。总体而言，本教材具有前沿性、权威性、新颖性、实用性、生动性、互动性等诸多特点。

本教材基于现代办公环境，根据新世纪特别是 2012 年以来党和国家关于公文处理的一系列最新规范，吸纳前沿研究成果，融入现代管理理念，全面升级、完善内容，力争满足校内专业教学需要，同时满足社会上特别是党政机关现代公文写作与处理系统培训的用书需求。本教材系 2005 年（第一版）、2011 年（第二版获“北京高等教育精品教材”称号）、2015 年（第三版）同名教材的修订版，根据十几年来教材使用过程中来自高校师生、校外岗位培训主管及学员的鼓励与建议，保留了原教材的精华，对篇章结构和相关内容进行了更新、调整、补充和升级，纳入了更多关于现代办公环境中所需知识和技能的讲授内容。2020 年新《档案法》的颁布，对作为档案管理前端的文件管理提出了新的要求，这也是本版教材修订的重要依据之一。

本教材以培养高级行政管理人才为基点，通过换脑筋（置身现代办公环境，基于电子政务及 OA 平台）、更新知识（讲授最新管理理念和最新规范）、培养动手能力（培养各单位急需的“笔杆子”和文件管理人员）等全方位举措，培养具有复合型知识结构和实际工作能力、满足大量社会需求的高质量人才。

本教材的编写原则是，力争通过内容的创新、知识的更新、显著的实用性，紧贴电子政务环境，借鉴其他学科及国外教材灵活多样的表现形式，克服教材内容固有的枯燥和传统教材的“呆板”，吸引学生，让学生在“我想看”“我愿学”的氛围中掌握知识。最新的理念、规范、实用技巧，大量取自一线实践部门的丰富案例及文例点评，旨在满足校内学生缺乏实践，校外在岗人员未经系统培训、不了解最新规范和正确方法而产生的双重需求。

本教材共分为三篇，全面展示了文书学的最新理论研究成果、政策规定和方法技能。教材内容、文例、案例均力争选用最新研究成果和最新资料。

第一篇，现代办公环境中的文件与文件工作。阐释文件的特点与功能，文种及其选择规范，电子文件以及电子时代文件生命周期理论的发展；现代办公环境中文件工作的新特点与新趋势，新范畴与新领域，新规则与新内涵；文件人员的角色定位与职能拓展，文件工作机构的设置与变迁；等等。

第二篇，公文写作规范与技巧。阐释公文写作的要领、基本要求、步骤与关键环节，公文格式最新规范、用语技巧，附大量实例，辅以点评，全方位阐释常用公文的撰写方法。

第三篇，OA 平台上的公文处理。阐释公文处理程序的特点及其新环节，文档一体化平台与流程再造，公文处理规则与处理案例分析，结合立卷改革和行业标准阐述归档公文的整理方法，等等。

作为中国人民大学精品课程“文书学”的配套教材，本教材的编写在内容和呈现方式上注重与时俱进，与精品课网站（网址：http：//wenshuxue. crup. cn）同步升级，力争为读者打造更加翔实、丰富、生动、互动的教学平台。本教材所有章节均配有多媒体幻灯片（PPT），使师生在授课或学习的过程中一目了然，并起到提纲挈领的作用。为便于系统学习、快速检索，书后特设关键术语索引，方便迅速查找相关概念。为了更好地满足课堂教学、岗位培训和自学的要求，本教材为各章的“思考与练习”“案例分析”提供了参考答案（见教材配套网站）。为帮助学生了解理论前沿知识和最新规范，书后附录新增了我国近年来颁布、实施的相关标准、法律法规，书后参考文献列举了教材撰写过程中参考、借鉴的一系列颇有见地的著述，可作为读者学习过程中的参考资料。借此机会向这些作者表示感谢与敬意。

本教材编写人员分工如下：

王健：第一章第一节、第二节，第六章第一节、第二节，第八章，前言，附录，参考文献。

王强：第一章第三节。

赵雪：第二章，第三章。

姬瑞环：第四章，第五章，第七章第三节、第四节、第五节。

徐拥军：第七章第一节、第二节、第六节。

王墨竹、孙大智、杨国宁：第六章第三节，关键术语索引。

杨霞：第九章，第十章。

全书由王健教授负责框架构建，王健教授、徐拥军教授审稿统稿。

在编写过程中，中国人民大学信息资源管理学院的领导和相关老师给予了大力支持。学院三代文书学教师的不懈努力，使得中国人民大学的文书学教学水平一直在全国居于前列，保证了教材的高起点。国内外同行的交流、鼓励、指点使得教材内容不断丰富、完善。校内教学及校外培训过程中学生、学员的反馈与建议，为本教材内容及编写方式进一步增强了新颖性和实用性。中国人民大学信息资源管理学院刘力超老师、周阳同学积极参与了教材配套网站的技术支持、内容更新以及教学讲义 PPT 制作等工作。叶雯雯同学采集汇总了相关标准、法律法规。中国人民大学出版社人文分社潘宇社长对本教材的修订给予了一如既往的大力推动和多方指导，盛杰、黄超编辑对全书的内容与文字进行了全面细致的校正，在此一并致以诚挚的谢意！

完稿之际，欣悉《文书学》自 2005 年第一版发行至今，使用范围已覆盖全国 30 个省、自治区和直辖市，数百所院校，深感欣慰的同时更加意识到教育与培训的重任。这本配套了在线数字资源的立体教材，与前三版相比，最大的特点是针对数字转型的时代背景升级完善、基于网络平台更好地实现了教材与读者的互动、实时更新在线资源库，同时书中添加了二维码，增加了一键扫码看公文格式模板制作视频、看 OA 系统中公文流转界面等彩图的功能，使平面教材更加多维、纸质教材更加多彩，为读者学习提供更多便利。欢迎广大读者在使用过程中提出宝贵的完善建议、需求和期望。满足读者的需求是所有编写者、出版社和发行商努力工作的最大驱动力，谨此向读者朋友们致以衷心的感谢！

主编
2021 年 1 月 31 日
于中国人民大学

目录

第一篇

现代办公环境中的文件与文件工作

第二篇

公文写作规范与技巧

第四章 公文写作要领导航

第五章 公文用语规范与技巧

第六章 公文格式规范

第七章 常用公文撰写举要

第三篇

OA 平台上的公文处理

第八章 公文处理概述

1

PART ONE

|第一篇|

现代办公环境中的文件与文件工作

第一章

现代办公环境中的文件家族

引子

文件家族历史悠久，文件工作源远流长，在各个国家、历朝历代的发展演变中，始终具有无可替代的特殊功用。随着社会的发展，特别是进入信息时代的现代网络办公环境之后，文件家族的新成员、文件管理的手段与方法等都在不断丰富、发展，与时俱进。在文件大家族中，公文始终是最重要的组成部分，围绕着公文的形成、处理、运转和管理，构成了文书学研究的主线。因此，认识和掌握公文的特点、功能和种类，了解学术前沿，理解电子文件、文件生命周期理论，对于学习和研究文书学而言，具有十分重要的意义。

学习重点

掌握文件概念的内涵、外延，明确公文的特点、功能、种类、稿本等基本概念，掌握主要文种及其使用范畴。了解现代办公环境中电子文件不同于纸质文件的技术特性及其带来的挑战，理解文件生命周期理论的实质以及如何将其运用于文件管理的实践。

关键术语

文件
文书
公文
法定作者
法定权威性
公文现行效用
规范体式
纸质文件
感光介质文件
磁介质文件
电子文件（数字文件）
规范性文件
领导指导性文件
呈请性文件
知照性文件
契约性文件
会议文件
绝密级文件
机密级文件
秘密级文件
内部文件
限国内公开的文件

对外公开的文件（公开性文件）
特急件
急件
平件
上行文
平行文
下行文
发文
收文
文种
通用文种
专用文种
文种选用规则
条例
规定
办法
决议
决定
命令（令）
公报
公告
通告
意见
通知
通报
报告
请示
批复
议案
函
纪要
公文稿本
草稿（草案、征求意见稿、送审稿、初稿）
定稿（原稿）
正本
试行本
暂行本
修订本
副本
存本
不同文字稿本
文件生命周期理论
文件连续体理论

第一节 文件的概念、特点与功能

一、文件的概念

文件是社会组织或个人在各项活动中形成的、具有特定效用的凭证性信息记录。

在我国的理论著述和日常工作中，“文件”一词常与“文书”“公文”通用。

从词源上来看，“文书”一词出现最早，在《汉书・刑法志》中有“文书盈于几阁，典者不能遍睹”的记载；“公文”一词最早见于《后汉书・刘陶传》“但更相告语，莫肯公文”；“文件”一词出现于清末，在《内阁属官官制》中有“掌本阁公牍文件”的记载。有趣的是，上述记载针对的都是公文。

“文书”与“文件”是两个十分相近的概念，其区别主要源于词源的产生历史与约定俗成的使用惯例。我国清代以前没有“文件”一词，故常把历史上形成的文件称为“文书”，而多把当代形成的称为“文件”（特别是新型载体，如“电子文件”）；此外，“文书”一词由于使用较早，因此产生了一些引申含义，如可指代从事相关工作的人员，我国军队系统中至今仍沿用“文书”这种职业称谓。

“公文”概念包含于“文件”概念之中。从形成者和使用范围的角度来看，文件可分为公文与私人文件两大类。公文指社会组织在公务活动中形成的具有法定效力和规范体式的凭证性信息记录；私人文件指个人、家庭、家族在处理自身事务的活动中形成的信件、笔记、书稿、契约、证书、遗书、家（族）谱等凭证性记录材料。“公文”概念的提出主要是为区别于私人文件，无论是国外还是国内，公文均是文件的主流。这也是文书学教材几乎所有内容均围绕公文展开的原因所在。

文件作为记录的方式和管理的工具很早便产生于各国，不仅有公文和私人文件之分，现行文件与历史文件之分，也有狭义文件和广义文件之分。各国基于不同的视角对文件定义的表述不尽相同，总体而言，可将其概括为广义和狭义两种定义类型。

（一）广义型的文件定义

广义型的文件又称泛指型定义，文件的形成者不局限于特定的范畴，而是涵盖了所有的公私机构、组织和个人；文件的外延覆盖了文件的整个生命周期，既包括现行文件也包括已转化为档案的历史文件；文件的类型和载体几乎无所不包，表述更为抽象、概括；文件定义的属概念大多采用“信息”或“信息记录”，突出文件的信息属性，将文件管理纳入更为广泛的信息管理领域。

国际档案理事会《档案术语词典》（1984 年）将文件界定为“机关、团体、组织或个人在履行其法定职责或业务事项处理过程中形成、收到并保存的信息记录，不论其形式和载体如何”①。我国最早倡导广义文件概念的陈兆祦教授提出（1987 年）：文件是组织或个人在社会活动中，为了相互联系、记载事物、处理事务、表达意志、交流情况而制作的，构成该项活动组成部分的记录材料。

文件管理国际标准 ISO 15489 将文件定义为“机构或个人在业务往来过程中为履行法定义务形成、接收并保管的凭证和信息”②。

“电子系统中文件真实性永久保障国际合作研究项目”（InterPARES）将文件

---

① Recorded information regardless of form or medium created，received and maintained by an agency，institution，organization or individual in pursuance of its legal obligations or in the transaction of business. ICA，Dictionary of archival terminology，1984.

② Records：information created，retrievaled and maintained as evidence and information by an organization or a person in pursuance of legal obligations in the transaction of business. ISO 15489，2016.

定义为：由自然人或法人在实际工作中作为法律文书和工作副产品（生成、接收并为将来的活动或查考而保留）形成的任何记录。①

我国20世纪90年代以后出版的一系列文书学教材和专著大多对文件进行了广义的解释：既包括现行文件，又包括转化为档案的历史文件。但从研究的角度而言，研究对象大多是文件家族中最重要的组成部分——公务活动中产生的文件，即公文。

（二）狭义型的文件定义

狭义型的文件又称专指型定义，通常有两种限定角度。

其一，专指公文，将文件的形成者限定为“政府部门”或“公共机构”，将私人文件排除在外；强调文件具有法律约束力，强调文件的“证据效力”或“行政效力”。此类定义多见于各国的文件或档案法规中，美国《联邦文件管理法》规定：文件是指美国政府各机关根据联邦法律或在开展公务活动的过程中产生或接收的，或者作为机构（或其合法的继承者）履行职能、开展业务活动或其他活动的证据的，或者其本身有情报价值而予以保存或适于保存的，各种形式和载体的簿册、证件、地图、照片、机读材料和其他记录材料。我国国务院2000年颁布的《国家行政机关公文处理办法》规定：公文是指“行政机关在行政管理过程中形成的具有法定效力和规范体式的文书”。

其二，专指现行文件，将文件限定在整个文件生命周期中的第一阶段，即发挥现行效用的阶段，将其后续的档案阶段摒除在外。1993年出版的《中国大百科全书·档案学分册》将文件界定为：“国家机关、社会组织、企事业单位或个人在社会活动中为处理事务、交流信息而使用各种载体的文字、图表、声像等记录材料。它是人们社会交往的工具，也是档案的前身。”

（三）文件概念的外文表达

英语常用record（s）、document（s）表示文件概念，强调公文概念时往往使用public records、official records、commonwealth records等，强调具有档案属性或价值时用archival records，强调现行文件时用current records，强调历史文件时用historical records；法语、荷兰语均写为document；意大利语、西班牙语均写为documento；德语用dokument；俄语用документ；日语用ぶんしょ（文書）或こうぶんしょ（公文書）。

在现代办公环境中，继机读文件（machine-readable records）之后，普遍使用电子文件（electronic records）的概念，或称之为“数字文件”（digital records）。

---

① A record is any document created (i. e., made or received and set aside for action or reference) by a physical or juridical person in the course of a practical activity as an instrument and by-product of such activity. See InterPARES 2 Terminology Database. [2020-12-15]. http: // www. interpares. org/ip2/ip2 _ terminology _ db. cfm.

二、公文的概念与特点

公文是文件家族最重要的组成部分，公文的形成、处理、运转和管理，构成了文书学研究的主线，因此，认识和掌握公文的特点、功能和种类，对于学习和研究文书学而言，尤为重要。本书以下所有内容将聚焦于公文，即便是为照顾认知习惯、表达习惯，或者适当保留一些文件中特定的、约定俗成的表达方法而使用“文件”“文书”一词，所指内涵也均为公文，不再一一注明。

公文是社会组织或其领导在公务活动中形成的具有法定效力和规范体式的凭证性信息记录。公文具有下列区别于图书、情报、档案等其他文献形式的特殊属性。

（一）由法定作者制发

法定作者指依法成立并能以自己的名义享有权利、承担义务的社会组织（包括国家机关、企事业单位和人民团体）及其领导。为证明公文作者的法定地位与身份，公文在发布时必须具备各种法定的生效标志，如社会组织的印章或法定代表人的签署等，使得公文具有法定效力。

（二）具有法定权威性和现行效用

法定权威性是指公文在法定时间与空间范围内，能够对收文者的行为产生一定程度的强制性影响。公文的法定权威性，是由公文作者的法定地位及其权威性决定的。只有处于法定地位的法定作者制发的公文，才会在法定的时空范围内具有权威性；也只有具有法定权威性的公文，才能保证公文的法定效力。需要说明的是，公文的这种法定权威性表现为对收文者的直接约束力，不仅上级组织对下级组织的行文具有约束力，下级组织对上级组织的行文也同样具有约束力。

公文的现行效用是指公文在其内容所针对的现行公务活动中直接发挥实际效力，具有依据和凭证功能。实际上，公文的这一特点是其法定权威性的一种作用形式。这种现行效用表现为一定的时间性，即公文在现行工作中，在特定的时间范围内产生效力。虽然这种效力因具体文种不同而有所差异，但它既是所有公文最本质的属性，也是其区别于档案的重要标志。

（三）具有规范体式和特定的处理程序

体式是文体与格式的总称。公文的规范体式是指公文的文体与格式必须符合国家的统一规定。公文的规范体式是公文合法性的象征，充分体现并保障公文的严肃性、准确性和有效性，各类社会组织在撰制公文时必须遵守，不应各搞一套。

按照国家的有关规定，收文和发文均有一定的处理程序，各环节皆有顺序性和规范性，不得各行其是。例如：公文的制发必须严格履行与其效力等级相称的处理程序。一般性公文，必须由领导对文稿进行全面审核并履行签发手续才能制发；规范类公文，则需要履行法定的生效程序。同样，收文也必须履行公文处理的有关程序，才能使其发挥效用。

三、公文的功能

公文的功能是指公文在公务活动中发挥的实际效力。公文产生、作用于公务活动，在各项管理活动中具有无可替代的功能。公文最大的优势在于突破管理活动的地域、层次和时间的限制，更加准确、规范地传递管理指令及各种信息。

（一）公文的基本功能

公文的基本功能是：有效记录、传递和存储权威性、凭证性信息。表现为两个方面。

1. 管理工具

制作公文的根本目的在于传递管理信息，公文制作者的主观愿望是将公文作为一种管理工具，可见公文首先是为管理活动服务的。无论是公文的内容，还是行文的规则，都是管理理论和原则的具体应用。因此，公文的首要功能是管理工具，与管理活动同步产生、运行，通过对公文管理活动的有效组织与控制，实施对管理活动的组织与控制。

2. 沟通手段

公文在上传下达、左右沟通、实现管理工具效用的同时，在客观上成为互联互动、传递信息的沟通手段。公文作为信息载体的本原性，决定了它成为沟通手段的必然性。相当一部分公文可以在一定的范围内，甚至在社会上公开传递，这在客观上使公文成为社会组织之间、社会组织与民众之间相互沟通的手段。

（二）公文的具体作用

公文的基本功能通过每一份具体文件在特定公务管理活动中发挥各自的作用得以实现。公文的内容不同，作用的领域不同，表现形式亦不相同。

1. 领导指导作用

具有领导及管理职能的社会组织，通过公文把党和国家的方针、政策，或系统、行业或机构的决策意图和要求传递给收文者，达到统一思想、统一行动的领导指导作用。

2. 行为规范作用

相当一部分公文，如全国或地方性的各种法律、法规和规章等，具有规范行为的作用。规范性公文一经制定、发布，在没有修改和宣布作废之前，在生效期间受国家强制力保护，所有人必须遵守，不得违反。

3. 宣传教育作用

为了保证党和国家的方针、政策、法律、法规的贯彻实施，各级社会组织经常制发一些旨在对干部、职工或公众进行思想教育的公文，以便共同提高认识。

4. 公务联系作用

公文除在上下级组织之间起协调、沟通作用之外，还可以实现平级或不相隶属的组织之间交流信息、通报情况、商洽事务、取得配合。可见，公文是各级机关组织沟通的纽带，发挥着重要的联系作用。

5. 凭证依据作用

各种公文都反映了制发机关的意图，具有重要的现行效用；收文单位要将公文作为工作的依据。此外，许多公文在完成了现行效用之后便转化为档案，作为历史的真凭实据，供后人查考。可见，公文在其生命周期的各个阶段，都在发挥着凭证作用。

需要说明的是，公文的上述具体作用并不是孤立的，而是相互依存、彼此联系的。在一般情况下，一篇公文往往同时具有几个方面的具体作用，从不同方面显示出公文的基本功能。

第二节　公文的种类与稿本

公文作为各类社会组织从事管理活动的重要工具，产生并作用于不同领域的各级管理层次，使用范围广泛，种类繁多。了解实际工作中公文的不同类别，掌握正确选择文种的方法，学会使用通用于公务活动的各个文种显得尤为必要。

一、公文的种类

在广泛的管理活动领域，为适应不同的公务需求，形成了不同种类的公文。分类的目的就是对大量繁杂的文件分门别类，以便准确、恰当地使用每一种文件，把握不同种类文件的撰写、处理和处置的要求，从而提高文件工作的质量和效率，加速文件工作规范化和科学化的进程，使其发挥更大的效益。

根据不同的分类标准，着眼于文件工作的现状与未来，从不同的侧面、不同的角度入手，可将文件划分为不同的种类。

（一）从物质载体的角度分类

从物质载体的角度来看，无论文件以何种方式（文字、声音或图形、图像等）记录信息，通常都要将信息内容附着于某种物质载体之上。在现代办公环境中，既有传统载体的纸质文件，也有新型载体的感光介质文件、磁介质文件以及电子文件等。

1. 纸质文件

指以纸张为物质载体的文件。纸张是目前文件工作中使用最为普遍、使用频率最高的载体。

2. 感光介质文件

指以感光胶片、相纸等感光材料为物质载体的文件。如照片文件、影片文件、缩微胶片文件、显微胶片文件等。

3. 磁介质文件

指以磁带、磁鼓、磁盘等磁性材料为物质载体的文件。如录音文件、录像文件、计算机磁带文件、磁盘文件以及磁光盘文件等。

4. 电子文件

又称数字文件。指在数字设备及环境中生成，以数码形式存储于磁带、磁盘、光盘等载体，依赖计算机等数字设备阅读、处理，并可在通信网络上传送的文件，即借助于电子计算机生成、传输和处理的文件①。电子文件又包括文本文件、图像文件、多媒体文件等许多种类。

具有不同载体特征的文件，其制作方式、处理方法和保管要求各不相同，需根据各自的特点和要求予以科学管理。

（二）从内容性质的角度分类

按照公文的内容性质，可分为规范性文件、领导指导性文件、呈请性文件、知照性文件、契约性文件和会议文件等。

1. 规范性文件

指以强制力推行的用以规定各种行为规范的文件，包括各种法规、法令、规章等。如条例、规定、办法、章程等。

2. 领导指导性文件

以领导、指导机关及其领导名义制发的用于颁布政令、部署工作、批复事项的文件。如命令、决定、批复等。

3. 呈请性文件

被领导、被指导的机关向有关上级机关汇报工作、反映情况、答复询问、提出建议、请求指示或批准时使用的文件。如报告、请示、议案等。

4. 知照性文件

面向社会或特定范围（各类社会组织之间或在其内部范围内），为公布、通知有关事项，通报情况，联系工作，商洽事宜，交流信息而制发的文件。如通告、通

---

① 参见国家标准《电子文件归档与管理规范》（GB/T 18894—2002）。

知、通报、函、介绍信、简报等。

5. 契约性文件

由当事双方或数方为实现一定的目的，明确相互的权利、责任、义务而签订的作为工作依据或法律凭证的文件。如合同、协议书等。

6. 会议文件

在会议活动中形成和使用的所有文件材料。如会议记录、纪要等。

对内容性质不同的文件，应注意把握其不同的写作特点和不同的处理方式。

（三）从涉密程度的角度分类

根据内容涉密的程度，可将文件划分为绝密、机密、秘密、内部、限国内公开和对外公开等不同等级。

1. 绝密级文件

又称绝密件，指涉及党和国家最核心的机密的文件，一旦泄露，就会使国家的安全和利益遭受特别严重的损害。

2. 机密级文件

又称机密件，指涉及党和国家重要机密的文件，一旦泄露，就会使国家的安全和利益遭受较大的损害。

3. 秘密级文件

又称秘密件，指涉及党和国家一般机密的文件，一旦泄露，就会使国家的安全和利益遭受一定的损害。

4. 内部文件

指限于党和国家机关内部或专业系统范围内使用的文件，虽内容不涉密，但不宜或不必对社会公开。

5. 限国内公开的文件

指虽内容不涉密，但不宜向国外公布而仅在国内公布的文件。

6. 对外公开的文件

又称公开性文件，指内容不涉及任何秘密，可直接对国内外公开发布的文件。

凡涉密文件可统称为密件，非涉密文件可统称为平件。不仅密件和平件的发送范围不同，而且密件有专门的传递渠道和严格的保管制度。因此，密件和平件应分开管理，以防密件泄密、失密。

（四）从办理时限的角度分类

从办理时限的角度划分，文件可分为特急件、急件、平件三种。

1. 特急件

指内容至关重要且特别紧急，必须在最短的时间内以最快的速度优先传递、处理的文件。

2. 急件

指内容重要且紧急，要求打破工作常规迅速传递、处理或在规定的时限内办理完毕的文件。

3. 平件

指无保密和时限方面的特殊要求，按工作常规传递、处理的文件。

凡有办理时限要求的文件，应将紧急程度的标记标识于文面和封套之上，务必按照规定迅即传递，如期办理；没有特别时限要求的文件也应抓紧时间办理，确保时效。

（五）从行文方向的角度分类

按照文件的行文方向（即文件的传递方向），文件有上行文、平行文与下行文之分。

1. 上行文

指下级机关向所属上级领导、指导机关报送的公文。例如，中国人民大学呈交给教育部的请示；再如，省财政厅上报给财政部的报告；等等。

2. 平行文

指同级机关或不相隶属的机关之间往来的公文。如市政府所属各局之间，政府系统和军队系统之间发送的函。

3. 下行文

指上级领导、指导机关向所属下级机关发送的公文。如国务院向省政府下达的指示、通知等。

上行文、平行文和下行文反映了不同的工作关系，通常需选择不同的文种，使用相应的用语，其价值和作用亦不相同。因此，在撰写、处理和处置的过程中应加以区别。

（六）从机关授受公文的角度分类

从一个机关授受公文的角度出发，公文有发文与收文之分。

1. 发文

指本机关制发的公文。包括两种情况：发往其他机关，或只发至机关内部机构。

2. 收文

指本机关收到的其他机关制发的公文。

发文与收文有各自不同的处理程序，相对而言，保存价值也不相同，一般来说，各机关主要保存本机关制发的公文。

二、文种及其选用规则

如前所述，从不同的角度可将文件划分为不同的种类，而每一类文件按照性质、用途等又可细分为若干种，每一种文件都有自己特定的作用和使用范围。为便于人们识别和使用每一种文件，需要赋予每一种文件以固定的名称，这就是文种，即为概括表明文件的特性与使用范围而赋予每种文件的统一、规范的名称。

不同的文种有各自不同的特点，分别适用于不同的范围。概括起来，文种可分为通用文种与专用文种两大类。

通用文种指机关、团体、企事业单位等各级各类社会组织在行政管理活动中普遍使用的文种。如报告、请示、批复、通知等文种通用于所有的组织、机构。通用文种的最大特点是伴随着所有社会组织的各项活动，为各行各业在日常工作中共同使用，使用较为普遍。

专用文种指特定的具有专门职能的社会组织在各自的业务范围内根据专业的特殊需要而使用的具有特定内容和格式的文种。比如国书、照会等文种专门用于外交活动之中，起诉书、判决书是司法机关按照法定程序在处理各类案件和法律事务的过程中使用的特定文种，审计意见书只用于审计机关在审计活动中对审计事项做出评价。从上述例子可以看出，专用文种只限用于特定的组织机构及其特定的业务范围之内，不具备通用性。

（一）正确选择文种的意义

无论是通用文种还是专用文种，其大类之下都包含着许多各具特色、用法不同的具体文种。即使是归属于通用文种的若干具体文种，也有各自不同的性质和用途，不可错用滥用、混为一谈，因为正确选择文种对文件工作意义重大：

第一，不同的文种具有不同的写作特点和写作要求，正确地选择文种，有助于促进公文写作的规范化。例如：在外交活动中使用的各个专用文种，具有专门的体式，特别强调用语讲究礼节，行文时要遵守对等原则并注意照顾国际惯例，等等。再如：上行文种（请示、报告等）与下行文种（批复、指示等）的写法各不相同，用语、句式各具特色。此外，有的文种内容宏观、用语精练（如命令），有的文种内容具体、用语周详（如总结报告）；有的文种多用文字表述（如大多数通用文种），有的文种辅以大量表格甚至以表格为主（如会计报表等专用文种）。因此，只有正确地选择恰当的文种，才能进而遵循各自的写作规范，提高公文撰写质量。

第二，不同的文种揭示了不同的发文意图和不同的处理方式，正确地选择文种，有助于文件得到及时妥善的处理。比如：请求上级领导机关给予指示或批准时应使用请示，如错用为报告，则会贻误公文的办理，得不到批复。又如：请示通常应采用逐级行文的方式，除非特殊情况，一般不得越级行文。公文办理完毕之后，不同文种的处置方式通常亦不相同：事务性通知等往往因不具备查考价值而在办结之后销毁；关于同一问题的请示与批复则集中保存以便查找和利用。

第三，不同的文种具有不同的性质和功效，正确选择文种，有利于维护公文的严肃性、权威性和有效性。不用、错用或生造文种，都会削弱公文特有的效力。有的机关在对外发文时不用文种或生造文种（如请示报告），影响了机关与机关公文的权威性，在处理过程中也影响了公文效用的发挥。文种使用不当同样会产生不良影响或后果。如“决定”这个文种具有一定的行政约束力，要求下级机关必须遵照执行，以《中共中央关于经济体制改革的决定》为例，若将文种“决定”错用为“通知”，则公文的约束力势必大打折扣，特定效力被削弱。

总之，文种选用是否得当有可能影响该文件在整个生命周期效用的发挥，影响相关的行政管理活动或业务活动的开展，因此，文种的选择不容忽视。

（二）文种选用规则

既然正确选择文种如此重要，那么在实际工作中，在种类繁多的文种面前，应当如何辨别、甄选恰当的文种呢？掌握选用每个文种的正确方法，可以从以下四方面入手。

1. 根据发文目的选择文种

每份文件都有特定的撰制目的，都是为了实现一定的工作意图和工作目标而制发的，因此需要根据不同的发文目的选择不同的文种。如前所述，在请求上级给予指示或批准某项要求时，必须选用“请示”，而不宜用“报告”。不同的文种揭示了不同的发文目的，不同的发文目的有相对应的文种，只有选择正确的、体现行文目的的文种，才有助于收文者准确地理解公文的意图和主旨，使公文发挥应有的效用。

2. 根据行文关系选择文种

机关在对外行文时，或是对上行文，或是对下行文，或是使用平行文。三种不同的行文关系反映了不同的工作关系，应分别在上行文、下行文和平行文对应的文种范围内，选择恰当的文种。比如：对上行文，向上级汇报工作时应选用“报告”，不可能选择“命令”等下行文种；对下行文，针对下级的请示意见给予答复时，只能选用“批复”，而不可能选择“报告”等上行文种；平行或不相隶属的机关之间互相行文、商洽事宜，宜用“函”，如错用“请示”“批复”等上行文种或下行文种，则会打乱正常的行文关系。

3. 根据发文机关的权限选择文种

每个机关都有自己特定的职权范围和社会地位，由于部分文种只限于一定级别或拥有相应职权的机关使用，因此机关行文时只能根据自身地位，在自己的权限范围内选择适宜的文种，否则行文无效。如：在行政系统，只有县级以上的政府机关才能制发命令性文件，否则不能使用“命令”。

4. 根据国家的有关规定选择文种

党政机关遵循《党政机关公文处理工作条例》（见附录1），军队系统执行《中国人民解放军机关公文处理条例》。两部条例分别对党政军各类机关普遍使用的通用文种做了明确的规定和说明，应视为文种规范，认真遵循。

三、通用文种及其用途

通用文种使用范围十分广泛，使用频率高，种类较多。以政府系统为例，工作中最为常用的各类通用文种主要包括以下几种。

（一）条例

适用于对某一方面的工作做比较全面、系统的规定。国务院各部门和地方人民政府制定的规章不得称“条例”。如：《党政机关公文处理工作条例》。

（二）规定

适用于对某一方面的工作做比较具体的规定。如：《机关文件材料归档范围和文书档案保管期限规定》。

（三）办法

适用于对某项工作做具体的规定。如：《电子公文归档管理暂行办法》。

（四）决议

适用于会议讨论通过的重大决策事项。如：《中国共产党天津市第十一届委员会第九次全体会议决议》。

（五）决定

适用于对重要事项做出决策和部署、奖惩有关单位和人员、变更或者撤销下级机关不适当的决定事项。如：《中共中央关于坚持和完善中国特色社会主义制度推进国家治理体系和治理能力现代化若干重大问题的决定》。

（六）命令（令）

适用于公布行政法规和规章、宣布施行重大强制性措施、批准授予和晋升衔级、嘉奖有关单位和人员。如：《中华人民共和国主席令》。

（七）公报

适用于公布重要决定或者重大事项。如：《中国共产党第十九届中央委员会第五次全体会议公报》。

（八）公告

适用于向国内外宣布重要事项或者法定事项。如：《国务院公告》。

（九）通告

适用于在一定范围内公布应当遵守或者周知的事项。如：《国家药监局关于18批次药品不符合规定的通告》。

（十）意见

适用于对重要问题提出见解和处理方法。如：《文化和旅游部关于推动数字文化产业高质量发展的意见》。

（十一）通知

适用于发布、传达要求下级机关执行和有关单位周知或者执行的事项，批转、转发公文。如：《国务院办公厅关于加强行政规范性文件制定和监督管理工作的通知》。

（十二）通报

适用于表彰先进、批评错误、传达重要精神和告知重要情况。如：《河南省关于2020年第三季度全省政府网站与政务新媒体检查及管理情况的通报》。

（十三）报告

适用于向上级机关汇报工作、反映情况，回复上级机关的询问。如：《2017年武汉市政府信息公开工作年度报告》。

（十四）请示

适用于向上级机关请求指示、批准。如：《闽侯县财政局关于安排新型冠状病毒感染肺炎疫情防控专项经费的请示》。

（十五）批复

适用于答复下级机关请示事项。如：《国务院关于第六批国家珍贵古籍名录和第六批全国古籍重点保护单位名单的批复》。

（十六）议案

适用于各级人民政府按照法律程序向同级人民代表大会或者人民代表大会常务委员会提请审议事项。如：《国务院关于提请审议〈中华人民共和国企业所得税法（草案）〉的议案》。

（十七）函

适用于不相隶属机关之间商洽工作、询问和答复问题、请求批准和答复审批事项。如：《国务院办公厅关于同意建立国务院推进贸易高质量发展部际联席会议制度的函》。

（十八）纪要

适用于记载会议主要情况和议定事项。如：《河海大学新冠肺炎防控会议纪要》。

四、公文的稿本

稿本是文稿和文本的统称。公文在从起草直至完善的过程中，形成了一系列具有不同作用、不同价值的文稿和文本。比如草稿、定稿、正本（包括试行本、暂行本、修订本）、副本、不同文字的稿本等。其中，草稿和定稿统称为文稿，正本和副本统称为文本。

（一）草稿

又称草案、征求意见稿、送审稿、初稿等，是在文件撰拟过程中最初期的原始稿件，供讨论、修改、审批之用。草稿不属于正式文件，不具备现实执行效用。除少数用于征求意见的文件之外，草稿一般不向外发出，亦无须归档保存。对于某些特别重要的文件，经反复修改而产生的多份草稿，反映了文件的形成过程，具有参考价值，可归档保存。

（二）定稿

又称原稿，指经领导审阅签发或经会议讨论通过的最后完成稿，是缮印正本的依据。草稿一旦经过领导签发便成为定稿，不经领导同意不得再做任何修改更动。定稿反映了文件撰拟、审核、签发的全过程，具有重要的参考价值和凭证作用，因此，凡需保存的文件，其定稿亦应保存。

（三）正本

指根据定稿缮印、用于向外发出的正式文本。如有主送机关与抄送机关之分，则正本用于发往主送机关。正本具有标准规范的格式和生效标志，具有法定效力，其证据价值得到法律的认可和保护。

在实际工作中，正本还有以下三种特殊形式。

试行本：指发文机关认为规范类文件的内容尚不成熟，日后需根据实践的检验情况予以修订时，先行发布的试行文本。试行本在试行期内具有法定效力。其明显标志是在标题后用圆括号注明“试行”字样。

暂行本：指发文机关来不及制定供长期执行的内容完善的规范文件时，暂且制发的文本。暂行本在暂行期内具有法定效力。凡暂行本，应在标题中或标题后注明“暂行”字样。

修订本：指对已经发布生效的规范类文件，经实践检验重新予以修改补充后再行发布的文本。自修订本发布之日起，原文本即行失效。

（四）副本

指正本的复份或复制本，在形式上与正本完全或部分相同，供抄送、传阅、存档备查之用。其中，用于与定稿一同立卷归档的文本，又可称为存本。

（五）不同文字的稿本

指同一份文件根据需要而采用两种或两种以上语言文字的文稿和文本。公文稿本中使用的不同文字主要指国内使用的汉文与少数民族文字，或涉外文件中使用的中文与外文。

一般来说，不同文字的稿本具有同等效用。必要时，需做特殊规定。如对文字的理解或解释发生争议，则以其中某种文字或第三种文字稿本为准。

第三节　文件生命周期理论

文件生命周期是指文件从产生直至因丧失作用而被销毁或因具有长远历史价值而被档案馆永久保存的整体运动过程。文件生命周期理论是全方位探讨文件从产生直到转化为档案永久保存或销毁的全部运动过程的理论。20 世纪 30 年代以来，文件数量激增，提高政府行政效能、提高文件工作效率、对文件进行专门化管理的内在要求，成为对文件工作进行专门研究的导火线和催化剂。西方档案学者从 20 世纪 40 年代初开始将这项研究不断推向深入，从对文件中心的理论解释起步，进而扩展至文件的整个运动过程及对这一过程的全面管理，催生出文件生命周期理论。20 世纪 90 年代的文件连续体理论就是在这一背景下产生的，被一些学者视为对文件生命周期理论在电子时代的修正和发展。文件生命周期理论“以普遍联系和运动发展的眼光来审视文件从现行机关产生直到进入档案馆转化为档案的整体运动过程，最终科学地揭示出这一运动过程的发展规律和特点，为现行文件直至档案的管理提供了一种全面控制和高效管理的宏观指导思想”[①]。它不仅是档案学走向成熟的标志之一，也为文件管理奠定了理论基础。

---

① 黄霄羽．魂系历史主义：西方档案学两大支柱理论发展研究．北京：中国人民大学，2002.

一、文件生命周期理论的产生与发展

（一）文件生命周期理论的形成背景

人类社会的正常运作需要文件作为管理工具，因而赋予文件无穷的生命力，而这种生命力的维系又在于文件自身永无止息的运动。“正是通过前后连贯、永无止息的运动，文件才能不断地发挥其特有的功能，不断地变换自身的功能以适应主体的需要，实现其价值；同时文件也只有不停地运动，才能成为社会生活中须臾不可或离的工具。”[①] 因此，有必要对文件的整个运动过程展开研究并探索其内在规律。

“周期”一词，一般强调物体再度回归到同一初始状态所经历的时间。西方档案学者引入“周期”概念研究现代文件，目的是强调文件运动的时间跨度，表明文件从最初形成到销毁或永久保存的整体运动过程。文件生命周期理论的得名源自“文件生命周期”（life cycle of records）概念的提出。

1940 年，美国档案学者布鲁克斯最早提出文件生命周期概念。布鲁克斯认为，文件生命周期意味着“文件最初由形成者产生、保管和频繁利用，然后由文件的偶尔作用或潜在价值送到机关外的文件中心保存一定时期，最后当文件的业务价值完全丧失后，具有档案价值的文件就被挑选出来移交到档案馆，其他一概销毁”[②]。

美国档案学者詹姆斯·罗兹在 20 世纪 80 年代提出：“文件生命周期是从文件的产生，历经作为履行组织职能的工具进行运转和处理的阶段，一直到其现实效用消失，或者当其全部使用目的已经达到时对其进行销毁，或者因其具有永久保存的价值，而将其作为档案赋予新的使命的整个周期。”[③]

国际档案理事会《档案术语词典》（1984 年）提出：文件生命周期即“文件从其产生或接收至最后处置的生命跨度”。

陈兆祦在 20 世纪 80 年代撰文指出：“文件从其产生到成为档案以至消亡是有一个过程的，这个过程就是文件的运动周期，也可称它为‘生命’周期。”[④]

何嘉荪指出：文件从其形成到最后销毁或作为档案永久保存，经历了一个完整的运动过程，研究文件的这一发展变化过程及规律的理论被称为文件生命周期理论[⑤]。文件生命周期理论是指导文件—档案全程管理的基本理论，它是研究文件从最初形成到最终销毁或永久保存的整个运动过程，研究文件属性与管理者主体行为之间关系的一种理论，是对文件—档案运动过程和规律的客观描述和科学抽象。

---

① 何嘉荪，傅荣校．文件运动规律研究：从新角度审视档案学基础理论．北京：中国档案出版社，1999：46.

② 国家档案局，中央档案馆．第十三届国际档案大会文件报告集．北京：中国档案出版社，1997：92.

③ 中国档案学外国档案学术委员会．《文件与档案管理规划》报告选编．北京：档案出版社，1990：298.

④ 陈兆祦．再论档案的定义：兼论文件的定义和运动周期问题．档案学通讯，1987（2）.

⑤ 何嘉荪．文件生命周期理论及对我们的启示．档案学通讯，1991（6）.

文件生命周期理论的产生有着特定的专业背景。20 世纪 30 年代以来，文件数量的急剧膨胀与文件管理活动的日趋专业化，导致一种新型的文件管理机构——文件中心得以出现和普及。文件生命周期理论的产生就根植于文件中心这一实践。文件中心是 20 世纪 40 年代出现的一种新型文件管理机构，最早起源于美国。第二次世界大战期间，美国军事机构形成的文件急剧增加，迫于机构储存空间和经费有限的巨大压力，海军部于 1941 年率先设立了造价低廉的临时库房，集中保存已不常使用却又必须保存一段时间的大量文件。海军部建立文件中心的成功经验逐渐推广到美国联邦政府其他机构，后来被众多国家效仿。这种现象不仅引起了西方档案界的普遍关注，也引发了对文件生命周期理论的思考。

除上述美国学者对该问题的探讨之外，文件生命周期理论在西方的其他国家的主要发展历程可见表 1-1。

表 1-1　文件生命周期理论在西方国家的发展历程

时间	代表人物	代表性文章或专著	观点综述	意义
20 世纪 50 年代	艾利斯（英国）	《文件运动的“三阶段”》	文件运动“三阶段”论，认为文件的三个阶段——现行阶段、暂时保存阶段和永久保存阶段，正好与文件的保管场所——办公室、文件中心和档案馆相吻合、对应。	首次提出文件运动阶段观点并被广泛应用，被视为文件中心的理论依据。研究重点是文件运动过程。
20 世纪 70 年代	马勃斯（英国）	《文件中心的组织》	对任何机关形成的文件都有必要考察其“生命”中的三个运动阶段。现行阶段的文件被机关频繁利用，应就近保存在机关办公室；非现行阶段的文件需满足行政管理的偶尔利用；在销毁或永久保存阶段的文件，没有价值的销毁，具有永久保存价值的移交档案馆保存。	吸收了艾利斯的观点，对文件中心与文件运动阶段的关系做了系统论述，进一步丰富了文件运动“三阶段”理论。
20 世纪 80 年代	巴斯克斯（阿根廷）	《文件的选择》《文件生命周期研究》	将文件置于各个不同运动阶段进行研究，并非仅仅出于解释文件中心或中间档案馆产生的客观需要。其主要目标一是更好地利用文件，二是更好地表现文件的价值。	系统论证了研究文件生命周期理论的必要性，深入探讨了文件的价值属性与运动阶段、保管场所和管理方式之间的内在联系，研究视角扩展到文件的整个运动过程和全面管理。

资料来源：《文件运动规律研究：从新角度审视档案学基础理论》（何嘉荪、傅荣校）、《外国现代档案管理教程》（韩玉梅）等相关著作。

文件生命周期理论是人们面对第二次世界大战后文件大量涌现及由此带来的文件管理（包括档案管理在内）实践中的种种问题，站在宏观角度做全方位系统研究后，得到的带规律性的认识①。西方国家对文件生命周期的研究经历了一个很长的过程。同样，我国对文件生命周期的研究也经历了一个逐步深化的过程，这一发展过程大致可分为四个阶段，见表1-2。

表1-2　文件生命周期理论在我国的发展

时间	代表人物	代表性文章或专著	观点综述	意义
20世纪20到30年代	甘乃光、殷钟麒	《文书档案连锁办法之试验》[a] 《中国档案管理新论》[b]	“文书与档案原属一物，所谓文书、所谓档案仅以表示同一物之不同过程。”[c]	从运动和联系的角度看待文件与档案之间的关系，萌发了文件生命周期理论的思想火花。
20世纪50到60年代	曾三	《1958年至1962年全国档案工作的总结和今后的任务》[d]	任何档案都是为适应机关工作和生产活动的客观需要而形成的。由文书部门或有关人员立卷归档形成档案开始，经过档案室，最后集中到档案馆，这就是档案形成与运动的规律。	阐述了档案形成与发展的规律，深化了对文件运动阶段的研究。
20世纪80年代	陈兆祦	《我国建立文件中心的前景》 《再论档案的定义：兼论文件的定义和运动周期问题》[e]	文件从产生到成为档案以至消亡是一个完整的运动过程，这一过程可划分为文件形成阶段、现行使用阶段、暂时保存阶段和永久保存阶段。	推动我国文件生命周期理论的研究，使其更为全面、科学、成熟。
20世纪90年代	何嘉荪	《论电子文件的生命周期》[f] 《文件运动规律研究：从新角度审视档案学基础理论》[g]	文件的生命在于运动，文件运动具有整体性和阶段性，电子文件生命周期可划分为文件的孕育形成阶段、现实使用阶段、暂时保存阶段和永久保存阶段。	提出文件运动的三大规律，对电子文件生命周期理论进行了创新探讨。

注：a甘乃光．文书档案连锁办法之试验．行政效率，1934（11）．

b.殷钟麒．中国档案管理新论．北京：中国人民大学出版社，1958.

c殷钟麒．中国档案管理新论．北京：中国人民大学出版社，1958：4.

d曾三．1958年至1962年全国档案工作的总结和今后的任务//国家档案局．曾三档案工作文集．北京：中国档案出版社，1990.

e陈兆祦．再论档案的定义：兼论文件的定义和运动周期问题．档案学通讯，1987（2）．

f何嘉荪．论电子文件的生命周期．浙江大学学报（人文社会科学版），2001（4）．

g何嘉荪，傅荣校．文件运动规律研究：从新角度审视档案学基础理论．北京：中国档案出版社，1999：82.

文件生命周期理论在国内外共同经历了从萌芽到成熟的发展过程，这表明，文件作为世界各国普遍存在的事物，其运动过程和规律也是一种普遍的客观存在，揭

---

①　何嘉荪，傅荣校．文件运动规律研究：从新角度审视档案学基础理论．北京：中国档案出版社，1999：59.

示文件运动过程和规律的文件生命周期理论具有普遍的适用性。

（二）文件生命周期理论的基本内容

1. 关于文件生命阶段的划分

文件生命周期理论认为从文件到档案是一个完整的运动过程。各国学者从不同角度对这一过程进行了不同的划分，国外学者的主要划分方法有（见表1-3）：

表1-3 文件生命周期阶段的划分

代表人物	代表性文章或专著	划分角度	划分方法	划分特点
库蒂尔、卢梭（加拿大）	《文件生命：档案与文件管理综合探讨》	文件的运动形态	现行阶段、半现行阶段、非现行阶段	将前两个阶段视为文件阶段，将后一阶段视为档案阶段。
安娜·施蕾歇（阿根廷）	《文件生命周期：一种引起档案学变革的概念》	文件的存留地点	承办单位留存阶段、文件中心留存阶段、档案馆永久保存阶段	同第一种划分。
巴斯克斯（阿根廷）	《文件的选择》《文件生命周期研究》	文件的作用	文件承办形成阶段、文件行政用途阶段、文件的历史阶段	将第一阶段称为“文件的前档案阶段”，即文件阶段，把第二、第三阶段称为“文件的档案阶段”。
詹姆斯·罗兹（美国）	《档案与文件管理在国家信息系统中的作用》	文件的管理程序	文件形成阶段、文件使用与维护阶段、文件鉴定与选择阶段、档案管理阶段	揭示了文件的运转过程和价值形态的变化。

资料来源：《文件运动规律研究：从新角度审视档案学基础理论》（何嘉荪、傅荣校）、《外国现代档案管理教程》（韩玉梅）等相关著作。

其中，从文件运动形态角度将文件生命划分为现行、半现行和非现行阶段的划分方法最具有代表性。如上所述，我国学者陈兆祦也提出了将文件生命周期划分为文件形成阶段、现行使用阶段、暂时保存阶段和永久保存阶段的观点。

2. 建立文件生命周期理论的依据

文件价值形态及其有规律的转化是建立文件生命周期理论的主要依据。文件从形成到销毁或者转化为档案永久保存是一个完整的生命过程，在这一过程中，文件的价值形态不断地出现规律性的变化，处在不同运动阶段的文件具有不同的价值形态和功用，需要采取不同的管理原则和管理方法。

文件价值是构成文件定义的要素之一，是文件生命周期理论产生的重要依据。在各国对文件价值的论述中，美国档案学者谢伦伯格的“双重价值论”颇为经典。他认为，文件首先对形成机关来说具有原始价值，即第一价值；其次对其他机关和个人利用者来说还具有从属价值，即第二价值。在文件的整个生命运动过程中，这两种价值形态不断地进行规律性变化，即第一价值逐步减弱，第二价值逐步增强，最终实现第一价值向第二价值的转化。

引起文件阶段性变化的根本原因就在于文件价值形态的这种规律性变化，这种变化贯穿于文件的整个运动过程，从根本上引发了文件运动的阶段划分，并成为决定各阶段文件不同特点的最根本因素。

文件价值形态的这种规律性变化还决定了文件的服务对象、保管场所和管理方式。第一价值决定文件必然以形成机关为首要服务对象，当第一价值旺盛时，为满足机关频繁利用的需求，文件适宜保存在机关内部。但随着第一价值逐渐递减，机关利用需求逐渐淡化，此时机关便感到自行保管半现行文件是一种沉重负担，但半现行文件残留的第一价值使机关希望有一种既能满足自身利用需求，又能检验文件是否具有第二价值的保管机构，国外的文件中心和我国的档案室都是这种过渡机构。最后，第一价值丧失而又没有第二价值的文件就被销毁，而显现出第二价值的文件则会冲破机关的狭小范围，转而为社会各界服务，在更大范围内发挥作用，所以应将其作为档案保存在档案馆。因此，各阶段文件服务对象、保管场所和管理方式等方面的变化只不过是文件运动不同阶段的外在表象，只有价值形态的变化才是其内在决定因素。

综上可以看出，文件生命周期理论是基于文件的价值形态及其转化提出来的。正是文件价值形态的规律性转化，使得文件的连续运动过程呈现出明显的阶段性，并使文件管理各要素之间形成一定的内在联系。

3. 核心内容

文件生命周期理论的核心内容可归纳为三个基本点：文件从形成到最后处置是一个完整的运动过程；价值形态的变化使这一过程可划分为若干阶段；不同阶段的文件与各要素之间存在着内在对应关系。文件生命周期理论的核心内容揭示出文件运动的一系列特性。

第一，文件运动的整体性。文件运动现象如同生命现象一样，从其最初产生到最终归宿是一个完整的运动过程，并有自己特有的运动规律。尽管在文件生命周期中，文件体现出不同的价值，但无论从其自然物质载体，还是从其本质上说，都是同一客观事物。文件生命周期理论从运动的角度出发，揭示了文件生命过程往往始于文件由形成者产生、保管和频繁利用，继而文件由于对形成者具有偶尔利用或潜在利用价值而被移交到机关内部的档案室或文件中心保存一定时期，一旦文件的现行价值完全丧失，除具有档案价值的文件被移交到档案馆永久保存外，其他的一概销毁。这一发展过程是连续统一的，所谓现行文件和历史档案只是同一事物的不同运动阶段。

第二，文件运动的阶段性。仅仅强调文件运动的整体性是不够的，“因为虽然认识到文件运动过程和整体性有助于我们描述文件运动的全过程，探索文件运动的内在规律，但是对于局部现象的把握，具体问题的解决，都不是仅从整体性出发就能完全达到的"[①]。文件生命周期理论认为，文件从形成到销毁或永久保存的整体运动过程并非一成不变，而相反地呈现出明显的阶段性变化，文件在各阶段表现出不同的特点，文件价值形态的规律性变化是引起文件阶段性变化的根本原因。

第三，文件运动过程中各要素的内在联系。文件从其形成到销毁或永久保存的生命过程，既有整体性的特性，又有阶段性的特性，这两种特性之间存在内在联系。为了达到文件管理的整体效应，应该注重文件功能的整体性；为了更好地实施文件管理方案、规划，我们又要注重文件运动的阶段性特征。[②] 文件运动过程中各要素的内在联系见表 1-4。

表 1-4　文件运动过程中各要素的内在联系

运动阶段	价值特征	保管场所	管理方式
现行阶段	第一价值旺盛	机关内部	由业务人员或文书人员管理
半现行阶段	第一价值递减 第二价值呈现	档案室、文件中心	由档案室或文件中心人员管理
非现行阶段	第二价值旺盛	档案馆	由档案馆专门人员管理

二、文件连续体理论

文件连续体的英文表达为"records continuum"。文件连续体理论的提出引发了一系列学术争论。

（一）文件连续体理论的形成背景

信息技术革命对文件工作产生了巨大影响，其中最明显的表现就是依赖计算机生成和读取的电子文件大量产生并开始冲击传统纸质文件的统治地位。电子文件不同于纸质文件的明显差异，给文件生命周期理论带来的一系列质疑甚至冲击主要表现在三个方面。

1. 对电子文件生命周期概念的理解

传统文件的运动阶段大多顺向进行，但相当一部分电子文件在特殊情况下可以做逆向运动；传统文件的运动阶段界限比较清晰、容易区分，但电子文件往往同时处于不同的运动阶段，难以划清各阶段的界限。这些变化使得套用传统的文件生命周期概念来处理电子文件很难行得通。澳大利亚档案学者弗兰克·阿普沃德认为，由于纸质文件从生成到处置的直线运动过程不再适用于电子文件，因此，电子文件

① 何嘉荪，傅荣校．文件运动规律研究：从新角度审视档案学基础理论．北京：中国档案出版社，1999：82.

② 同①.

的生命周期可以理解为“往复运动于从生成到处置的连续体中的一个过程”①。

2. 对电子文件生命周期阶段的划分

西方档案界提出了不同的看法，比较权威的是国际档案理事会电子文件委员会在其制定的《电子文件管理指南》中将电子文件的生命周期划分为设计、形成和维护三个阶段。这一划分的着眼点不再是文件，而是电子文件管理系统；划分的依据不再是文件的内在价值形态的变化，而是电子文件管理活动的先后顺序。我国学者何嘉荪将电子文件生命周期划分为文件的孕育形成阶段、现实使用阶段、暂时保存阶段和永久保存阶段②。这些划分均突出了对电子文件实行前端控制的重要性。

3. 对电子文件各阶段文件对应关系的理解

文件生命周期理论认为，由于文件价值的变化，不同阶段的文件与服务对象、保管场所和管理方式之间具有内在对应关系。电子文件运动阶段及其具体划分相对于传统文件发生了很大变化，由于电子文件内在价值的变化，不同阶段的文件与服务对象和管理方式之间仍存在内在联系，而不同阶段的文件与保管场所之间没有对应关系，传统文件各阶段的对应关系不再适用于电子文件。

可见，电子文件的大量涌现，引起文件管理方式的变化，主要适用于传统文件管理的文件生命周期理论越来越难以适应电子文件管理的需要，文件生命周期理论因此受到多方面的挑战和质疑，正是在这种背景下，文件连续体理论产生。

（二）文件连续体理论的主要内容

澳大利亚档案学者弗兰克·阿普沃德等人提出：文件连续体是指“往复运动于从生成到处置的连续体中的一个过程”③ 这一定义体现了对文件形成、保存与长久利用应实施一体化管理的理念。

文件连续体理论构筑了一个多维坐标系来描述文件的运动过程，这个坐标系包括四个坐标轴：一是文件保管形式轴，选取的四个坐标分别是单份文件、案卷、全宗和全宗集合；二是价值表现轴，选取的四个坐标分别是行为轨迹、活动凭证、机构记忆和社会记忆；三是业务活动轴，选取的四个坐标分别是行为、活动、职能和意志；四是形成者轴，选取的四个坐标分别是个人、部门、机构和社会（见图 1－1）。

在图 1－1 多维坐标系中，文件保管形式轴是核心轴，因为它的变化带动了其他坐标轴的相应变化。具体而言，文件连续体理论通过描述文件保管形式轴上四个坐标的变化引发形成者轴、业务活动轴和价值表现轴上特定坐标的相应变化，揭示出文件的四围运动过程。第一围是单份文件，此时文件对应的形成者是某一具体的个人，反映的业务活动是某一具体的行为，表现出的价值形式为具体的行为轨迹。

---

① UPWARD F. Structuring the records continuum：post-custodial principles and properties. Archives and manuscripts，1996，24（2）.

② 何嘉荪．论电子文件的生命周期．浙江大学学报（人文社会科学版），2001（7）.

③ 同①.

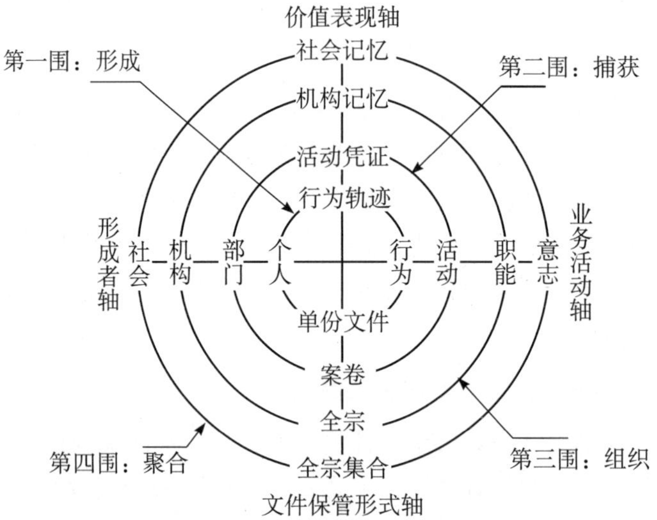

图 1－1　文件连续体理论示意图

第二围是案卷，即一组文件的集合，此时文件对应的形成者是机构内部的一个部门，反映的业务活动是包含若干行为的某一活动，表现出的价值形式为活动凭证。第三围是全宗，即一个机构所有案卷的集合，此时文件对应的形成者是一个特定的机构，反映的业务活动是包含若干活动的某一职能，表现出的价值形式为机构记忆。第四围是全宗集合，即所有全宗的集合，此时文件对应的形成者是整个社会，反映的业务活动是社会的意志，表现出的价值形式为社会记忆。

文件连续体理论之所以构成对文件生命周期理论的挑战，主要是因为它从全新的研究视角出发，运用全新的研究方法，适应电子文件的特点，全方位揭示了文件的连续运动过程，反映出电子文件各阶段相互关联、相互影响和相互转化的可能性。但是，电子文件的出现并未从根本上改变文件的客观运动过程，国际档案理事会电子文件委员会对电子文件生命周期的划分实际上是参照软件生命周期所做的划分。电子文件运动阶段的划分也表明电子文件运动过程同样具有阶段性，这点与传统文件没有根本区别。就电子文件各阶段特定价值与相关因素对应关系而言，电子文件的不同特点使文件生命周期理论揭示的文件价值与服务对象、保管场所和管理方式等方面的对应关系发生了一定的变化，但这些对应关系只是部分变化。因此，电子文件对文件生命周期理论的基本内容并未构成根本威胁，或者说，文件生命周期理论在电子时代的“升级版”从本质上仍适用于电子文件。[①]

文件连续体理论实质上只是对文件生命周期理论的修正或补充，而非变革和突破。深入比较文件生命周期理论和文件连续体理论，可以看出二者的研究目的都是通过描述文件运动的客观过程来揭示文件运动的规律，从而找到文件管理的有效方法。它们都以广义文件概念为基础，并且都体现了文件运动的连续性和整体性。二者的不同点体现在研究角度、研究方法与侧重点方面。从研究角度看，文件生命周

① 黄霄羽．魂系历史主义：西方档案学两大支柱理论发展研究．北京：中国人民大学，2002.

期理论主要从文件自身出发，考察文件从形成直至销毁或永久保存的运动过程和规律，而文件连续体理论则选择了文件保管形式这一研究视角，考察文件从最小保管单位直到组成最大保管单位的运动过程和规律；从研究方法上看，文件生命周期理论主要运用平面的、单维的研究方法，直线考察文件的运动过程及规律，而文件连续体理论主要运用立体的、多维的研究方法，全方位地考察文件运动过程和运动规律；在侧重点上，文件生命周期理论侧重于文件实体的研究，即随着文件价值的变化，文件实体应该保存在什么地方、如何管理，而文件连续体理论则把文件与生成文件的活动紧密联系在一起，它的侧重点不是文件本身，而是文件背后业务行为与业务环境之间的互动。通过上述比较可以看出，文件连续体理论只是在看待问题的角度、研究问题的方法上发生了变化，并未对文件生命周期理论带来根本的冲击。文件连续体理论是对文件生命周期理论的继承和发展，文件生命周期理论能够通过灵活调整或部分修正，更好地适应电子文件的运动特点，进一步增强自身在电子时代的指导作用。

三、对文件管理的启示

文件生命周期理论表明，从文件阶段到档案阶段是一个连续统一、前后衔接的运动过程，必须把从文件到档案的管理看作一个系统工程，采取统一的工作制度、程序和方法来控制各有特点但却始终相互关联和前后衔接的整体过程。这就要求对原有的工作流程重组并对原有的制度进行改革，在电子环境下，文件管理必须注入新的理念。

对文件的管理应注入全程、系统的管理思想，“注重文件生命周期内各个阶段管理活动和管理要素的统筹兼顾，强调各项管理内容和要求的无缝链接、系统整合和总体效应”[①]。具体内容详见本书第八章。

应对现有文件、档案管理制度进行协调。文件生命周期理论突出强调了文件运动的整体联系，启示人们应采取统一的制度来控制和维护文件运动的整体过程。具体内容详见本书第二章。

应对分而治之的公文处理软件和档案管理软件进行整合。文件生命周期理论启示人们在软件设计上应充分体现全程管理和文件、档案一体化管理的理念。这是电子时代文件管理工作的必然发展趋势，文件管理软件的设计不应仅仅局限于文件的现行处理阶段，而应基于文件生命周期，全面考虑从文件管理到档案管理的系统功能需求，协调原来“泾渭分明”的文件工作和档案工作两个子系统，将两者的需求一同嵌入软件，实现系统整合与无缝衔接。

---

① 王健．电子时代机构核心信息资源管理：OA 环境中的文件、档案一体化管理战略．北京：中国档案出版社，2003：54.

本章小结

1. 文件是社会组织或个人在各项活动中形成的、具有特定效用的凭证性信息记录。

2. 文件的定义有广义和狭义之分。

3. 公文是社会组织或其领导在公务活动中形成的具有法定效力和规范体式的凭证性信息记录。公文不仅是文件家族最重要的组成部分，也是文书学的主要研究对象。

4. 公文由法定作者制发，具有法定权威性和现行效用，具有规范体式和特定的处理程序。

5. 公文的基本功能是：有效记录、传递和存储权威性、凭证性信息。

6. 选用文种的依据是：发文目的、行文关系、发文机关的权限、国家的有关规定。

7. 常用通用文种主要包括：条例、规定、办法、决议、决定、命令（令）、公报、公告、通告、意见、通知、通报、报告、请示、批复、议案、函、纪要等。

8. 公文的不同稿本具有不同作用、不同价值。包括：草稿、定稿、正本（含试行本、暂行本、修订本）、副本、不同文字的稿本等。

9. 电子文件是文件家族的新成员，是现代办公环境中的生力军。

10. 文件生命周期是指文件从产生直至因丧失作用而被销毁或因具有长远历史价值而被档案馆永久保存的整体运动过程。核心内容可以被归纳为三个基本点。文件连续体理论是对文件生命周期理论的修正或补充。文件生命周期理论对文件管理具有重要指导意义。

思考与练习

1. 什么是文件？什么是公文？

2. 试述文件、文书、公文的区别与联系。

3. 公文具有哪些不同于其他信息形式的特点与功能？

4. 公文分类的目的是什么？种类有哪些？

5. 正确选用文种的依据是什么？

6. 为下列文件选择正确的文种：

（1）旭阳科研所申请奖励有突出贡献的科研先进工作者，应使用________。

（2）××学院向上级行文汇报多媒体教学方案的实施情况，应使用________。

（3）农业部周知有关单位召开全国农业工作会议，应使用________。

（4）中国石油天然气总公司认为《××分公司关于××××的报告》很好，批示转发各有关单位，应使用________。

7. 公文有哪些稿本形式？不同稿本有何联系与区别？

8. 什么是电子文件？

9. 如何运用文件生命周期理论指导文件工作？

案例分析

利用所学知识，分析下列案例反映出的问题，说明应该如何正确发挥公文的效用。

湖北汉川怪事：政府红头文件下达喝酒任务

湖北省汉川市日前发生一桩怪事：市政府办公室下发红头文件，给市直机关和各乡镇农场下达喝酒任务，全市各部门全年喝“小糊涂仙”系列酒价值总目标为200万元，完成任务的按照10%奖励，完不成的通报批评。

这份“喝酒文件”全名为汉川政办发（2006）11号《关于倡导公务接待使用“小糊涂仙”系列酒的通知》。通知称：各乡、镇人民政府，各农、养殖场，办事处、开发区，市政府各部门，湖北云峰酒业有限公司是最早来我市落户的引进企业之一，其生产的“小糊涂仙”系列酒去年跻身“中国白酒品牌20强”。2005年该企业纳税超过1 300万元，是我市纳税过千万元的六家企业之一。而目前该酒在我市的市场份额却很低，为此，我市公务接待倡导使用云峰酒业生产的“小糊涂仙”系列酒。2006年全市“小糊涂仙”系列酒计划销售额为200万元。

这份文件还附有《各地各单位使用和促销“小糊涂仙”系列酒分解表》：市政府接待处10万元，教育局3万元，科技局1万元，民政局2.5万元，仙女办事处7万元，马口镇5.5万元，脉旺镇3万元……共有105个单位承担有喝酒任务，每个市直单位从几千元到几万元不等。最低的是老干部局、信访办、档案局，都是3 000元的喝酒任务；乡镇单位最低任务是800元，一般2万到3万元。

负责起草这一文件的汉川市政府办公室副主任童浩雄说，县直单位分解标准是按照单位接待量和人数决定的，乡镇的消费标准则按乡镇经济发展水平和人口数量决定，都是有“科学依据”的。人数多、与各部门来往多的单位任务相应就多些。比如卫生局，它的二级单位多，包括医院在内有6 000多人，本级若完不成再把任务分解到二级单位，消化3万元的“小糊涂仙”应该没有问题。

科技局虽然只有8个人，却分解到1万元的任务，肯定喝不完。童浩雄说：“各单位都有攀比心理，计划也不能下得太少了，他们可以发挥自己的力量推销出去。”他认为，200万元的数目是很小的，各个单位加起来肯定能够完成。“按照小糊涂仙一瓶40元计算，200万元算下来一年不到3.5万公斤酒，怎么可能喝不完？”

为方便核定任务，文件还要求云峰酒业建立各地、各单位使用和促销“小糊涂仙”系列酒账册档案，定期将各地各单位使用和促销“小糊涂仙”系列酒的情况报送市政府办公室。这份文件还称：“对执行本通知要求，并完成年度使用和促销计划的地方和单位，将按销售额的10%给予奖励。在公务接待中不按规定用酒，完不成年度使用和促销计划的地方和单位，将予以通报批评。”

对此，童浩雄解释说，对完不成任务的单位的处罚也是象征性的。现在干部干工作经常挨批评，被“通报批评”他们也无所谓，所以这个文件并没有什么强制性。

资料来源：湖北汉川怪事：政府红头文件下达喝酒任务．(2006－04－08)［2021－01－10］. http：//news. sohu. com/20060408/n242700638. shtml.

阅读书目

1. 中华人民共和国档案法．(2020－06－20)［2021－02－20］．http：//www. npc. gov. cn/npc/c30834/202006/14a5f4f6452a420a97ccf2d3217f6292. shtml.

2. 党政机关公文处理工作条例．(2013－02－22)［2021－02－20］．http：//www. gov. cn/zwgk/2013-02/22/content_2337704. htm.

3. 国际标准化组织．ISO 15489：2001. 信息与文献：文件管理．2001.

4. 林鹏，安小米．新旧 ISO 15489—1 文件管理标准比较．中国档案，2016 (8)．

5. 赵国俊．公文写作与处理．北京：中国人民大学出版社，2011.

6. 王健．电子时代机构核心信息资源管理：OA 环境中的文件、档案一体化管理战略．北京：中国档案出版社，2003.

7. 王健．创新与拓展：档案管理 e 化之路．北京：中国档案出版社，2004.

8. 冯惠玲．政府电子文件管理．北京：中国人民大学出版社，2004.

9. 何嘉荪，傅荣校．文件运动规律研究：从新角度审视档案学基础理论．北京：中国档案出版社，1999.

10. 安小米．文件连续体模式对电子文件最优化管理的启示．档案学通讯，2002 (3)．

11. 张宁．文件连续体理论之比较研究//中国首届档案学博士论坛论文集编委会. 21 世纪的社会记忆：中国首届档案学博士论坛论文集（2001 年 11 月 17 日～18 日）．北京：中国人民大学出版社，2001.

12. The international research on permanent authentic records in electronic systems (InterPARES) 2 project：experiential，Interactive.

13. 松世勤．文书学基础．北京：中国人民大学出版社，1984.

14. 国际视野｜借鉴与警示：美国档案与文件局检查美国疾控中心研发档案的管理状况．(2021－01－30)［2021－01－30］．https：//mp. weixin. qq. com/s/gwCCBswgYYtkea8nHSzIwQ. gwCCBswgYYtkea8nHSzIwQ.

第二章

现代办公环境中的文件工作

引子

在现代办公环境中，文件工作呈现出一系列新特点，在外部环境与自身发展规律的双重影响下，文件工作的含义与任务、特性与作用，文件工作的组织与管理，文件工作人员的角色定位与素质要求，文件工作的整体发展趋势等都发生了相应的变化。因此，有必要深入分析时代背景，掌握文件工作的新特点、新内容、新趋势，强化文件工作人员的综合素质，做好文件工作的组织与管理，拓展文件工作的新领域。

学习重点

掌握文件工作的含义与任务、特性与作用，熟悉办公自动化环境下文件工作的组织与管理，认识文件工作人员的角色定位与素质要求，思考现代办公环境下文件工作的发展趋势。

关键术语

文件工作	缮印
政治性	用印（签署）
机要性	文书档案连锁法
时效性	行文关系
规范性	信息素养
技术性	信息理念
立意	信息能力
拟稿	标准化
审核	现代化
签发	国际标准化组织（ISO）

第一节　文件工作概述

自文件产生开始，作为制作和管理文件的社会活动——文件工作便随之产生和发展。随着文件的形式、内容、功能日益丰富，文件工作也在不断发展，日益成为一项严谨、规范、专业的系统性工程。

一、文件工作的含义与任务

（一）文件工作的含义

一般而言，文件工作是指适应机构开展各类业务活动的需要，围绕文件的生成、接收、运转、办理直至办毕处置等的一系列管理活动。

文件工作是一项众多人员参与、分散进行的群体活动，是一项为各类管理工作和业务活动提供信息支持和信息服务的重要辅助性、事务性活动，通常有广义和狭义之分。从广义上讲，文件工作包括从文件形成直至办理完毕，单位的领导、文件工作人员及其他有关的业务人员、秘书人员等共同参与的一系列工作。如：领导对文件进行签发、批办，业务人员、秘书人员从事承办、撰稿、注办等。从狭义上讲，文件工作专指由文件工作人员所从事的技术性和事务性工作。如：文件的收发登记、分发、催办等。本书中所涉及的文件工作指广义的文件工作。

在理解和把握文件工作的含义时，应强调全局观念。从宏观的角度讲，国家和社会发展中的方方面面都离不开文件、文件工作，党的路线方针政策和国家大政方针需要通过文件来具体体现，文件工作的重要性不言而喻。从微观的角度讲，文件工作是一个社会组织正常有序运转的重要组成部分，发挥着重要的纽带作用、辅助作用和历史记录作用。因此，在理解和把握文件工作的含义时，要摆脱就文件工作谈文件工作的狭隘思路，始终站在全局、整体的高度来思考文件工作，做到"想全局、干本行，干好本行、服务全局"。

（二）文件工作的任务

文件工作的任务，即文件工作所应担负的职责和使命，它是文件工作的性质和作用的具体体现。

文件工作的基本任务是：遵循文件工作的规律，运用科学、系统的方法，提高文件工作及各相关的行政管理活动、业务活动的质量与效率，为各项管理工作提供优质高效的服务。

文件工作的具体任务包括：发文处理（草拟、审核、签发、复核、登记印制、核发、用印、登记、发出或公布等）；收文处理（签收、登记、初审、拟办、批办、承办、传阅、催办、答复等）；文件处理过程中的管理活动（登记、加工、催办、查办等)；办毕公文的处置（文件的整理归档、清退、暂存、销毁等)；文件的保管、借阅工作；文件工作的组织与有效控制；等等。

二、文件工作的特性与作用

文件工作具有不同于其他社会活动的特性与作用。只有充分认识文件工作的特性与作用，才能更深刻地理解文件工作的重要性，更好地做好文件工作。

（一）文件工作的特性

文件工作的特性，是文件工作区别于其他社会管理活动的显著标志。表现在：

1. 政治性

文件工作最初就是适应国家管理社会事务的需要而产生的，并随着贯彻落实统治阶级意志和维护统治阶级利益而不断完善、成熟。尽管历经外部环境变化，但是文件工作的政治性始终不变。文件工作直接关系着党和国家的方针、政策和法令的贯彻执行，是整个国家机器正常运转的重要保证。如果没有文件工作的有效开展，那么上级意图的贯彻、国家机器的正常运转、国家职能的有效发挥都将受到直接影响。因此，把握文件工作的政治性倾向，既是深刻理解文件工作重要性的需要，也是做好文件工作的前提。

2. 机要性

文件工作的机要性源于文件信息的机要性。很多文件内容涉及党和国家的秘密或机构在一定时间内不宜公开的事项。如果在文件工作中不注意严格执行有关的保密规定，就将使工作陷入被动局面，甚至带来无法挽回的影响和严重损失。因此，应要求文件工作人员具有良好的政治素质和职业道德，要求建立严格的工作制度与秩序，确保文件工作各环节严谨周密，杜绝疏漏的产生，并保证一旦出现疏漏就能够立即补救，防止扩大并及时予以纠正。

3. 时效性

文件的特点之一在于具有现实执行效用，而要使这种效用得以充分发挥，就要求文件工作必须做到及时迅速、讲求时效。否则，文件工作非但在管理活动中起不到助手的作用，反而会误时误事。时效性是文件工作区别于其他工作的重要特性之一。例如，对日常性的文件的办理，大多数文件部门自身有一定的时限规定，有紧急程度要求的文件更要严格按照规定时限及时办理，不允许出现积压延误的现象。

4. 规范性

文件工作的规范性是指文件在形成、处理和管理等工作中需要遵循标准和统一规范。文件现行效用的充分发挥必然要求文件工作做到及时迅速、讲求时效，要求文件工作遵循一定的规范。这种规范或是在文件工作的长期实践中、在各个方面和各个环节上经过不断总结和比较，逐渐形成并趋于一致的做法，或是由国家制定的统一的规章制度，保证其强制执行，或是需要共同遵循的标准。

5. 技术性

文件工作的技术性是由文件工作的基本内容决定的。文件工作通过一系列互相衔接的程序与手续完成文件的撰制、传递、办理、处置、管理，而各项具体处理程序又受到活动规则的严格制约，这些都是文件工作技术性的具体体现。此外，在现代办公环境中，文件工作的技术含量越来越高，计算机技术、现代通信技术、信息技术等高科技的介入，使文件工作的技术性日益突出。

（二）文件工作的作用

文件工作的作用，是由文件工作的特性决定的。主要表现在以下几个方面：

1. 助手作用

在社会组织中，文件工作是党政领导和职能部门不可缺少的助手。领导的意图、决策和措施，离不开文件部门提供的信息保障。在领导决策和决策实施的过程中，在调查研究、分析综合、追踪反馈等工作环节中，文件工作的助手作用十分明显。此外，相对于社会组织的其他职能工作而言，文件工作始终围绕各项业务活动展开，具有十分明显的辅助性和服务性，发挥着不可或缺的助手作用。因此，健全的文件工作，有助于社会组织工作效率的提高，是提高社会组织管理水平的重要保障。

2. 纽带作用

任何一个社会组织，都不可能孤立地存在和发展，都要同其他社会组织发生各种各样的联系。传达上级意图，汇报下级情况，沟通平级机关，都离不开有效的文件工作。正是这种联系和沟通，使整个国家的全部社会组织成为一个有机整体，使国家得以正常运转，使机构得以有效运行。因此，文件工作就是社会组织之间沟通联系的纽带，对于全部社会组织乃至国家的协调和运转，都发挥着重要的纽带作用。

3. 积累作用

文件工作的开展过程，也是历史、知识、财富的积累过程。围绕着文件的形成、传递、办理和管理，文件工作通过自身的有效开展，在服务现行工作的同时，也为今后留下宝贵的文件档案，能够再现人类社会活动的历史面貌，这就是文件工作的积累作用。通过文件这个具有凭证性的载体，为社会活动留下真实记录和知识积累。因此，文件工作的积累作用，是人类历史得以延续、文明得以进步的重要环节。

三、文件工作的基本内容

文件工作的对象始终离不开文件，文件管理活动具有阶段分明的生命周期以及环环相扣的处理流程。文件工作的基本内容包括文件的撰制、传递、办理、处置、管理等。

（一）撰制文件

指加工处理有关信息材料，制成文件正本，使之具有法定效用的过程。通常包括立意、拟稿、审核、签发、缮印、用印（签署）等环节（见图 2-1）。

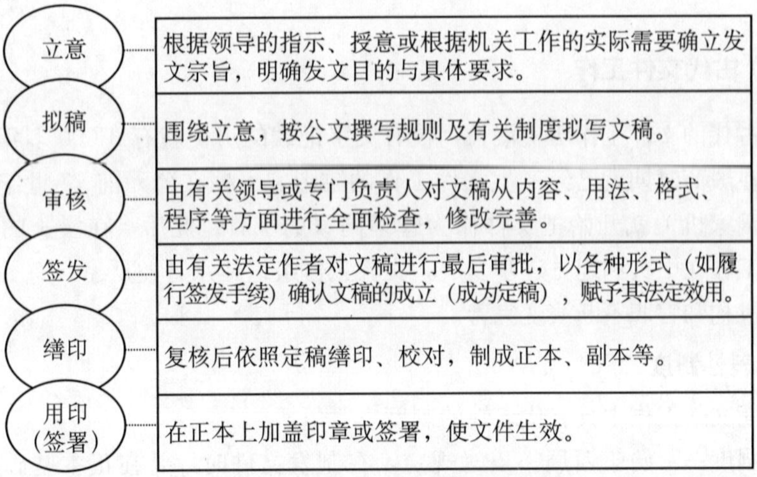

图 2-1　文件撰制流程示意图

（二）传递文件

指将文件传送给规定收文者的过程。主要活动包括封装、登录、选择传递通道、分发、接收等。

（三）办理文件

指本机关对收文具体开展办理、处置等活动的过程。通常包括拟办、批办、承办、注办等环节。

（四）处置文件

指根据办毕公文的不同内容或价值，对其分类，剔除无用文件，对具有保存价值的文件进行有序化整理的活动。包括整理归档、清退、暂存、销毁等环节。

（五）管理文件

指为使上述四项工作有效完成，进一步扩大和充分发挥文件的功效，对文件实施科学、系统、有效的控制、保管、利用的过程。比如：对文件进行科学分类，登记，组织传阅，科学保管，建立检索体系，提供查阅服务，保管并监督使用印章，对文件进行机密与安全方面的维护，以催办、查办等方式对文件形成办理的过程实施监督，简化文件，有效组织和控制文件的生成、运转，实现文件、档案的一体化管理；等等。

四、文件工作的历史沿革

文件工作是社会现象之一，伴随着社会的发展而发展，每个发展阶段都带有时代的印记。总体而言，文件工作的发展是一个在扬弃的基础上不断改革、创新的过程。

（一）古代文件工作

我国古代的文件工作历史漫长，仅有文字记载的历史就有 3 000 多年。史料证明，我国在殷商时期就已经产生文件工作的雏形，大概在公元前 13 世纪，我国殷商奴隶制国家机关就开始把文件作为管理国家的工具。此后，在漫长的历史演进中，文件工作在中央和地方逐步发展，文件工作组织体系日益严密，有关的文件工作制度、机构和官职不断演变完善。

1. 代表性制度

该时期文件工作中具有代表性的制度主要包括：

副本制度——始于西周。当时规定，在制发文件时，要在正本基础上制成副本，防止孤本文件损毁，以便文件史料的保护和积累。

用印制度——始于春秋时期，到战国时期已成定制，是公文制发者具备防范意识后，在公文传递前采取的防止泄密以便取信于收文者的一种手段。受当时公文载体的制约，采取封泥印法。随着历史的演进，当缣帛、纸张等被用作公文载体之后，遂实行在公文载体上钤印之法。

用纸制度——对公文用纸的颜色和尺寸的规定。东汉以后，凡皇帝下达的文件专用黄纸书写，其他公文则只准用白纸书写。不同级别的文件用不同规格的纸张。

贴黄制度——贴黄，也称押黄，是唐代首创的公文改错制度。唐代的敕书用黄纸书写，当公文有错误需要改正时，便用同样的黄纸，覆盖住有错误的地方。

一文一事制度——始于唐代，规定一件公文只能写一个主题，不得数事杂陈。实行一文一事制度，避免了因公文主题分散或头绪繁多而使公文辗转于不同单位或部门，有助于提高办文效率，因此一直沿用至今。

引黄制度——宋代在继承唐代贴黄制度的同时创新出引黄制度。宋代百官的奏状用白纸书写，如果意犹未尽，需要补充，那么可以将内容摘要书写在黄纸上，附于正文的后面，亦称为贴黄。最重要的是，宋代规定百官上报的奏章要将其内容要点、日期、理由书于封面或者文首，这一制度称为“引黄制度”。引黄制度的实行，极大地提高了文件处理的效率。

票拟制度——亦称条旨制度，始于明代宣德年间。当时规定，百官上奏皇帝的公文，先由内阁大学士草拟初步处理意见，书写于纸票之上再随文呈报皇帝定夺。因所提意见相当于替皇帝草拟谕旨，又因后来可以对一件公文提出两签、三签、四签等多签（即很多条）意见，所以，这项制度亦称为条旨制度或票签制度。创建此制度的初衷旨在辅助皇帝更加周密快捷地处理公文，但此制度滋生的弊端也不容忽视。

勘合制度——古代文件加盖印信，分为两半，当事者各执一半，查验骑缝半印，作为凭证。

此外，古代的文件工作制度还有保密制度、邮递制度、封装编号制度、催办制度等。

2. 文件工作机构

该时期比较具有代表性的文件工作机构包括：

尚书省——魏晋时期设置的掌管文件工作的中心机构。隋唐时期逐渐演化为“三省制”，即尚书省、中书省、门下省。元代以后废除尚书省，改由中书省掌管收发文工作。

内阁——明代设置的掌管中央文件工作事务的机构。清承明制，并在内阁之下设若干机构。

六科——吏、户、礼、兵、刑、工六科，是明代设置的直接对皇帝负责的文件机构。它们对吏、户、礼、兵、刑、工六部实行对口监督，有对六部封驳、监察和处理各种奏章的权力。清沿用明制。

通政司——明代设立的掌管内外奏章、封驳臣民申述文件的机构，亦称为“银台”。清承明制。

3. 常见的官职

该时期常见的官职包括：

史官——夏商时期，国家机构中就设置了史官这一职位，主要负责记载帝王的言行、起草公文。后来，史官的工作范围逐步扩大，他们同时负责掌管著作简册、书志典籍等。

尚书——亦称掌书，始设于战国时期，秦汉时期地位日益重要。主要负责宣谕诏令、传递奏章、保管文件等事务。魏晋以后，尚书的事务日益增多，权位日益提高，朝廷设立了尚书省，以尚书令为长官。

中书令——元朝以后，尚书令改为中书令，主管公文奏事，并跟随皇帝左右，掌管机要文件。

主簿——亦称典籍，从汉代开始在中央和地方官署设置的管理文书、办理行政事务的官职。此官职一直延续到民国。

从总体而言，先秦是文件工作的初创期，秦汉是文件工作的确立期，魏晋南北朝是文件工作的发展期，隋唐是文件工作的成熟期，宋元是文件工作的进一步发展时期，明清则是文件工作的完备期和系统发展时期[①]。

---

① 裴燕生，等．历史文书．北京：中国人民大学出版社，2003.

（二）近代文件工作

1911 年辛亥革命后，传统的封建帝制被推翻。从辛亥革命到国民党统治时期，文件工作发生了很大变化，沿袭已久的文种、机构和制度等各个方面都面临改革。

1. 文种改革

辛亥革命是近代文件工作的开端。1912 年 1 月，孙中山领导的南京临时政府成立，颁布了第一个公文程式条例，废除了上百种体现封建等级制度的文种，如制、诏、诰、敕、奏、表等，规定了新的公文文种及其使用范围。新文种主要有：令——用于公布法令、任免官吏、指挥行动；咨——用于同级官署公文往来；呈——用于对上级陈请、报告工作；状——用于百姓向官署陈述事情。

国民党统治时期，先后颁布了三次公文程式条例和办法。规定使用的公文文种有：训令——上级对下级有所训饬或差委时使用；指令——上级针对下级的呈请而有所指示时使用；布告——对公众宣布事实或有所劝诫时使用；任命状——任命官吏时使用；批——各机关批准或驳回呈请事项时使用。此外还有令、呈、咨等。

2. 机构和制度改革

在辛亥革命后，总统府设秘书处，为中央的文件工作机构。南京临时政府各部一般都设有秘书长或秘书，负责文件和档案的管理工作。总统府秘书处下设总务、财政、军事、文牍、收发等七科，分管各项文件工作。总统府来往的文件由收发科负责登记、编号，根据文件的内容分送总务、军事等有关科室处理。此外，初步确立了规范的文件处理程序，按收发登记、核阅、拟稿、判行、缮写、核对、用印、封发、立卷等环节办理。同时，废止了一些反映在文件工作中的封建等级制，如规定不许在文件中用“大人”“老爷”等称呼，提倡改用白话文，使用标点符号，分段落，等等。

20 世纪 30 年代，迄今被认为是我国文件、档案一体化管理思想萌芽的文书档案连锁法诞生。当时正值国民党政府亟待配合军事行动打击封建“卷阀”，提高行政效率，于是其开展了“文书档案改革运动”，文书档案连锁法成为改革的中心内容。所谓文书档案连锁法是指：在一个机关范围内，将机关总收发室和档案室的工作进行连锁，由机关总收发室按照既定的分类表对本机关的所有收、发文进行“三个统一”，即统一分类、统一编号、统一登记；之后再将文件送至办文单位，各机关办理完毕后，随即归档，由机关档案室按照总收发室已划分好的类别分类保管。实行文书档案连锁法的初衷是试图通过“三个统一”，将文书工作和档案工作相结合，改变文书运转迟缓和档案管理落后、分散、各自为政的状况，改变文书工作与档案工作的严重脱节现象。

概括地说，近代文件工作处于政治改革浪潮中，具有剧烈的时代变革特征。这种剧烈的变革根源于社会转型、社会实践发展的需要。它鲜明地体现了文件工作在贯彻统治阶级意志、维护统治阶级利益、强化国家管理中不可替代的重要作用。

（三）现代文件工作

中国共产党在革命战争时期就十分重视文件工作，在新中国成立后，党和国家更加重视并先后颁布了多项旨在规范现代文件工作的法规，极大地促进了我国文件工作的规范化和科学化。

为了规范新中国的文件工作，1949 年 12 月和 1950 年 4 月中共中央办公厅先后颁布了《关于文电处理工作的几项规定》和《关于文件纸型与格式的规定》。1951 年，中共中央办公厅和政务院秘书厅联合颁布了《公文处理暂行办法》等文件，为新中国国家机关的文件工作奠定了基础。该法案是新中国成立后第一个全国性的关于文件工作的法令性文件，以后随着形势的变化，公文处理办法予以多次修改和颁布。在党和政府的领导下，具有中国特色的文件工作体系逐步形成。

历经一系列改革和完善，2000 年 8 月 24 日，国务院颁布《国家行政机关公文处理办法》，取代原《国家行政机关公文处理办法》（1993 年 11 月 21 日发布，并于 1994 年 1 月 1 日起实施），总结多年的文件工作实践经验，广泛吸收各方面意见和最新研究成果，因而具有更强的规范性和权威性。更具有时代意义的是，它将文件处理提到“依法行政”的高度：首次以国务院名义发布国家行政机关公文处理的法规性公文；首次将国家行政机关公文明确定义为“依法行政和进行公务活动的重要工具”；首次对行政机关公文制发者的法定资格条件予以明确限定，规定行政机关“部门内设机构除办公厅（室）外不得对外正式行文”；首次明确要求公文处理管理部门“应当建立健全本机关公文处理的有关制度”；首次明确规定将公文格式的国家标准纳入公文处理法制范畴，明确规定推荐性国家标准《国家行政机关公文格式》（GB/T 9704—1999，2000 年 1 月 1 日起实施）的执行效用；进一步完善了行政机关公文处理的法定程序，通过规范公文流程，提高公文质量，为依法行政确立了程序保障；进一步明确了行政机关公文法定效力的具体内涵，从维护公文处理活动的有效性出发，明确规定了翻印、公布、复制、撤销、废止、销毁、清退和移交公文的具体条件、途径和规则；进一步强调了对于公文处理中违法、违制行为的禁止和纠正措施；等等。《国家行政机关公文格式》对公文用纸纸型、幅面尺寸、用纸质量、印制和装订、公文组成要素排布规则等方面做了适当调整，使之逐渐与国际接轨。例如，在我国公文格式中长期处于主导地位的 16 开型纸在行政公文中成为历史，国际标准 A4 型公文用纸成为我国行政公文采用的基准纸型。

为统一中国共产党机关和国家行政机关公文处理工作，2012 年 4 月 16 日，中共中央办公厅和国务院办公厅联合印发了《党政机关公文处理工作条例》，自 2012 年 7 月 1 日起施行，同时废止了 1996 年中共中央办公厅发布的《中国共产党机关公文处理条例》和 2000 年国务院发布的《国家行政机关公文处理办法》。与此同时，国家质量监督检验检疫总局、国家标准化管理委员会发布了新的国家标准《党政机关公文格式》（GB/T 9704—2012），自 2012 年 7 月 1 日起正式实施。最新实施的《党政机关公文处理工作条例》和《党政机关公文格式》，是在原《中国共产党机关公文处理条例》《国家行政机关公文处理办法》和《国家行政机关公文格式》基础上制定和修订的，这是自20世纪80年代以来，党的机关公文处理与国家行政机关公文处理相关规定由原来的分而治之走向统一要求、统一规范、统一实施的重要里程碑，翻开了我国党政机关公文处理工作新局面、新机制的崭新一页。其最大特点是首次统一和规范了党政机关的公文处理，使原党政机关公文处理规定中存在的许多格式上的差异和冲突基本消除，对推进党政机关公文处理工作科学化、制度化、规范化发挥了重要作用。《党政机关公文处理工作条例》重新定义了公文处理相关概念、增加了“决议”和“公报”两个文种，同时将“会议纪要”改为“纪要”；调整了公文格式要素，最直观的变化是落款处强调了发文机关署名，版记取消了“主题词”；调整了行文规则方面的一些具体规定，更加强调公文拟制程序规范，进一步简化了公文办理环节，更加注重安全保密。《党政机关公文格式》首次将适用范围扩大到中国共产党机关和国家行政机关，首次将党政机关公文用纸统一为A4型国际标准用纸，并在公文排版、公文格式各要素编排、公文式样等方面做了相应调整，既遵循了《党政机关公文处理工作条例》的规定，又满足了各级党政机关在公文处理过程中对格式的实际需求。

总之，自新中国成立尤其是改革开放以来，为适应我国改革开放和经济建设的需要，文件工作日趋规范化、现代化和科学化。新时期的文件工作正迈入法制化建设阶段，体现出依法治国、依法行政的时代精神。

第二节 文件工作的组织与管理

加强管理，科学规划，提高文件工作的组织水平、协调水平，加强制度建设、队伍建设等，在现代办公环境中显得尤为重要。加强文件工作的组织与管理的目的在于采用科学的原则和方法把文件工作各构成要素有机地结合起来，提高文件工作效率。

一、文件工作机构的设置与变迁

在传统金字塔形的组织系统中，文件工作机构发挥着重要的信息枢纽的作用。机构中的文件工作机构实际上是一个信息中心，对内部、外部收发的各种文件信息进行集中处置，然后将文件信息分流到不同的机构或部门。这种组织方式适应了传统层级制机构文件信息组织和管理的需要，有助于有效控制文件信息的运转方向和速度，便于提高整个机构行动的统一性。

（一）传统环境中文件工作机构的设置

传统金字塔形的组织系统中文件工作机构的设置可概括为三种形式：

1. 设置文件工作的各种专门机构

一些大中型机构一般在综合办公部门如办公厅（室）设立一些专职文件部门。如收发室、文电室、秘书机要室、文印室、通讯室、值班室（处或科）。这些专门的文件工作机构各自负责文件工作中某一方面的具体工作，共同完成整个机构的文件工作任务。这种情况将文件工作的各个环节和程序分散到不同的部门，有助于部门工作的专一性，但同时由于文件工作部门分工分散，要求必须做好各个部门的协调和合作工作，否则，难以提高整个机构文件工作的效率。

2. 设置综合办公机构负责文件工作

小型机构一般由综合办公部门如办公室直接监管文件制作、传递、处理、存储工作，其工作人员可为专职或兼职。一般企事业单位常采用此种设置方法。这种情况将整个文件工作的具体内容由办公部门统一办理，便于监管、协调和组织控制，工作效率一般较高。

3. 综合办公机构与各种文件工作专门机构混合设置

大中型机构通常在综合部门设置一些收发室、机要室、文印室等专门文件部门，同时，根据需要在一些职能部门分设处理和管理文件信息的专职或兼职文件部门。综合文件工作部门负责办理全局性、综合性的文件工作，而各职能部门文件部门只负责自身职权范围内形成或使用的各种文件的处理和管理工作。这种情况主要适用于一些驻地分散的大中型机关。

虽然上述三种文件部门的设置方法在现实工作中仍然广泛存在，但是随着现代办公自动化、网络化、信息化的日益普及，组织结构方式的必然变化，也同样对上述文件工作机构的存在方式产生了巨大的影响，使之在新的信息时代背景下发生着必然的变化。

（二）现代办公环境中文件工作机构的设置

在现代办公环境下，机构内各部门之间、各部门与其人员之间、工作人员相互之间可以双向实时联系，业务部门成员可以直接从职能管理部门获取管理指令和反馈管理信息。于是，一个机构的内设部门和内部管理模式开始发生变化，网络像一股巨大的力量，将原本金字塔状的组织结构从上向下编制成一种交错的网状结构。为此，职能部门的作用加强了，影响机构运作效率的中间环节减少或消失了，信息的反馈及时了，整个机构更加有效率了。这种组织结构的方式，打破了传统职能部门依赖于分工与协作完成整个工作的状态，而形成了一种新的组织管理模式。机构中的业务部门不再是封闭式的金字塔式层次结构，而是相互沟通、相互学习的网状结构，这种结构打破了原来的职能或业务机构之间的壁垒，职能或业务部门之间可以广泛进行信息交流，共享信息资源，减少内部摩擦，提高工作效率。这样，机构或单位中信息传递的组织方式由单向“一对多”式的层层上传下达向双向的“多对多”式转换，使信息无须经过中间环节就可以到达沟通的双方，大大提高了工作效率。

正是组织机构在网络环境下的变化，决定了文件工作机构的结构模式的变迁。在现代办公环境中文件工作机构的设置呈现出一系列变化：

1. 文件工作机构的职责不断丰富和深化

在传统办公环境中，文件工作机构的主要职责是负责文件信息的上传下达、左右沟通；而在网络环境下，组织中通常都构造了内部办公网、数据库，所有的职能或业务活动信息可以很快通过网络直接快捷交流，组织结构处于分散化和网络化状态。文件工作机构不再是文件信息的线性传递机构，而成为办公网络中一个双向、多向交互的信息中心节点，成为文件信息的组织和管理中心。文件工作机构在原有工作基础上，更要承担文件信息数据库的建设和维护、文件信息用户管理、文件网上运行流程管理等工作。

2. 文件工作机构由集中式向分散式转变

在传统办公环境中，一个机构往往拥有一个专门的文件工作机构，或者将其职能归入综合办公部门，上下左右的信息在此汇总后，经筛选、处理、加工，分送到各个职能部门予以处理，也就是说，文件工作机构负责“办文”，职能部门负责“办事”，“办文”与“办事”基本上是分开的。而在现代办公环境下，组织结构已经逐渐由集权制向分权制转换，将权力下放到基层，使决策尽可能地分散，使基层组织充满活力，以应付各种突变和适应各种变化。这样，过去高度集中的决策中心组织改变为分散的多中心决策组织，克服了传统组织结构下单一决策中心的许多缺点（官僚主义、低效率、结构僵化、沟通壁垒等），纵横交错的计算机网络改革了机构上传下达的垂直信息传递方式，使组织机构趋于扁平化，中间管理层被弱化，高层决策者直接与执行层接触，执行层可以根据实际情况及时进行自主决策，执行层的自主权加大，充分调动了基层执行者的积极性。这样，文件工作机构（专职或兼职机构）就直接分布在各个职能或业务部门，减少了文件信息传递环节，加快了信息传递速度，保证了决策的有效执行，真正使“办文”与“办事”在职权责等各个方面统一起来，从而大大提高了办文办事的效率。

3. 文件工作机构的技术性要求越来越高

文件工作属于辅助性的信息管理工作，是整个机构和各个职能或业务部门有效运行的信息支持。随着“网上办公”和“无纸办公”日益普及，要求文件工作机构必须适应现代办公自动化、网络化、信息化的需要，增强文件工作的技术含量，运用先进的现代信息管理理念、信息技术，科学地组织文件信息工作。由于网络环境实质上是由现代技术构建的一个“电子信息空间”，这个虚拟信息空间不同于客观物质世界，要准确、及时、安全地保证文件工作的顺利进行，要求文件工作机构始终关注并尽力掌握、运用先进技术。只有这样，才能够在现代办公环境下更好地履行文件工作机构的职责，承担起文件信息的管理职能。

4. 文件工作机构的管理对象由单纯的文件管理向信息管理、知识管理转变

在现代办公环境下，文件是支撑机构运行的核心信息，同时一些多种多样的非文件信息，如情报、资料、新闻报道、科技成果、社会制度等等同样为机构的科学决策提供着重要的信息支持，尤其是知识、技术不断成为组织管理的重要因素，也成了文件工作不可避免的关注对象。因此，为了应对这种变化，文件工作机构必须将信息管理和知识管理纳入自身的管理视野，科学整合，以便经济有效地为机构管理提供信息服务。

二、文件工作的组织形式

文件工作的组织形式，是指在社会组织内部围绕文件工作的活动程序，各部门之间的分工方式。其实质是文件工作机构结构问题，对整个文件工作的管理与控制具有重要影响。正确地选择、确定文件工作的组织形式，对于建立合理的工作秩序，科学分工，构建合理、高效的工作流程，有效控制工作过程，大幅度提高文件工作质量等具有重要意义。

（一）集中式

指机构的全部文件工作，除部分职责如撰拟与承办由有关职能部门承担外，其他文件工作的活动程序集中于文件工作中心机构，即办公厅（室）进行。通常，只在办公厅（室）下设文件工作的专门机构，配备专职或兼职的文件人员，如收文人员、核稿人员、文印人员，具体承担文件的收发、登记、缮印、归档工作；机构内部的各职能部门，则不再设立文件工作的分支机构和专职的文件工作人员，通常只负责创制和办理文件，不负责承担其他文件处理与管理职责。凡涉及文件工作的活动程序，均由办公厅（室）的文件工作人员负责分别与党政领导及各职能部门兼做文件工作的承办人员直接联系。

（二）分散式

指机构的全部文件工作，分别由其办公厅（室）与各职能部门及其专兼职文件工作人员承担。按照机关内部各职能部门的分工，把每一个职能部门作为一个独立的文件工作实体，使其具有齐全完整的各种文件处理和管理功能。机关则以统一的制度和规范指导、监督其具体活动。具体来说，分散式又分为两类：一类是按照文件内容和涉及范围区分办公厅（室）和各职能部门的文件工作职责；另一类是按照文件处理程序，把一部分环节放在办公厅（室）办理，另一部分交由各职能部门办理。

（三）复合式

指在同一机构内同时采用集中式和分散式两种组织形式来组织文件工作。例如，使部分职能部门成为相对独立的文件工作实体，其他职能部门则主要负责办理文件；使各个职能部门均拥有文件工作的有限独立性，除收发环节及部分重要文件的审核经办公厅（室）负责处理外，可以完整处理和管理权限范围内的文件。复合式的组织形式在不同的机构有所不同，有的以集中式为主，辅之以分散式，有的则恰恰相反。

上述文件工作组织形式的特点、适用范围见表 2－1。

表 2－1　文件工作的不同组织形式的特点、适用范围

	形式	特点	适用范围
1	集中式	• 文件工作的统一性、整体性强； • 机关对文件有较强的控制力； • 灵活性较差。	• 规模不大，职能简单，业务量不多，驻地集中的中小型机关和基层单位； • 职能单一，机构层次少且不稳定，职能分工不明确的大中型机构。
2	分散式	• 具有较强的分散性和灵活性； • 文件周转快； • 机关对文件的控制能力相对比较弱。	• 规模较大且各职能部门分工高度明确、职能单一的单位； • 各职能部门办公驻地分散的机构。
3	复合式	• 兼有集中式与分散式两种类型的特点。	• 办公地点不集中的机关； • 有若干规模较大的业务机构（如外事、信访等）的机关； • 文件数量在各职能部门分布严重不均衡的机关。

三、文件工作的组织领导

文件工作的组织领导，是各类社会组织围绕文件工作科学高效开展的目标，对酝酿生成文件直至办理完毕进行立卷归档的全部活动进行统筹安排、协调管理的一系列行为过程。从管理学上讲，就是将文件工作中涉及的各个要素、各个环节，从时间上、空间上科学地组织起来，使每个成员都能接受领导、协调行动，从而产生新的、大于个人和小集体功能简单加总的整体效果，最终实现文件工作的顺利开展。

文件工作主要对本机关负责，为本机关服务，因此并没有一个全国性的领导机构来领导全国各地、各系统、各机关的文件工作。虽然文件部门主要接受本机关的领导，但也不排除上级文件部门对其文件工作的指导。概括地说，对文件工作实施组织领导分为两大情形：

第一，从全国范围来说，中共中央办公厅、国务院办公厅分别负责领导和指导党和政府系统的文件工作。这种领导和指导主要是通过制定和发布有关的条例、制度和办法，做有关的指示和决策，召开有关的会议等形式和途径，对全国的文件工作进行领导。

第二，从一个机关来说，由本机关的秘书长或办公厅（室）主任负责领导。秘书长或办公厅（室）主任根据本机关文件工作的任务，提出全面的文件工作计划和方案；总结本机关及其所属单位文件工作的经验，提出改进意见和办法；制定机关文件工作规范、规章制度，促进文件工作向科学化、规范化、制度化发展；对文件工作制度执行情况进行检查、监督和协调，帮助机关文件工作人员不断提高文件工作水平。

通常，文件工作的组织领导采取集中统一的管理形式，即按照“统一领导、集体组织、分工合作”的原则，充分发挥上级领导班子的领导作用、秘书和相关部门的助手作用、下级领导班子的配合作用，以及普通人员的帮助、监督作用。

具体地说，一个机关的文件工作的组织领导通常由主体机构（发文、收文机关领导班子）和有关辅佐班子构成。以下行文为例，除了领导班子直接负责此项工作（主渠道）外，一般还要通过如下三种辅佐班子辅助进行：一是专门班子，如各级机关单位的办公厅（室）等秘书部门，主要负责起草和办理文件，负责对下对上的信息传递；二是相关班子，即与所制、所办文件内容有关的业务主管部门，主要协助提供情况和制文、办文，负责与上下业务对口部门的信息联系，重要情况（包括下面智囊班子提供的重要情况）应该统一由办公厅（室）对上对下通联；三是智囊班子，包括特聘的专家学者，主要帮助会商情况、参谋咨询等。通过这些主、辅渠道对下作用，下面办理实施文件的情况应及时反馈上来，作为发文单位调控的基础。同样，下级对上级报送的上行文，也要通过主、辅渠道将行文意图呈报上级机关，上对下又会发出反应性指令，如此循环。文件工作的组织领导机构及作用机制见图 2-2。①

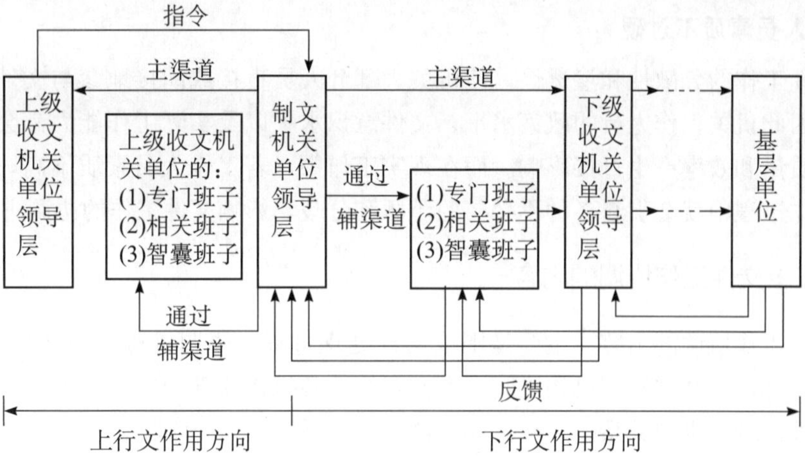

图 2-2　文件工作组织领导机构及作用机制图

资料来源：周振华．文件学．修订本．扬州：广陵书社，2010：323.

四、文件工作的协调

文件工作的协调，是指为了达到文件工作的总目标，随时调整和改善各部门之

① 周振华．文件学．修订本．扬州：广陵书社，2010：322-323.

间在文件处理活动中的相互关系，及时化解矛盾、解决分歧，使文件工作达到协调一致的管理活动。

（一）文件工作协调的动因

文件工作涉及方方面面，包括管理体制、机构设置、制度建设、人员配备等，任何一个方面协调不到位，都会影响文件工作的顺利开展。

1. 管理体制不健全

机构组织体系的不健全，使机构各职能部门之间产生职责不清、职能交叉、任务重叠等现象，这些现象必然会反映为文件工作职责不明等不协调现象，这是文件工作中出现不协调问题的最主要原因。

2. 组织形式不合理

文件工作机构的组织形式主要有集中式、分散式、复合式，选用不当往往会造成文件处理工作秩序混乱等不协调现象。

3. 制度建设不到位

制度建设不到位、不健全，导致部门、人员职责不明确，由此带来的矛盾和问题也就相应较多。加上文件工作随机性比较强，容易出现由于职责不清所带来的工作推诿、延误文件处理等不协调现象。

4. 人员素质不过硬

文件工作的分散性和渗透性，使机关大部分人员直接或间接地参与文件的处理工作，因此机关工作人员的政策水平、文件意识水平以及实际工作能力都会对文件工作的质量和效率产生直接影响。而在现实工作中，若工作人员素质不高，在处理文件工作过程中就会引起各种不必要的矛盾和分歧，影响文件工作的协调进行。

（二）文件工作协调的内容

文件工作协调的内容，主要是围绕文件处理过程，协调机构各职能部门之间、机关职能部门与文件管理机构之间、有文来往的各机构或部门之间以及机关领导之间的文件处理职责与关系。

1. 协调各部门之间的发文职责与任务

在现实工作中，由于职责不清造成行文混乱的现象屡见不鲜。例如，越权发文、升格发文（擅自提高发文级别）、发文内容矛盾（本应该会商解决的问题未经会商即发文或虽经会商但未取得一致意见一方擅自发文，因部门立意以及看问题的角度不同对同一问题做出不同甚至相反意见的发文，下发的文件与以前文件在政策提法上不一致，等等）。总之，协调工作的任务主要是摆正各部门之间的关系，明确职责权限，把好发文审核关。

2. 协调各种行文关系

行文关系是传递文件所必须遵守的工作关系，主要有四种类型：处于同一系统的上级机关和下级机关的隶属关系（或称领导与被领导关系）、同一组织系统的上级主管业务部门与下级主管业务部门之间的业务指导关系、处于同一组织系统的同级机关之间的平行关系、非同一组织系统的机关之间的不相隶属关系。文件协调工作就是协调和处理因行文处理不当而产生的矛盾和分歧，其主要内容包括：

（1）对上行文的协调。请业务部门对文件进行分析并代拟、会办和会商，对上级来文不清楚的应请示并得到答复以后再行文。

（2）对下行文的协调。主要是协调各业务部门的职责，经会商后再签署发文，如经会商后意见仍不统一，可由机关领导或综合部门领导裁决后予以解决，然后决定是否行文、如何行文。

（3）对平行文的协调。主要是使各方在自愿基础上进行协调，以求问题得到解决，如对联合行文的协调就由机关综合部门或牵头部门会同相关部门一起协商讨论和审定，达成一致意见后以联名的方式发布文件。

3. 协调文件的办理情况

本机关在收到上级机关、下级机关以及其他机关的来文后，须对这些文件进行不同程度的办理，在办理文件过程中也往往会出这样和那样的问题，需要综合部门负责人或有关领导进行协调处理，以便缩短文件办理时间，提高办文效率。文件办理情况主要通过拟办、批办形式进行协调，或者通过催办、督办形式协调矛盾。

4. 协调领导之间的分工情况

机关主要领导及其他领导之间在工作中是否有明确的分工，这一点在文件处理中也有所反映。在实际工作中，由于各位领导看问题的角度不同及其他原因，在文件处理过程中也难免出现不协调现象。文件管理机构应该从维护领导班子团结、尊重领导职责分工出发，做好协调工作。具体表现在：协调领导之间文件的传阅工作、协调领导之间对文件的签发、协调领导之间的信息沟通。

（三）文件工作协调的原则

文件工作协调的原则也是指导协调工作的总指导方针。明确的协调原则对于及时化解矛盾、解决分歧，取得圆满的协调效果是非常重要的。

1. 分级原则

文件协调工作主要由机关领导、机关综合部门负责人以及文件管理部门承担。属于重大决策问题（如以机关名义制发文件）需由领导出面做好内外协调工作；属于机关综合性事务（如涉及机关许多部门的文件处理工作）由综合部门负责人协调；属于具体办文过程中的问题与矛盾由文件管理部门负责人或部门办公室负责人协调。明确协调层级，有助于区分责任，区别对待不同性质的问题，使协调工作顺利开展。

2. 全局原则

在整个协调工作中，应以全局利益为重，坚持疏导的方针，局部利益服从全局利益。在矛盾双方（或多方）以部门利益为重相互不让步的情况下，协调者更应从全局利益出发，在大局利益下找出各方的“共同点”，使其相互理解，达到协调一致。

3. 客观原则

协调人应以客观事实为依据，以法律法规为准绳，通过摆事实讲道理的方式化解矛盾解决分歧，不能从自己的主观意愿出发，否则会使矛盾扩大化、复杂化。因此，只有掌握协调的出发点和摆正协调人的位置，才能使协调工作事半功倍，取得满意的效果。

4. 沟通原则

文件工作中不协调现象的产生，往往在一定程度上是由于矛盾双方信息沟通不够或信息交流失真而造成的，因此加强沟通是非常必要的。加强沟通包括加强上下级的联系，加强机关自身、上下级以及与平行机关的沟通，互相了解、互相促进、互相支持；加强下对上的沟通，下情上达，及时反映下面的情况，为上级领导决策提供依据。通过沟通信息，交换意见，消除误解，矛盾和问题往往会迎刃而解。

5. 权威原则

做好协调工作需要建立协调工作的权威性，并提高协调人的地位。要更有效地处理文件工作中的问题，就必须树立综合部门及文件管理机构的地位，赋予其协调职权，并对协调人的地位、素质、能力提出相应的要求，使其具有一定的权威性。因此，协调工作必须建立在有理有据的专业知识之上，树立文件工作的权威、专业形象，使之令人心悦诚服，只有这样，才能做好协调工作。

6. 服务原则

协调也是一种服务，应把服务寓于协调的全过程。要树立为机关领导及各部门服务的思想，立足服务工作需求，端正协调工作态度，做到认真负责、谦虚谨慎。在协调过程中，对待所协调的问题，要分析研究，一抓到底，直到问题彻底解决；对待所协调的对象，要认真听取意见，妥善处理建议，做到虚心、诚心、耐心，真正通过协调工作把服务做到家、做到位。

五、文件工作考评

文件工作考评，指对文件工作各个环节及总体情况和效果的考核与评价。任何机构要想有效地实现其目标，就必须重视和搞好考评工作。文件工作考评是机构考评的重要内容之一，是对文件工作的效能监察，做好这一工作具有十分重要的意义。

（一）文件工作考评的现实意义

1. 有利于加强责任制，提高文件工作自身的效能

文件工作不像经济、科技工作那样效果直观，成效和差错都不易把握，考评工作难以操作，因而常常被忽视。而且，文件工作是一项统一领导、全员参与的工作，常常是出了问题的时候集体负责，难以追究个人责任。提倡对文件工作进行考评的目的在于，从各个环节入手分清优劣，分清集体和个人的责任，使这项工作有人抓、有人管，加强责任制，增强责任心，促使全体人员做好本职工作。

2. 有利于实现文件工作的科学化、规范化管理

一些单位对文件工作忙于应付、做完就算，很少进行反思、总结和评价。开展文件工作考评，实际上就是发动大家积极参与揭示矛盾、总结经验、反馈意见、扬长避短的过程，可以更好地克服缺点、改进工作、健全规章制度，使文件工作的质量与效率得到进一步提高。

3. 有利于提高整个机构的工作质量与效率

抓好文件工作考评，在大大提高文件工作自身质量与效率的同时，还可以大大促进和带动整个机关工作质量与效率的提高。机构内部各个部门的工作，都与文件工作有千丝万缕的联系。总之，文件工作考评实际上就是对文件工作的一次全过程认识和全面反思、提高完善的过程，有助于使工作有始有终，通过总结提炼工作规律。[①]

（二）文件工作考评的原则和内容

1. 文件工作考评的原则

文件工作考评要坚持三个原则。一是客观性原则。文件工作考评要以事实为依据，以实践为检验标准，重效果、重效率，客观公正，不能有任何主观随意性。二是整体性原则。文件工作是一个密切联系、相互影响的系统性工作，对文件工作的考评一定要从整体联系出发，把方方面面的情况综合起来考虑才能得出正确结论。三是科学性原则。文件工作考评的框架、指标体系、考评内容等要系统、全面，考评的方式、方法要得当，考评结果要恰切、合理，具有科学性。

2. 文件工作考评的内容

文件工作考评的内容，应能反映出工作目标和实现程度这两方面内容。根据机构实际情况，可以针对一份具体文件从撰拟到运转的过程，按文件工作的不同阶段列出具体的内容，将各阶段的考评内容加以综合，以反映一份具体文件运转过程的完成情况和总体效果。也可以从一个具体机构看，可以从发文、收文的角度列出考评内容，如：分别统计某一单位一年的发文量、收文量，测评发文水平和达到的程度级别、收文水平和达到的程度级别，总结效果和成绩，找寻差错和不足，反映出某单位文件工作的总体概况。

（三）文件工作考评的实践要点

1. 抓好制度建设与宣导

制度建设是文件工作考评的基础。通常各单位会根据中央和国家出台的公文处

---

① 周振华．文件学．修订本．扬州：广陵书社，2010：396－397．

理办法，结合本单位的实际制定相应的文件处理办法或规定，用以指导本单位的文件工作。在相关制度中，应针对文件处理各环节提出明确具体的要求，例如：办公室或其他综合部门负责对各部门文件质量进行考核；主办部门对文件内容及时效性负责；文件处理实行起草负责制，起草人（部门）全面承担责任；等等。这些规定都将成为文件工作考评的制度依据。在相关制度建立完善之后，要及时开展全员培训和制度宣导，如通过举办文件处理制度培训班、文件工作考核宣导会，让大家熟知并自觉遵守相关规定，为开展文件工作考评打下坚实基础。

2. 合理设计考评指标体系

考评指标体系是“指挥棒”，设计一套科学合理、可操作性强的考评指标体系是做好文件工作考评的关键所在。由于文件工作涉及方方面面，因此在选取考评指标时一定要反映本单位特点和工作目标，突出文件工作重点，同时应强化定量指标，减少考核的主观随意性，确保导向鲜明、考核公正、操作简单。

在确定考评指标时，重点是对文件时效和质量的考核。

（1）文件时效考核。即对文件办理时效进行考核。文件办理时间的长短，直接体现一个单位工作效率的高低、工作作风的好坏。例如，某单位在对文件处理时效进行考核时，通过耐心细致的调查研究和总结分析，设定本单位各类人员在处理不同文件时的最长时限（见表 2－2），对各部门超时办理文件的情况进行汇总，自动计入办公自动化系统作为考评依据，并将员工个人超时处理文件的记录提供给其上级主管领导查阅、参考。通过考核，该单位处理文件的时效性大大提升，由考核前的 15 个工作日下降到 3 个工作日以内，效果显著。

表 2－2　某单位为考核文件时效设定的文件处理时限

人员	特急件	急件	平件
A：文件起草人员。	7 小时	10 小时	14 小时
B：文件审批人、审核人。指参与文件审批、审核的公司领导、部门领导和处室领导等角色。	3 小时	5 小时	7 小时
C：文件会商人员。	5 小时	7 小时	10 小时
D：文件流转人员。指仅参与文件登记、分发、接收等流转工作的各部门工作人员。	1 小时	2 小时	3 小时

（2）文件质量考核。即对文件质量进行有针对性的考核。文件质量的好坏，如格式是否规范、内容是否正确、是否有错别字等，直接反映着一个单位的文件工作水平，有时还会影响业务工作的开展。为有效评估和提升各部门的文件质量，某单位在对文件质量进行考核时，将正文页均错误数量、附件错误数量、核稿退文次数、文件重发次数等要素纳入考核指标体系（见表 2－3），采取扣分制进行评价打分，满分为 10 分，最低分为 0 分，以引起办文人员的高度重视，不仅有效提升了各部门的文件质量，而且大大减轻了核稿部门的工作压力，取得了显著效果。

表 2-3　某单位为考核文件质量采取的扣分方法

指标/扣分	扣 1 分	扣 2 分	扣 3 分	扣 10 分
正文页均错误数量	2～3 处	4～5 处	6 处及以上	—
附件错误数量	1 处	2 处及以上	—	—
核稿退文次数	1 次	2 次及以上	—	—
文件重发次数	—	—	—	1 次及以上

3. 充分运用信息技术手段

技术就是生产力，文件工作考评必须坚持走技术支撑、技术引领的道路。当前，办公自动化系统（OA）已经得到普及，极大地提升了文件工作效率，摆脱了过去传统手工处理文件的时间和空间制约，同时也为进一步拓展文件工作考评功能搭建了平台、提供了便利。置身于现代办公环境，各单位文件工作考评虽然可能导向各有侧重、内容有所不同、指标体系各有特色，但是都应该充分运用信息技术手段，向着智能化、自动化、便捷化的方向发展。最常见的做法是在办公自动化系统中嵌入考核模块，实现对文件工作的完整记录和考核。例如，表 2-2 中提到的文件时效考核方案，就是在办公自动化系统中嵌入了相应考核模块，将文件按特急件、急件和平件性质分类，根据办理过程中的起草、审核、会商等不同角色（A、B、C、D）自动分配办理时间，并将实际办理时间记入后台系统。借助信息技术手段，各部门员工在处理文件时，能根据自己的角色、文件的紧急程度等清晰地看到自己办理文件的时限要求，如果超过规定办理时限，考评系统就会自动提醒催办，及时向主办部门发送提示邮件，提高办文效率，减少、杜绝办文拖沓现象。

第三节　文件工作人员的培养

传统的办公自动化系统多是指文字处理系统、文档管理系统等，无法实现信息的共享、交换、传递，无法实现机构内部的协调，难以对音频、视频、图形、扫描图像等非文本的多媒体信息、超文本信息进行有效的处理。现代办公环境完全解决了这些问题，并更着重于提供办公信息的共享、交换、传递、监控和协同工作的功能。从这个意义上说，现代办公自动化环境下的办公实际上是人与人、人与部门、部门之间的信息共享、交换、组织、分类、传递及处理和协调，各种办公业务活动逐步由各种设备、各种人机信息系统来协助完成，从而达到机构整体目标。在这种环境下，文件工作人员应该如何定位自己的角色、履行自身的职能？

一、文件工作人员的角色定位

在现代办公环境下，文件工作发生了巨大变化。办公信息的收集、加工、存储、传递等各个环节实现了自动化、高速化和标准化，大大提高了信息工作的准确性和时效性，使文件工作人员能够高质量、高速度地对各种信息做出反应，及时有效地处理大量复杂多变的信息，解决过去许多靠手工劳动无法很好操作的复杂多变的计算、分析、整理等问题，减少许多可能发生的人为失误，同时，还有利于提高信息的处理效率，实现信息资源共享。在传统办公环境下对信息的登记、分类、分发、存档、检索以及打印等，都靠手工作业，费时费力。在实现办公自动化以后，建立起数据库、文件库、用户库等各类系统，不仅可以减轻繁重的手工劳动，而且有助于打破信息利用、流通方面的人为屏障，实现信息资源共享，为信息的流通以及信息的增值创造必要的条件。随着电子政务和电子商务的迅速发展，现代办公日益自动化、网络化和信息化，文件工作作为机构的运行支柱和信息通道，作用日益重要。

文件工作人员是文件工作的具体承担者，新的工作环境不仅使得文件工作更加高效，同时也对个人素养、职业定位等各个方面提出了新的要求。因此，文件工作人员的主要职能不仅包括获取、制作、传递、处理、存储文件信息，而且包括熟练使用现代办公设备，为领导和机关各个职能或业务部门提供高效经济的信息服务，促进领导决策的科学化以及各个职能部门工作任务的顺利完成。具体来说，现代办公环境下文件工作人员的角色定位应该如下。

（一）机构信息的加工者

信息时代，机构每天要处理的信息量以几何级数不断增大，对每一位文件工作人员的办公效率提出了很高的要求。如果没有从浩如烟海的信息海洋中有效处理信息的能力，没有熟练使用现代办公设备的技能，那么将很难胜任工作。在网络环境下，文件工作人员必须利用计算机网络，在用户、单位部门之间协调工作，对各种信息进行接收、筛选、加工、处置、提炼，制作新的信息，并通过网络进行实时传递和交流，共享所需信息，提供决策支持。

从一定意义上来说，文件工作人员是信息的加工者，承担着机构与外机构之间、机构内部及各部门之间的信息组织、传递与沟通工作，文件工作人员工作的绩效直接关系到整个机构运行的效率。因此，文件工作人员必须熟悉本机构的职能业务和文件信息状况，精通电子计算机的操作运用，能够及时更新知识，提高素质，适应形势的需要，不断强化自身的信息观念，增强工作的使命感和责任感，培养严谨的工作作风，遵守职业道德和职业纪律，适应社会形势的变化，树立改革创新的精神，以使文件信息充分发挥作用。

（二）领导决策的辅助者

在信息社会，信息成为重要的资源，但是由于信息数量的大量增加，机构的管理者或领导者往往难以掌握全面系统或精准专指的信息。而文件工作人员负责文件信息的收集、处理、筛选、加工、制作，比一般工作人员拥有并掌握更多的信息，具有综合处理各种复杂信息的能力，因此有责任、有条件更好地辅助决策、辅助领导和各个业务部门完成各种事务的处理，并为决策人员及时提供分析数据和判断依据。例如：文件工作人员能够为决策者及时提供决策所需要的信息，这些信息具有极强的针对性，是文件工作人员筛选、归纳、分析、综合等思维活动的智力成果。同时，文件工作人员还可以通过管理信息系统的辅助决策功能提供决策方案，供领导研究、参考和抉择，这种借助于现代技术辅助决策的模式是新形势下文件工作人员辅助决策的重要方式，并将得到进一步的发展，同时，这种模式也大大提升了文件工作的质量和文件工作人员的智力层次。文件工作人员要具备较强的理论思维能力，较高的专业知识水平，广博的知识结构，较强的信息吸收、信息处理和信息研究能力，以及崇高的职业道德，这样才能够真正做好辅助决策工作。

（三）业务管理的服务者

任何组织或机构总有其特定的职能目标和工作重心，文件工作都是围绕这些职能目标和工作重心而组织和展开的，是一项具有辅助性、服务性的信息工作。因此，文件部门及其工作人员的角色将主要是信息服务的提供者，它的各项具体职能明确地表现为文件信息的收集、加工、处理、传递、存储，有效提供更具权威性、系统性、针对性和时效性的信息，满足组织或机构及其各个部门广泛的信息需求。在现代办公环境下，文件部门应充分利用现代各种办公手段，保持与各个职能或业务部门的实时互动，了解各方面的信息需求，提供尽可能多的渠道，向各个部门提供规范、权威、系统和有效的信息。这就要求文件工作人员必须转变服务观念，改变过去被动服务的方式，主动了解需求，跟踪各个部门业务活动的内容，有针对性地提供高效的信息服务。同时，还要树立信息理念，提高信息能力，培养自身信息素养，这是文件工作人员做好信息服务的前提和基础。

总之，文件工作人员应该清醒地认识到自身在新的历史条件下的使命和职能，找准自己的定位，适时地调整自己的思想观念、知识结构和能力结构，以不断学习、不断进取、不断创新的积极态度迎接各种挑战，更加出色地完成文件工作。

二、文件工作人员的层次

根据文件工作人员所在机构的层次级别和职能范围，可分为中央、省市和基层机关的文件工作人员；根据文件工作人员所在岗位的不同，可分为收文人员、发文人员、文字秘书、机要人员、文印人员、档案人员等；根据文件工作人员在机构中的职责和权力大小，又可分为领导层、管理层、操作层。最后一种划分方法最具代表性，在各类社会组织中具有广泛的适用性。

（一）领导层

领导层是一个机构的高层决策者，承担着规划、决策的重任。领导层对文件工作的理解和重视程度，直接关系到机构文件工作的质量和水平。作为领导，尤其是分管文件工作的领导，应该从思想上高度重视文件工作的科学开展，支持和推动本机关文件工作机构、队伍、制度建设，把文件工作的有效开展作为机关整体发展目标的重要组成部分，对文件工作中的政策、方针等重大原则问题做出正确决策，同时以身作则、当好表率，推动本机构的文件工作开展。

（二）管理层

管理层是通过协调其他人的活动达到与别人一起或者通过别人实现组织目标的人。作为机构的文件工作管理层，通常是办公厅（室）主任、秘书处处长、文书档案处处长等，是文件工作顺利开展的中坚力量。他们以贯彻执行并组织落实领导层的文件工作指导思想为己任，担负着机关文件工作的具体组织、控制、执行以及部分具体的文件处理职能，如起草文稿、审核文件等。作为文件工作的管理人员，既要对领导层的意图做好贯彻执行，同时也要对操作人员的具体工作进行指导和控制，责任重大，必须有过硬的政策水平和专业技能。

（三）操作层

操作层是具体从事领导和管理层交办工作的办事人员。作为机构文件工作的操作层，在大型单位通常按照岗位分工负责一项具体的文件工作，如收文人员、发文人员；在一些职能比较集中、规模比较小的单位，操作人员通常身兼数职，如综合秘书既要负责文件收文，同时还要负责核稿、发文，以及后续的档案归档管理，等等。文件操作人员虽然处在文件工作层级的最底层，却是文件工作人员的主体，是文件工作有效开展的基础。随着文件工作的日益现代化和专业化，具备扎实的文件工作技能、较高的综合素质和很强的学习适应能力的文件操作人员日益受到重视。文件操作人员要始终坚持高标准、严要求，不仅要扩展专业技能和电脑技能，还要坚持提升政策水平、强化管理知识、学习业务知识，真正地融入机构发展中去。

三、文件工作人员的素质要求

文件工作人员的素质要求，是指文件工作人员从事文件工作所应该具备的思想道德、知识能力和心理体魄等状况的总和。

现代办公环境对文件工作人员提出了更高的素质要求。早期的办公自动化环境实际上是对个体工作的自动化，文件工作人员只要懂得办公设备的使用，懂得电脑操作，学会汉字输入，懂得电脑打字，就可以完成文件工作。而现代办公自动化环境通过计算机网络将所有组织机构中的员工联系起来，通过网络来完成大部分业务工作，是全员的办公自动化。因此，它要求所有人员，上至领导，下至各级员工，都能熟练使用电脑、网络和办公软件。尤其是文件工作人员，作为文件信息的组织者和控制者，应具有更高的素质，以便从容应对现代办公环境下文件信息处理和管理的各种问题。

（一）基本素质

文件工作人员的素质要求，受到文件工作特性的制约，体现出较强的时代性。从具体要求方面看，由于文件工作人员在文件工作中所处的层次和岗位不同，因此其素质要求势必具有相应的差异性。这里从文件工作人员的整体出发，来探讨新时期文件工作人员应该具备的基本素质。概括起来，主要包括以下几个方面。

1. 政治觉悟高

这是由文件工作的政治性、机要性特性决定的。文件工作不同于一般工作，任何一个机构的最核心的信息资源，都离不开文件和文件工作的支持。例如一份重要的决议精神，需要通过形成文件来正式确认，通过文件流转来推动实际工作，通过文件保管来保留历史凭据，等等。在机构内部，文件工作部门是所在机构的机要部门，文件工作人员总是最早接触、持续接触重要文件信息的人。文件工作一旦出现差错，如出现文件贻误、失误、泄密、丢失，轻则影响工作正常开展，重则导致无法挽回的重大损失，甚至犯下政治性错误。因此，作为文件工作人员，必须要有高度的政治觉悟和责任感，始终做到党性强、政治觉悟高、作风正派、自觉遵守纪律、严守秘密。

2. 政策水平高

要有较高的政策水平，这是由文件工作人员的工作对象、工作内容所决定的。一方面，机关文件很多是有关党和国家的方针政策的，文件工作人员没有一定的政策水平就难以对这些文件进行准确、科学的处理；另一方面，许多工作内容需要较高的政策水平作基础，如为领导筛选和提供有价值的信息材料，没有一定的政策水平就无法胜任。在实际工作中也会发现，如果机关的文件工作人员政策水平高一些，文件工作的质量就好一些；如果政策水平低，文件工作就会漏洞百出。因此，作为一名文件工作的专业人员，是否拥有较高的政策水平，是否拥有敏锐的政策敏感性，是衡量其合格与否的重要标志。另外，从更高的层面上讲，政策水平高也是提升文件工作层次的基础，只有经常、深入地研究政策，才能制定出符合机构实际的文件工作战略，才能充分抓住政策机遇、利用好政策空间，促进文件工作的科学发展。

3. 学习能力强

文件工作是一项快节奏、高层次的运动。工作内容、工作方式和手段等都在不断地变化和发展，因此，作为文件管理人员，应树立不断学习、终身学习的思想，坚持不懈地学习新知识，不断地更新知识，学习现代信息技术和熟练掌握现代办公设备的操作技能，合理建构自己的能力结构与知识结构，使自己能够使用领先技术，主动地运用新技术、新信息解决文件工作中随机出现的各种复杂问题。同时，学习不是为了学习，而是为了掌握新知识，更好地进行创新。因此，学习能力强的素质要求，同时也意味着要有较强的创新能力与动手实践能力。

4. 分析能力强

现代信息技术不断地推陈出新，包括文件在内的信息资源开发和利用正在向深度和广度两个方向不断拓展，人们发现可利用信息的总量正在不断增长。这决定了文件工作人员必须具备良好的判断、演绎、归纳、推理能力和创造性的思考能力，以及对各种信息筛选、综合、分析以及加工处理的能力。一方面，文件工作人员在实践工作中经常需要了解、领会、贯彻领导意图，需要很好地开展调查研究，需要服务各职能部门，这离不开较强的分析研究能力。另一方面，文件工作的很多环节是具体的事务性工作，如果陷于其中、疲于应付，不思考原因、不分析问题、不总结规律，就无法胜任这项工作。李瑞环同志在《辩证法随谈》中谈到分析问题、总结经验的重要性时，有段名言值得借鉴。他说："我们有许多同志，年龄差不多，经历差不多，天赋差不多，实干精神也差不多，进步快慢却差得很多。原因可以找很多，其中一条就是善不善于总结经验。有的同志每干完一件事，都要琢磨琢磨，找出对的在哪，错的在哪，这叫作吃一堑、长一智，打一仗、进一步。而有的同志叫干就干，干完就算，稀里糊涂，马马虎虎，知其然，不知其所以然，因而进步就慢。"

5. 表达能力强

表达能力，是把自己的思想和对事物的感受通过口头或书面的形式充分表达出来的能力。作为与文件、信息和知识打交道最多的文件工作人员，这应该成为其必备的特长。其中，书面表达能力对文件工作人员来说尤为重要。文件工作的很多主要业务环节需要应用书面表达能力，只有拥有较高的文字写作能力，才能简明扼要地讲清楚事情，做到语言规范、概括准确、逻辑性强、深入浅出。

6. 协调能力强

只要分工存在，沟通就必不可少。一份文件的撰制、运转往往需要一定范围内若干相关人员的参与和协作，因此文件工作人员应具备沟通协调与团结合作能力，并始终保持对各种工作对象和环境的充分适应。文件工作人员要善于与方方面面的人员打交道，善于与不同机构或部门甚至不同行业的人员协同工作，不断开阔视野，保持同各种工作部门和人员的良好合作关系，从而快速实现工作目标。

上述素质是对文件工作人员在现代办公环境中的基本素质的要求。除此之外，还应特别强调文件工作人员的信息素养，如信息理念和信息能力，因为在信息时代，在网络环境下，这对文件工作人员完成文件工作职能是至关重要的。

（二）信息素养

"信息素养"一词是从英文 information literacy 翻译而来的，又译为"信息素质"。信息素养，最早由美国信息产业协会主席保罗·泽考斯基于 1974 年提出，并被定义为"利用大量的信息工具及主要信息资源使问题得到解答的技术和技能"。后来，信息素养的概念不断丰富和演变，在信息技术和技能之上逐渐加入了信息理念等意识层面的内容，使得信息素养的概念不断完善。现在，信息素养通常指的是人们对信息这一普遍存在的社会现象的重要性的认识，以及人们在信息活动中所表现出来的反映各种能力的综合素质。

当今时代，强调信息素养，从根本上讲源于信息的极端重要性。如图2－3所示，信息和物质、能源并列为人类社会发展的三大资源。对物质的研究带来了农业革命，创造了农业社会文明；对能源的开发利用带来了工业革命，创造了工业社会文明；对信息的研究与共享则引发了信息革命，让我们迎来了飞速发展的信息社会。当前全世界范围内的信息化浪潮是由工业社会向信息社会前进的动态过程，反映的就是从物质、能源起主导作用的社会向以信息产品起主导作用的社会的演化和转型。

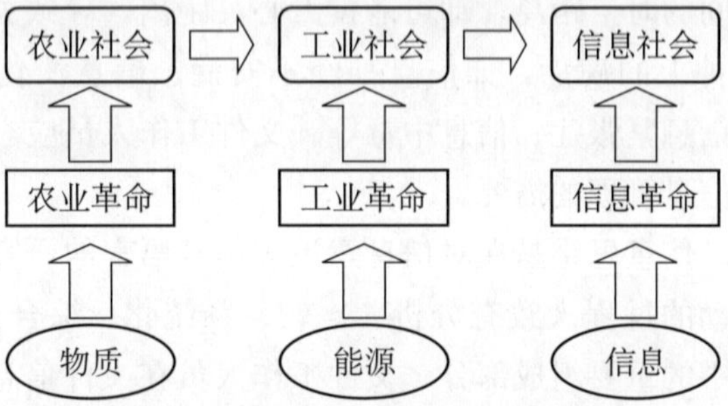

图2－3　人类社会发展的三大资源

可见，信息素养是信息时代人才不可或缺的能力，对文件工作人员来说更是重中之重。具体地说，文件工作人员的信息素养主要包括两大方面的内容。

1. 信息理念

文件工作人员的信息理念，指文件工作人员所具有的信息观念意识和心理状态，通过文件信息管理的行为得以体现。树立信息理念不仅是社会信息化建设的重要内容，是人的信息管理行为的意识基础，也是人们利用社会信息资源的基础。信息理念的普及化是社会信息化的前提。文件是一个机构的核心信息，文件工作部门是一个机构信息管理的主要部门之一，文件工作人员是机构核心信息——文件信息管理的组织者和控制者。在现代办公环境中，文件工作人员是否具有信息理念，直接影响文件信息的组织、收集、筛选、加工、使用，影响一个机构整体管理效率的提高。

信息时代，文件作为机构的核心信息资源，支撑着各项管理活动的开展。作为文件信息的组织者和控制者，文件工作人员应具备系统、完整的信息管理知识，以信息知识为先导，掌握组织行为学、管理学等系统知识，更好地开展文件信息资源的管理活动。

文件工作人员的信息理念主要包括以下几个方面：

（1）信息意识。信息意识是人脑的机能和属性，是人潜心捕捉、发现、分析、判断、吸收和利用信息的欲望，是信息主体对信息的认识过程，也是其对外界信息环境变化的一种能动反映。因此，信息意识对信息主体的信息行为必然起着控制作用，信息意识的强弱直接影响到信息主体的信息行为效果。文件工作人员的信息意识对其在自身工作中对文件信息收集、筛选、制作、传递、处理、存储以及获取、保密、更新等方面的行为都会产生直接的影响。只有具备良好的信息意识，主动地从大量的文件信息以及其他信息资源中感知、发现、获取和利用各种有关信息，才能提供高品质的文件信息服务。

（2）信息心理。现代信息社会巨大的信息生产量以及高速的信息流动，往往使人们对信息产生紧张、过敏、恐慌等不良情绪。面对杂乱无序和数量庞大的信息，人们要具有良好的信息承受能力和筛选能力，以平常心态积极处理各种纷繁复杂的文件信息。特别是在办公自动化的环境下，人们在网络上获取或交换文件信息，尽管缩短了人与人之间的时空距离，却可能拉大心灵距离，导致关系疏远、认识有隔膜，甚至心理和精神上的病症，如信息神经不安症、信息消化不良症、信息厌食症、信息过敏症、信息紧张症、信息中毒等。文件工作人员应学会调整自己的信息心理，以适应文件信息管理的需要。

（3）信息思维。信息思维是在对信息意识、信息语言的研究过程中出现的新的概念，信息思维活动的过程大致有分析、比较、系统化、综合化、具体化等程序，信息分析综合是其中的重要组成部分。文件工作人员在文件信息的制作、加工、筛选、处理等各项工作中都需要对信息进行分析、综合，而信息的分析综合能力是信息思维活动的重要途径。文件工作人员应培养自身的信息思维能力，培养创造性，由此大幅度提升文件工作人员的工作质量和效率。

文件工作人员只有具有上述信息理念，才能在信息时代高效地获取信息，成功地、批判性地评价信息，在文件信息的海洋中剔除、筛选、加工信息，并能够对所搜寻到的信息予以精确的、创造性的使用。具有了信息理念，文件工作人员能够同时根据本机关、单位各项管理活动的需要，搜寻、探求与之相关的信息，创造性地使之与履行有关职能活动或管理活动联系起来，努力在信息使用和知识创新中做得更好，为顺利实现机构的管理目标提供高效经济的文件信息支持。

2. 信息能力

文件工作人员的信息能力，指确定、处理和使用信息的能力，即对信息的获取、理解、分析、加工、处理、创造、传递的理解和活用能力。在现代办公环境中，文件工作人员的能力，除了敏锐的观察能力、良好的记忆能力、丰富的想象能力和科学的思维能力之外，最重要的就是信息能力。它既是文件工作人员在信息时代应该具有的最重要的能力，也是其他能力的基础。

随着社会的信息化和信息的社会化，政府或企业均借助于先进的办公自动化平台处理信息、管理事务、制定政策等，在这种环境下，文件工作人员在某种意义上已经成为“信息工人”，负责对政府或企业等机构管理活动中已完全数字化的信息进行记录、存储、处理和交换。但是，由于信息呈爆炸式急剧增长，机构系统内部和外部的大量信息将会通过各种渠道潮水般地涌入本机构的办公信息系统，而这些信息有真有假、有好有坏，有用、无用的信息都混杂在一起。在“信息的海洋”中快速、高效地捕捉、开发、提炼管理者和决策者所需信息，在很大程度上有赖于文件工作人员信息能力的提高。

文件工作人员的信息能力包括：信息分析能力，即面对浩如烟海、急剧增长、难辨真伪的文件信息，要运用信息分析能力对文件信息进行分析鉴别，去粗取精，去伪存真；信息获取能力，包括建立和掌握信息源、开发信息源并从中吸收利用的能力；信息处理能力，主要是对文件信息进行加工、整理和利用各种手段（包括计算机等现代化设备）存储、阅读、吸收信息的能力；信息创新能力，即对原有信息进行搜集、归类，整理出具有更高价值的最新信息的能力；信息技术能力，即善于利用各种新的信息技术来获取和处理所需信息的能力。文件工作人员的信息能力可用图2－4表示。

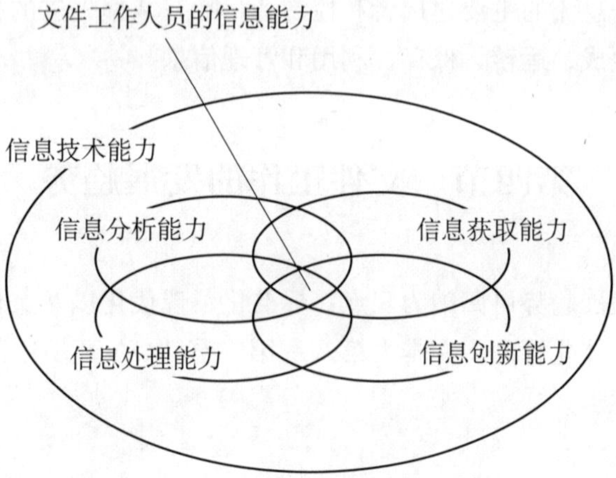

图2－4　文件工作人员信息能力示意图

文件工作人员应提高搜集、分析、活用信息的能力，做到：

（1）保持对信息的灵敏反应。文件工作人员应保持对与主要职能活动有关的各类信息的好奇和敏感，主动地介入信息的收集和研究。因为，对信息反应的灵敏度的驱动力容易驱使人们采取行动、搜集信息，主动深入研究或实地考察，掌握实时的一手资料，保持对“新事物”“新信息”的敏感，敏锐地发现和捕捉到其中潜藏的重要信息，迅速掌握有效信息，更好地为领导者提供有价值的信息，为其决策和管理活动服务。

（2）保持与本部门外部的互动，获取“活”信息。信息遵守“不流则腐”的原则，即信息应是经常流通的，只有流通的信息，才能带来社会的发展和技术的进步，以及一些新想法和新观念的产生，如同银行中的资金，只有流动起来才能产生效益。在现代办公环境下的文件工作人员不能“蹲守”办公室，被动等待信息主动传来，或者固守眼前的一些文件信息，而应该运用现代办公手段和网络与通信技术，搜寻和收集与职能活动相关的、现实的、即时的、有价值的“活”信息，通过这些信息的流通更好地实现机构的职能目标。

（3）激活并升值信息。网络时代工作方式的变化，使文件工作人员由处理纸质文件信息转变为对电子文件信息进行智能化管理。在这种环境下，文件工作人员利用授权与开放的网络，可以快捷地收集文件等各种信息，高效地制作各种类型的文本甚至多媒体文件，更多地运用数字化管理平台提供信息、处理数据，轻松实现信息的比较、分析、研究，以重新思考各种数据信息的意义，使其变化和差异呈现出来，从而发现其中隐藏的足以启发组织方针和组织行为的事物和特征。因此，"激活"信息并使之升值便是信息能力的重要体现。

（4）提升技术操作技能。现代办公环境是用技术建构起来的开放的信息系统，其核心技术是通信技术和计算机技术，主要包括半导体技术、信息传输技术、多媒体技术、数据库技术和数字压缩技术等。通过这些技术的融合，实现办公的数字化、网络化和信息化，其中数字化是技术手段，网络化是实际途径，信息化是最终目的。在现代办公环境下，文件工作人员是现代办公最重要的主力军，作为一个机构和机构中文件信息流的主要建构者和控制者，唯有掌握先进的技术与设备的操作技能，才能有效生成、运转、保存、利用和管理信息。

第四节　文件工作的发展趋势

文件工作的发展趋势可归纳为三点：标准化、现代化以及文件、档案一体化管理。文件、档案一体化管理将在本书第八章第二节"OA 环境中的文件、档案一体化管理"集中阐述。

一、标准化趋势

文件工作标准化是指对文件工作中反复使用的概念、循环往复的处理程序及其他规律性的管理活动，通过制定、实施标准以获得文件工作最佳效能的活动过程。文件工作中有许多重复出现的事物，如文件格式、文件元数据、文件术语与代码等，还有周而复始的文件处理程序，其中每一个环节及其方法也是不断运转和使用的，这些重复出现的概念和事物正是制定标准的对象，使得实现文件工作标准化具有可行性。加之文件工作本身对规范性、准确性、权威性和时效性的特殊要求，以及文件工作现代化的发展趋势，更使文件工作标准化成为客观之必然。

（一）文件工作标准化的动因

第一，文件工作标准化既是文件工作现代化的前提和基础，也是现代办公环境下文件工作走向规范化、科学化的标志和基础。随着信息技术的广泛运用及电子政务的开展，文件工作现代化日益明显，客观上需要标准化工作不断完善和发展。

第二，文件工作标准化是实现文件工作科学管理的重要手段。对文件工作进行科学管理，要求根据文件工作的规律和特点，通过各种法规、标准等科学手段，开展文件工作。其中，标准化是一个重要环节，它是建立各种科学管理制度的基础。各项业务和技术标准的制定是文件工作科学管理的重要内容，它可以提高文件工作的管理水平，使其管理规范化，从而达到优质高效。

第三，文件工作标准化是提高文件工作质量及效率的内在要求。通过制定、发布和实施标准，文件工作领域内需要协调统一的重复事物和概念达到协调统一，可以获得良好的工作秩序，减少重复劳动，节省人力、物力和财力，从而提高工作效率。文件工作标准化是提高文件工作质量和效率的有效措施。

文件工作标准化是一个相对的、动态的、逐步完善的过程。虽然在标准化过程中，我国对文件工作制定、实施了一些标准，但是，现代办公环境下的文件工作又不断对文件工作标准提出新的要求，传统标准需要与现代标准相结合，国内标准需要与国际标准相结合，文件工作的质量客观上还需要配套的标准体系去保证，而这些都还处于完善与发展之中。因此，文件工作标准化过程既是文件工作标准不断完善与发展的过程，也是文件工作不断走向优质高效的过程。可见，文件工作标准化是文件工作发展的必然趋势之一。

（二）文件工作标准化的原理

实现文件工作标准化，既要遵循标准化的一般原理，又要结合文件工作自身的特点。文件工作标准化原理体现在以下四个方面：

1. 简化原理

文件工作的简化是指适当地精简文件种类、格式、发文数量，简化处理程序，将文件与文件工作的各要素限定在必要的范围之内。简化是标准化的初级形式，是实践中应用较广的一种标准化形式，是针对事物的多样性采取的限制措施。“简化”并非任意的“简单化”，其目的在于使文件与文件工作的各个方面在整体构成上精简合理，达到最佳的功能效果。文件工作中需要简化的范畴主要包括：

（1）种类的简化。我国古代文书，文种繁多，虽历经简化，但至今仍存在一些重复或功能相似的文种。因此，有必要通过标准化活动，合理简化文件工作，即通过对不必要、不合理的文种的简化，使保留下来的文种具有较高的效能。

（2）格式的简化。简化文件格式，目的在于删繁就简，避免同一格式中项目重复、交叉的现象，提高文件工作撰制和传递的效率。如 2000 年 8 月，国务院关于发布最新《国家行政机关公文处理办法》的通知，对国家机关的行文规则做了一系列规定，使式样纷繁的公文格式得到统一和简化。

（3）工作环节的简化。在文件工作中，有的工作环节不完善、不健全；有的工作环节又过于烦琐，比如登记工作，一份文件在处理工作中要履行多道登记手续，这种大量重复性环节影响到整个文件工作的效率。因此，在建立、健全正常工作秩序的同时，需要合理简化不必要的环节与手续，提高效能。

2. 统一原理

文件工作的统一是指在一定时期、一定条件下，将文件与文件工作中具有多样性、相关性的诸种概念、事物合而为一或限定在一定范围内的措施。其目的在于消除因不必要的多样性而造成的混乱，为文件工作的正常进行建立共同遵循的规范。统一原理的实质是达到必要的一致性，并将这种一致性以标准化的形式确定下来。文件工作的统一不同于简化，统一着眼于取得一致性，从个性中提炼共性。文件工作中需要统一的范畴主要有：

（1）概念的统一。这是文件工作中首先应统一的内容。文件工作涉及许多概念，这些概念是信息交流的通用语言，必须具有广泛的一致性，在尽可能大的范围内和程度上实现统一。

（2）格式的统一。文件的权威性和通用性决定了文件必须具有统一规范的格式，以便共同遵循，从而提高撰制与处理的效率。

（3）管理制度的统一。文件管理制度的不统一会妨碍文件工作秩序的建立和各种关系的协调。在标准化活动中，应首先统一机关内部文件管理制度，并逐步扩大统一的范围和深度。

（4）载体和设备用具的统一。对文件的载体和设备用具，既要有统一的质量要求，又要有统一的规格和尺寸，以方便文件的传递、保管和利用。

3. 协调原理

文件工作的协调是指在一定条件下，使文件工作的内外相关因素达到相对稳定和相对平衡，以便实现文件工作系统整体功能的最佳效果。在文件工作标准化系统中，通常需要进行三方面的协调：

（1）标准内部要素的协调，如协调行文过程中各部门的发文权限，以免行文混乱。

（2）标准之间的协调，如对暂存制度、销毁制度进行协调，明确各自的范围界限。

（3）文件工作标准和文献工作等相关领域标准之间的协调，使标准通用于更大的范围，发挥信息之间的共享效用。

4. 优化原理

文件工作的优化是指按照特定的目标，在一定条件下，以科学技术和实践经验的综合成果为基础，对文件工作标准系统的构成要素及相互间关系进行选择、设计或调整，使之达到最佳的效果。在运用优化原理时，一般遵循以下程序：

（1）确定目标。工作开始前，先从标准化对象的整体功能出发确定目标，这是优化的出发点。

（2）明确限制条件。标准要受系统内外和相关因素的制约，只有在条件许可和相关因素协调的基础上，优化的结果才是现实可行的。

（3）分析和决策。即对各种标准化方案进行分析比较，从中选取最佳方案。从我国现有的和即将出台的标准来看，我国文件工作标准化尚处于起步阶段，相应的法律、安全、管理及技术规范等都还不够完备，主要表现在：宏观管理不力，管理制度不健全；未建立起科学的文件工作标准体系；标准的质量有待提高。

（三）文件工作标准化的启示

首先，要明确文件工作的发展方向，建立文件工作标准体系。文件工作标准体系是将在文件工作中形成和使用的标准按其内在联系整合形成的科学有机整体，它既是实现文件工作标准化的总体设计，也是制定文件工作标准的规划、计划的指南和依据。目前，我国制定的文件工作标准只有几项，远未形成体系，而文件工作的质量又需要一系列配套标准去保证，这就要求建立文件工作的标准体系，逐步制定、贯彻和完善各项标准，使标准化活动在文件工作中全面展开。文件工作标准体系的建立既要照顾文件工作的传统做法，又要适应文件工作现代化的需要，采取现代化的手段，使二者尽可能结合起来。另外，文件工作标准体系既要有相对的稳定性，又要随着实际情况的变化和工作的进展不断予以补充、修订和完善。

其次，应积极借鉴国外先进标准。目前，国际标准化组织（ISO）已经制定了一系列有关文件格式、文件载体、术语代码、数据源等方面的文件工作标准，美国、日本等国也有一定数量的文件工作标准。对于国外先进标准，可以结合我国实际情况，按照等同采用、等效采用、参照采用的不同方法，制定我国的国家标准。值得注意的是，不论采用哪种方法，都必须考虑到文件工作的特殊性以及国情和文化背景的差异。

二、现代化趋势

随着计算机与网络通信技术被广泛运用于文件工作，文件工作的对象、方法、模式、管理思想等不可避免地出现了一系列相应的变革，向着现代化的方向迈进。文件工作现代化趋势是指将处于领先地位的科学管理方法和技术手段应用于文件工作中，使文件工作达到先进的科学管理水平。

（一）文件工作现代化的动因

文件工作现代化是一个相对的概念和渐进的过程，随着时代的发展和科技的进步，文件工作现代化又不断被赋予新的内涵。文件工作现代化也是一项全方位的系统工程，它不仅涉及现代化技术与设备的运用，而且涉及科学的管理方法与模式的应用，涉及掌握现代科技知识与技能的文件工作人员。文件工作现代化是文件工作发展的必然趋势，其动因主要表现在以下两方面。

1. 外在动力——信息技术革命

计算机技术、现代通信技术和网络技术的迅速发展极大地推动了人类的进步和社会的发展，正在从根本上改变人们的工作方式和生活方式。面对新技术浪潮，办公自动化、电子政务应运而生，文件工作现代化势在必行。在信息的社会化与社会的信息化进程中，文件作为机构和社会的核心信息资源具有特殊的效用和价值，文件工作的现代化水平不仅影响到各类组织机构的管理效能，而且是推动社会信息化进程的关键所在。现代信息社会要求文件信息的采集、加工、利用等一改传统、落后的手工方式，用现代、先进的办公技术来取代，以适应现代社会对文件工作高效、快捷的要求，满足信息社会信息资源共享的需求。文件工作现代化不仅是现代社会的标志之一，也是整个社会现代化的有机构成部分。新技术革命推动文件工作走向现代化，文件工作现代化反过来促使新技术得以在办公领域全面应用和迅速普及。

2. 内在需求——提高文件工作效能

在现代办公环境中，文件效用能否及时、有效地发挥取决于文件生成、传递、处理速度的快慢和质量的高低，这就要求提高包括各工作环节在内的文件工作的整体效能，而最佳捷径便是实现文件工作的现代化，用科学的理念对文件工作进行组织与控制，设计文件工作的最佳模式，采用先进的科学技术，不断使传统手工的工作过程物化于各种先进的技术设备之中，通过人机对话，实施智能管理，节约人力、物力和时间，提高各环节的工作效率，使文件工作的总体效能得以大幅度提高，满足现代社会对快捷、高效办事效率的要求。文件工作只有实现现代化，才能跟上数字转型时代的步伐，并高效、优质地为各项管理活动服务。

比如，随着移动网络和移动终端的普及，"移动办公"成为继电脑无纸化办公、互联网远程化办公之后的新一代办公模式。以某地政府的移动办公系统为例①，该系统包含了日常办公、办文、办会、申请、审批等各项功能，能够实现实时在线办公。在过去，一份文件从流转到办理完毕最快也得 2 周，如果中途有人出差、培训、下乡、调研、视察、开会等，需要的时间就更长，但是有了这个系统，通常不超过 3 个小时，文件就能传阅完毕，避免了文件长时间传阅不完及各种审批长时间无法完成等"公文旅行"现象的发生。同时，通过网上办文，不再需要印刷纸质文件资料，每年能节约印刷费用近 4 万元。

（二）文件工作现代化的相关要素

文件工作现代化是一项涉及多方面因素的系统工程，概括起来主要包括以下三个方面：

1. 管理机制现代化

文件工作管理机制是指文件工作的管理体制、方法、手段等构成要素及其功能与相互关系。文件工作现代化作为一个有机整体，其管理机制在其间发挥着组织与控制的作用。在现代办公环境中，文件工作相较传统文件工作存在很大不同，文件工作现代化对传统文件管理的理论、原则、技术、方法乃至管理体制提出了很大挑

① 王钟洪．临武县：移动办公系统让公文"跑起来"．人民之友，2018（12）．

战，要求尽快确立和实施现代文件工作的管理战略和管理模式，建立完善的管理机制，主要内容有：

(1) 适应文件、档案一体化管理以及数字转型的发展趋势，从系统论角度出发，理顺管理体制，完善机构设置，合理安排工作流程，重新规划人、财、物的流向与使用，统筹规划文件工作与档案工作，追求效率的最大化。

(2) 针对现代办公环境中产生的电子文件，运用现代管理理念、办法和手段，采用全方位的科学管理模式，如前端控制、全程管理等。

(3) 加快文件标准化建设，将其视为文件工作现代化的前期工程。

2. 技术手段现代化

科学的管理机制必须以现代化的技术手段与设备为“硬件”。在现代办公环境中，计算机技术、信息技术、网络通信技术以及各种现代技术的文件制作设备、传输设备、存储设备已被广泛运用，改变了传统的工作方式，大大提高了工作效率。

3. 人员素质现代化

要实现文件工作现代化，必须建立现代化的文件工作队伍。现代化的文件工作队伍不仅应当熟练应用各种信息化、网络化、数字化、移动化技术手段来提升文件工作水平，还应当始终保持开放观念，乐于学习新知识、新技能，能够紧跟时代和环境变化，不断推动文件工作从技能性工作向智能性工作转变，从事务型服务向参谋型服务转变。

（三）文件工作现代化的启示

首先，在现代办公环境下，文件工作人员应具有现代管理理念。一方面，文件工作人员要有信息意识，努力扩大信息源与信息量，不仅在文件的制作过程中注重信息的“含金量”，而且在文件的传递与办理过程中讲究准确、快捷，提高信息资源共享程度；另一方面，文件工作人员应提高效率意识，适应信息社会追求高效的时代特征，尽快学会运用现代化的技术与设备从事文件工作，提高文件制作、传输、办理、处置等各环节的效率，使文件及时发挥生命周期中各个阶段的最佳功效。

其次，现代办公环境还要求文件工作人员掌握更多的技能，即一专多能。不仅要熟悉文件工作的各个流程，还要了解档案工作的各个环节和工作规范、方法等，具备对文件的整个生命周期予以有效管理的能力，特别是具备运用现代科技手段和操作办公自动化设备的能力。

本章小结

1. 文件工作通常有广义和狭义之分；基本内容包括文件的撰制、传递、办理、处置、管理；基本特性是政治性、机要性、时效性、规范性、技术性；主要作用是助手作用、纽带作用和积累作用。

2. 文件工作的组织形式主要有集中式、分散式、复合式；文件工作协调要坚持分级原则、全局原则、客观原则、沟通原则、权威原则、服务原则；文件工作考评要坚持客观性、整体性、科学性原则。

3. 文件工作人员的角色定位是机构信息的加工者、领导决策的辅助者、业务管理的服务者；层次有领导层、管理层、操作层；基本素质要求包括政治觉悟高、政策水平高、学习能力强、分析能力强、表达能力强、协调能力强；信息素养主要包括信息理念和信息能力两大内容。

4. 文件工作的发展趋势包括标准化、现代化，以及文件、档案一体化管理。

思考与练习

1. 文件工作具有哪些特性与作用？
2. 文件工作包括哪些基本内容？
3. 现代办公环境中文件工作机构设置有何变化？
4. 如何做好文件工作的协调工作？
5. 如何看待文件工作人员的角色定位？
6. 现代办公环境中文件工作人员应该具备哪些基本素质？
7. 如何理解文件工作人员信息素养的重要性？
8. 在现代办公环境下，文件工作的发展趋势有哪些？

案例分析

阅读案例，回答下列问题。

1. 国务院为何对公文审批专门做出规定？
2. 如何看待做好文件工作中的协调工作的重要性？
3. 如何看待文件工作精简化是发展趋势？

2018年6月25日，最新修订的《国务院工作规则》（国发〔2018〕21号）印发实施。《规则》包括总则、组成人员职责、全面正确履行政府职能、坚持依法行政、实行科学民主决策、推进政务公开、健全监督制度、会议制度、公文审批、工作纪律、廉政和作风建设等11个章节64条内容，其中对国务院公文审批相关事项做出如下规定：

第九章 公文审批

四十五、各地区、各部门向国务院报送公文，应当符合《党政机关公文处理工作条例》的规定，严格遵循行文规则和程序。行文应当确有必要，讲求实效；未经批准不得越级行文，不得多头报文；请示应当一文一事，报告不得夹带请示事项。除国务院领导同志交办事项和必须直接报送的绝密级事项外，一般不得直接向国务院领导同志个人报送公文。

拟提请中央有关会议审议或提请以党中央、国务院名义联合发文的文件稿，内容主要涉及政府职责且牵头起草部门为国务院部门的，应依照中央有关规定，先按程序报国务院履行相关审议或审批程序。

四十六、各部门报送国务院的请示性公文，凡涉及其他部门职权的，必须主动与相关部门充分协商，由主办部门主要负责人与相关部门负责人会签或联合报国务院审批。部门之间有分歧的，主办部门主要负责人要主动协商；协商后仍不能取得一致意见的，主办部门应列明各方理据，提出办理建议，与相关部门负责人会签后报国务院决定。

部门之间征求意见或会签文件时，除主办部门另有时限要求外，一般应在7个工作日内回复；特殊情况不能按期回复的，应主动与主办部门沟通并商定回复时限及方式，逾期不回复视为无不同意见。

四十七、对各地区、各部门报送国务院审批的公文，国务院办公厅要切实履行审核把关责任，提出明确办理意见。对部门之间有分歧的事项，国务院分管领导同志应主动加强协调，取得一致意见或提出倾向性建议。国务院副秘书长要协助国务院分管领导同志做好协调工作。

公文及办理意见由国务院办公厅按照国务院领导同志分工呈批，并根据需要由国务院领导同志转请国务院其他领导同志核批，重大事项报总理审批。

四十八、国务院制定的行政法规、发布的命令、向全国人大或全国人大常委会提出的议案，由总理签署。

以国务院名义发文，经国务院分管领导同志审核后，由总理签发。

以国务院办公厅名义发文，由国务院秘书长签发；如有必要，报国务院分管领导同志签发或报总理签发。

四十九、国务院及各部门要精简文件简报。加强发文统筹，从严控制发文数量、发文规格和文件篇幅。属部门职权范围内事务、应由部门自行发文或联合发文的，不以国务院或国务院办公厅名义发文。凡法律、行政法规已作出明确规定、现行文件已有部署且仍然适用的，一律不再制发文件。分工方案原则上应与文件合并印发，不单独发文。每个部门原则上只向国务院报送1种简报。没有实质内容、可发可不发的文件简报，一律不发。

资料来源：国务院关于印发《国务院工作规则》的通知．中华人民共和国国务院公报，2018（20）．

阅读书目

1. 张晓青．中国公文史学．北京：经济科学出版社，2014.

2. 周振华．文书学．修订本．扬州：广陵书社，2010.

3. 裴燕生．历史文书．2版．北京：中国人民大学出版社，2009.

4. 房立洲．公文写作百法例讲．北京：经济科学出版社，2016.

5. 中华人民共和国国家质量监督检验检疫总局，中国国家标准化管理委员会．信息与文献 电子办公环境中文件管理原则与功能要求 第1部分：概述和原则（GB/T 34840.1—2017）．2017.

第三章

文件工作的基本规则

引子

文件工作具有全程管理、全员参与的特点，对标准化、规范化要求很高，必须遵从文件工作的基本规则，才能保证各方面协同工作。文件工作的基本规则具有层次性，包括适用于全部文件工作的基本原则，以及针对某些文件处理环节的具体规则。因此，有必要充分了解和运用这些基本原则与具体规则，以及熟悉用来体现这些原则与规则的文件工作制度，做到有法可依、有章可循，真正确保文件工作安全、高效、有序开展。

学习重点

掌握文件工作的基本原则，理解行文关系、行文方向、行文方式，熟练运用行文规则，全面把握文件工作制度的种类和主要内容。

关键术语

文件工作基本原则　　上行文
办理时限　　平行文
行文关系　　行文规则
隶属关系　　主送
业务指导关系　　抄送
不相隶属关系　　党政分开
平行关系　　联合行文
行文方向　　保密制度
下行文　　文件工作制度

第一节　文件工作基本原则

文件工作的基本原则是指贯穿于文件工作各个具体环节之中，用于指导文件工作顺利开展的基本准则。它是文件工作实践的科学总结，反映了文件工作的活动规律，是文件工作各项活动的准绳和依据。具体地说，包括以下基本原则。

一、准确原则

文件工作是一项严肃认真的工作，准确规范是对文件工作的质量要求，是文件工作的生命线和基础。文件及文件工作的质量，关系到文件效用的正常发挥，甚至关系到国家及社会组织的根本利益。作为文件工作的基本原则，准确既包括文件本身的质量，也包括文件处理程序各环节的质量。

第一，在文件的拟制过程中，要求严格执行党和国家的法律、法规和政策，做到观点正确、格式规范、用语贴切。

第二，在文件处理过程中，要体现严肃、认真的工作作风，做到程序完整、方法缜密、手续齐全。

第三，为了确保文件及文件工作的准确，需要建立、健全各项文件工作的活动规则，合理地设计文件处理程序。

二、及时原则

及时既是对文件工作效率的要求，也是文件工作时效性的具体体现。随着社会发展节奏的加快，作为管理手段的文件工作也必须提高自身的适应性。从文件工作总体上讲，及时原则要求视轻重缓急处理文件，加速文件的运转，做到不积压、不拖延、不误时误事。

第一，加快处理文件的节奏，必须明确办文的时限，即规定每个具体工作环节的时间，以确保文件工作的整体效率。例如，签收后的文件，要设定办理时限，逾期未办要说明原因。

第二，简化办文手续和难度，如提倡“报刊行文”等。

第三，采用现代化的办公手段，加快办文的速度。例如，有的单位统一给领导或业务人员配备移动办公设备，即使出差在外也可以通过手机等移动终端查看和批示文件。

三、安全原则

安全是对文件工作的管理要求，是文件工作政治性的集中体现。特别是一些涉及国家机密的文件，应严格遵守《中华人民共和国保守国家秘密法》的有关规定，建立完善的拟制、处理和运转管理制度，消除和防范不安全因素。

首先，要保证文件内容的安全。尤应注意在计算机和网络环境下保证文件内容不被窃取、篡改或销毁；文件工作的各个环节都必须注意保密，不允许失密、泄密问题的出现；不能把机密文件的内容告诉不应该知道的人员，不要让与机密文件无关的人员接触到文件，内网、外网须采取隔离措施；等等。

其次，要保证文件实体的安全。确保文件不丢失、不破损；使用比较耐久的字迹材料和合乎要求的载体材料，减少各种人为或自然破坏因素，延长文件的寿命。

四、精简原则

精简，就是要求文件工作追求简便、讲求实效。精简原则主要体现在三个方面：

首先，发文少而精。不必事事发文，凡是能够不发的文件一律不发，能够少发文的尽量少发，能够用其他方式解决问题的，不必一律要求发文。行文要有效控制篇幅，开门见山、直言其事，力求简明扼要、言简意赅，克服烦琐冗长、空洞浮泛。例如，中共中央 2019 年印发的《中国共产党重大事项请示报告条例》[①] 对下级党组织向上级党组织报告提出了明确要求："报告应当具有实质性内容和参考价值，有助于上级党组织了解情况、科学决策，力戒空洞无物、评功摆好、搞形式主义。报告应当简明扼要、文风质朴，呈报党中央的综合报告一般在 5 000 字以内，专项报告一般在 3 000 字以内，情况复杂、确有必要详细报告的有关内容可以通过附件反映。"

其次，处理文件要方便读者。能够直接送阅的，不必封装邮寄；能够会议传达的，不必一律人人传阅；能够直接送阅的，不要层层传送。这样才能减少环节、节省时间，有利于文件的传达贯彻。

最后，文件管理要便于利用。虽然文件管理要严格，手续要严密，但不能把文件管得太死，否则就会影响文件的使用。管理文件的目的在于方便使用，应当根据这一目的制定文件的管理办法，使其符合精简的原则。

第二节　行文要则

行文要则指文件工作中必须遵守的规定和准则。要充分理解行文关系、行文方向、行文方式的内涵，牢记行文规则的内容，把文件工作要则贯穿于文件工作的各个具体环节之中。

---

① 中国共产党重大事项请示报告条例．北京：人民出版社，2019：14－15.

一、行文关系

行文关系是根据组织系统、文件法定作者的职权范围与行文单位的隶属关系确定的发文单位与收文单位之间的关系。

在社会活动中，每个机关都具有一定的职能和业务范围，在一定的组织系统中处于某个位置，当机关之间有文件往来时，就形成了行文关系。行文关系根据机构之间的隶属关系和职权范围确定。行文关系是文件工作要则的核心，各机关在行文时应重视弄清收发文机关之间的关系。

概括地说，行文关系的类型主要有以下四种：

（一）隶属关系

同一组织系统中的上下级机关之间属于领导与被领导的隶属关系。如国务院与各省政府。

（二）业务指导关系

同一专业系统中的上下级主管业务部门之间属于业务指导与被指导关系。如公安部与省公安厅。

（三）平行关系

同一组织系统中的同级机关之间属于平行关系。如某省政府下属的工业局和财政局。

（四）不相隶属关系

非同一系统中的任何机关均属于不相隶属关系。如国务院办公厅与军委办公厅。

二、行文方向

行文方向是指文件传递、发送的去向。不同的行文关系决定了相应的行文方向。行文方向包括下行文、上行文和平行文三种类型。

（一）下行文

处于领导、指导地位的上级机关向被领导、被指导的下级机关的行文属于下行文。

（二）上行文

处于被领导、被指导地位的下级机关向上级领导、指导机关的行文属于上行文。

（三）平行文

具有平行关系或者不相隶属关系的机关之间相互行文属于平行文。

三、行文方式

行文方式是指文件传递运行的方式。不同的行文方向具有不同的行文方式，应选择适宜的行文方式。行文方式主要包括以下三种。

（一）下行文的行文方式

下行文的行文方式主要有三种，分别是：逐级行文——文件逐级下达或只向所属的下一级机关行文；多级行文——同时将文件下发给若干级下级机关；直达基层——直接将文件下达至基层组织和人民群众。

（二）上行文的行文方式

上行文的行文方式主要有三种，分别是：逐级行文——文件逐级上报或只报送直属上级机关；多级行文——向直属的上级机关行文同时报送更高一级的上级机关；越级行文——在特殊或者必要的情况下，越过直属上级机关而向更高级别的机关行文。

（三）平行文的行文方式

由于平行文不涉及隶属关系，不受级别限制，故采用直接向对方机关行文的直接行文方式。

四、行文规则

行文规则即社会组织之间文件往来运行所必须遵循的统一规则，它是国家有关部门专门制定的旨在控制行文方向、行文方式和行文数量，提高行文效率的有关规定。行文规则不仅对文件的正常运转、处理效率具有直接影响，而且是文件撰写的规范。

根据国务院颁布的有关公文处理办法，行文规则的主要内容可概括为以下六条。

（一）按照行文关系确立行文方向

机关之间的工作关系（行文关系）是决定行文方向的基本要素，它取决于机关各自的组织系统归属和职权范围。不同的行文关系决定了相应的行文方向：处于领导、指导地位的上级领导、指导机关向被领导、被指导的下级机关主送下行文；被领导、被指导的下级机关向上级领导、指导机关主送上行文；平行或不相隶属的机关之间相互主送平行文。

（二）根据行文方向选择行文方式

当按照行文关系确定了文件的基本传递方向（行文方向）之后，还要进一步根据组织系统的结构层次划分，结合文件的具体内容、秘密等级、紧急程度和发文目的等诸因素，区分不同情况来选择适宜的行文方式。

为了维护正常的领导、指导关系，有直接隶属关系或业务指导关系的机关之间一般应采用逐级行文的方式；为使文件尽快传递到若干上级或下级机关，可采用多级行文方式（多级行文方式，用于下行文时只限于有明确的具体规定而不需下级机关根据各自的情况做补充规定的文件；用于上行文时只限于问题重大，需直属上级机关和更高层次的机关同时了解情况、制定决策的文件）；为维护组织系统或专业系统的合理分工和正常的工作秩序，防止造成工作上的脱节、被动或抵触，一般情况下禁止越级行文；同级或不相隶属的机关之间互相行文应该采用直接行文的方式互发平行文。

一般不得越级行文。越级行文适用情况：情况特殊紧急，如果逐级上报下达会延误时机造成重大损失；上级领导交办并指定越级上报的具体事项；需直接询问、答复或联系的具体事项；虽多次请示直属上级机关但问题长期未予解决，或与直属上级有争议而该问题又急需解决；揭发、检举、控告直属上级机关。由于情况特殊而必须越级行文时，一般应抄送被越过的机关。

（三）正确选择主送与抄送机关

能否正确选择主送机关，直接关系到文件能否得到及时处理。除普发文件外，通常一份文件只能选择一个主送机关，应避免多头主送贻误文件的处理。除领导直接交办的事项外，不应将文件直接送领导个人。

在选择抄送机关时，应选择确需了解相关情况或需要其予以协作的有关机关作为抄送对象，不得随意扩大抄送范围。

下列情况可以抄送：发文机关向上级机关行文，可根据需要同时抄送相关上级机关和同级机关；受双重领导的机关向其中一个上级机关行文，必要时抄送另一个上级机关。发文机关向下级机关行文，可根据需要抄送相关机关，重要行文应当同时抄送发文机关的直接上级机关；上级机关向受双重领导的下级机关行文，必要时抄送该下级机关的另一个上级机关。

下列情况不能抄送：向上级机关行文时，不抄送下级机关；接受抄送文件的机关不得再向其他机关转抄转送；凡与文件办理无关的机关一律不得抄送。

（四）坚持党政分开的原则

党政机关应在各自系统内制发文件，尽量减少联合行文。行政机关不能径向党的组织制发领导性、指导性文件，一般也不制发报请类文件；党的组织也不应向行政机关请示、报告工作或直接下达命令、指示。

（五）联合行文应是同级机关，并在行文前协商一致

当工作需要以两个或两个以上机关的名义联合行文时，这些机关必须级别相同（或相近）。具体来说：

同级政府之间、政府各部门之间、上级政府部门与下一级政府之间可以联合行文。

政府及其部门与同级党委、军队机关及其部门可以联合行文。

政府部门与同级人民团体和行使行政职能的事业单位、公司亦可联合行文。

联合行文的方式限于发文机关的职权范围而又必须协调统一。为维护文件的权威性和政令的一致性，凡下行公文的内容涉及其他机关的职权范围时，行文前须就有关问题协商一致，否则一律不得按照各自的意见向下行文，以免造成工作中的混乱，或造成下级机关无所适从。当经协商仍不能取得一致意见时，应报请上级解决。如擅自行文，上级机关有权责令纠正或予以撤销。

（六）行文讲求实效，坚持少而精的原则

行文应当确有必要，讲求实效，注重针对性和可操作性。从实际需要出发，能不发的不发，能少发的少发，能短发的短发。对必须印发的文件，需加强前期调查研究，广泛征求各方意见，提高文件内容的针对性和可操作性。同时，严格控制发文数量与范围，杜绝乱发滥送，避免重复行文。

第三节　文件工作制度

文件工作制度是指在文件工作中，将全体工作人员必须遵守的工作规范和程序，以条文的形式固定下来，作为日常工作准则和依据。从本质上讲，文件工作制度是前述文件工作的基本原则和文件工作要则在实践工作中的具体体现，具有较强的可操作性，对于提高文件工作质量、优化文件工作程序、提高文件工作效率具有不可替代的指导作用。

一、文件工作制度的种类

文件工作制度建设通常包括规范文件工作全部活动的一系列规章、制度的建立与完善。由于文件工作制度的广泛性以及制度的层级、效力范围各不相同，因此文件工作制度的种类较多。

根据制度制定与颁发的层级不同可分为：国家级文件工作法规，部、委制定的

在本部门内生效的文件工作制度，机关内部职能部门或文件工作机构制定的工作制度。

根据文件工作制度内容所针对的工作活动不同可分为：文件撰制制度、文件传递制度、文件运转处理制度、文件审核制度、文件保管利用制度等。当然这些规章有些是以总规范的形式体现出来的，有的是以分散的单项规范的形式体现出来的。

根据制度名称文种上的不同可分为：规定、办法、规则、规程、细则等。不同的名称反映出制度法律效力和约束的范围、程度上的区别。

二、文件工作制度的主要内容

由于文件工作内容的多样性与广泛性，因此文件工作制度所要规范的工作内容也是多方面的。

（一）文件撰写制度

文件撰写制度是撰写文件时应遵循的原则、技术规则和操作程序的规定。具体包括：文件体式、结构和格式，文件用语规范，文件内容要求，文件撰写程序和方法，文件分类标准，文种选用规则、适用范围及规范，等等。

（二）文件审核签发制度

文件审核签发制度是为保证文件的质量和效用，在审核签发时应遵循的各种规定。其中，审核制度的内容包括：文稿审核（含复核）的范围、程序、内容及重点，审核（含复核）人的责任及任职资格条件，审核（含复核）修改文稿方式、退文条件及操作，等等。签发制度的内容包括：文件签发种类，签发权限、签发人责任、签发程序，会签程序、范围、形式、手段，授权签发范围（不得越权签发），等等。

（三）文件缮印制度

文件缮印制度是缮印文件的原则、方法和要求等方面的规定。具体包括：缮印范围、批准手续、缮印方式及其选择依据，缮印前定稿的规范化处理；版式设计规范；校对的方式、次数与责任者；文件纸张和字体规范；缮印期限和缮印数量规定；等等。

（四）文件用印制度

文件用印制度是文件处理中印章使用的原则、要求和程序方面的规定。由于印章直接代表着机构立场，误用或非法使用印章将给机构带来巨大危害，因此科学合理的用印制度历来是文件工作制度的重要组成部分。具体包括：印章的刻制、启用及废止的程序，印章的种类及其相应的适用范围，印章的使用规则，监印方法和要求，印章管理者的任职资格规定与责任，等等。

（五）文件保密制度

文件保密制度是规定严守文件中涉及的党和国家的秘密、商业机密，以及文件工作中的工作秘密。具体包括：密级的设置标准和保密等级、保密期限，保密文件的携带、复制、传递、阅览、利用、保管规定，保密协议的签订规则，保密设备的购置与使用要求，保密人员的任职资格规定，等等。

（六）收文办理制度

收文办理制度是文件接收办理各工作环节的程序及责任等方面的要求。具体包括：收文接收范围；不同文件的启封责任及操作规范；收文登记范围、方式、内容等细则规范；不同类型文件的分办原则、方式，分办工作的责任者；拟办范围、方法及程序，拟办人的责任；拟办意见规范用语；批办范围、方法与程序；批示意见的反馈要求；收文承办范围，承办者的资格条件；等等。在无纸化办公的单位，文件传输通常通过网络加密传输，纸质收文通常扫描成数字文件办理，因此收文办理制度还应该包括：电子加密收文的解密程序与要求、纸质收文的数字化方法与格式要求等。

（七）阅文制度

阅文制度是在特定范围内相关人员阅读文件方面的规定。组织成员根据自身职责需要有选择地阅读相应文件，既能提高文件处理效率，又能实现组织管理效用。具体包括：根据社会组织内工作人员的地位、职权、职责等确定其阅读文件的范围、种类、内容、顺序、方式，文件传阅范围、方式、顺序与程序手续，阅毕文件的签注内容与方法，等等。

（八）文件传递制度

文件传递制度规定社会组织之间和内部传递文件的规则、程序及手续。具体包括：文件发送范围、时限、手续；行文关系、行文方式的确定，越级、多级、联合行文条件、抄送文件条件的确定；文件邮递、机要交换、网络传输的程序、办法；特殊传递渠道，如电报、传真、邮件的使用范围与要求；等等。

（九）平时归卷制度

平时归卷制度是将社会组织内部办理完毕的文件随时或定期收集集中，分门别类进行归档整理的制度，既方便日常文件的收集和利用，也为年终归档奠定基础。具体包括：文件立卷类目或文件分类表编制规范、归档文件的整理规则等。

（十）文件复制制度

文件复制制度是对文件的翻印、复印的范围、方式、审批手续等方面的要求。

翻印指原封不动照原样印制，例如印发件不够用而重新印制，与原件无异。对上级机关文件，除绝密和注明不准翻印的以外，经下一级机关负责人或者办公厅（室）主任批准，可以直接翻印。文件翻印制度具体包括：翻印文件批准权限、翻印文件范围及技术性要求，翻印文件效力认证，等等。复印是利用各种复制技术由原件制出副本。文件复印制度具体包括：复印文件的方法、范围、批准程序与手续，费用的计算与控制标准，复印文件效力的认证，等等。

（十一）文件生效、失效制度

文件生效、失效制度是各类文件生效、失效要件、范围及程序方面的规定。具体包括：文件生效要件，如制发者要件、内容要件、程序要件、外部形态要件等；文件效力范围；文件效力等级的划分及各等级文件关系的确定；文件失效的条件及其确认，失效文件的处置方式；文件不同稿本的效力；文件附件的形式和效力；电子文件的效力认定；等等。

（十二）文件公布制度

文件公布制度是文件公布的范围、操作程序和手续等方面的规定。具体包括：文件公布的重点和范围、文件公布机关和批准权限、文件公布的法定载体与方式、文件公开效力认证、文件主动公开与依申请公开的程序等方面的规定。

（十三）文件催办制度

文件催办制度是根据承办时限和内容要求对文件的办理和落实情况进行督促检查的规定。具体包括：催办查办范围、催办查办流程、催办方式方法等方面的规定。

（十四）文件清退制度

文件清退制度是将办毕文件定期或不定期清退以防遗失的规定。具体包括：清退原则、程序、范围和时间，清退方式、方法与手续，清退工作人员责任，等等。

（十五）文件销毁制度

文件销毁制度是对不具备归档价值的文件进行销毁处置方面的规定。具体包括：销毁鉴定者和审批者的资格和责任规定，销毁文件范围、程序与方式；监销手续与程序；等等。

（十六）文件归档制度

文件归档制度是指根据国家有关规定，将属于归档范围的文件整理完毕，定期向本单位档案机构或者档案人员移交的规定。具体包括：归档（立卷）范围、时间、责任人，立卷的规范，归档文件质量要求和标准，归档文件目录编制，归档手续与程序，等等。

（十七）文件加工利用制度

文件加工利用制度是对文件编辑加工和提供利用的规定和要求。具体包括：文件借阅的范围、方式、时间、审批手续与制度，文件编辑加工的方式与技术性要求，文件汇编的技术要求与规范，等等。

三、文件工作制度的制定与实施

文件工作制度在维护文件法定效力、规范文件工作内容、提高文件工作质量等方面发挥了重要作用。在时代发展变化和社会组织文件处理活动不断面临新情况、新挑战的情况下，文件工作制度需要及时更新内容，增补与废止并举，在实践中不断修正与完善。

（一）文件工作制度的制定

文件工作制度的制定一般需要经过以下四个阶段：调查阶段、起草阶段、审批阶段和公布阶段。

1. 调查阶段

主要任务是摸清情况、掌握信息、确定目标。通过深入细致的调查研究，使制度目的明确、内容实际、措施可行。

调查工作的主要内容包括：了解文件工作现有的主要问题，了解机关文件工作中最容易出现差误和混乱的环节，了解上级机关以及本机关以前制定的有关制度的实施情况，以便有的放矢地强化某方面的制度。

调查分析的方法包括：全面调查，对文件工作的各个环节、各个方面都进行调查；专项调查，对文件工作中某些薄弱环节或关键环节进行细致调查；专家调查，邀请文件工作方面的专家进行调查。

调查分析的方式包括：发放调查表、召开座谈会、个别磋商、会议讨论、现场观察等。

调查分析的最终目的是掌握足够的信息以确定制度建设的总目标。

2. 起草阶段

起草工作主要有两种类型，一是为制定新的文件工作规章进行起草工作，二是为修正旧的规章制度进行起草工作。无论是哪种类型，其主要内容都是基本一致的，即确定规章结构，如一般根据规章的简繁程度分为编、章、条、款等，此处不做细节描述。

3. 审批阶段

审批包括形式上的审核和内容上的审核，指经过一定程序予以批准。形式上的审核侧重技术上有没有层次不清或旨意不明，语言文字上是否精练达意，概念是否清晰，等等。内容上的审核主要是看制度是否合法，有无违法现象，是否与以前的规章制度矛盾和冲突，以及是否超出起草颁布机关的权限责任，等等。

4. 公布阶段

文件工作制度一经审批，需公布实施，明确施行日期。文件工作制度由审批机关批准后公布。施行日期一般在文件工作制度中有明文规定，常见的情况包括规定自公布之日起施行、公布日期与施行日期不一致两种，应在法规中明确具体生效日期。

（二）文件工作制度的实施

贯彻实施文件工作制度，要做好宣传工作与培训工作，把制定的制度和法规散发到相关人员手中，并通过召开会议或短期培训的方式对制度内容进行逐条解释，并解答工作人员提出的问题。制度执行要严格，奖惩分明，对自觉遵守规章制度者予以奖励，反之提出批评。要进行有效的监督与控制，及时发现制度实施中的有关问题，以便进行修正与完善。

在实践中修正与完善文件工作制度是必要的。比如因政策变化的需要，对制度进行增、减；因形势发生变化，现有制度内容已落后于实际情况；因有关的规章进行了修正或废止，必须做相应的配合修正；因规章规定的施行期限已过，需做修正与说明；等等。修正文件工作制度必须慎重，应该从全局考虑，防止草率行事和因人行事。

本章小结

1. 文件工作的基本原则包括准确原则、及时原则、安全原则、精简原则。

2. 行文关系主要有隶属关系、业务指导关系、平行关系、不相隶属关系；行文方向包括上行、下行和平行；不同的行文方向具有不同的行文方式。

3. 行文规则的主要内容包括：按照行文关系确立行文方向；根据行文方向选择行文方式；正确选择主送与抄送机关；坚持党政分开的原则；联合行文应是同级机关，并在行文前协商一致；行文讲求实效，坚持少而精的原则；等等。

4. 文件工作制度主要包括文件撰写制度，文件审核签发制度，文件缮印制度，文件用印制度，文件保密制度，收文办理制度，阅文制度，文件传递制度，平时归卷制度，文件复制制度，文件生效、失效制度，文件公布制度，文件催办制度，文件清退制度，文件销毁制度，文件归档制度，文件加工利用制度，等等。

思考与练习

1. 文件工作的基本原则有哪些？

2. 如何理解行文规则？下面的做法是否符合行文规则，请阐述理由。如不符合，请说明正确做法。

（1）某县人民政府拟发一份重要文件，恰逢县长外出开会，县人民政府办公室主任考虑到这份发文的重要性与紧迫性，于是请县委书记代签。

（2）某单位为节省人力、物力和财力，提高工作效率，规定凡当天发往同一机关的所有公文均应合并装封，一并发出。

（3）为做好军队转业干部的安置工作，某市人民政府与该市退役军人事务局共同制发通知。

3. 文件工作制度主要有哪些？

4. 如何制定文件工作制度？

案例分析

阅读案例，回答下列问题。

1. 本案例体现了文件工作的哪些基本原则？请举例说明。

2. 本案例涉及了哪些行文规则？请举例说明。

国务院办公厅关于加强行政规范性文件制定和监督管理工作的通知（节选）

国办发〔2018〕37号

（2018年5月16日）

各省、自治区、直辖市人民政府，国务院各部委、各直属机构：

行政规范性文件是除国务院的行政法规、决定、命令以及部门规章和地方政府规章外，由行政机关或者经法律、法规授权的具有管理公共事务职能的组织（以下统称行政机关）依照法定权限、程序制定并公开发布，涉及公民、法人和其他组织权利义务，具有普遍约束力，在一定期限内反复适用的公文。制发行政规范性文件是行政机关依法履行职能的重要方式，直接关系群众切身利益，事关政府形象。近年来，各地区、各部门不断加强行政规范性文件制定和监督管理工作，取得了一定成效，但乱发文、出台“奇葩”文件的现象还不同程度地存在，侵犯了公民、法人和其他组织的合法权益，损害了政府公信力。为全面贯彻习近平新时代中国特色社会主义思想和党的十九大精神，落实党中央、国务院关于推进依法行政、建设法治政府的部署和要求，切实保障群众合法权益，维护政府公信力，经国务院同意，现就加强行政规范性文件制定和监督管理工作通知如下：

一、严格依法行政，防止乱发文件

（一）严禁越权发文。坚持法定职责必须为、法无授权不可为，严格按照法定权限履行职责，严禁以部门内设机构名义制发行政规范性文件。要严格落实权责清单制度，行政规范性文件不得增加法律、法规规定之外的行政权力事项或者减少法定职责；不得设定行政许可、行政处罚、行政强制等事项，增加办理行政许可事项的条件，规定出具循环证明、重复证明、无谓证明的内容；不得违法减损公民、法人和其他组织的合法权益或者增加其义务，侵犯公民人身权、财产权、人格权、劳动权、休息权等基本权利；不得超越职权规定应由市场调节、企业和社会自律、公民自我管理的事项；不得违法制定含有排除或者限制公平竞争内容的措施，违法干预或者影响市场主体正常生产经营活动，违法设置市场准入和退出条件等。

（二）严控发文数量。凡法律、法规、规章和上级文件已经作出明确规定的，现行文件已有部署且仍然适用的，不得重复发文；对内容相近、能归并的尽量归并，可发可不发、没有实质性内容的一律不发，严禁照抄照搬照转上级文件、以文件"落实"文件。确需制定行政规范性文件的，要讲求实效，注重针对性和可操作性，并严格文字把关，确保政策措施表述严谨、文字精练、准确无误。

二、规范制发程序，确保合法有效

（三）严格制发程序。行政规范性文件必须严格依照法定程序制发，重要的行政规范性文件要严格执行评估论证、公开征求意见、合法性审核、集体审议决定、向社会公开发布等程序。要加强制发程序管理，健全工作机制，完善工作流程，确保制发工作规范有序。

（四）认真评估论证。全面论证行政规范性文件制发的必要性、可行性和合理性，是确保行政规范性文件合法有效的重要前提。起草行政规范性文件，要对有关行政措施的预期效果和可能产生的影响进行评估，对该文件是否符合法律法规和国家政策、是否符合社会主义核心价值观、是否符合公平竞争审查要求等进行把关。对专业性、技术性较强的行政规范性文件，要组织相关领域专家进行论证。评估论证结论要在文件起草说明中写明，作为制发文件的重要依据。

（五）广泛征求意见。除依法需要保密的外，对涉及群众切身利益或者对公民、法人和其他组织权利义务有重大影响的行政规范性文件，要向社会公开征求意见。起草部门可以通过政府网站、新闻发布会以及报刊、广播、电视等便于群众知晓的方式，公布文件草案及其说明等材料，并明确提出意见的方式和期限。对涉及群众重大利益调整的，起草部门要深入调查研究，采取座谈会、论证会、实地走访等形式充分听取各方面意见，特别是利益相关方的意见。建立意见沟通协商反馈机制，对相对集中的意见建议不予采纳的，公布时要说明理由。

（六）严格审核把关。建立程序完备、权责一致、相互衔接、运行高效的行政规范性文件合法性审核机制，是做好合法性审核工作的重要保证。起草部门要及时将送审稿及有关材料报送制定机关的办公机构和负责合法性审核的部门，并保证材料的完备性和规范性。制定机关的办公机构要对起草部门是否严格依照规定的程序起草、是否进行评估论证、是否广泛征求意见等进行审核。制定机关负责合法性审核的部门要对文件的制定主体、程序、有关内容等是否符合法律、法规和规章的规定，及时进行合法性审核。未经合法性审核或者经审核不合法的，不得提交集体审议。

（七）坚持集体审议。制定行政规范性文件要实行集体研究讨论制度，防止违法决策、专断决策、"拍脑袋"决策。地方各级人民政府制定的行政规范性文件要经本级政府常务会议或者全体会议审议决定，政府部门制定的行政规范性文件要经本部门办公会议审议决定。集体审议要充分发扬民主，确保参会人员充分发表意见，集体讨论情况和决定要如实记录，不同意见要如实载明。

（八）及时公开发布。行政规范性文件经审议通过或批准后，由制定机关统一登记、统一编号、统一印发，并及时通过政府公报、政府网站、政务新媒体、报刊、广播、电视、公示栏等公开向社会发布，不得以内部文件形式印发执行，未经公布的行政规范性文件不得作为行政管理依据。对涉及群众切身利益、社会关注度高、可能影响政府形象的行政规范性文件，起草部门要做好出台时机评估工作，在文件公布后加强舆情收集，及时研判处置，主动回应关切，通过新闻发布会、媒体访谈、专家解读等方式进行解释说明，充分利用政府网站、社交媒体等加强与公众的交流和互动。县级以上各级人民政府要逐步构建权威发布、信息共享、动态更新的行政规范性文件信息平台，以大数据等技术手段实现对文件的标准化、精细化、动态化管理。

阅读书目

1. 倪丽娟．文书学．3版．北京：高等教育出版社，2014.

2. 岳海翔．党政机关公文标准与格式应用指南．北京：人民邮电出版社，2019.

3. 陈涛涛．党政机关公文写作处理：规范方法与范本．3版．北京：中国法制出版社，2017.

PART TWO

2

|第二篇|

公文写作规范与技巧

第四章

公文写作要领导航

引子

早在延安时期，毛泽东为面向广大干部的《文化课本》所写的序言就指出："一个革命干部，必须能看能写，又有丰富的社会常识与自然常识，以为从事工作的基础与学习理论的基础，工作才有做好的希望，理论也才有学好的希望。"[①] 这段文字说明，能读能写已经成为当时条件下对广大干部的基本要求；今天读来，仍不失其重要指导意义。起草公文是党政机关、企事业单位管理岗位工作人员日常工作的重要内容，因此，要将其作为重要的能力建设内容来对待，为从事机关工作和理论学习奠定良好基础。

学习重点

撰写公文必须深刻领会公文写作的目的，正确认识公文写作的特点，认真履行公文写作的基本流程，严格遵循公文写作的基本要求。以此为前提，并在丰富多彩的社会实践中积累才干，广博见闻，不断提升内在涵养，才能在公文写作实践中有所作为，成为"以文辅政"的高素质人才。

关键术语

公文写作的目的	公文主题
公文写作的特点	公文材料
公文写作的基本流程	公文正文结构
公文写作的基本要求	

① 毛泽东．毛泽东文集：2卷．北京：人民出版社，1993：387.

第一节　公文写作目的与特点

一、公文写作的目的

（一）辅助领导决策

撰写公文是一种“辅政”行为，是辅助领导决策的重要组成部分。制发公文，使领导者的思想意图更加具体化、显性化、条理化，以便收文单位和人民群众理解、贯彻和执行。公文起草人员凭借自己的智慧，以大量默默无闻的“台下”和“幕后”的辅助行为，为领导决策的形成和推动提供了有力的保障。

（二）沟通公务信息

公务信息沟通的主要方式是书面沟通，即依靠公文往来实现及时、准确、可靠、便利的信息传递。这种方式克服了时空局限，可以方便地实现信息的输出、输入、存储、加工和反馈，因而成为现代社会公务信息沟通的基本方式，得以普遍应用。由此看来，公文起草活动以其特殊方式，为机构内部和各社会组织之间沟通公务信息提供服务。

（三）实现管理职能

一个社会组织想要做什么、为什么要这样做、如何保证做好这件事等，这些问题都可以通过对外发文的方式得以解决。公文是社会组织的代言者，是履行职责、行使职能、开展活动的重要工具。

（四）展现组织形象

社会组织制发的各种公文，以书面形式，通过各种传播渠道和网络平台，与上下左右各级各类社会组织建立联系，同时也在默默地展现着社会组织形象，反映着该组织工作人员的工作作风及管理水平。试想，一个社会组织的对外发文，如果观点错误、材料失实、表达失准，或者逻辑混乱、错别字很多，或者发文迟缓、延误时机，就不可能赢得良好的社会声望，无法树立自身的社会形象。

（五）提高工作效率

制发公文旨在解决已经出现和即将出现的问题。如制发规约类文件、制定年度计划、完成年度总结、向上级请示和汇报工作、答复来文机关的询问等，这些公文写得准确、简明、具体，便于理解和执行，就有助于解决实际问题，提高工作效率。在瞬息万变的信息时代，公文制发及时与否，直接关系到党和国家的路线方针政策能否得到及时贯彻执行，哪怕发文时间比要求晚了“半拍”，都有可能造成工作延误。因此，讲究发文时效是提高工作效率的重要因素之一。

总之，撰写公文是一项政策性、思想性、时效性很强的业务工作。公文起草人员只有深刻认识公文起草工作的特殊性，自觉按照有关的标准和规范完成拟稿任务，才能最大限度地发挥公文的功能，辅助领导制定科学有效的决策，进而保证社会组织在竞争中立于不败之地。

二、公文写作的特点

公文写作是一项严肃的公务行为，只有深刻认识和理解公文写作的基本特点，才能做好这项工作。

（一）受领导之命，代机关立言

公文写作不是拟写者的主动行为，而是一种典型的遵命作文行为。要么是在领导的授意下写作，要么是代表机关阐发意图，要么是根据来文起草答复文章，要么是为了解决即将出现或已经出现的问题而写作。总之，公文写作是为了响应领导指示和工作需要的被动写作，没有什么自由度。

因此，公文写作人员不能凭借个人兴趣拟写公文，更不能将公文写作视为个人行为。离开领导意图或机关工作需要这个根本前提，不可能有公文写作活动。

（二）靠集思广益、群体行动

公文写作不是拟写者的个体劳动，而是多数人参与的集体劳动，表现在“领导下命令，众人动起来”。围绕一篇公文，常常是领导“交拟”，公文写作人员“拟议”。规范类、讲话类公文大都要成立专门写作班子，涉及众多单位、集团作战。即便是那些“短篇小品”式的公文，也往往是有人草拟，有人审核，还要有人讨论修改，哪怕是天衣无缝了，最后还要过领导“签发关”。

因此，公文是集体智慧的结晶。这就要求公文写作人员善于广纳群言、兼收并蓄、协商共事、择善而从，充分发挥每个人的聪明智慧，只有这样，才能写出高质量的公文。

（三）有特定读者对象，内容针对性强

公文总是写给人看或读给人听的，其内容要反映现实工作中需要贯彻、执行、联系、商洽的事项。如果没有特定的收文对象，就没有发文的意义。所以，公文内容讲究求真务实，事出有因，要坚决反对“假大空”式的公文。同时，对不同机关的发文，还要讲究行文关系正确，语言语气得体。

（四）事关公务活动，政策性强

公文内容既要符合党和国家的方针政策、法律规范，又要提出便于执行的具体

政策措施。它是方针政策的直接展现。在许多老百姓看来，公文就是方针政策。“你拿政策来，给我看一看”，实际拿出来的就是公文。除此之外，还要讲究政策的连续性和相关性，不能自相矛盾。

（五）通常刻不容缓，时效性强

公文或为解决实际问题而提出决策意见，或对即将开展的工作活动提出行动方案，或对执行情况进行反馈。这样的写作目的，赋予公文刻不容缓、时限性强的突出特点。有的公文属于“急就章”，要求起草人员才思敏捷，动笔迅速，具有“倚马可待，立等可取”“招之即来，来之能战，战之必胜”的硬功夫。总之，公文写作活动，必须强化时效观念，力争写得又好又快，解决问题及时，处理工作迅速。

（六）讲究规范表达，不求标新立异

公文具有特定的表达方式。从2012年7月1日起，《党政机关公文格式》（GB/T 9704—2012）开始施行，这是我国最新版本的公文格式标准，对公文的结构、版面安排、字型字号、用纸规格等都有具体的要求。各机关在制作公文时必须严格遵照执行。公文在长期使用过程中，形成了大量约定俗成、简洁明了的专门术语，拟写公文时要准确应用，确保公文语言得体规范。

简言之，公文在行文目的、表达方式、思想内容、语言规格、时间要求、制发程序等方面，具有鲜明特征和独特规范。这就提醒承担公文写作的人员，必须掌握公文写作的特征，遵循公文写作的基本要求，完成写作任务。

第二节　公文写作的基本流程

一、公文写作流程的构成

一篇公文的写作过程，从领导交代任务或根据工作需要确立发文主旨到签发定稿，中间历经诸多环节。在公文写作实践中，人们积累了大量感性认识，经过总结提炼，形成了一套完整的公文写作流程（如图4-1所示）。

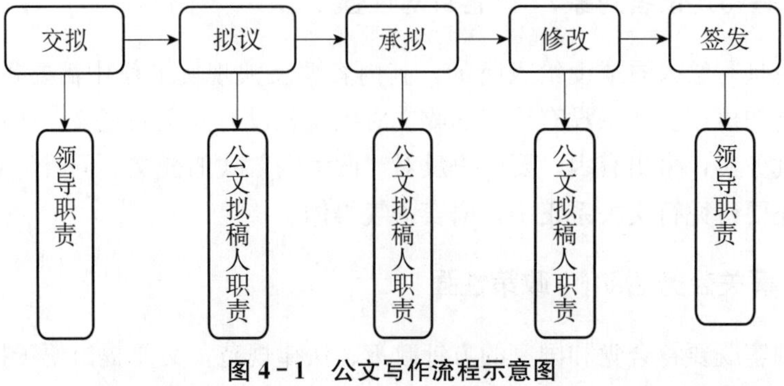

图4-1　公文写作流程示意图

各环节的基本含义是：

“交拟”是指机关领导向公文拟稿人交代拟稿任务，这既是公文写作流程的起点环节，也是公文“奉命而作”的起点。需要说明的是，与“奉命而作”相对应的是“应势而写”，指公文拟稿人根据工作需要或常规自行确立公文主旨。

“拟议”是指公文拟稿人消化领会领导下达的拟稿任务，必要时需要开会研究，这是正式起草前的准备工作。

“承拟”是指公文拟稿人开始起草文稿，这是公文写作流程中实质性的工作环节，以产生公文草稿为标志。

“修改”包括公文拟稿人对草稿的修改和办公室负责人或领导指定的相关人员对草稿进行全面审核把关工作，以确保公文文稿质量。通常，先由公文拟稿人认真修改，再交办公室负责人或相关人员审核把关。这是公文草稿呈请领导签发之前必经的环节。

“签发”是指机关领导对公文草稿进行审阅之后履行确认生效手续的环节。签发后的公文草稿即转化为定稿，是印制公文正本的标准依据，具有法定的凭证作用。至此，公文起草流程即告结束。

公文写作流程表明，“交拟”和“签发”都是机关领导行使的职责。具体来说，领导下达任务，领导验收成果。只有领导对草稿质量认可并履行签发手续，公文起草任务才算最后完成。因此，发文机关领导控制着公文起草的全过程。公文写作是被动性、奉命而做的工作，是为领导工作正常运转服务的工作，其根本属性就是以文辅政。

二、公文写作任务分解

在公文写作流程中，“拟议”“承拟”“修改”是公文拟稿人的基本职责。根据公文写作的实际情况和相关经验，现将上述三项基本职责分解为五项任务，分别说明如下（如图 4－2 所示）。

图 4－2　公文起草任务分解示意图

（一）思想准备

公文拟稿人在接受起草任务后，首先要做好必要的思想准备。尤其对于关系重大、内容复杂、篇幅较长的公文来说，思想准备工作更要扎实。

1. 认真领会领导意图

领导意图即领导发出指令、下达任务的本意以及希望达到的标准和目标，是文稿立意的根据和公文拟稿人思维的原点。

（1）领导意图的表达特点。由于个性差异，领导表达意图的方式各具特色。概括而言，领导意图有总体性意图和具体性意图的差别，有明示性意图和暗示性意图的差别，有确定性意图和非确定性意图的差别，等等。对总体性意图要始终遵循，对具体性意图要灵活执行；对明示性意图要如实贯彻，对暗示性意图要心领神会；对确定性意图要坚决照办，对非确定性意图要完善补充。

（2）获取领导意图的途径和方法。第一，从主动询问中获得领导意图；第二，从领导批示中领会领导意图；第三，从领导讲话材料中把握领导意图；第四，从平时谈话中捕捉领导意图；第五，通过对领导的只言片语的归纳整合获得领导意图。

2. 明确行文目的和要求

行文目的是指为什么发文或领导试图通过发文实现的结果。行文要求是指为了实现行文目的，向收文者提出的希望阅读、办理、执行、答复等方面的具体意见或要求。

3. 明确公文主题及重点

公文主题就是公文的中心思想，也可以理解为发文到底要干什么，要解决什么问题。起草内容比较复杂、事关重大的公文，公文主题可能在领导交代任务时已有明确交代；有些内容简单或例行性的公文，领导在交代任务时或许未予以细述，可以按照以往做法或常规情况予以确认。公文重点是指重点表达的部分，即需要写得更加详细一些的内容。公文重点主要取决于行文目的。

4. 明确行文依据

行文依据通常分为五种类型：一是法律规章，二是行政公文，三是会议精神，四是领导指示，五是实际情况。通常，行文应寻求有力的行文依据，并且明确引用，以便增强公文的权威性。

5. 确定公文文种

公文文种具有概括表明公文性能和发文机关职权范围，并体现行文目的与要求的功能，也是公文标题的重要组成部分。动笔之前应确认相应文种，并准确规范地使用文种，避免出现误用、滥用或不用的情况。

总之，胸有成竹，意在笔先，动笔之前明确为什么写、写什么、中心思想是什么等问题，是高质量完成拟稿任务的重要保障。

（二）收集材料

材料是指形成和表达公文主题所依据的事实、数据、经典论述、方针政策、相关规定等，这既是确保公文内容真实可靠的物质基础，也是在公文起草过程中体现实事求是原则的必然要求。为此，要花费足够的时间和精力做好材料收集工作。

1. 收集材料要求——“多”

“多”，既指数量上充足够用，也包括类别上丰富多样。公文拟稿人应当有意识地收集互相联系的各种类型的材料，满足多角度的需要。比如：既要收集历史材料，也要收集现实材料；既要收集本单位、本地区的材料，也要收集外单位、外地区的材料；既要收集正面材料，也要收集反面材料；既要收集直接材料，也要收集间接材料；既要收集文字型材料，也要收集数字型材料；既要收集典型材料，也要收集一般性材料；既要收集来自领导层的材料，也要收集来自基层组织和群众的材料。这是为了进行多方面、多角度的分析和比较，以便满足写作过程中的不时之需。

2. 选用材料要求——“严”

在选用材料时，要从严掌握，认真筛选，宁缺毋滥。要注意以下问题：

（1）材料要真实。选用的材料必须客观、可靠，既不能道听途说，也不能“合理想象”，必须经过鉴别核实，“去伪存真”。

（2）材料要典型。选用的材料必须能够揭示事物本质，具有广泛代表性和说服力，可以以小见大，“以一当十”。

（3）材料要新鲜。选用的材料要具有现实性，公文拟稿人要善于发现现实工作中的新事物、新思想、新情况、新问题，使用新鲜材料，要注意客观形势的发展变化，运用新的法规与政策依据，使人印象深刻，“耳目一新”。

（4）材料要适用。对选用的材料需要进行适当加工，删繁就简，去除枝节材料，保留反映本质问题的材料，并且保证材料与主题统一、和谐。

3. 收集材料的途径和方法

公文拟稿人可以通过网络收集大量最新材料，时时了解某些方面的最新情况；可以从重要会议上收集有关材料，及时掌握相关事项的最新动态；可以从现有文献材料中收集有关材料，了解有关情况；可以深入实际工作的第一线，收集大量第一手活材料，以便反映工作中的动态信息；可以从党和国家现行政策法规中收集有关材料，为拟写公文寻找更多的权威性依据。

总之，有了丰富多样的材料支持，才能够更加充分地表达公文的思想内容。

（三）总体构思

总体构思就是对公文的谋篇布局，即设计整体框架。主要从以下几个方面着手：

1. 确定公文内容的组成情况

确定公文内容的组成情况，即明确一篇公文的内容分为哪几个部分，重点内容是什么，要说明哪些情况和问题，对相关单位或今后工作提出怎样的建议或要求。

2. 确定公文正文的表达顺序

公文的表达顺序很灵活，要根据实际情况和不同文种的特点恰当灵活地安排。例如，工作总结可以按照工作步骤或时间顺序安排；调查报告可以按照提出问题—分析问题—解决问题的顺序安排；此外，还有按照因果顺序（先因后果或先果后因）、总分顺序（先总后分或先分后总）等安排的方法；当然，还可以按照内容的重要程度安排；等等。

3. 妥善安排公文结构要素

公文结构要素包括公文的开头、结尾、层次、段落、过渡、照应等部分，总体构思过程要完成对各层次之间有序表达的设计，要保证公文题文相符、前后呼应。例如，开头概括回顾了以往工作，结尾可以展望未来前景；通知的开头提出了行文目的，结尾可以说明为了实现行文目的，对收文机关提出的明确要求；等等。

4. 拟定写作提纲

在完成了总体构思之后，要将构思成果固化为简要的写作提纲，为下一步工作奠定直接基础。提纲的粗细详略程度，可因公文拟稿人的写作习惯、工作经验，以及公文本身的具体情况而定。

总之，只有经过总体构思，对公文的结构做出精心设计和妥善安排，才能使一篇公文条理清晰、层次分明、衔接紧密、总体和谐。

（四）草拟文稿

这是公文写作的核心与关键环节。无论是领导授意的精神实质，还是公文拟稿人“研磨”领导意图之后的锦上添花，都要通过起草环节，使之固化到发文稿纸上（如图 4－3 所示）。

××××（发文机关名称）发文稿纸

×××〔××××〕××号　　　　紧急程度　　　　密级

签发：	会签：	
主送：		
抄送：		
拟稿部门：	拟稿：	核稿：
印刷：	校对：	份数：
附件：		
标题：		
（正文）		

图 4－3　发文稿纸参考样式

在草拟文稿阶段，以下带有共性的问题，需要公文拟稿人注意：

1. 增强时效观念

公文的时效性特点，决定了公文起草行为要讲究时效，要在做好前几项工作后抓紧办理，按时结稿。否则，就会影响领导工作的正常开展。

2. 做好会商工作

当公文内容涉及其他单位或部门的职权范围时，主办单位应当主动与其协商。在取得一致意见后，才能对外行文；如有分歧，主办单位的主要负责人应当出面协调。当仍然不能取得一致意见时，主办单位可以列明各方理据，提出建议性意见，并与有关部门会商后报请上级机关协调或裁定。这样做的主要目的是防止政出多门、政策“打架”。

3. 讲究材料与观点和谐统一

起草公文要严格掌握用材标准，材料要支持观点，观点要统率材料，切莫出现材料与观点“两张皮”或相互矛盾的情况。

4. 注重文稿的文面规范

起草公文要使用规范的发文稿纸模板（如图 4－3 所示），准确填写稿纸首页的有关项目；公文格式要素必须符合公文格式标准的要求，确保文面规范，整齐划一。

（五）加工修改

有言道：文章不厌百回改，多改才能出华章。一篇有思想、有内容、有见地的公文，一定是反复加工锤炼的结果。公文拟稿人要通过加工修改，使公文的思想内容、文字表达等各方面进一步完善提高。

1. 明确加工修改范围

对公文草稿的加工修改，要分清主次先后，按照从内容到形式的修改顺序比较合理。

（1）审读文稿内容。

检查主题质量。主要看文稿主题是否符合国家政策法规以及领导意图，表达是否正确、鲜明、深刻、集中，与上级机关的指示规定和实际情况是否吻合，有无自相矛盾或抵触情况。

检查观点表达。主题是中心论点，观点可谓分论点。因此，在保证文稿的主题准确无误的前提下，还要确保文稿中提出的观点经得起推敲；文稿中进行的判断和推理，必须合乎逻辑，不能出现偏激、片面的观点和言辞。

检查材料应用。要对文稿中引用的数字、事例、引文等认真核实，避免材料之间相互冲突，还要特别注意各种动态信息的变化情况，明确客观事实和统计数据的对应关系，不能使用过时的数据说明已经变化的实际情况。

（2）推敲文字表达。

看文稿语言表达是否准确、简练、顺畅，语气是否得体，语句是否符合语法规范；作为“无声语言”的标点符号是否正确、规范、恰当；等等。

总之，修改文稿的过程，必须一丝不苟、精心推敲。无论是内容还是形式，一旦发现错谬不妥之处，就要认真负责地进行修改，决不能降低标准，得过且过。

2. 掌握加工修改方式、方法

文稿加工修改的方式，可以由公文拟稿人先行修改，再由办公室负责人或领导指定的相关人员把关，有时还要拿到会上进行讨论，广泛征求意见。当然，一些不急等发出的文稿，也可以采用“冷处理”的方法，即在完成草稿后，先放置几天再来修改。

文稿修改的具体方法，不外乎删节、补充、变更、调整，要根据具体情形而定。在修改过程中，要正确使用修改符号，使文面整洁美观，便于其他环节的处理。

第三节　公文写作的基本要求

一、公文主题的基本要求

公文主题是指公文所要阐述的基本观点和中心思想。它犹如一条红线贯穿全篇，在公文构成要素中居于统帅地位，发挥着决定性的作用。主题是公文的“灵魂”所在，主题不定，如同三军缺少统帅。

（一）公文主题的特点

公文主题通常由领导在下达拟稿任务的同时交代，或由公文起草人员在领会领导意图之后确定。从根本上讲，主题是根据机关工作实际确定的。公文主题具有以下特点。

1. 主题酝酿过程短暂

文学作品的主题是作者千淘万滤、长久酝酿的结晶，可谓“千呼万唤始出来”。公文的主题受现行效用的影响，其确立时间与发文所针对的实际情况同步，有时就在几天之内，甚至在领导下达拟稿任务的瞬间就已形成。例如，面对一些突发事件，必须采取紧急措施处理，这种情况的发文，就要立即确定主题，直接反映党和政府的重大决策情况。

2. 主题内容往往包含行文目的和中心思想

公文是解决现实问题的工具，必须使收文对象既“知其然”，又“知其所以然”。因此，公文主题通常由行文目的和中心思想两个方面的内容组成。

例如：《国务院关于开展第一次全国地理国情普查的通知》（国发〔2013〕9号）开头部分指出：“<u>为全面掌握我国地理国情现状，满足经济社会发展和生态文明建设的需要</u>，国务院决定于2013年至2015年开展第一次全国地理国情普查工作。现就有关事项通知如下”。文中加下划线的部分是该文的行文目的，加着重号的部分是全文的中心思想。很显然，它们共同构成了此文的主题。

3. 主题的表现形式直截了当

公文主题一般都采用“自我说明”的方式，直陈文中，显露于外。公文主题的表现形式常有以下几种：

第一，利用标题表现主题。例如：《国务院办公厅关于进一步加强煤矿安全生产工作的通知》，标题所表达的“进一步加强煤矿安全生产工作”的主题突出明确，一目了然。这既是公文主题的基本表现形式，也是最佳表现形式。

第二，利用开头或结尾表现主题，这是表现公文主题的常用方式。

第三，利用层次或段落的开头表达分论点，这也是表现公文主题的重要方式。

（二）公文主题的确立依据

公文内容涉及机关工作和社会生活的各个方面，表达形式不尽相同。然而，在确立公文主题时，一些带有共性的依据可以遵循。

1. 领导意图

拟写公文旨在“受领导之命，代机关立言”，因此，领导意图是确立公文主题的主导性根据。领导行使职权，主要体现在制定决策方面。制定决策通常表现为领导授意拟写公文和最后签发公文这一活动。所以，拟写公文必须明确领导意图，根据领导意图确定公文的中心思想。

2. 工作需要

公文是机关领导与管理工作不可缺少的重要工具，所有公文都是根据机关工作的实际需要制发的。这种实际需要是确立公文主题的实践性依据。凡遇到重大转折时期，或面临新形势、新任务以及重大工作的部署，各级党政领导机关都会制发相应的公文，用以贯彻上级指示意见，解决存在问题，推动实际工作。因此，确立公文主题，必须实事求是，有的放矢，必须考虑“为了什么”和“要做什么”的问题，以增强行文的针对性。

3. 实际材料

虽然公文是在办公室内写成的，但是公文内容、指向目标以及所规范的领域，主要在丰富多彩的社会实践领域，在人民群众建设小康社会、促进科学发展、实现民族复兴的历史进程中。在客观世界和实践领域，有着公文取之不尽、用之不竭的实际材料，深入分析这些材料，可以看出其中蕴含着事物之间的联系和规律，发现事物的本质，这些材料是形成公文主题的物质基础和必要条件。

4. 政策法规

公文是党和国家政策与法规的载体。在普通百姓那里，公文就是政策，政策就是公文。这说明了公文与政策法规的密切关系。在拟稿过程中，要确保公文主题合理合法，言之有据，要与国家的政策法规精神相一致。如果背离国家的政策法规，公文写作就会误入歧途。

（三）公文主题的要求

1. 正确

公文是党和国家管理公务的工具，在主题方面不允许出现政治性错误。公文主题要符合党的路线、方针、政策和国家现行法规以及领导机关的指示意图，要符合客观事物的发展规律以及具体的业务规范，公文所做出的决策必须符合科学性要求。公文要与本机关既定政策、规定相协调或相衔接，吸收借鉴其合理内容，不能自相矛盾。

2. 务实

公文是代表机关处理公务的重要工具。公文主题必须从实际出发，紧密联系实际，讲究发文的现实意义。主题务实体现在以下具体要求：

主题要根据实际需要确定，使公文内容具有切实的针对性，反对文牍主义和形式主义。

主题要准确反映客观实际，具有绝对真实性，禁止虚构和夸张。

公文提出的政策、措施，必须切实可行，力戒主观臆造。

总之，要坚持实事求是，反对欺上瞒下，弄虚作假。

3. 集中

一篇公文只能有一个贯穿全篇的中心思想，要突出重点内容，给人们留下深刻印象。如果一篇公文既想表达这个意思，又要说明那个问题，头绪繁多，则难以使人把握中心思想，哪个问题也说不清楚。

首先，要意在笔先。即动笔前，要明确文件重点阐明什么思想，解决什么问题，将与此不相关的问题统统剔除。就像契诃夫所说的那样："要知道在大理石上刻出人脸来，无非是把这块石头上不是脸的地方都剔掉罢了。"当剔除与主题无关的内容后，剩下的就是表达主题所必需的东西了。

其次，主题必须单一。除综合性报告外，一般公文都要遵行一文一事制度，紧密围绕一个主题叙事说理。

最后，重点内容要突出。不能不分轻重主次，面面俱到。

4. 鲜明

公文的中心思想和基本观点要突出明确。

首先，必须做到旗帜鲜明，毋庸置疑，体现发文机关的坚定立场。

其次，必须抓住问题的实质，不被事物表面现象或假象迷惑。

最后，态度要明朗，支持什么，反对什么，提倡哪些，禁止哪些，要让收文机关一目了然。

二、公文材料的基本要求

公文材料是指形成和表达公文主题所依据的事实数据、经典论述、政策规定等。优质充足的材料对公文的质量具有重要影响。为此，要大力做好材料工作。

（一）收集材料的要求

拟写公文对材料的总体要求是"多多益善"。这不仅仅指数量充足够用，更强调类别丰富多样。要收集互相联系的各种类型的材料，满足多角度的用材需要。比如：

既要有历史的材料，也要有现实的材料；

既要有本单位、本地区的材料，也要有外单位、外地区的材料；

既要有正面材料，也要有反面材料；

既要有直接材料，也要有间接材料；

既要有文字型材料，也要有数字型材料；

既要有典型性材料，也要有一般性材料；

既要有领导层材料，也要有基层组织和群众的材料。

如果没有材料，拟写公文就如同做“无米之炊”，特别是撰写“总结”“报告”“调查报告”“领导讲话”等公文，更不能缺少材料，闭门造车。

（二）选用材料的要求

在选用材料时，要根据行文目的和发文要求，从严筛选，宁缺毋滥，绝对不能用陈旧、芜杂、凌乱的材料堆砌公文。茅盾先生对从严选材有过形象和耐人寻味的论述：“选用的时候，可就要像关卡的税吏似的百般挑剔了。整个一卡车的‘货’，全要翻过身来，硬的要敲一敲，软的要扪一把，薄而成片的，还要对着阳光照了又照——一句话，用尽心力，总想找个把柄，便扣下来，不让过关。”

选择材料不能有丝毫马虎，要切实注意以下问题。

1. 真实

选用的材料必须是客观存在、真实可靠的事实（理论依据也是一种客观存在的事实）。公文内容具有高度的政治性和政策性，不能有丝毫的马虎和虚假。一些重要数据和反映本质问题的重点材料，既不能道听途说，也不能“合理想象”，必须经过鉴别核实，“去伪存真”。一旦出现假材料，就会造成不良影响，给工作带来损失，甚至损害党和政府的形象。

2. 典型

选用的材料要能够揭示事物的本质特征，具有广泛的代表性和很强的说服力，可以“以一当十”，以小见大。公文起草人只有从纷繁复杂的客观事物中，从大量的材料中，百里挑一，沙里淘金，选取有典型意义的材料，才能深刻有力地表现主题。常言说：事实胜于雄辩。一个确凿典型的事实，胜过一百遍空洞乏味的说教。典型材料能够深刻地说明问题。抓工作运用典型，有以点带面的效果，写公文运用典型材料，也有同样效果。

3. 新鲜

凡是新鲜和具有现实性的材料，给人们的印象就深刻强烈，也容易吸引人、感染人。公文起草人员要善于发现实践中的新事物、新思想、新情况、新问题，使用新鲜材料。我国自从实行市场经济，特别是入世之后，党和政府先后废除了许多计划经济时代的法规和政策，制定了大量的新政策、新法规，用来解决新问题。我们就是要时刻注意客观形势的发展和变化，运用新法规与政策依据，使人有“耳目一新”之感。

4. 适用

收集到的原始材料往往不能直接使用，还需进行适当加工，删繁就简，去除枝节材料，保留反映本质问题的材料，并且保证材料与主题的统一和谐。

三、公文正文结构的基本要求

公文正文结构不仅是公文正文内容的组织构造形式，也是对公文主题和材料所做的合理有序的组织与安排。清代著名文学家李渔在《闲情偶寄·词曲部·结构》中写道：工匠造房子“基址初平，间架未立，先筹何处建厅，何方开户，栋需何木，梁用何材，必俟成局了然，始可挥斤运斧。倘造成一架而后再筹一架，则便于前者，不便于后，势必改而就之，未成先毁”。他把写文章比作盖房子。建造房屋需要事先确定房间的结构布局，写公文又何尝不是如此呢！只有用心谋篇布局，公文才不会“坍塌”。

（一）公文正文结构的基本要素

公文正文结构主要包括开头、结尾、层次、段落、过渡、照应。安排结构，就是将公文正文结构的各要素进行合理组织，使其成为和谐统一的整体。

1. 开头

开头有时也称为“导语”或“引言”，是阅读公文的起点。我们提倡写公文开宗明义，不兜圈子。起笔就要说明针对什么情况，为了什么目的，要干什么。以下一些开头方法可以借鉴。

（1）摆出行文根据。多用“根据……”“遵照……”等短语开头。根据的内容可以是公文或事实。以公文为根据时，要引出该公文标题，外加书名号，后面应用括号注明发文字号。这多用于阐述政策、部署工作的文件。

（2）说明行文目的。常用“为了……”等介词短语开头，多用于告知类、规范类文种。

（3）概述行文背景。即概括行文针对事实的现状，或交代工作进程。这多用于报告、总结等文件。

（4）引叙来文线索。即引出来文的日期、标题、文号等线索，有针对性地行文回复。这多用于批复、复函、答复性报告等文件。

（5）交代结论意见。即先摆出结论性的意见或中心思想，再道出原委。这多见于调查报告、总结等文件。

（6）提出问题。即以提出问题的方式开头，然后引起下文，并在行文中不留痕迹地回答开头的提问。这种开头，多见于调查报告等文件。

不论怎样开头，都必须紧密结合公文主题，力戒套话、空话和“下笔千言，离题万里”等不良文风。

2. 结尾

结尾是指公文的收束段落，它是公文内容发展的必然结果。公文结尾好，可以起到画龙点睛、深化主题的作用。公文结尾的主要方式有：

（1）号召式结尾。即使用鼓舞人心的语言，号召收文者为实现既定目标而努力进取。适合于领导机关部署工作的公文。

（2）总结式结尾。即对全文的主要内容和基本思想进行概括归纳，使收文者深刻把握行文意图。

（3）强调式结尾。即对全文的中心思想或主要内容给予强调说明，借以引起收文者的重视，以便贯彻执行。

（4）说明式结尾。即在结尾之处，说明一些与文件内容有关的注意事项，如公文生效时间、上报材料的要求、检查落实方法等，以提请收文者注意。

（5）请求式结尾。即对收文者提出明确的请求，如“以上请示如无不当，请批准”“特提请审议”等。

公文结尾要做到“意尽言止”，有话则说，无话则止，而不追求“回味无穷”“话外有音”的效果，切忌画蛇添足。

3. 层次

层次是文稿逻辑思维顺序的反映。人们通常所说的先写什么、后写什么，指的就是公文层次。这是由事物发展过程的阶段性和人们对客观事物认识的渐进性决定的。安排好公文层次，有助于收文者准确清晰地接受公文信息，把握公文要领，从而更好地贯彻执行和办理这些公文。公文层次的安排有以下几种方式。

（1）并列式。即公文各个层次之间互不所属的并列关系，各层次不能存在交叉或包容关系，各层次的体例要大体一致。

（2）递进式。即按照逐层深入的方式推进公文的内容。采用递进式结构，各层次之间具有严密的逻辑关系，不能随意变换次序。在公文写作中经常采用的“提出问题—分析问题—解决问题”的逻辑结构，就属于递进式的层次安排方式。

（3）因果式。即以事物形成和发展的原因、结果为线索安排层次的方法。既可以先因后果，也可以先果后因。

（4）总分式。即在公文的开头先做总的概括，然后进行分别叙述，分别叙述的层次之间是并列关系；或先提出总的观点、主张，再具体展开论述。在总和分的关系当中，总述统领分述，分述是对总述的演绎和阐释。总分式的层次安排广泛应用于许多文种。

4. 段落

段落是公文中的一个最小的、可以独立的意义单位，即一个段落只能表达一个意思，习惯又称自然段。恰当地安排段落，有助于使公文更加富有条理性，帮助读者更好地理解公文的思想内容。

公文的层次与段落之间，既有区别，又有联系。划分层次是为了反映公文内容的先后次序，安排段落则主要是着眼于表达过程中的间歇、转折和强调。一般来说，公文的段落小于层次，往往几个段落才能表达公文内容的一个层次；但有时层次和段落又是统一的，一个段落就是一个层次，即篇段合一的形式。

5. 过渡

过渡是指上下文之间的衔接和转换，过渡在公文正文结构中发挥承上启下的作用。公文的层次与段落之间，往往会出现论述方式、论述内容、论述角度等的多种转变。过渡部分，就成为连接不同层次、段落的纽带。常用的公文过渡形式有以下几种。

(1) 用词语过渡。即在需要转换的层次、段落之间，加入表示转折的词语。如“总之”“因此”“诚然”“综上所述”“由此可见”等，可以起到明显的过渡作用。

(2) 用句子过渡。在上段末尾或下段开头，采用提示性或设问性的句子。如“为此，特制定以下条例”“现将有关情况通知如下”“应当怎样看待这一年的工作呢?”等，都具有明显的承转过渡作用。

(3) 用段落过渡。在较长篇幅的公文中，当出现层次转换时，通常安排一个简短的自然段承上启下，以示过渡。

6. 照应

照应是指公文内容的前后关照和互相呼应。前面提出或交代了某项内容，后面要对其做出补充、强调或说明，以强化公文的内部联系。常用的照应形式有以下几种。

(1) 题文照应。公文的开头要与标题相照应，突出标题所表达的意思。

(2) 前后照应。前面提到的，后面要有着落；后面说到的，前面应有所暗示。如果前后脱节，相互隔绝，公文的结构就会有失严密。

(3) 首尾照应。开头处提出的问题，结尾要做出回应，以加强公文的整体性，使首尾和谐一体。

(二) 公文的篇章形式

公文的篇章形式，是指公文正文结构的外在形态。主要分为篇段合一式、分层表达式、条款式三种类型。

1. 篇段合一式

即公文正文只有一段文字，一段即为一篇。这适用于批转、转发、印发公文的通知或内容单纯、行文简短的批复等公文。

2. 分层表达式

即公文正文内容分成两层（开头＋主体）或三层（开头＋主体＋结尾）表达。这适合于内容比较复杂，篇幅较长的公文。这里的“层”实际是指两个部分或三个部分。

分层表达式是多数公文采用的结构形式。当公文的思想内容比较复杂时，篇幅往往较长。采用分层表达式，便于清晰地反映公文内容，使收文机关更好地理解公文内容。

3. 条款式

条款式，即通篇采用条款说明方式。这主要适用于规范类公文，其突出的优点是眉目清晰、排列有序、简洁明了、有利于理解和便于执行。根据内容的复杂程度，分为“章、条、款”组合而成的“章断条连式”、先总述再分条款的“总述条文式”和全部内容由“条”组成的“一条到底式”。在条款式表达方式中，“条”是最基本的单位。

除上述三种篇章形式外，某些专门职能部门可以采用图表表达形式，例如工商、税务、财政、专利管理部门的文件大都采用表格形式。这种形式具有清晰明了、一览无遗的特色。

（三）公文正文结构安排的基本要求

1. 为表达主题服务

主题是公文内容的集中概括，它支配着材料、结构和语言。公文正文结构则是公文内容的表现形式，必须适应主题的需要，为表达主题服务。具体地讲，一篇公文安排几个部分，各部分的先后顺序如何，何处详写，何处略写，开头结尾如何交代，怎样划分层次段落，怎样过渡照应，都必须紧密围绕公文的中心思想去组织和展开。

2. 反映事物的内在联系

公文的正文结构必须反映客观事物的内在联系和机关公务活动的基本过程。按照常规而言，客观事物都有一个产生、存在和发展的规律，公务活动经常按照发现问题、分析问题、解决问题的顺序进行。这就要求公文的结构相应地采取说明情况、提出问题、分析原因、制定措施、得出结论的顺序来设计。

3. 符合思维的逻辑规律

公文的正文结构不仅要考虑怎样恰当地表达主题思想，也应当为收文者更好地理解公文的主题思想服务。为此，公文的谋篇布局必须符合读者的思维规律。公文起草人员应认识客观事物和公务活动的思维顺序，一般按照由起因到结果、由过去到现在、由局部到整体、由简单到复杂等线索正向或逆向发展。公文的结构安排同样要符合阅读者的思维规律，避免杂乱无章或思维跳跃。

4. 适应不同文种的特点

公文的正文结构并非千篇一律，要适应不同文种的特点，做到内容与形式的统一。比如，工作报告和总结，反映已经完成的公务活动，谋篇布局适于采取“工作背景—具体做法和体会—存在问题和今后打算”的形式；计划和请示所写的乃是将要做之事，通常就应采取“提出问题—分析问题—解决问题”的结构形式；通知、通告是要求对方有所作为，其结构就应当遵循“行文目的—告知事项—执行要求”的形式进行总体布局。总之，公文正文结构要符合不同文种的要求。

本章小结

1. 做好公文撰写工作，有助于辅助领导决策、沟通公务信息、实现管理职能、展现组织形象、提高工作效率。

2. 撰写公文是一项政策性、思想性、业务性、时效性很强的业务工作，是一种典型的公务写作活动。

3. 公文起草人员必须深刻认识公文起草工作的特殊性，自觉按照有关的标准和规范完成拟稿任务，才能最大限度地发挥公文的作用，辅助领导制定科学决策，从而保证社会组织各项工作的正常运转。

4. 公文写作的基本流程是人们在实践中摸索出来的规律性认识。公文写作的基本流程通常依次为交拟、拟议、承拟、修改、签发等环节。明确各环节的要求，确保各环节的质量，是高质量完成公文写作任务的重要保障。

5. 公文质量是由公文主题、公文材料、公文正文结构等诸多因素综合构成并相互作用的结果。提高公文质量必须从优化公文构成要素做起。

思考与练习

1. 与其他文体相比，公文写作具有哪些特点？
2. 撰写公文的基本流程包括哪些环节？
3. 撰写公文在主题、选材、正文结构方面的基本要求是什么？

案例分析

下面的案例带来了哪些启示？

一天下午5：30，省人社厅教育培训中心办公室副主任黄磊正在整理案头的各种材料，准备下班。他心情愉快，已经约好了女朋友，打算晚上一起看话剧。

这时培训中心田主任推门进来：“小黄啊，准备下班啦?”

“是啊，田主任，您还没回家呀?”黄磊关切地答道。

“这段日子，你们刘主任去党校学习，办公室的很多事情你都顶上了，跟大家配合得也挺好，还经常早出晚归的，很辛苦，女朋友有没有意见呀?”闻听此言，小黄心想：“田主任经常在夸赞人之后，再给人布置任务，今天可别……”不过，他还是真心实意地说道：“不算什么，都是大伙儿一起干的。刘主任也常跟我通电话，指导我干了不少事情。”

“是啊，年轻人多干事才能长本事。今天找你，有这么一件事。”田主任摊牌了。

“田主任，我……”黄磊有点为难，想推辞，却不好直说。“小黄，这件事你最合适，别人干，我不放心，可能会耽误事。”田主任一脸焦急。

黄磊受到田主任这般器重，心里当然高兴，可是想到昨晚排了半个多小时队才买到的那两张话剧票，想到女朋友得知要一起看话剧时的那股高兴劲儿，他心里真不是滋味。但是，他知道该怎样摆正私事和公事的关系，所以，约女朋友看话剧的事情只字未提。“田主任，您说吧，什么事?”

“今天下午，省人社厅来电话，询问年终工作总结的情况，让咱们重点把今年军队转业干部培训和公务员岗位培训情况，整理成文字材料，下周一跟其他部门一起向厅领导汇报工作。我想，今天上午咱们培训中心召开的培训工作总结研讨会是你做的记录，会议开得很好，内容很丰富，材料也很集中，各部门负责人的发言也很踊跃。今年的培训情况和明年的工作思路都出来了，请你把有关材料整理一下，写一篇今年培训工作简报，明天上班交给我修改定稿。”田主任给黄磊交代的工作，没有任何商量的余地。

田主任接着提醒黄磊：“一会儿你跟刘主任通个电话，把上半年的培训情况沟通一下。我知道，今年的军队转业干部培训班和公务员岗位培训班，办得挺好，各厅局反映不错，尤其是理论、技能培训与省情考察相结合的做法值得总结提倡，要从中提炼一些好的经验，争取把明年的培训工作搞得更好。”

听着田主任布置工作，黄磊不住地点头。看来，不仅话剧看不成，今天晚上还要挑灯夜战爬格子。

阅读书目

1. 曹润芳，赵国俊．文件写作与处理．北京：中国档案出版社，2006.
2. 王健．文书学．3 版．北京：中国人民大学出版社，2015.
3. 姬瑞环，张虹．公文写作与处理．5 版．北京：中国人民大学出版社，2019.
4. 刘春生．公务文书写作教程．上海：复旦大学出版社，2010.
5. 杨霞．公文写作规范与例文解析．北京：北京大学出版社，2013.
6. 赵国俊．公文写作与处理．北京：中国人民大学出版社，2011.
7. 岳海翔．公文写作技法通讲．北京：中国文史出版社，2012.
8. 董明发，刘为．笔杆子是怎样炼成的．北京：红旗出版社，2014.

第五章

公文用语规范与技巧

引子

以下是某小区业委会于2010年3月3日上报的请示的第一段，你能发现文字表达存在什么问题吗？

本小区为居民小区，建于2008年，建成至今已经两年有余了。在此期间，我小区居民自行开垦荒地，种上各种花草树木，但都因为缺少种植经验，相继死掉。现请示如下：……

学习重点

任何公文都要依赖准确、鲜明、简练、得体的语言予以表现。公文用语是公文主题思想的表现形式，是影响公文撰写质量的基础性因素。因此，在确定了主题思想、完成了谋篇布局、收集了充足的材料之后，就要在运用公文语言方面狠下功夫。掌握公文用语规范与技巧，主要应当明确公文文体特征、掌握公文语言特点、正确表达公文要素、熟练运用公文专用词语。

关键术语

公文文体特征
公文表达方式
文体
记叙方式
说明方式
议论方式
公文修辞
消极修辞
积极修辞
引用
比喻
借代
排比
层递
对比
公文专用词语
起首用语
称谓用语
引叙用语
经办用语
商洽用语
期请用语
表态用语
时限用语

过渡用语	结尾用语
谦敬用语	

第一节 公文文体特征

文体是文章体裁的简称，是指文章的表达方式特点。公文属于应用文体范畴，采用应用文体的形式表达思想内容。熟悉公文的文体特征及相应的表达方式特点，是掌握公文用语规范与技巧的首要问题。

一、公文属于应用文

公文具有时效性，用于解决现实问题，属于应用文体范畴，以其明确的目的性、突出的应用性、规范的格式要求和统一的处理程序，成为应用文家族的主流与核心“成员”。正因为如此，公文具备应用文的一般特点：

（一）明确的目的性

应用文针对现实中已经出现和即将出现的问题而制发，有的放矢、直笔表达，是各类应用文体的共同特点。这个特点在公文中体现得更为明显。公文完全从实际需要出发，针对具体问题而撰写，在多数情况下要直接说明“为了……”，并且定向传递给与文件内容有关的某个或某些特定单位。

（二）全面的真实性

制发应用文旨在解决实际问题，而不在于品味和欣赏。这就决定了撰写应用文必须遵循客观、准确、如实地反映事物本质的要求，要具有事实上的绝对真实性，反对任何虚构和夸张等艺术加工。公文是管理国家机关工作的工具，更要求在写作时做到从本质到现象，从总体到细节，从过程到结果的全面真实性。虚假失实的公文害党害国，误时误事，贻害无穷。

（三）格式的规范性

应用文的格式具有较强的规范性，或遵从法定格式或符合约定俗成的习惯，以求文章要素的完整，信息记录的准确，传递过程的快捷。公文格式规范相较其他应用文而言更为严格，要遵循统一的国家公文格式标准，以确保公文识别标记鲜明，内容严密完整，为发文单位撰写公文和收文单位阅办与处理公文，实现文书工作的现代化奠定良好的基础。

（四）应用的广泛性

应用文的使用领域极为广泛，机关、社会组织和公民个人广泛使用应用文，解决管理活动以及生产、工作、学习、日常生活中产生的各种实际问题。公文则专门用于公务活动领域，是国家机关、企事业单位、人民团体及其领导在实现自身职能过程中不可缺少的重要工具。

公文不同于一般应用文的特点主要在于：

第一，公文是以语体文（白话文）为原则的应用文体，以准确、规范、通俗、平实的语言风格和特殊的构词组句方式发挥直接表意的效用。

第二，公文兼用说明、记叙、议论三种表达方式。通过事理结合的陈述、说明以及夹叙夹议的表达方式达到上传下达、左右沟通或宣传教育的目的。

二、公文表达方式的特点及应用要求

大多数的公文内容比较复杂，篇幅较大，层次较多。这就需要采用恰当的表达方式。公文不仅具备应用文的一般属性，而且在表达方式上，具有不同于一般应用文的特殊属性，即公文兼有记叙文、说明文、议论文的一般表达特点。这是由公文的行文目的和表达内容的要求决定的。

公文的行文目的是具体多样的，要传达的思想内容也各不相同。这就需要变换多种表达方式。比如，为了便于人们了解事件的来龙去脉，就需要对有关情况进行恰当的叙述；为了让人们熟悉、知晓客观事物的性质、特征、功能、状态，了解有关公务活动的时间、地点、要求、步骤和方法等，就要进行清晰的介绍和说明；为了表明发文机关的立场和观点，还需要对有关事件的原因、结果或有关工作的成败得失进行科学分析和必要论证。当然，为了表达内容的需要，有时需要同时运用记叙、说明和议论三种表达方式。根据发文使用的不同文种，记叙、说明、议论这三种表达方式的运用各有侧重。有的文种侧重于叙述工作或事件的发生、发展过程；有的文种侧重于说明需要部署的有关工作或告知某些事项；有的文种则着重论述发文机关的政策主张和主要观点。在撰写公文时，必须深刻理解公文表达方式的特点，熟悉公文表达方式的特殊要求，恰当地运用这些表达方式，这是写好公文的基本前提。

（一）记叙方式及其在公文中的运用要求

记叙是记载和陈述人物的经历和事件发展变化过程的一种表达方式。它是公文写作中最基本、最常见的一种表达方式。在起草公文时，要用记叙方式反映人物事迹或事件的来龙去脉，例如撰写通报、报告、总结、简报、调查报告、会议纪要、大事记等，均离不开记叙的表达方式。公文中的记叙，要符合以下基本要求。

1. 在记叙事件时应要素齐全

事件的发生离不开具体的时间、地点、当事人（或有关单位）、起因、过程、结果这六个基本要素。它们构成了一个合乎事实逻辑的完整事件，是发文机关针对事件进行定性，予以表彰或批评处理时不可缺少的依据。公文在记叙事件时，必须做到要素齐全，一旦出现要素错漏，就难以使人们了解事件全貌。

2. 在记叙程度上以概述为主

公文是发文机关处理公共事务的工具，而非用于品味与赏析的文学作品。因此，公文中对事实的叙述，崇尚直截了当，简明扼要，以概述事件经过为主，无须做全面细腻的详述。例如，在《共青团××市委关于表彰萧××等同志英勇抢救列车的通报》中，叙述事件经过时写道："在这危急时刻，萧××毫不犹豫地冲下站台，扑到道心，拼力往外扒大堆的卧具，共青团员李××、王××，临时工杨××也迅速赶来援救，奋力将三轮车推出道外。在这一刹那，列车驶过站台，重大伤亡事故避免了。"这样几行文字概括叙述了事件经过，足以使人们了解事件梗概，表明当事人为抢救国家财产和保证人民生命安全，见义勇为、不怕牺牲的思想境界和高尚品德。这个过程中的许多细节被省略了，更看不到描写和抒情，这与写一篇记叙文的叙述方法有着很大的区别。

3. 在记叙线索上以顺叙为主

记叙方式具体分为顺叙、倒叙、插叙三种。在文学作品中，这些记叙方式往往交错采用，甚至经常运用倒叙方式，制造悬念，引起读者深思、猜测和回味，还经常运用插叙方式，以增加作品的吸引力、曲折性和趣味性。拟写公文时运用记叙方式，要求使收文者一看便知，一听即懂，明白晓畅，以便了解事件本身的主要情况。因此，一般按照时间顺序或事件发生、发展、结束的自然过程，即顺叙方式进行叙述。公文中的层次、段落与事件经过和时间顺序基本一致。只有调查报告、工作总结、简报等个别公文，偶尔将事件的结局或工作成绩提到开头叙述，以便引人注目。公文中一般不用插叙的方式，以免导致表述不清或造成理解上的偏差。

总之，在公文中运用记叙方式，要符合事物发展过程和人们认识规律的要求，讲究自然顺序，不能像文学作品那样刻意追求多种记叙技巧，更不能将事件过程的叙述安排得令人眼花缭乱，莫名其妙。

（二）说明方式及其在公文中的运用要求

说明是指对人物、事项或客观事物进行介绍、解说的一种表达方式。说明是公文中基本的表达方式，常用于交代事件背景，解释法规条文，说明知照事项，介绍有关人员或单位的基本情况，等等。命令、决定、通知、通报、计划等文件中的政策规定、具体措施、工作方法、实施步骤等内容，主要靠说明方式完成。在公文中常用的说明方法有：

1. 举例说明方法

为了将比较抽象或鲜见的概念与事物说明清楚，经常采用举例的方法使之具体化、形象化，以便于人们理解。但要注意选取具有代表性和说服力的典型事例，切忌以偏概全。

2. 定义说明方法

即采用下定义的办法，将被说明对象的内涵与外延清晰地展示在收文者面前。

3. 分类说明方法

即将被说明的对象，划分为不同的类型，并分别加以说明。这种说明方法旨在说明事物的范围，有助于从不同角度、不同方面认识客观事物，并且易于被收文者掌握。

4. 引用说明方法

即通过引用权威资料说明客观事物或被说明对象的情况。这种形式旨在强化说明的权威性，对收文者很有说服力。

5. 比较说明方法

为了帮助收文者全面、深入地了解某一事物的发展变化情况，认识此事物与彼事物的区别，以便进一步说明事物的特征或状况，可将具有相同或相反属性的事物进行对比。通过比较，事物之间的差别清晰地呈现在人们面前。

此外，还有数字说明方法和图表说明方法等。

总之，无论采用哪种说明方法，都要求做到用语确切客观，不能掺杂主观因素；表述简明清晰，确保要素周全完整；语言朴实无华，切勿使用晦涩难懂的词语或艰深的专业术语。

（三）议论方式及其在公文中的运用要求

议论即议事论理，是运用逻辑推理的形式对客观事物进行分析评价，反映事物的内在联系，揭示事物本质与规律，直接表明作者主张和态度的一种表达方式。

在撰拟公文的实践中，议论运用得相当普遍，嘉奖令、决定、通报、总结、讲话稿、会议纪要、调查报告等文种，经常要在叙述事实的基础上，用议论的形式来阐明道理，表明发文机关的观点和主张。公文中的议论方式与普通论说文的议论手法相比，有如下特点：

1. 议论方式处于从属地位

公文是各种社会组织为了处理公务而使用的重要工具。撰写公文，主要是为了传达发文机关的某种意图，说明具体的政策规定，客观记录机关工作中发生的事情以备日后查考，而很少单纯地议论说理。因此，公文写作的主要表达方式是说明和叙述，相对于说明和叙述而言，议论表达方式处于从属地位。

2. 议论方式重在就事论理

在议论文中，议论方式的主要功能是论证一种主张的正确或驳斥某种观点的荒谬，不仅要有鲜明的论点、充足的论据，还要有一个完整的分析推理和论证过程。因此，论点、论据、论证是议论文不可或缺的三大要素。公文撰拟过程中的议论方式，重在就事论理，即出于公务目的和交流需要，针对具体事实，阐明发文机关所持的观点和态度。因而公文中的议论，既不需要多层次、多角度的逻辑推理，也不需要表明完整的论证过程，只在需要论证的地方，采取夹叙夹议的方法，或运用论断式的语言，三言两语，点到为止。

3. 议论说理切忌主观武断

在普通议论文中，必须突出表达作者个人的主见，讲究“文中有我”，强调独到见解，反对人云亦云。因为，只有切实新颖有创见的文章，才是受欢迎的议论文章。公文写作中的议论，则要冷静公允，不带主观色彩，完全为机关处理政务服务，真正做到“文中无我”，要时刻意识到，公文是在代表发文机关发言表态。

在撰写公文时，主要采用以下论证方法：

（1）举例论证法。即以事实为论据证明论点的方法。公文要通过列举典型事例，从中归纳结论，使论点“站立”起来，但须注意：第一，列举事实的目的是证明论点，因而事实论据的叙述宜采用简洁、概括的方法，不可着墨太多，以免喧宾夺主，本末倒置。第二，所引事实论据一要可靠，不能道听途说或随意杜撰；二要典型，具有代表性和普遍意义；三要精选，不可毫无选择地任意罗列事实，否则非但达不到增强论证力度的目的，反而适得其反。应选取具有典型性、代表性和说服力强的事例作为事实论据，以取得较好的论证效果。

（2）对比论证法。指列举数据等事实材料加以比较，通过对比得出结论，并以此为论据说明论点的方法。在论证过程中，有时单纯列举事实并不能说明问题，但通过与另一事实的对比，便使结论无可辩驳。比如：在评估治理河流污染给某县农业带来的经济效益时，仅仅罗列治理后的有关统计数据并不能说明问题，但如果与治理之前的有关情况做纵向比较，就能够充分证明治污工程取得的明显经济效益，从而促进地方政府加大环保投入力度，增强人民群众的环保意识。

（3）因果论证法。指通过对事物进行剖析，探寻事物发展的前因后果，并以此证明论点的方法。因果论证法有助于增强论证的科学性与说服力，使议论更加深入透彻。运用因果论证法的关键在于深入分析事物形成的原因，并科学认定由此带来的必然结果，从而准确揭示事物的原因和结果之间的逻辑关系，得出解决问题的正确结论。

综上所述，公务文书不仅属于应用文，而且是一种特殊的应用文。概括地说，公务文书的文体是一种以语体文为原则，兼用记叙、说明、议论三种基本表达方式的应用文，并形成了庄重严谨、质朴平直、简明得体的文风和标准规范的格式。

第二节　公文表达要求

公文语言是公文的基本要素之一。依赖公文语言，公务信息被系统地组织起来、完整地记录下来、准确地传递出去。拟写公文的过程就是运用公文语言说明事理的过程。只有掌握公文语言的基本要求，下苦功学习并熟练运用公文语言，不断加强语言文化修养，才能在公文写作实践中得心应手，游刃有余。

一、公文语言的基本规范

（一）准确

准确是公文语言的灵魂所在。公文是为了解决实际问题而写的，在语言表达方面最注重“准确”二字。

1. 准确表达发文依据

发文依据包括党和国家的方针政策、现行法律法规、上级下达的指示意图、重要会议的决定决议内容、领导交代任务时的基本要求、来文机关的相关意见等，它们是对外发文不可或缺的重要内容。准确表达发文依据，就是针对这些内容而言的，往往在公文开头部分体现出来。通常可以直接引用有关文件的标题，或者简要概括相关内容。例如，《国务院关于开展第四次全国经济普查的通知》（国发〔2017〕53号）开头直接写：“根据《全国经济普查条例》的规定，国务院决定于2018年开展第四次全国经济普查。现将有关事项通知如下”。它通过引用来文标题的方法，明确了发文的政策依据。这种做法有助于提升发文的权威性。又如：“依法维护农民工的合法权益，保障本市行政区域内从业的农民工工资依法及时足额支付，关系到首都经济的健康发展和社会的和谐稳定。近年来，为预防和治理拖欠农民工工资问题，本市各级政府及其有关部门做了大量工作，采取了坚决有力的措施，使这一问题得到了有效遏制。但也要看到，拖欠现象并未根本杜绝，由此引发的群体性事件仍时有发生。为进一步解决拖欠农民工工资问题，现提出以下意见”。这段文字，以概括事实的方式表达了发文依据。

2. 准确反映客观实际

这里讲究的准确，是事实上的绝对真实准确，是有一说一，有二说二，不像文学作品那样追求艺术上的真实准确，既不能移花接木、张冠李戴，也不能无中生有、创造发挥。诗人可以采用夸张的笔法，写出“燕山雪花大如席”的名句；而报告雪灾的公文，只能写这场大雪降雪有多少毫米，多少牧民受灾，多少牲畜冻死，这是多少年未见的一场雪灾。随意抒情、夸张描写、过度形容是写公文的一大忌讳。

3. 严格遵守语法规范

语法即语言运用法则，是人们在语言应用过程中为了准确表达所必须遵守的准则和规范。在拟写公文时，必须合乎语言表达的常规，确保语言语义明晰、结构完整、搭配合理、通顺流畅，正确体现作者的本意。比如在句子“‘四人帮’疯狂破坏的党的干部政策，造成了严重的恶果”中，第一个结构助词“的”字多余，导致主语成分发生变化，造成整个句子的含义产生错谬。语法规范的内容相当丰富，只有认真学习并遵守语法规范，才能避免表达方面的“言不由衷”。

4. 严格遵循逻辑要求

遵循逻辑要求，主要是指公文的语言表达在概念、判断、推理等方面要讲究逻辑性。具体来说，公文中使用的概念，要做到内涵准确无误，外延限制适当。比如司法领域使用的“伏法”与“服法”内涵截然不同；在报道移风易俗活动时，不能把“集体婚礼”写成“集体结婚”；而在“学生会要支持学生的要求”一句中，由于“要求”的外延很宽，缺少恰当的限定，该学生会就有是非不分之嫌。再有，论证过程不能自相矛盾，事实与结论之间要有内在联系，等等。逻辑严密的公文，通常也是结构严谨、表达清楚、说服力强的公文。

（二）简练

公文具有很强的现行效用。有时因公务急迫，不容起草者和阅读者多花时间，更遑论长篇大论，任何拖延和烦冗都会贻误时机。因此，公文语言崇尚简洁精练，惜墨如金。

简练表达的特点，主要体现在简短和简明两个方面。

1. 简短表达

在准确表达思想内容的前提下，力争用较少的语言和较短的篇幅表达丰富的内容，做到词约事丰，言简意赅。

（1）在删改上下功夫，将可有可无的字、词、句删掉。例如，“与会代表认真审议了王××省长的报告，并且通过了王××省长的报告”，可以凝缩为“与会代表认真审议并通过了王××省长的报告”。又如，“这些科研成果经过鉴定后，大多已在全系统内进行推广”句中的“进行”应当删除。

（2）在锤炼语句上下功夫，多用短句表达思想内容。例如：“目前抗洪抢险的重点，已由加高、加实、加固堤坝，转为在 200 多公里长的堤坝上防风浪、抢险段、避免深水滑坡。抗洪战线长，洪峰消退慢，抢险工程量大，恢复生产、重建家园和修复水毁工程的任务十分艰巨。”这一段话主要用短句、短语写成，语言凝练，表意丰富，信息量大，蕴含于其中的紧迫感跃然纸上。

（3）使用约定俗成、表意清楚的简缩词语。如“切实解决‘三农问题’”等，句中引号中的内容，均属于已经约定俗成、表意清楚的简缩词语。但是，把“马列主义基本理论”简称为“马基”，将“下岗分流办公室”简称为“下流办”，读起来则令人产生不快之感；有的商家门前广告上竟然写着“本店降价处理男牛 48 元，女猪 30 元”，让人啼笑皆非，这属于毫无道理的苟简之词。

（4）消除堆砌辞藻、空洞无物和假大空式的语言。例如：“在这个问题上，无论是在思想上，还是在观念上，无论是在认识上，还是在想法上，我们都取得了共同的认识。”句中的“思想”“观念”“认识”“想法”四个词，内涵上没有多大区别，不必重复使用，而“共同的认识”可以简缩为“共识”。又如：“这个乡的计划生育工作抓得好，抓得卓有成效，关键在于党委重视。第一把手亲自抓，党委成员人人抓，分管委员认真抓，主管部门配合抓，大队小队层层抓，节日假日仔细抓，年年抓、月月抓，一抓到底。”这些语言，表面看来滴水不漏，实际却没什么具体内容，简直是在做文字游戏！

2. 简明表达

无论怎样的公文，都要将思想内容表达得简要明白，便于理解和执行。

（1）讲究开头和结尾的表达质量。开头要直截了当，落笔入题；结尾应当明确提出行文要求，意尽言止。有的人起草公文，不论什么情形，开头总是搞“在……的领导下，在……精神的鼓舞下”那一套，结尾总加上“为了……而努力奋斗”等，这样的用语没有实际内容，应当删除。

（2）注重层次和段落的分明。内容比较复杂的公文，根据需要可以恰当采用分条列项的表达方式。那些混沌一片、不得要领的公文，实在令读者头痛。

（3）充分利用附件、表格形式和公文术语，以浓缩公文篇幅，增加公文的信息量。

（三）庄重

公文对外代表发文机关的法定职权，对收文者的行为产生法定权威与效力。因此，公文语言崇尚庄重沉稳，力戒浮华造作。

1. 使用庄重严肃的书面语言，不用口语、方言和晦涩难懂的行业用语

比如，日常口语中使用的“商量”“生日”“上坟”“鬼把戏”“不管三七二十一”等，在公文中应当改用“商洽”“诞辰”“扫墓”“阴谋诡计”“无所顾忌”来表达，借此体现公文语言的庄重严肃性。

2. 使用含义明确而限定的词语，注意语义单一，避免出现歧义

比如，毛泽东同志起草的《向全国进军的命令》中写道：“奋勇前进，坚决、彻底、干净、全部地歼灭中国境内一切敢于抵抗的国民党反动派，解放全国人民，保卫中国领土主权的独立和完整。”①句中连续使用四个副词，分别从态度、过程、程度、范围四个方面提出了歼敌要求，语言铿锵有力，撼人心魄，不容置疑，体现了命令所特有的庄重感。某篇司法文书写道：“被告因盗窃两次被劳教。”这句话存在语义两歧的现象，损害了司法文书特有的庄重严谨的形象。

3. 使用专用词语，赋予公文严谨庄重的特色

在长期的公文写作实践中，逐渐形成了一些便于理解、言简意赅、庄重得体的公文专用词语，有些已经形成固定的格式。恰当使用这些词语，有助于增强公文语言的庄重色彩。

（四）得体

根据收发文双方各自的地位、职能及其相互关系，选用恰当的语气和词语来行

---

① 毛泽东．毛泽东选集：4卷．2版．北京：人民出版社，1991.

文。力争做到对上级行文恭而不卑，对下级行文严而不酷，对平级行文谦而有度。特别是要使用好不同规格的公文术语。

根据不同类别的公文文种，确定不同的语言表达形式。行文时，公文语言要与不同文种相互对应。例如，命令的语言要威严庄重，一语千钧；通知的语言要平和稳重，具体可行；报告的语言要诚实谦虚，质朴平实；请示的语言要恭敬温婉，态度恳切；函的语言要委婉谦和，简短商洽；简报的语言要朴实客观，鲜活简洁。

二、公文语言的组织要求

公文是由字、词、句、段等要素有机构成的书面文件。高质量的公文一定是公文起草人员认真组织语言的结果。公文语言的组织需要一定的技巧，简而言之，包括内容和形式两个方面。从内容来说，主要应做到表意清晰、合乎事理；就形式而言，主要应做到搭配合理、成分完整、语序妥当。

（一）表意清晰

公文语言必须清楚地表达发文者的意图，词能达意，让人看得懂，听得清，好理解，便于执行。下面的语句表意不够清晰：

(1)“挂职锻炼的干部刚从内地来到高原地区，工作和生活的确会有些不习惯，但这种不习惯只是个时间问题。”句中的“时间问题”含义不清，其实是“冤枉了时间”，应改为“但这种不习惯是暂时的”。

(2)“五、如果图书管理员与读者吵架，主管领导应当向负有责任的图书管理员提出批评，并做好工作日志，作为当月奖金发放的依据。”这一条规定表意不清，成了吵架者有奖的意思，实际上应当说“作为扣发奖金的依据”。

（二）合乎事理

公文语言必须符合事理和逻辑规律。以下句子中存在的错误在公文中很常见：

(1)“所有应当与会的旅店经理必须准时到会，否则将做出停业或者予以取缔的处理。”此做法毫无道理，做出停业或予以取缔的处理怎能如此武断、草率，纯属滥施淫威。

(2)“这个地区气候宜人，除气温很低外，很适合发展水产养殖业。”句中的“气候宜人”与“气温很低”自相矛盾。

(3)“衡量一个企业是否经营得好，第一，要人尽其才……第二，要有正确的经营方针……第三，要有强有力的领导班子……”前面讲“是否”两种情况，后面只讲“是”而没讲“否”，前后对应不严密。

(4)“苏联十月革命以后，世界形势发生了巨大变化。”这个判断不符合实际，因为俄国发生十月革命后，才产生了苏联。

(5)“只要全校上下统一认识，振奋精神，今年我校高考重点院校升学率一定能够突破 90%的目标。”升学率受多种因素和条件影响，这里只提到了“统一认识”和“振奋精神”，条件很不充分。

（三）搭配合理

合理搭配句子成分，既是组织公文语言过程中非常重要的要求，也是最容易出问题的环节。在公文写作中应注意避免搭配不合理的错误。

(1)“在这个校园里，苦学外语的精神日益浓厚。”主语“精神”与谓语“浓厚”搭配不当。

(2)“这项工艺填补了我国印染技术与世界印染技术上的距离。”动词“填补”与宾语“距离”搭配不当。

(3)“启动这套改革方案的结果，必然相当幅度地提高职工的经济待遇。”状语“相当幅度地”与动词“提高”搭配不当。

(4)“这次职工运动会是在酷热的气温中进行的。”定语“酷热”与名词“气温”搭配不当。

（四）成分完整

成分完整是组织公文语言的基本要求，起草公文时不能漏掉或隐去语句中必须有的成分，一旦滥用省略，造成成分残缺，就势必影响公文语意的完整准确。

(1)“我们把文艺骨干全部集中到养猪场，同吃、同住、同劳动。”句中“同吃”前缺少状语“与饲养员”，因而造成全句语义不明。

(2)“这个车间的工人普遍有健康的情趣，业余时间从不屑于那些乌七八糟的小报。”句中“不屑于”后缺少“看”或“读”，造成没有谓语。

(3)“从这份文件里，使全厂干部了解到开展政治思想工作的重要性。”句中“全厂”前滥用“使”，造成主语残缺。

(4)“目前，这个城市正在开展整顿交通秩序年。”句中遗漏宾语“的活动”。

（五）语序妥当

语序妥当是指公文的语言组织要遵循一定的次序，这既是尊重语言习惯的要求，也是影响语言表达效果的重要因素。以下例句存在语序不当问题。

(1)“这样的活动乐于使广大青年学生接受。”“乐于”应移至“接受”之前，删除“使”。

(2)“我院 2017 年工作总结暨先进集体先进个人表彰大会于 2018 年 1 月 20 日召开，王××院长和其他学院领导同志出席了这次大会。”句中“其他”应移至“学院”之后，否则有歧义。

(3)“9 月 3 日，我们访问了参加过抗日战争的当年的爱国老人。”应删掉第二个“的”，将“当年”移至“参加”之前，因为他们当年是爱国青年，现在才是老人。

总之，公文语言的基本要求与组织技巧，不仅在表现形式上突出了公文的特点，也昭示了公文语言的诸多规范。公文起草人员只有深刻理解和切实把握这些规范，才有可能写出表达上乘的公文。

第三节　公文修辞与专用词语

公文写作非常注重语言色彩。这并非追求华丽辞藻的运用，而是崇尚精粹简洁之美、庄重朴素之美。这种语言美的独特效果，是通过恰当的修辞方法和特有的公文术语获得的。

一、公文修辞

公文语言虽然“重实用，少文饰”，但并不反对必要的修辞。公文写作主要采用消极修辞（科学修辞）方法，适当运用积极修辞（艺术修辞）方法。

（一）公文主要使用消极修辞方法

所谓消极修辞，是指以说明事物而使人理解为目的的修辞，它是概念的、抽象的、理性的表达方式。

消极修辞以实现语言表达的准确、缜密、明了、畅达、简洁为标准，强调语言的朴素美，排斥语言的修饰美，一般不追求形象的描述和感情的抒发，以便突出体现公文表达的准确、严谨、简明、庄重的效果。

为了突出公文语言庄重典雅的特色，在遣词方面，通常应尽量选择那些比较文雅的，较为庄重、规范的书面用语。比如：“散会后一块儿吃晚饭”就不如“会后共进晚餐”典雅庄重；“把钱装进了自己的腰包”就不如“中饱私囊”更贴切；“……来信早就收到了，内容也都知道了，现答复你们”，显得很啰唆，远不如“……来信收悉，现函复如下”显得精练得体；“过去的事情就不追究了”就不如“既往不咎”更加庄重严肃，简洁有力。

总之，追求表述得更加准确和严谨，是公文使用消极修辞方法的主要目的。

（二）公文适当使用积极修辞方法

积极修辞是指在消极修辞的基础上，进一步做到生动、形象，使人读后受到触动，属于形象、具体、感性的表达方式。

公文可适当使用某些积极修辞方法，以增强公文的感染力。

公文中使用较多的辞格有引用、比喻、借代、排比、层递、对比等；一般不用比拟、对偶、设问、反复等修辞方法，严禁运用夸张、反语、双关等修辞方法。

恰当的修辞有助于得体的表达，滥用修辞，则有损于公文准确、庄重、朴实、简练的风格，甚至使公文的内容变形失实。

1. 引用

即通过援引现成语言材料而增强公文说服力和权威性的修辞方法，在公文中使用频率较高。在公文写作中，经常运用引用法律规章、其他公文或领导人讲话的方式（在材料后面用括号注明材料的标题、文号等），借以增强公文的权威性和说服力。

2. 比喻

即打比方，是用具体、形象的事物来比喻相似事物的修辞方法。如："邓小平同志是改革开放的总设计师。"

3. 借代

即用另外一种同本事物有关系的名称代替该事物的修辞方法。如："党政机关要为改革开放和经济建设保驾护航。"

4. 排比

即用结构相同或相似、语气一致的一连串语句表示密切相关或相似内容的修辞方法。如："我们要学习消防部队官兵那种不怕艰苦、不怕困难、不怕牺牲的精神。"

5. 层递

即把两个以上的事物，按照它们的程度差异，逐层上升或下降排列描述出来的修辞方法。如："对这伙抢劫、拒捕、杀害民警的犯罪分子，必须严厉打击。"

6. 对比

即把不同事物或同一事物的两个相反或相对方面进行对应的描述说明的修辞方法。如"昔日太上皇，今朝阶下囚"等。

公文不同于文学作品，使用积极修辞手法是有限度的，不能为追求文采而滥用积极修辞方法。公文中不能使用夸张、反语、双关等修辞方法。滥用修辞不仅有损于公文庄重、朴实的风格，严重的还会使公文的内容变形失实。

二、公文专用词语

公文用语专指用于公务活动，具有公文特色的规范化的语言体系。由于公文写作具有一定的程式性，随着长期的公文写作实践的积淀，特别是语言应用过程的自然选择（有一部分从文言文中提炼筛选而成），逐渐形成了一些便于理解、言简意赅、庄重得体的公文专用词语，有些已形成固定的语式。对于这些有生命力的、在公文写作实践中专门使用的语言，公文起草人员要注意学习、积累，掌握其使用方法，并且在实践中根据实际需要加以灵活运用。

（一）起首用语

即在公文开头处用于引出行文根据、行文目的或事故原因、背景的词语。

常用的起首用语有“根据”“依据”“遵照”“按照”“奉”“为了”“为”“由于”“兹定于”“兹介绍”“兹因”等。例如“根据省政府第31次常务会议精神”“遵照部领导的指示意见”“奉上级指示”“为了加强执法队伍建设，完善执法体制”“为便于紧急救助病人”“由于受持续高温的影响”“兹因桥梁改造”等。

（二）称谓用语

即指代收发文机关名称或事物名称的用语，基本采用人称代词加上机关名称尾字的方法。

当用于称呼本单位时，须使用第一人称，如“我局”“我县”“本院”“本部”“本厂”等。

当用于称呼对方单位时，如属于下级机关，一般使用第二人称，如“你省”“你局”“你部”等；如属于平行机关，为了表示尊重与礼貌，习惯使用“贵公司”“贵所”“贵院”等。

当用于称呼其他单位或人员时，采用第三人称形式，但不使用“它”“他”或“它们”“他们”，而用“该院”“该馆”“该同志”等。

当公文中需要称呼某些事物时，也可以使用“该”字，如“该文”“该产品”“该批机器设备”等。

恰当使用“该”字，有助于收到表达简明、语气庄重的效果。

（三）引叙用语

即引叙来文时使用的词语。

常用的引叙用语有“前接”“顷接”“近接”“欣悉”“敬悉”“收悉”“获悉”等。例如“前接你局来电”“顷接来函，现就所询之事函告如下”“欣悉贵院举行成立80周年庆典”“你局2020年3月15日28号文收悉”等。

（四）经办用语

即表明处理某项工作的时间及其经过情况的用语，通常表示过去时态。

常用的有“业经”“已经”“前经”“迭经”“通过”“经过”等。例如“经召集有关部门研究”“《××规定》业经部长办公会议批准”“兹经调查”“迭经审核”等。

（五）商洽用语

即向收文机关征求、询问对有关事项的处理意见，或与其商洽具体公务办理方法时使用的词语。

商洽用语一般在上行文和平行文中确有必要征询对方意见时使用。常用的商洽用语有“当否”“可否”“是否可行”“意见如何”“是否同意”“能否办理登记”等，这有助于营造一种和谐融洽的行文语气。

（六）期请用语

即向收文单位表示某种期望和请求时常用的词语，用于结尾时较多。

常用的期请用语有“即请”“诚请”“特请”“恳请”“恭请”“拟请”“务请”“希即”“敬望”“企盼”“希望”等。例如在公文中使用“恳请对该同志予以表彰”“即请协助办理”“诚请大力支持”“恭请莅临”“拟请批准办理有关事宜”“企盼鼎力协助”“希望准时到会”等。

（七）表态用语

即表明发文机关对办理某项工作或某一文件的态度时使用的词语。

在公文中一般使用“照办”“可行”“准予”“不可行”“同意”“原则同意”“不同意”等。如“准予备案”“同意你县提出的治理方案”等。恰当地使用表态用语，有助于鲜明表达发文意图，便于收文单位执行或办理公务。

（八）时限用语

即表明公务承办时限时使用的词语。

常用的时限用语有“当即”“即刻”“迅即”“从速”“届时”“准时”等。例如“收到防洪紧急通知后，当即采取应急措施”“即刻办理”“情况紧急，务必从速抵达现场”“迅即展开调查”“届时将召集居民代表会议”等。时限用语应用得当，有助于强化办理公文的时限要求，避免或减少公务活动的延误。

（九）过渡用语

即专门表明转折、过渡或承上启下关系的词语。

常用的过渡用语有“为此”“据此”“鉴此”“经研究批复如下”“现通告如下”“特通知如下”“特制定以下办法”等。恰当使用过渡用语，有助于使公文的各个部分之间过渡自然，连接紧密，增强公文正文的整体感。

（十）谦敬用语

即承受对方单位的支持和恩惠后表明感激、敬重之情的用语。

常用的谦敬用语有“承蒙惠允”“承蒙贵局通力协助”“承蒙慨允，不胜感激”“不胜荣幸”等。

（十一）结尾用语

用于表达公文结束或向收文单位提出行文要求时使用的词语，简称“结语”。

结语要根据不同文种区别选用。例如“现予公告”“特此通知”“特此报告，请审阅”“特此批复”“特此复函”等。有些结语在表示公文结尾的同时，还具有提出特定的行文要求的功能，例如函结尾处的“以上事宜敬请协助为盼”、议案结尾的

“请予审议”、指示性通知结尾的“请认真贯彻执行”、部属性通知结尾的“请如实呈报”等。

实践证明，恰当地使用公文专用词语，有助于公文的简练严谨，并赋予公文庄重严肃的特点。公文起草人员要不断学习积累公文专用词语，恰到好处地运用公文专用词语，以使公文语言更加规范得体。

第四节 公文常见要素的表述方法

在一篇公文的写作过程中，经常涉及诸如时间、空间、数量、名称等多种要素。这些要素既是构成公文内容的不可缺少的组成部分，也是公文语言的重要形式。能否准确表述这些要素，有时会成为决定公文整体质量的关键因素。对于这些要素的表达，既要符合国家的有关法规、标准，又要遵从约定俗成的原则。公文起草人员应当规范得体地表述公文的常见要素。

一、时间的表述方法

社会实践活动以及机关管理工作都是在一定的时间范围内进行的，对公文的承办与执行无疑也离不开具体的时间限定。因此，撰写公文必须准确表述时间概念。

（一）精确

公文中对时间的表述，必须具体精确。对日期的表述要采用公元纪年的方法，不能使用天干地支纪年方法。要避免使用“3 年前”“本月”“近日”“有一天”等不精确的表述方法和在口语环境下使用的时间概念，更不能使用“早上 8 点左右”“太阳下山时”“一袋烟的工夫”等不确定和形象化的表述方法。公文的成文日期多数也是公文生效日期，因此要表述得精确无误。

（二）完整

时间要素的表达应做到完整无缺，即写全年、月、日。既不能省略年份，只写月、日；也不能只写年、月，漏写日期。有些单位在制定内部规章制度时，只标注年、月，漏掉具体日期，一旦需要认定某种事实发生的时间，或依照规章认定某种行为是否违章，就容易导致理解偏差，产生纠纷。在表述年份时，要写全四位数，例如应写成 2018 年，而不能写成“18 年”。重大事件发生的时间，必要时要写全年、月、日、时、分。

（三）恰当

在时间表达上，公文用语不仅要求精确、完整地表示某个确定的时间，在某些情况下，也要恰当地运用表示时态的副词和表示某一段时间或经常状况的方法。比如，已经完成的工作或发生过的行为，常用“已经……批准”“业经……审定通过”“完成了……任务”“取得了……成绩”表示；正在进行的行为，则常用“发挥着……作用”等表示。其中“已经”“了”“着”等词语要恰当使用，以便体现不同时态。而“在‘十三五’计划期间”“自从党的十九大以来”等，则是用来表述一个时间段或一种常规状态的方法。当自然界和人类社会的某些现象难以准确说明其出现的时间时，则应使用“近一个时期来”等模糊语言，而不宜使用“××××年××月××日以来”，这样能够比较准确地表达这种现象和状态产生的时间。

在公文中准确、完整、恰当地表述时间，有助于收文者了解和判断事物的性质与发展变化情况，便于公文的执行与办理。

二、空间的表述方法

客观事物的产生、存在与发展，机关工作的推动与完成，都离不开空间（地点）概念的运用。公文在空间的表述方法上，主要使用专用名词（北京、西安、法国、亚洲等）、处所代词（这里、那里、此地、该地等）、方位名词（东、南、西、北、上、下、左、右等）、非固定处所名词（四面八方、到处、各地等）、方位词组（长江流域、铁路左侧、车站以南、法庭上等）等。

在公文中表述空间时，要求做到：

（1）准确、具体地说明有关的单位、处所，特别是重要事件、重大事故发生的地点，不仅要说明所在的某省、市、县，而且要说明具体的方位，有时还需要标明所在的经纬度。

（2）当涉及不为人们所熟知的地名或重复的地名时，要按照由大到小的顺序，标明国家或省、市、县的名称，以便准确表达所在地点。

（3）使用地名的全称或规范的简称，必要时还应当标明准确的译名。属于国外的处所，需要冠以标准的国家名称。

（4）当内容涉及不同的国家或地区时，不能以国家统称。例如：在“美国、加拿大、香港等国家代表团来华观光的客人……”中，将中国香港地区与其他国家一起并称为国家，就犯有严重的错误。

三、数量的表述方法

数量是指事物的多少，它既是公文管理活动中进行定量说明并制定重要决策时不可缺少的重要依据，也是上报下达的重要信息。公文写作经常要使用数量概念，以便增强文章的可信度与说服力。

公文写作中数量的表述，要符合以下要求：

（一）反复核实，表述确切无误

数量是公文书面语言的重要组成部分，公文中引用数字，必须认真核实，确保准确无误。要知道，在数字上的失误，哪怕只是写错一个小数点或一个“0”，也极有可能给工作造成重大损失，或严重影响发文机关的声誉。

（二）精选数字，切忌过于烦琐

公文中引用数字并非越多越好（统计报表等材料除外），而是要严格选择，引用那些最能说明问题、最能反映事物本质特征的数字，以增强公文的说服力。引用数字过于繁杂琐碎，会使读者不得要领，增加阅读负担。

（三）加强分析，避免凌乱堆砌

数字形式是公文表达的重要手段，数字背后包含着丰富的内容。引用数字是为了说明事件的性质与数量变化情况，但是孤立的数字难以奏效。因此，需要将数字置于一定的背景之中进行综合分析，或从纵向与横向的不同角度做比较说明。例如，当讲一个企业的生产业绩时，只堆砌当年的数字，而没有与去年同期相比或与同类型企业相比，就难以说明今年的生产业绩是好还是差。

（四）规范使用，避免产生歧义

在公文中表达分数、小数、倍数时，要注意规范确切。

（1）当表示增加或减少的数量时，应注意下列用法的差别：

“增加了 2 倍”：现在是过去的 3 倍；

“增加到过去的 2 倍”：现在是过去的 2 倍；

“超额 30%”：原来是 100，现在是 130；

“降低到 30%”：原来是 100，现在是 30；

“减少了 30%”：原来是 100，现在是 70；

“减少到过去的 30%”：原来是 100，现在是 30。

（2）当表示减少和降低的数量时，不能使用倍数，应当使用分数或百分数表达。因为成倍地减少，则有可能成为零或负数。

（3）当涉及总计数量时，要注意表述确切，避免造成歧义。

比如：“他利用手中的特权，占有三套使用面积为 320 平方米的豪华住宅”，这 320 平方米，是指三套住宅的总面积，还是指每套住宅的面积，使人无法判别。

（4）当使用“以上”“以下”“左右”等概数时，应注明是否连同本数在内。

比如：“10 人以上的游客可以购买团体票”是否包含 10 人、“县级以上国家机关”是否包含县级等，都应当给予明确界定。前者可以用“10 人以上（含 10 人）的游客”或“10 人或 10 人以上的游客”表示，后者也可以采用同样的方法表示，以免产生歧义。

公文中的数字表达方式，在有关主管部门的法规性文件中有明确的规定。如《党政机关公文格式》规定，成文日期中的数字，“用阿拉伯数字将年、月、日标全，年份应标全称，月、日不编虚位（即 1 不编为 01）”。

此外，公文中涉及的人员姓名、职务名称、机关名称、引文、图表等的表述，都要仔细核实，确保准确无误、符合有关规范与标准。

公文写作的语言表达技巧，是公文起草人员在长期学习、实践和积累的过程中逐步获得的。掌握这些技巧既有一定之规，也需要发挥人的主观能动性，在实践中不断摸索。但是无论如何，都需要以高度的责任心对待。正如一篇座右铭所言："笔下有财产万千，笔下有人命关天，笔下有是非曲直，笔下有毁誉忠奸。"只有有了高度的责任心和使命感，掌握了相应的知识与技巧，才能"妙笔生花"！

本章小结

1. 公文属于特殊的应用文。公文是以语体文（白话文）为原则的应用文体，往往同时兼用说明、记叙、议论三种表达方式。

2. 记叙、说明、议论等基本表达方式运用于公文写作有其需要注意的特殊要求，写好公文必须熟悉各种表达方式在公文撰写过程中的运用要求。

3. 在公文语言的运用方面，应符合准确表达、简练表达、庄重表达、得体表达的要求。

4. 在公文语言的组织技巧方面，要做到表意清晰、合乎事理、搭配合理、成分完整、语序妥当。

5. 公文要素是公文语言的细节因素和有机构成部分，关系到公文的整体质量。在撰文过程中，遇到时间、空间、数量等要素，要仔细斟酌，严格把关，决不能粗枝大叶，因小失大。

思考与练习

1. 公文文体有哪些特征？
2. 公文语言表达的基本要求有哪些？
3. 公文语言的组织要求是什么？
4. 指出下列公文语言的不当之处，并予修改。

(1)"请参加培训的学员于二〇一八年7月10日上午10：00报到。"

(2)"四百八十名与会代表观看了天安门广场升旗仪式。"

(3)"你校关于合作办学的来函收到了，经研究答复如下：……"

(4)"新建企业中，凡是不符合本规定者，不能给予登记。"

(5)"刘永强总经理和其他公司领导同志出席了本次庆功大会。"

案例分析

结合案例，分析公文的语言特色。

到年底了，县林业局召开各部门负责人开会。刘局长回顾了一年来的工作，责成在办公室工作一年多的大学毕业生林清担任会议记录，并起草年度工作报告。

林清虽然文笔不错，但是没有写过公文。她认为，工作报告不仅要有好的内容，还要用生动的语言来表达。于是，她利用公休日闭门谢客，埋头构思，随即拟定了写作大纲。在涉及人和事的时候，她想了不少办法。当写到负责办公楼改建工作的老张同志四个多月时间以工地为家，兢兢业业、狠抓管理，节约基建资金一万多元时，林清的文学灵感来了，她带着敬佩的情感，对自己所熟悉的老张的形象着力描写道："他身材魁伟，前额宽大，双鬓微霜，目光深沉，那炯炯有神的双眼，传递着泰山压顶腰不弯的坚毅品格和一身正气。穿着那件好长时间没有洗过的褪色的工作服，他一天到晚地忙碌在工地上。"为了使老张的事迹更加感人，林清又在报告中虚构了老张不徇私情，面对来工地偷盗公物的侄子，亲自给公安部门打电话的"作料"，并进行了动作描写和心理刻画："……侄子'扑通'一声给老张跪下了，额头的汗珠顺着脸颊淌了下来。他用沙哑的嗓音哀求道：'大伯，我再也不会干那些昧良心的事儿了，我错了，饶了我吧！'老张眼含泪水，抬起的手掌再一次放下。他是看着侄子长大成人的，也知道放走侄子没人知道。但是，共产党员的责任感，促使他拨打了公安部门的电话。"林清还把老张狠抓工程管理，节约基建资金一万多元改成了两万多元。她认为老张的形象一定会感动不少人。

几天后，在年初干部会上，刘局长让大家传阅了这篇报告稿。看过报告的人有的摇头，有的撇嘴，有人没看完就放下了。会后，刘局长对林清说道："看得出，为这篇文稿你下了很大功夫，文笔也不错，可是有的地方像是在写小说呀！起草公文不同于文学创作，既不要虚构，也不能夸张，要写实际情况！你再听听大家的意见，好好改改。"

听了刘局长的评价和大家的意见后，林清获益匪浅。她前后改了好几稿，删掉了那些描写的内容和虚构的"作料"，对过多的细节进行了提炼和概括。后经一位老秘书把关，工作报告才由刘局长签发上报。

阅读书目

1. 曹润芳，赵国俊．文件写作与处理．北京：中国档案出版社，2006.
2. 王健．文书学．3 版．北京：中国人民大学出版社，2015.
3. 姬瑞环．公文写作与处理．5 版．北京：中国人民大学出版社，2019.
4. 刘春生．公务文书写作教程．上海：复旦大学出版社，2010.
5. 杨霞．公文写作规范与例文解析．北京：北京大学出版社，2013.
6. 赵国俊．公文写作与处理．北京：中国人民大学出版社，2011.
7. 岳海翔．公文写作技法通讲．北京：中国文史出版社，2012.
8. 董明发，刘为．笔杆子是怎样炼成的．北京：红旗出版社，2014.

第六章

公文格式规范

引子

如果说“公文是单位的名片”，格式就是这张“公务名片”最凸显的展示。因此，有必要了解公文格式的特点和遵循格式规范的重要性，理解遵循公文格式规范既是撰写、制作公文的基础，也是保障公文规范化、标准化的重要一环。你能判断一份公文的格式是否规范吗？你知道怎么设计出符合国家标准的公文格式模板吗？

学习重点

理解公文格式的特点，了解国家对公文格式的相关规定，重点掌握2012年颁布、实施的《党政机关公文格式》国家标准中格式要素的构成及其编排规则，以及制作格式模板的方法与技巧。

关键术语

公文格式
党政机关公文格式
格式要素
公文版头
公文份号
密级和保密期限
紧急程度
发文机关标志
发文字号
签发人
公文标题
主送机关
公文正文
公文附件说明
发文机关署名
成文日期
印章
特殊情况说明
附注
公文版记
抄送机关
印发机关和印发日期

第一节 公文格式的特点

公文格式是指公文文面各要素的构成及其编排规范。为保障公文的严肃性、完整性和有效性，进一步规范公文的格式，我国三度颁布公文格式国家标准。公文格式具有如下特点。

一、规范性

由于公文广泛应用于各级各类机关、企事业单位和人民团体，在上至中央下至地方的各个管理层面的各项活动中发挥现行效用，因而必须从多方入手，确保其准确、完整、有效。标准、规范的公文格式数据项目完整齐备、格式编排划一、识别标记鲜明准确，不仅方便公文的撰拟和制作，而且便于对公文进行处理、管理，有利于公文的归档整理和提供查阅，更重要的是将公文格式纳入标准化的轨道，以适应现代化管理的需要，为计算机等现代办公设备的应用奠定基础。由国家有关机关和部门以行政法规、规章和国家标准的形式予以统一规范，是保证公文规范性的重要举措。我国三度颁布公文格式国家标准，足以说明公文格式规范的重要性和推行力度。

在现代办公环境中，只有格式统一规范的公文才能够在传输、处理过程中畅行无阻，人机共识，便于电子公文及电子档案的管理。因此，必须强调公文格式的规范性。公文格式标准是公文撰制、处理和管理的规范，必须严格遵守。各单位不得自行其是，各搞一套。

二、相对的固定性

在公文格式要素中，一部分要素为所有通用文种所必备，如发文机关标志、标题、正文、成文日期等；另一部分要素则可视每份文件的具体情况选择使用，根据文种、行文目的、阅读对象以及版面编排的具体需要进行取舍，如公文份号、密级和保密期限、紧急程度、签发人、公文附件说明等。

公文的格式具有相对的固定性，还表现在相同文种的公文，其格式要素的构成大体一致。

三、稳定性

公文格式标准一经规范，通常在较长时间内保持稳定，各单位应按有关规定共同遵照执行，及时开发或使用公文格式模板，以便高效快捷地生成符合格式规范的公文。凡未采用规范公文格式的单位，应尽快实现公文格式的标准化，为公文的撰写、传递、处理、存储提供便利。

第二节　公文格式要素及其编排规则

鉴于公文特定的权威和效用，国家采取了一系列措施予以维护和保障，其中一项措施是制定格式规范，颁布并实施关于公文格式的国家标准。了解并遵循格式标准的相关规定，是制作合乎规范的公文、消除我国目前公文格式的混乱局面、防范作伪公文的重要环节之一。

一、公文格式国家标准概述

公文的格式遵循国家质量监督检验检疫总局、国家标准化管理委员会 2012 年发布的《党政机关公文格式》（GB/T 9704—2012，以下简称“新国标”，见附录 2），该国家标准于 2012 年 7 月 1 日起开始实施。1999 年国家质量技术监督局发布的《国家行政机关公文格式》（GB/T 9704—1999，以下简称“原国标”）同时废止。

新国标按照《党政机关公文处理工作条例》的有关规定，结合近年来党政机关公文格式的应用情况，对公文用纸、印刷装订、格式要素、编排式样等做出了具体规定，首次实现了党政机关在公文格式方面统一规范，有利于进一步提高各级党政机关公文制作的水平和质量，推动公文处理工作实现科学化、规范化，并为进一步实现现代化、智能化奠定基础。由于新国标在《党政机关公文处理工作条例》中被赋予法定执行效用，因而其虽为推荐性标准，但具有强制性与约束力。

新国标对公文用纸幅面尺寸的规定是：“公文用纸采用 GB/T 148 中规定的 A4 型纸，其成品幅面尺寸为：210mm×297mm。”对页边和版心尺寸的规定是：“公文用纸天头（上白边）为 37mm±1mm，公文用纸订口（左白边）为 28mm±1mm，版心尺寸为 156mm×225mm。”

新国标对公文中各要素的定位采用以汉字的“字”和“行”分别作为标示公文中横向、纵向距离的长度单位。“字”（word）是标示公文中横向距离的长度单位，一字指一个汉字宽度的距离。“行”（line）是标示公文中纵向距离的长度单位，一行指一个汉字的高度加 3 号汉字高度的 7/8 的距离。一般每面排 22 行，每行排 28 个字，并撑满版心（见图 6-1、图 6-2）。特定情况可做适当调整。

公文中的图文颜色，除发文机关标志、版头的反线和发文机关印章为红色外，其余部分均为黑色；如无特殊说明，公文中文字的颜色均为黑色（见图 6-1、图 6-2、图 6-3、图 6-4、图 6-5）。

为便于理解和记忆，新国标将版心内公文格式各要素划分为版头、主体、版记三个部分。公文首页红色分隔线以上的各部分统称版头；公文首页红色分隔线（不含）以下、公文末页首条分隔线（不含）以上的部分称为主体；公文末页首条分隔线以下、末条分割线以上的部分称为版记。

版头的要素包括份号、密级和保密期限、紧急程度、发文机关标志、发文字号、签发人（见图 6-1、图 6-2）。

主体的要素包括标题、主送机关、正文、附件说明、发文机关署名、成文日期、印章、附注、附件（见图 6-1、图 6-2、图 6-3、图 6-4、图 6-5）。

版记的要素包括抄送机关、印发机关和印发日期（见图 6-3、图 6-4、图 6-5）。此外，针对日常工作中常见的公文类型，新国标还明确了公文的特定格式［信函格式、命令（令）格式、纪要格式］。在公文格式的样式中，展示了联合行文的公文印章标识方法的样式（见图 6-4、图 6-5）。

二、公文格式要素与标识要求

（一）“文件式”公文的格式要素及其标识要求

1. 份号

（1）概念、作用：份号是指当将同一文稿印制若干份时对每份公文的顺序编号。份号是分发、清退、查找公文的依据，便于对公文特别是密件进行统计和管理，明确交接责任。

（2）编写要求：并非所有的公文都需要编制份号。有密级特别是印发数量较多的公文应编制份号。发文机关如果认为有必要，那么也可对不带密级的公文编制份号。

（3）标识方法：用 6 位 3 号阿拉伯数字，顶格编排在版心左上角第一行。

2. 密级和保密期限

（1）概念、作用：密级是表明公文保密等级的标志符号。密级通常标为“绝密”“机密”或“秘密”。保密期限是对公文密级的时效加以规定的说明。二者的作用在于表明公文内容涉及国家秘密的程度及密级时效，规定公文的阅读范围及传递、处理要求，以便将密件与平件分开收发与管理，确保密件的安全。

（2）编写要求：涉密公文应当标明密级和保密期限，通常按涉密程度分别标注“秘密”“机密”“绝密”和保密期限。

（3）标识方法：用 3 号黑体字将密级顶格标识在版心左上角第二行；用 3 号黑体字，密级和保密期限之间用“★”隔开，保密期限中的数字用阿拉伯数字标注。

3. 紧急程度

（1）概念、作用：紧急程度是对公文送达和办理的时限要求。作用在于揭示公文、电报传递和处理的时限，引起重视，并为催办公文提供依据，确保紧急公文得到优先处置，避免延误。

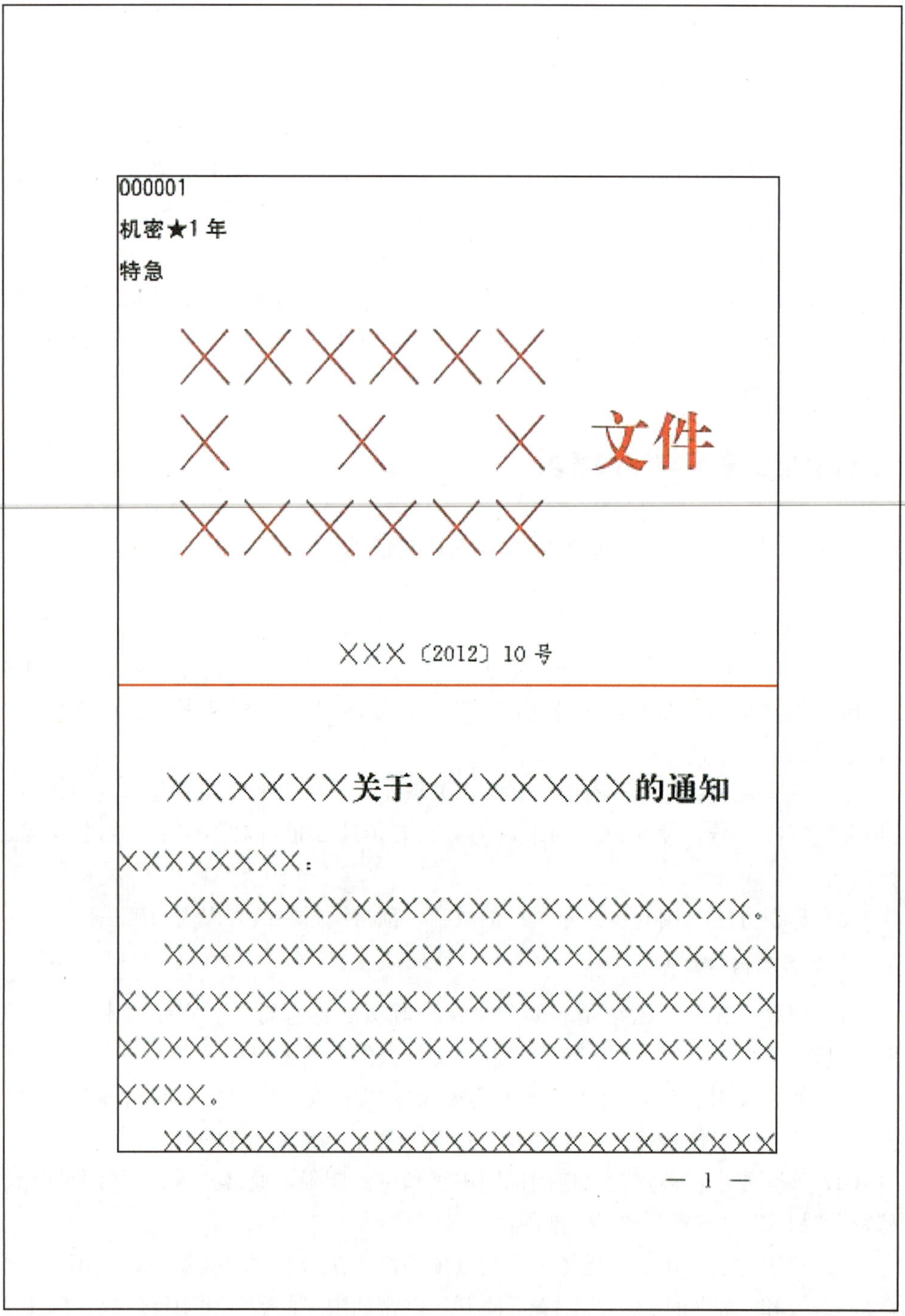

图6-1　公文首页版式

注：版心实线框仅为示意，在印刷公文时并不印出。下同。

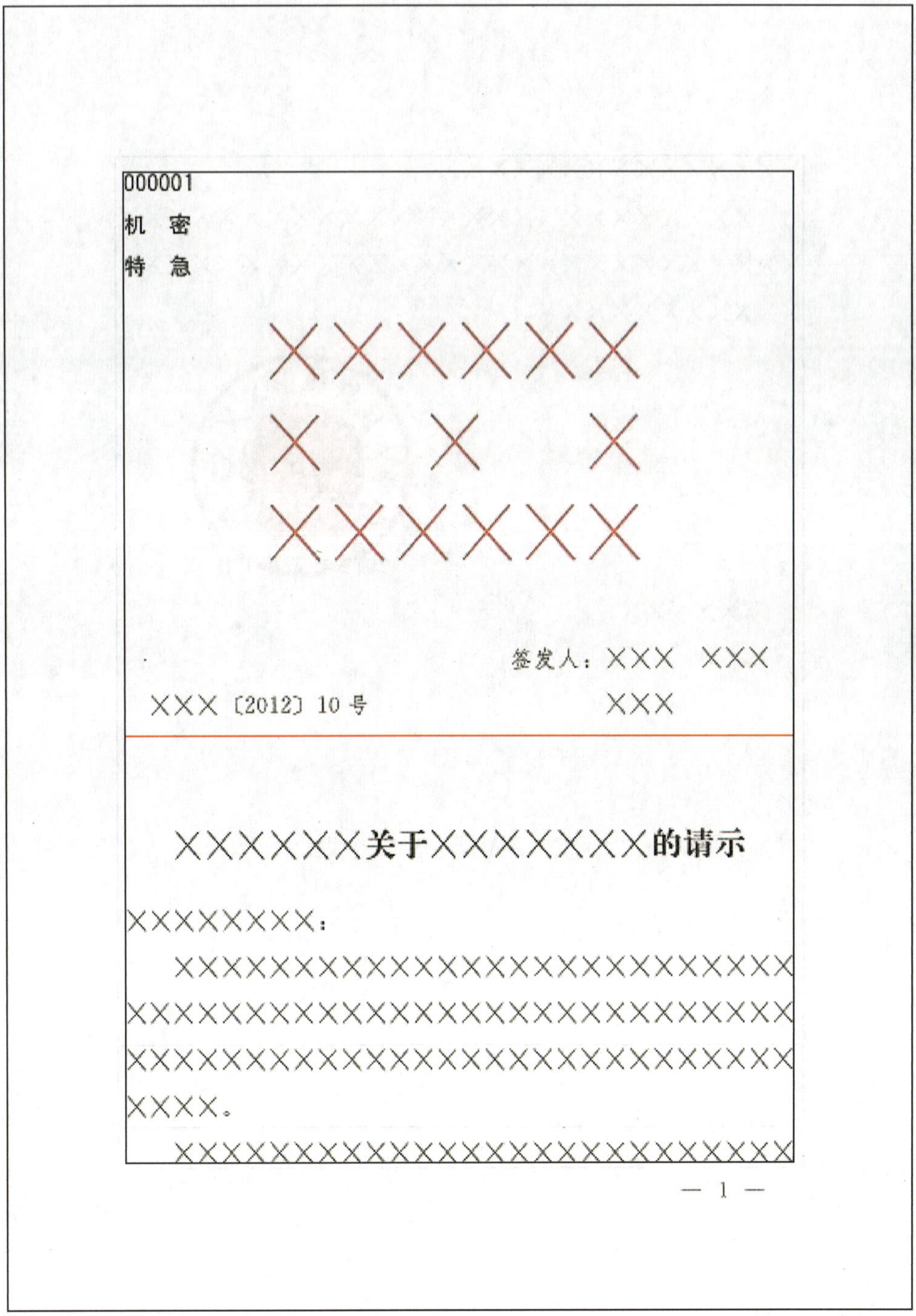

000001
机　密
特　急

××××××
×　×　×
××××××

签发人：×××　×××
×××〔2012〕10 号　×××

××××××关于×××××××的请示

××××××××：

××。

××××××××××××××××××××××××××

— 1 —

图 6-2　上报公文首页版式

XXXXXXXXXXXXXXXX。

XXXXXXXXXXXXXXXXXXXXXXXXXXXXXXXXXXXXXXXXXXXXXXXXXXXXXXXXXXXXXXXXXX。

中华人民共和国××××部

2012年7月1日

（XXXXX）

抄送：XXXXXXXXX，XXXXXXX，XXXXXX，XXXXXX，XXXXXX。

XXXXXXXXXX　2012年7月1日印发

— 2 —

图6-3　公文末页版式

××××××××××××××××。

　　××。

2012年7月1日

（×××××）

抄送：××××××××，××××××，×××××，×××××，×××××。

×××××××××　　2012年7月1日印发

— 2 —

图 6-4　联合行文公文末页版式 1

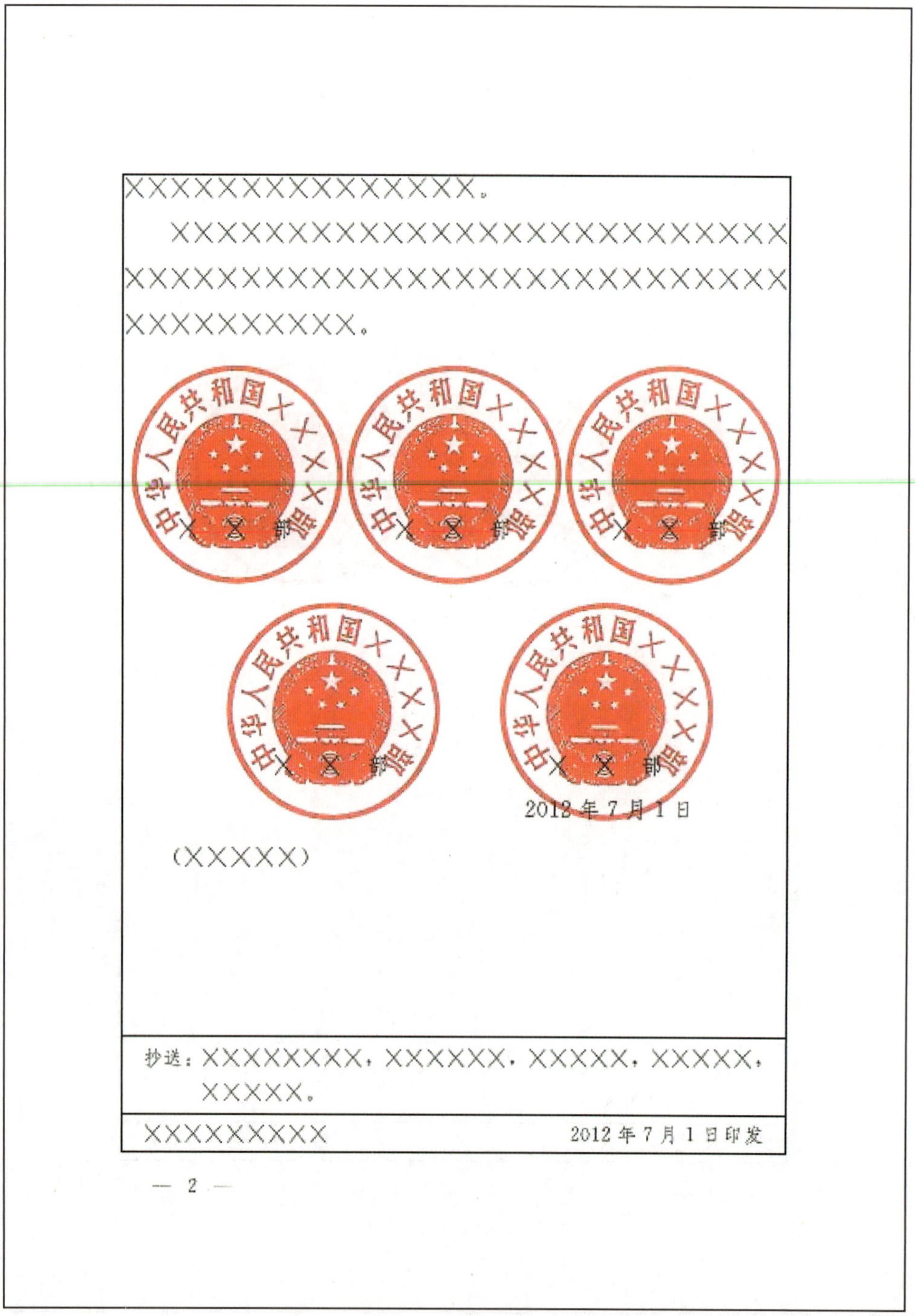
×××××××××××××××××。

××××××××××××××××××××××××××××

××××××××××××××××××××××××××××××

×××××××××××。

2012年7月1日

（×××××）

抄送：××××××××，××××××，×××××，×××××，
×××××。

×××××××××　　2012年7月1日印发

— 2 —

图6-5　联合行文公文末页版式2

（2）编写要求：拟制紧急公文，应当体现紧急的原因，根据实际需要确定紧急程度。依紧急程度分别用汉字标注“特急”“急件”，电报应分别标注“特提”“特急”“加急”“平急”。

（3）标识方法：用3号黑体字，顶格标注在版心左上角；如需同时标注份号、密级和保密期限、紧急程度，则按照份号、密级和保密期限、紧急程度的顺序自上而下分别排列。

4. 发文机关标志

（1）概念、作用：表明公文作者的标志。作用在于表明公文的责任者，显示公文的权威性与郑重性。

（2）编写要求：发文机关标志由发文机关全称或规范化简称后加“文件”组成，对一些特定的公文可只标识发文机关全称或规范化简称，但通常行政机关的重要公文特别是上报的公文均应加“文件”二字。联合行文时主办机关名称在前。

（3）标识方法：通常用大号字体套红标识于公文首页上端，由发文机关的全称或规范化简称加“文件”二字构成。若公文以领导人的名义制发，则文头由领导人的职务加文种构成，如“中华人民共和国主席令”；署名时需在姓名之前冠以职务名称，如“中华人民共和国主席　习近平”。根据公文的性质可同时采用上述两种形式或选择其中的一种。

发文机关标志居中排布，上边缘至版心上边缘为35mm，推荐使用小标宋体字，颜色为红色，以醒目、美观、庄重为原则。

联合行文时，如需同时标注联署发文机关名称，一般应当将主办机关名称排列在前；如有“文件”二字，应当置于发文机关名称右侧，以联署发文机关名称为准上下居中排布。

5. 发文字号

（1）概念、作用：又称发文编号，指发文机关对其所制发的公文依次编排的顺序代码。发文字号作为专指性很强的文件代号，为引用和检索文件提供便利，同时也便于对文件进行统计和管理。

（2）编写要求：发文字号由发文机关代字、年份和发文顺序号组成。发文机关代字不可过长；年份应写全称，用六角括号“〔〕”括入；发文顺序号不编虚位（即1不编为01），不加“第”字，在阿拉伯数字后加“号”字。发文字号具有唯一性，不得出现重复编号或漏编的现象。一份公文只编一个发文字号，联合行文时只标注主办单位的发文字号。

（3）标识方法：通常发文字号位于发文机关标志下空两行位置，用3号仿宋体字，居中排布。上行文的发文字号居左空一字编排，与最后一个签发人姓名同处一行。发文字号之下4mm处居中印一条与版心等宽的红色分隔线。

6. 签发人

（1）概念、作用：指代表机关最后核查并批准公文向外发出的领导人姓名。作用在于表明机关发文的具体责任者，督导各级领导认真履行职责，提高公文质量，并为直接联系工作、迅速查询有关问题提供方便。

（2）编写要求：只用于上行文，凡上行文均需在公文首页标识签发人。

（3）标识方法：应将签发人姓名平行排列于发文字号右侧。发文字号居左空一字，签发人姓名居右空一字；“签发人”三字用3号仿宋体字，后标全角冒号，冒号后用3号楷体字标识签发人姓名。

如有多个签发人，签发人姓名按照发文机关的排列顺序从左到右、自上而下依次均匀编排，一般每行排两个姓名，回行时与上一行第一个签发人姓名对齐。

7. 标题

（1）概念、作用：指概括表明某一文件主要内容的文件名称。标题的主要作用在于简要概括地揭示公文主要内容与行文目的，引导阅读，方便处理。

（2）编写要求：公文标题应当准确、简要地概括公文的主要内容并标明公文种类，一般应当标明发文机关。完整的公文标题一般由发文机关名称、事由、文种三部分构成，其中发文机关名称要用全称或规范化简称，事由部分应简洁、明了地揭示公文主题，文种的选择要准确、恰当。公文标题中除法规、规章名称加书名号外，其他文种通常不必标注。

（3）标识方法：用2号小标宋体字，编排于红色分隔线下空二行位置，分一行或多行居中排布。要做到词意完整，排列对称，长短适宜，间距恰当，标题排列应当呈梯形或菱形。

8. 主送机关

（1）概念、作用：主送机关指公文的主要受理机关，即对公文承担办理或答复责任的机关。作用在于概括表明公文的空间效力范围，明确对公文负法定办理或答复责任的机关，保证公文效用的实现。

（2）编写要求：应当使用机关全称、规范化简称或者同类型机关统称。

（3）标识方法：标题下空一行，居左顶格用3号仿宋体字标识，回行时仍顶格；最后一个主送机关名称后标全角冒号。如主送机关名称过多而使公文首页不能显示正文时，应将主送机关名称移至版记中的主题词之下、抄送之上，标识方法同抄送。

9. 正文

（1）概念、作用：指公文的主体部分，用于阐述具体内容，表达发文意图，使收文者对文件所传递的信息获得具体、明确的认识。

（2）编写要求：正文的内容一般要求做到一文一事，正文的结构通常包括开头、主体、结语三部分。详见本书第四章、第七章。

（3）标识方法：公文首页必须显示正文。一般用3号仿宋体字，编排于主送机关名称下一行，每个自然段左空二字，回行顶格。文中结构层次序数依次可以用“一、”“（一）”“1.”“（1）”标注；一般第一层用黑体字、第二层用楷体字、第三层和第四层用仿宋体字标注。

10. 附件与附件说明

（1）概念、作用：附件指附属于公文正件的其他公文或材料，可分为两类。一种是与公文正件具有同等效力的附件，其作用在于进一步补充和完善公文正件的内容；另一种是在公文正件中已申明仅供参考而不具备现实执行效用的附件，其作用在于为收文者正确理解和执行公文正件提供参考。

附件说明指为附件所做的标记，用以注明附件的序号、标题、份数等，以便查阅和保护附件，防止附件散乱、丢失。

（2）编写要求：公文如有附件，应当注明附件顺序和附件名称。附件说明中的附件名称必须与后面所附文件的标题完全一致。

（3）标识方法：如有附件，在正文下空一行左空二字编排“附件”二字，后标全角冒号和附件名称。如有多个附件，使用阿拉伯数字标注附件顺序号（如“附件：1.×××××”）；附件名称后不加标点符号。附件名称较长需回行时，应当与上一行附件名称的首字对齐。

附件应当另面编排，并在版记之前，与公文正文一起装订。“附件”二字及附件顺序号用3号黑体字顶格编排在版心左上角第一行。附件标题居中编排在版心第三行。附件顺序号和附件标题应当与附件说明的表述一致。附件格式要求同正文。

如附件与正文不能一起装订，应当在附件左上角第一行顶格编排公文的发文字号并在其后标注“附件”二字及附件顺序号。

11. 发文机关署名

（1）概念、作用：发文机关署名指在公文正文的落款处标注的公文的效力。

（2）编写要求：见下文“公文生效标志”中的要求。

12. 公文生效标志

（1）概念、作用：公文生效标志是证明公文效力的表现形式，包括发文机关署名和印章，同时要标注成文日期。

（2）编写要求：凡以机关名义的行文必须加盖机关印章，凡以领导名义的行文必须加盖签发人签名章。

（3）标识方法：公文生效标志的标识方法包括以下三种情况：

第一种情况，加盖印章的公文。

成文日期一般右空四字编排，印章用红色，不得出现空白印章。

单一机关行文时，一般在成文日期之上、以成文日期为准居中编排发文机关署名，印章端正、居中下压发文机关署名和成文日期，使发文机关署名和成文日期居印章中心偏下位置，印章顶端应当上距正文（或附件说明）一行之内。

联合行文时，一般将各发文机关署名按照发文机关顺序整齐排列在相应位置，并将印章一一对应、端正、居中下压发文机关署名，最后一个印章端正、居中下压发文机关署名和成文日期，印章之间排列整齐、互不相交或相切，每排印章两端不得超出版心，首排印章顶端应当上距正文（或附件说明）一行之内。

第二种情况，不加盖印章的公文。

单一机关行文时，在正文（或附件说明）下空一行右空二字编排发文机关署名，在发文机关署名下一行编排成文日期，首字比发文机关署名首字右移二字，如成文日期长于发文机关署名，应当使成文日期右空二字编排，并相应增加发文机关署名右空字数。

联合行文时，应当先编排主办机关署名，其余发文机关署名依次向下编排。

第三种情况，加盖签发人签名章的公文。

单一机关制发的公文加盖签发人签名章时，在正文（或附件说明）下空二行右空四字加盖签发人签名章，签名章左空二字标注签发人职务，以签名章为准上下居中排布。在签发人签名章下空一行右空四字编排成文日期。

联合行文时，应当先编排主办机关签发人职务、签名章，其余机关签发人职务、签名章依次向下编排，与主办机关签发人职务、签名章上下对齐；每行只编排一个机关的签发人职务、签名章；签发人职务应当标注全称。

签名章一般用红色。

13. 成文日期

（1）概念、作用：成文日期通常指公文生效的日期，但在某些正文中明确规定具体生效或开始执行日期的规范性文件除外。

（2）编写要求：通常以领导签发的日期作为公文的成文日期；联合行文时，以最后签发机关的领导签发的日期为准；经会议讨论通过的公文以会议通过的日期为准；电报以发出日期为准。

（3）标识方法：用阿拉伯数字将年、月、日标全，年份应标全称，月、日不编虚位（即 1 不编为 01）。具体标注方法见上文“公文生效标志”。

14. 特殊情况说明

（1）概念、作用：对印章与正文不能同处一面时不得采取“此页无正文”的标注方式的特别说明。目的是使印章与正文务必同处一页，不留任何空白，堵住变造公文的漏洞。

（2）编写要求：当公文排版后所剩空白处不能容下印章或签发人签名章、成文日期时，应采取调整行距、字距的措施加以解决，务使印章与正文同处一面，不得采取“此页无正文”的方法解决。

15. 附注

（1）概念、作用：对文件内容或有关事项、要求的注解与说明。作用在于简化公文，方便收文者阅读、理解。

（2）编写要求：为使正文集中表述主要内容，一些不便在正文中直接解释、说明的名词术语或公文的阅读范围、使用方法、联系人及联系电话等，通常置于附注中注解。

（3）标识方法：附注内容应用 3 号仿宋体字，居左空二字加圆括号编排在成文日期下一行。

16. 版记中的分割线

（1）概念、作用：指公文主体与版记之间的分割标志，用于清晰区分公文格式的不同区域。

（2）标识方法：版记中的分隔线与版心等宽，首条分隔线和末条分隔线用粗线（推荐高度为 0.35mm），中间的分隔线用细线（推荐高度为 0.25mm）。首条分隔线位于版记中第一个要素之上，末条分隔线与公文最后一面的版心下边缘重合。

17. 抄送机关

（1）概念、作用：指除主送机关以外需要执行或知晓公文的其他机关。作用在于明确公文的抄送范围，使有关机关及时了解公文内容，以便必要时予以协助、配合。

（2）编写要求：使用全称或者规范化简称、统称。抄送机关仅限于确需了解公文内容或需得到其协助的单位，不得乱抄滥送。

（3）标识方法：如有抄送机关，一般用 4 号仿宋体字，在印发机关和印发日期之上一行、左右各空一字编排。“抄送”二字后加全角冒号和抄送机关名称，回行时与冒号后的首字对齐，最后一个抄送机关名称后标句号。

如需把主送机关移至版记，除将“抄送”二字改为“主送”外，编排方法同抄送机关。既有主送机关又有抄送机关时，应当将主送机关置于抄送机关之上一行，之间不加分隔线。

18. 印发机关和印发日期

（1）概念、作用：印发机关是指公文的印制主管部门。标识印发日期是为了准确反映公文的生成时效。一般来说，公文在领导签发之后，往往需要经过打字、校对、复核等环节。新国标规定印发日期以公文付印的时间为准，旨在通过显示生效时间与印发日期的时间差，促使发文机关提高制发公文的效率，也有助于收文机关掌握公文的传递时间，加快公文办理的速度。

（2）标识方法：印发机关和印发日期一般用 4 号仿宋体字，编排在末条分隔线之上，印发机关左空一字，印发日期右空一字，用阿拉伯数字将年、月、日标全，年份应标全称，月、日不编虚位（即 1 不编为 01），后加“印发”二字。

版记中如有其他要素，应当将其与印发机关和印发日期用一条细分隔线隔开。

19. 页码

（1）编写要求：每页有图文的公文页面均应标注页码。

（2）标识方法：一般用 4 号半角宋体阿拉伯数字，编排在公文版心下边缘之下，数字左右各放一条一字线；一字线上距版心下边缘 7mm。单页码居右空一字，双页码居左空一字。公文的版记页前有空白页的，空白页和版记页均不编排页码。

公文的附件与正文一起装订时，页码应当连续编排。

（二）公文中表格的标识方法

A4 纸型的表格横排时，页码位置与公文其他页码保持一致，单页码表头在订口一边，双页码表头在切口一边。

（三）公文中计量单位、标点符号和数字的用法

公文中计量单位的用法应当符合 GB 3100、GB 3101 和 GB 3102（所有部分）。标点符号的用法应当符合 GB/T 15834，数字的用法应当符合 GB/T 15835。

（四）信函格式要素及其标识规则

发文机关标志使用发文机关全称或者规范化简称，居中排布，上边缘至上页边为 30mm，推荐使用红色小标宋体字。联合行文时，使用主办机关标志。

发文机关标志下 4mm 处印一条红色双线（上粗下细），距下页边 20mm 处印一条红色双线（上细下粗），线长均为 170mm，居中排布。

如需标注份号、密级和保密期限、紧急程度，应当顶格居版心左边缘编排在第一条红色双线下，按照份号、密级和保密期限、紧急程度的顺序自上而下分行排列，第一个要素与该线的距离为 3 号汉字高度的 7/8。

发文字号顶格居版心右边缘编排在第一条红色双线下，与该线的距离为 3 号汉字高度的 7/8。

标题居中编排，与其上最后一个要素相距二行。

第二条红色双线上一行如有文字，与该线的距离为 3 号汉字高度的 7/8。

首页不显示页码。

版记不加印发机关和印发日期、分隔线，位于公文最后一面版心内最下方（见图 6－6）。

（五）命令（令）格式要素及其标识规则

发文机关标志由发文机关全称加“命令”或“令”字组成，居中排布，上边缘至版心上边缘为 20 mm，推荐使用红色小标宋体字。

发文机关标志下空二行居中编排令号，令号下空二行编排正文。

签发人职务、签名章和成文日期的编排见上文“公文生效标志”标示方法中的第三种情况（见图 6－7）。

（六）纪要格式要素及其标识规则

纪要标志由“×××××纪要”组成，居中排布，上边缘至版心上边缘为 35mm，推荐使用红色小标宋体字。

中华人民共和国×××××部

000001 ×××〔2012〕10号

机 密

特 急

×××××关于×××××××的通知

××××××××：

××。

××。

××。

图6-6 信函格式首页版式

××××××令

第×××号

　　××××××××××××××××××××××××××
×××××××××××××××××××××××××××。
××××××××××××××××××××××××××××
×××××××××××××××××××××××××。

部　长　×××

2012年7月1日

— 1 —

图6-7　命令（令）格式首页版式

标注出席人员名单，一般用 3 号黑体字，在正文或附件说明下空一行左空二字编排“出席”二字，后标全角冒号，冒号后用 3 号仿宋体字标注出席人单位、姓名，回行时与冒号后的首字对齐。

标注请假和列席人员名单，除依次另起一行并将“出席”二字改为“请假”或“列席”外，编排方法同出席人员名单。

纪要格式可以根据实际制定。

第三节　公文格式模板设计

依据新国标，本节主要介绍公文格式模板设计、制作的方法与技巧。本节主要以 Microsoft Office 为例讲解设计方法。同时，介绍了基于 Mac OS Pages 的模板制作。

一、公文格式的版面

（一）版面要求

1. 幅面尺寸

公文用纸采用 GB/T 148 中规定的 A4 型纸，其成品幅面尺寸为：210mm×297mm。

2. 页边与版心尺寸

公文用纸天头（上白边）为 37mm±1mm，公文用纸订口（左白边）为 28mm±1mm，版心尺寸为 156mm×225mm。

3. 字体和字号

如无特殊说明，公文格式各要素一般用 3 号仿宋体字。特定情况可以做适当调整。

4. 行数和字数

一般每面排 22 行，每行排 28 个字，并撑满版心。特定情况可以做适当调整。

（二）版面设置

在 Word 中，按照新国标快速实现版面设置的步骤如下：

（1）点击功能区中的【页面】，选择【页面设置】，弹出【页面设置】对话框。

（2）在【页面设置】对话框中选择【页边距】，有上、下、左、右四个选项，分别设置为 3.7 厘米、3.5 厘米、2.8 厘米、2.6 厘米。

（3）在【页面设置】对话框中选择【纸张】，可以选择不同的纸型，根据新国标设置为 210mm×297mm 的 A4 型纸。

（4）在【页面设置】对话框中选择【版式】，首先点击下方的【字体设置】按钮，弹出【字体】对话框。在【字体】对话框中，将【中文字体】设置为“仿宋”，

【字号】设置为“三号”。然后点击【确定】。

（5）在【页面设置】对话框中选择【文档网格】，在【网格】中选择“指定行和字符网格”，将【字符数】设置为每行 28 字符，【行数】设置为每页 22 行（见图 6－8）。至此，符合新国标的公文版面设置完成。

图 6－8　【页面设置】示意图

二、公文格式设计中的制表位

（一）制表位及其功能

在设置格式模板时，会遇到若干要素在同一行出现左边左对齐、右边右对齐的情况，而且有些要素规定行首行尾各空一字符。Word 中制表位是在同一行中实现多种对齐的工具。

例如，新国标要求，公文的发文字号编排在发文机关标志下空二行位置，居中排布。年份、发文顺序号用阿拉伯数字标注；年份应标全称，用六角括号“〔 〕”括入；发文顺序号不加“第”字，不编虚位（即 1 不编为 01），在阿拉伯数字后加“号”字。上行文的发文字号居左空一字编排，与最后一个签发人姓名处在同一行。

又如，签发人部分由“签发人”三字加全角冒号和签发人姓名组成，居右空一字，编排在发文机关标志下空二行位置。“签发人”三字用 3 号仿宋体字，签发人姓名用 3 号楷体字。

（二）制表位的使用

（1）首先，在发文机关标志下空二行居左空一字输入发文字号，然后输入签发人（见图 6-9）。

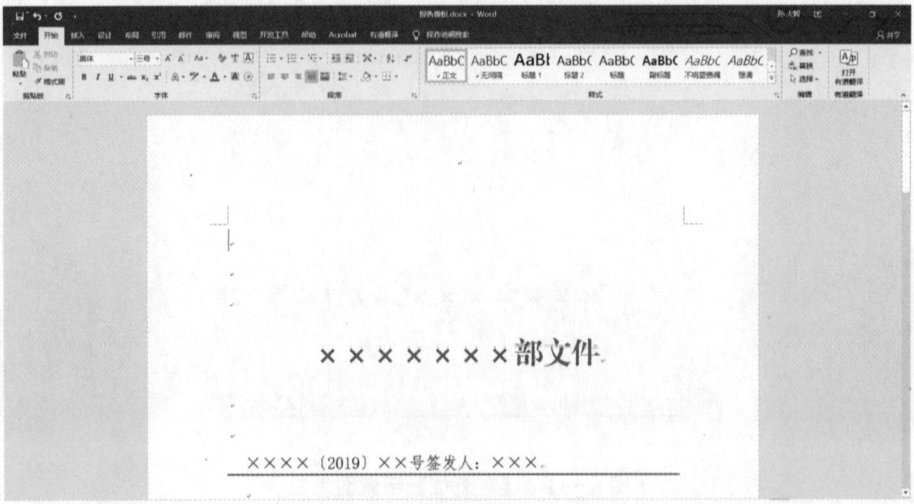

图 6-9　【制表位】示意图之一

（2）确保光标在这一行，点击功能区中的【开始】，选择【段落】，弹出【段落】对话框。在【段落】对话框左下角选择【制表位】，弹出【制表位】对话框。在【制表位】对话框中，将【制表位位置】设置为 27，在【对齐方式】中选择“右对齐”，点击【设置】后再点击【确定】（见图 6-10）。这时，会在标尺上出现一个 27 字符右对齐的制表位。

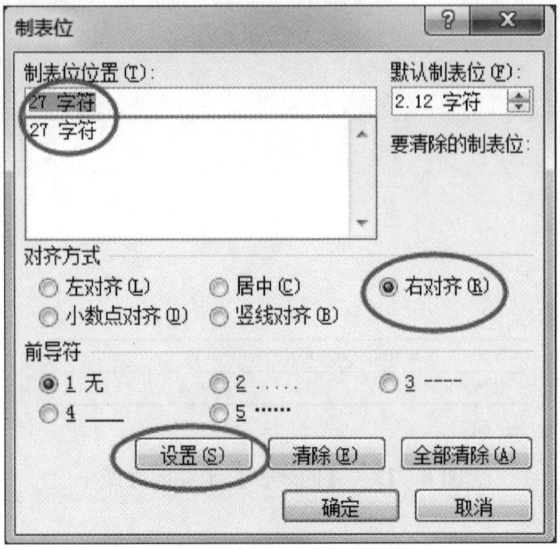

图 6-10　【制表位】示意图之二

（3）将光标定位在发文字号之后，用键盘上的 Tab 键（制表键）添加一个制表符，这时，签发人姓名会在 27 字符处右对齐（见图 6-11）。

（4）当制作版记部分中符合标准的印发机关和印发日期的时候，也要用到制表位。新国标规定，印发机关和印发日期一般用 4 号仿宋体字，编排在末条分隔线之上，印发机关左空一字，印发日期右空一字。因此，要首先输入印发机关和印发日

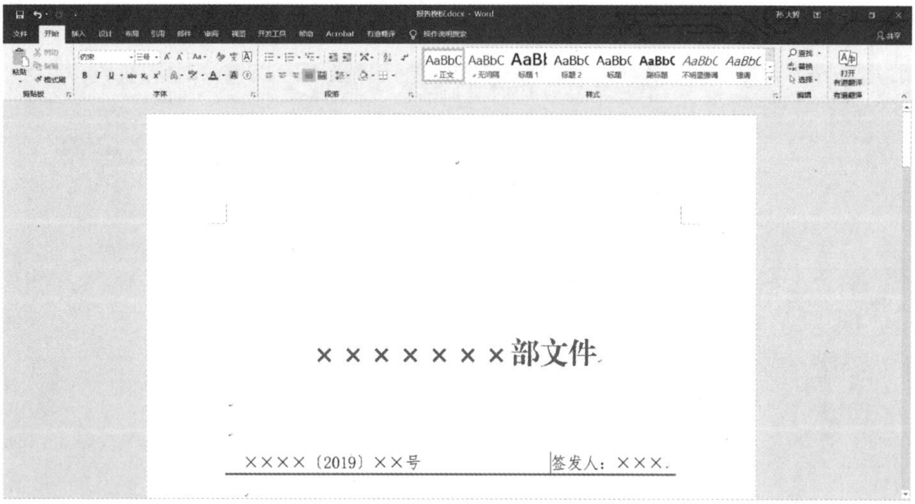

图 6－11　【制表位】示意图之三

期，使之同处一行，行首、行尾各空一个字符。

（5）确保光标在最后一行，在【制表位】对话框中，运用前述方法，分别设置 1 字符处的左对齐的制表位，以及 27 字符处的右对齐的制表位。

（6）分别在印发机关和印发日期之前添加制表符（见图 6－12）。

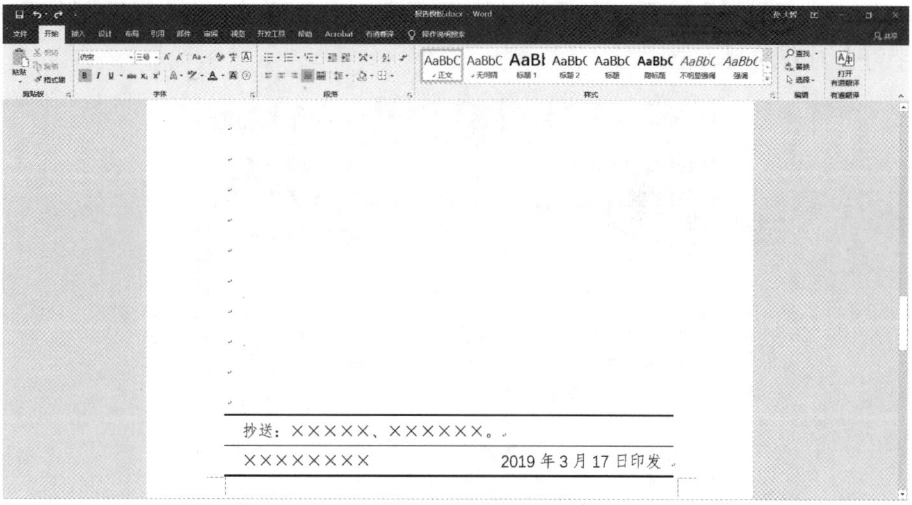

图 6－12　【制表位】示意图之四

三、发文机关标志和红线制作

（一）发文机关标志的制作

发文机关标志的制作，可以通过功能区【插入】中的横向文本框实现。方法如下：

（1）点击功能区中的【插入】，选择【文本】选项中的【文本框】，在弹出的对话框下方选择【绘制文本框】，这样就可以在页面上绘制出一个文本框。在文本框中输入发文机关标志，输入完毕后选中文本框，单击鼠标右键，选中【设置形状格式】，在这里设置红头发文机关标志的属性。

（2）在【设置形状格式】对话框中选择【填充与线条】选项，将【填充】一栏设置成“无颜色”。

（3）在【其他布局选项】对话框中选择【大小】选项，将【高度】设置成“2厘米”；【宽度】设置成“15.5厘米”。

（4）在【其他布局选项】对话框中选择【版式】选项，单击【高级】按钮，将【水平】选项中的【对齐方式】一栏设置成“居中”，将【相对于】一栏设置成“页面”；将【垂直】选项中的【下侧】一栏设置成“页边距”，由于上下行文不同的缘故，因此在下侧的设定上也有不同，如将【绝对位置】一栏设置成“2.5厘米”（平行文）、“8.0厘米”（上行文）（可根据实际情况调节尺寸），最后单击“确定”。

（5）在【设置形状格式】对话框中选择【文本选项】选项，将【边距】左、右、上、下都设置成“0厘米”，单击【确定】完成。

（6）选中文本框内的全部文字，将颜色设置成“红色”，字体设置成“小标宋体”，字号根据文本框的大小设置成相应字号，但要尽量充满该文本框，这样，发文机关标志制作完成（见图6－13）。

××部文件

图6－13　【发文机关标志制作】示意图

（7）联合行文时，主办机关名称在前，“文件”二字置于发文机关名称右侧（必须横向排列）。

（8）联合行文时，发文机关标志的排列需要通过表格实现，首先点击功能区中的【插入】，选择【表格】，插入一个表格（见图6－14）。

（9）选中右侧的表格点击右键，选择【合并单元格】（见图6－15）。

（10）然后在表格中键入机关名称，调整字体字号。选中表格左边机关名称，点击功能区中的【开始】，在【段落】中选择【分散对齐】。

（11）选中“文件”二字，点击右键，选择【布局】，在【对齐方式】中，选择“居中”（见图6－16）。

（12）选中表格，点击右键，单击【表格属性】，在【边框和底纹】选项中，将【边框】设置成“无”（见图6－17）。

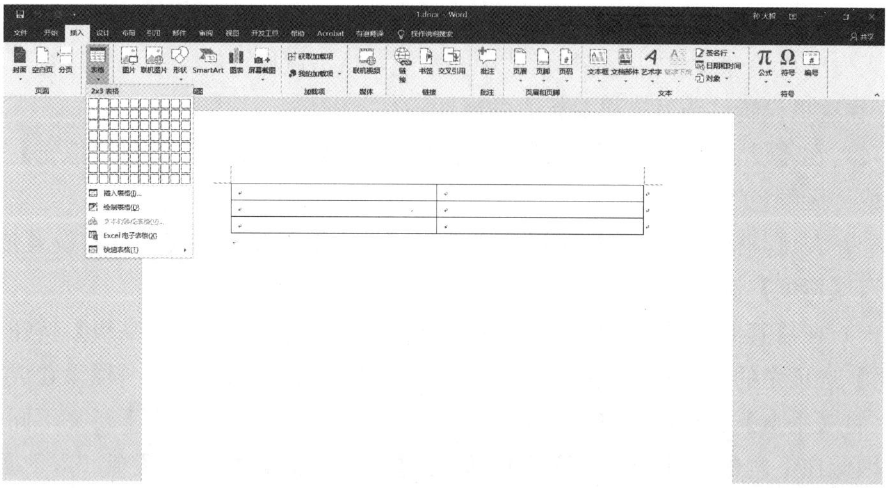

图 6－14　【联合行文时发文机关标志制作】示意图之一

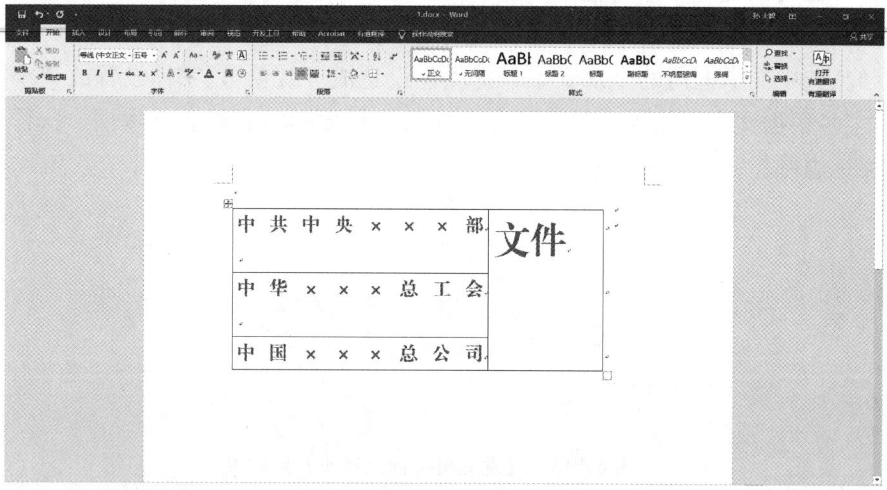

图 6－15　【联合行文时发文机关标志制作】示意图之二

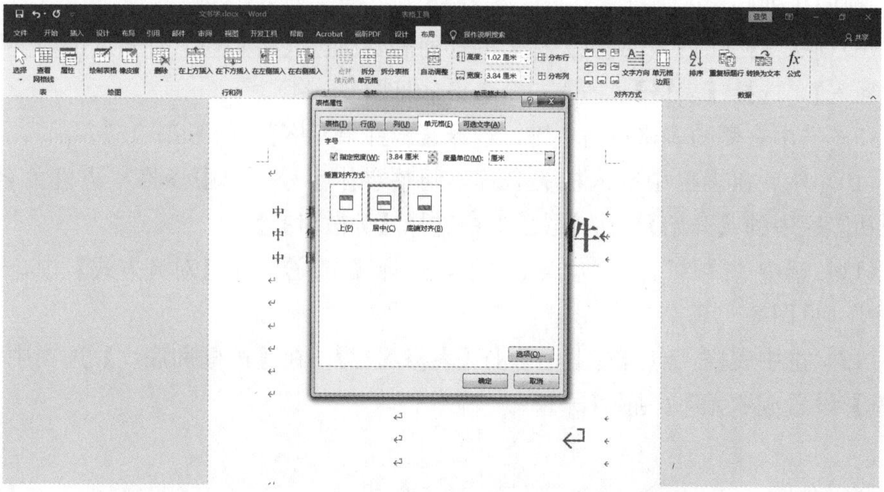

图 6－16　【联合行文时发文机关标志制作】示意图之三

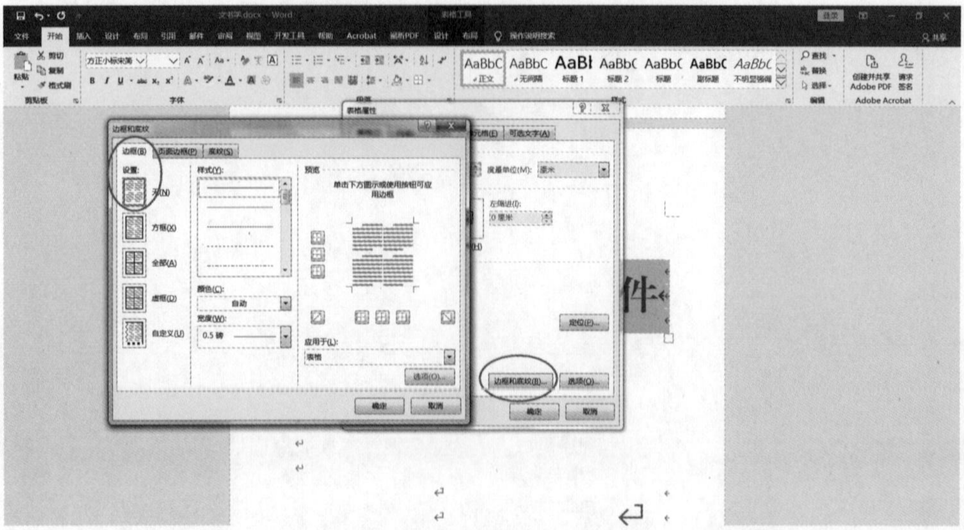

图 6-17 【联合行文时发文机关标志制作】示意图之四

（二）红线的制作

（1）点击功能区中的【插入】，选择【插图】选项中的【形状】，在弹出的对话框中选择直线工具，这时鼠标会变成“十”字形。左手按住键盘上的 Shift 键，右手拖动鼠标从左到右画一条水平线（见图 6-18）。

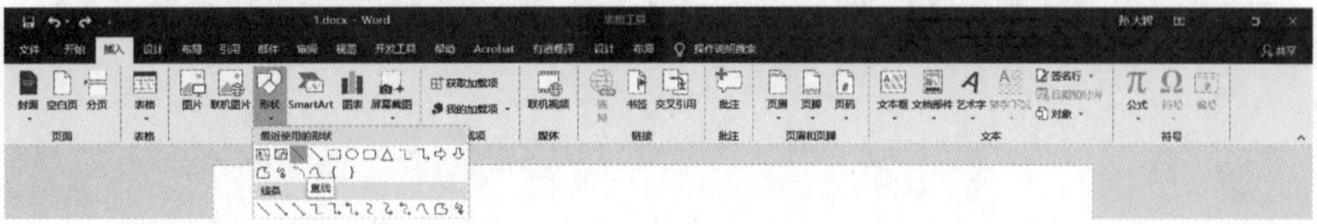

图 6-18 【发文机关标志和红线设置】示意图之一

（2）选中直线，单击鼠标右键，选择【设置形状格式】来设置红线的属性。在弹出的对话框中选择【填充与线条】选项，选择“实线”，并将【颜色】设置为“红色”，将【透明度】设置为“0%”，将【宽度】设置为“2 磅”（见图 6-19）。

（3）在【其他布局选项】对话框中选择【大小】选项，将【宽度】（绝对值）设置为“15.5 厘米”。

（4）在【其他布局选项】对话框中选择【位置】选项，单击【高级】按钮。在【水平】选项中，将【对齐方式】设置为“居中”，将【相对于】设置为“页面”；在【垂直】选项中，将【下侧】设置为“页边距”，将【绝对位置】设置为“7.4 厘米”（用于下行文）或“13.9 厘米”（用于上行文），可根据实际情况进行调节。单击【确定】。至此，红线设置完成（见图 6-20）。

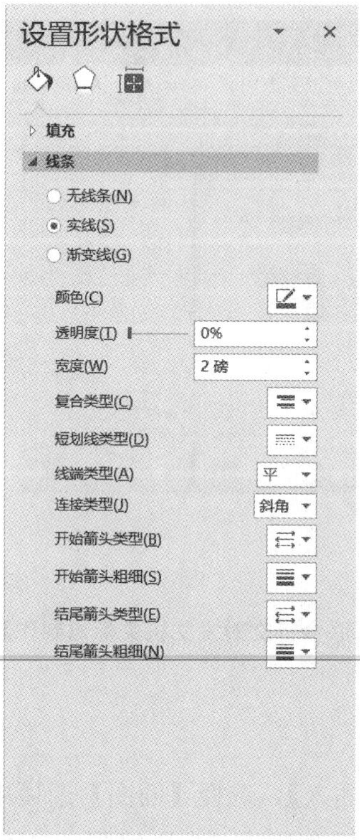

图 6-19 【发文机关标志和红线设置】示意图之二

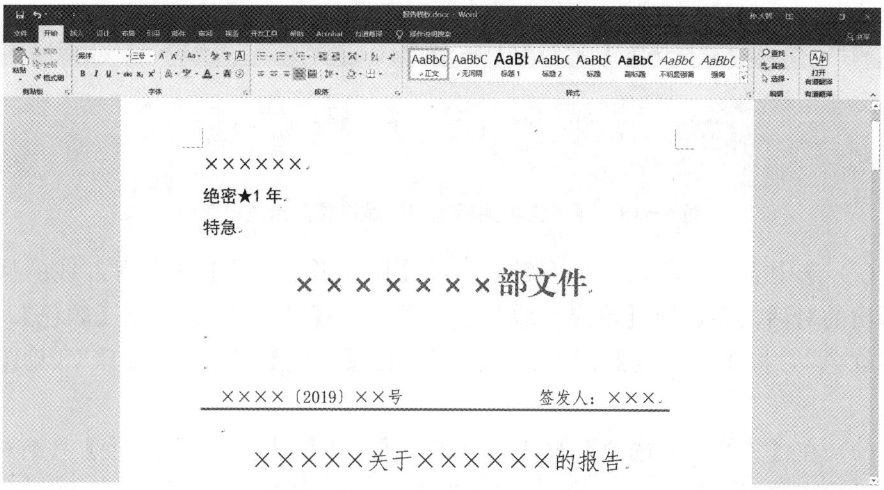

图 6-20 【红线设置】示意图

四、公文格式中的常用符号

（一）常用符号的种类

在公文格式模板制作过程中，时常需要输入特定符号，如发文字号的括号要使用六角括号“〔 〕”，在秘密等级和保密期限之间要插入五角星“★”予以分隔，等等。

（二）常用符号的使用

1. 符号★的输入

在选中符号插入点后，点击选项卡的【开始】，在弹出的页面中选择右下角的【Word 选项】。在【Word 选项】中选择【校对】，再点击【校对】页面中的【自动更正】选项。这时，在【自动更正】对话框中，“替换为”处会显示出常用的符号。接着在“替换”处输入自定义的快捷方式，如一个代号。在本例中是用“（+）”来替换常用符号“★”。点击【添加】后，激活此项自动更正，最后点击【确定】。这样一来，在公文中输入“（+）”，便会得到“★”（见图 6－21、图 6－22）。

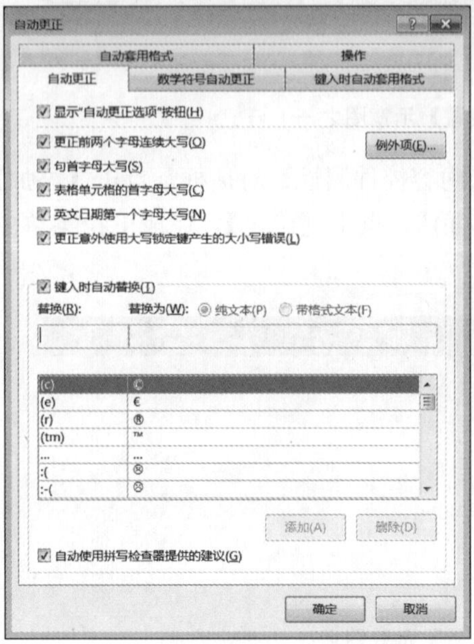

图 6－21　【自动更正】示意图之一

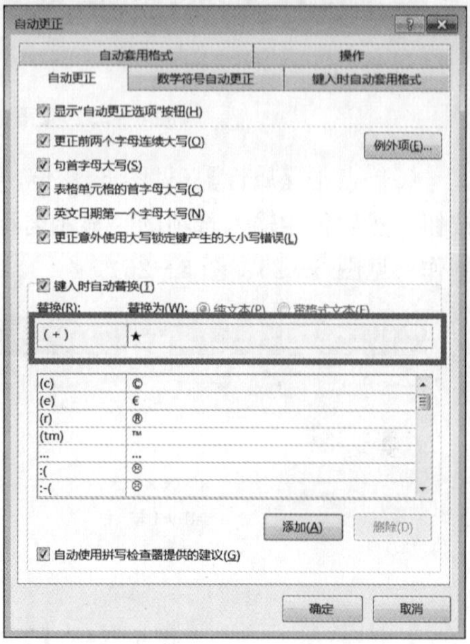

图 6－22　【自动更正】示意图之二

2. 一般符号的输入

输入一般符号，可以点击功能区中的【插入】，在【符号】中选择【其他符号】来调出【符号】对话框，选择插入所需要的符号。

每次输入符号都调出【符号】对话框是很浪费时间的。如前文所述，Word 中的“自动更正”功能能定制自己的符号快捷键。

五、公文格式中的下拉菜单

（一）下拉菜单在公文格式中的使用范畴

下拉菜单适用于公文中重复出现的有具体规定格式的部分。例如，公文的密级、紧急程度等均可通过下拉菜单实现快速选取。一是可以说明该栏填写的内容，避免填错；二是可以直接选择文件的份号和所属等级。

（二）下拉菜单的制作

以公文“密级”的下拉菜单为例，制作方法如下：

（1）点击选项卡的【开始】，在弹出的下拉菜单中选择右下角的【Word 选项】。在【Word 选项】中选择【自定义功能区】，再勾选【自定义功能区】页面中的【在功能区显示“开发工具”选项卡】。这样一来，在 Word 页面上方的功能区中就会显示【开发工具】一项。

（2）将光标放置在需要插入下拉菜单的位置，然后点击【开发工具】，选择【下拉列表】（见图 6－23）。

图 6－23　【下拉菜单设置】示意图之一

（3）点击【属性】（见图 6－24），打开【内容控件属性】对话框，点击【添加】按钮，然后依次输入选项的“显示名称”和“值”，点击【确定】，完成下拉菜单的制作（见图 6－25、图 6－26）。

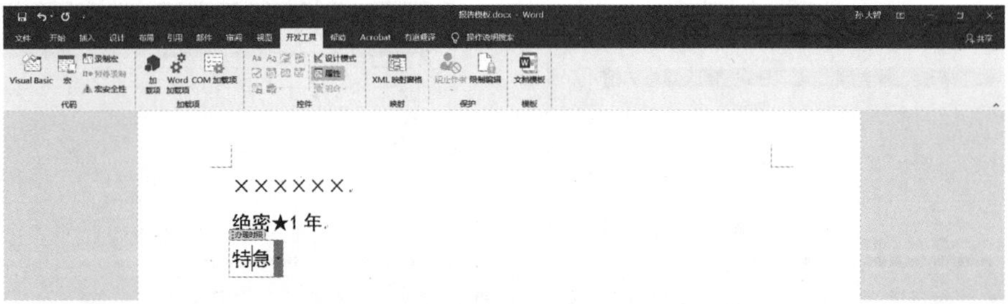

图 6－24　【下拉菜单设置】示意图之二

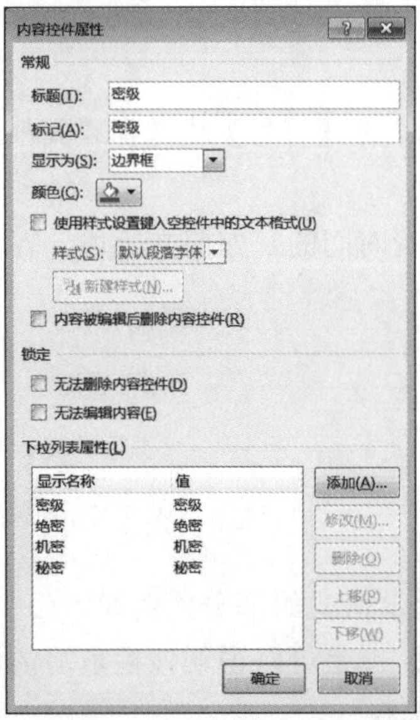

图 6－25　【下拉菜单设置】示意图之三

图 6－26　【下拉菜单设置】示意图之四

六、自动图文集

（一）自动图文集及其功能

自动图文集是指用来存储要重复使用的文字或图形的位置，如存储标准合同条款或较长的通信组列表。可以将每个所选文字或图形录制为一个自动图文集词条，并为其指定唯一的名称。

当使用自动图文集创建了自己的自动图文集词条之后，只需在文档中键入自动图文集词条名称的前几个字符，Word 就将在未输入完的文字上放置一个黄色方框，其中显示了完整的自动图文集词条，此时按下 Enter 键或 F3 键即可接受该词条。当然，要拒绝该词条，只需继续键入。

（二）自动图文集的使用

（1）点击选项卡的【插入】，在【文档部件】中选择【自动图文集】。

（2）选中希望重复使用的文字，命名后选择【将所选内容保存到自动图文集】，弹出【新建构建基块】对话框，并且文字已经存在。点击【确定】完成操作。此时，在【文档部件】的【自动图文集】中可以找到新添加的固定用语（见图 6－27）。

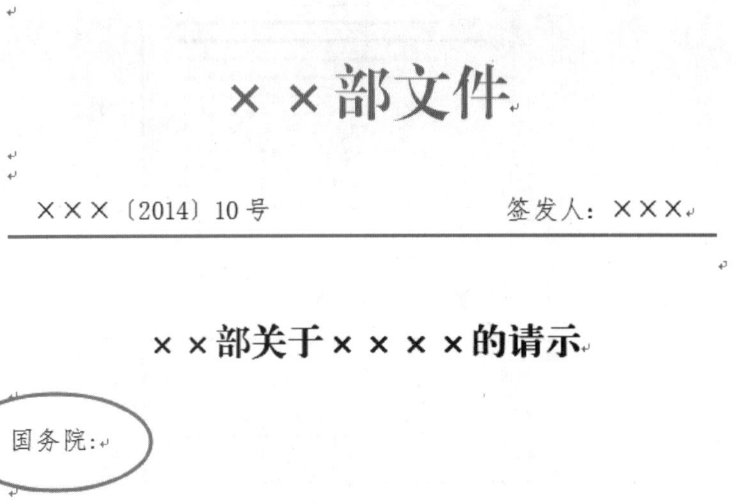

图 6－27　【自动图文集】示意图

（3）自动图文集不但可以添加常用的特定文字，也可以添加需要重复利用的特定图片。

七、公文结构层次序号

（一）公文结构层次序号的要求

在公文写作中，允许使用符合标准的编号形式。编号形式是一种高效明了的表达方式，通过编号可以明确公文的条理性，便于阅读者一目了然地获取信息。如前所述，新国际对编号的要求如下：每个自然段左空二字，回行顶格。文中结构层次序数依次可以用“一、”“（一）”“1.”“（1）”标注；一般第一层用黑体字标注，第二层用楷体字标注，第三层和第四层用仿宋体字标注。

（二）公文结构层次序号的设定

（1）点击功能区中的【开始】，选择【段落】选项中的【多级列表】图标，在下拉菜单中选择【定义新多级列表】，打开【定义新多级列表】对话框。

（2）按照新国标确定的四个级别的格式。首先选中级别“1”，将【此级别的编号样式】设置为“一，二，三…”，在【输入编号的格式】中输入“一、”，将【编号对齐方式】设置为“左对齐”，【对齐位置】设置为“2 字符”，【文本缩进位置】设置为“0 厘米”（见图 6－28）。之后依次指定二、三、四级的格式。

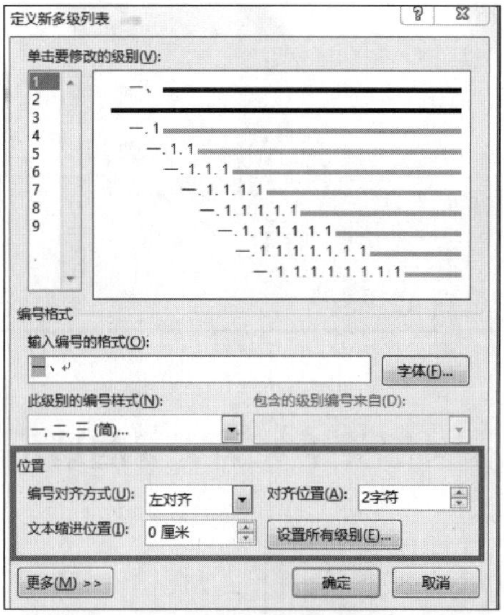

图 6－28　【自定义多级符号列表】示意图之一

（3）使用时确保光标在需要编号的内容处，这时，光标所在的段落会采用定义好的编号格式。当回车时，下一段落就会自动采用目前的编号格式。如需要变为下一等级编号，可直接用键盘上的 Tab 键调整；如需变为上一等级编号，可用“Tab＋Shift”组合键调整（见图 6－29）。

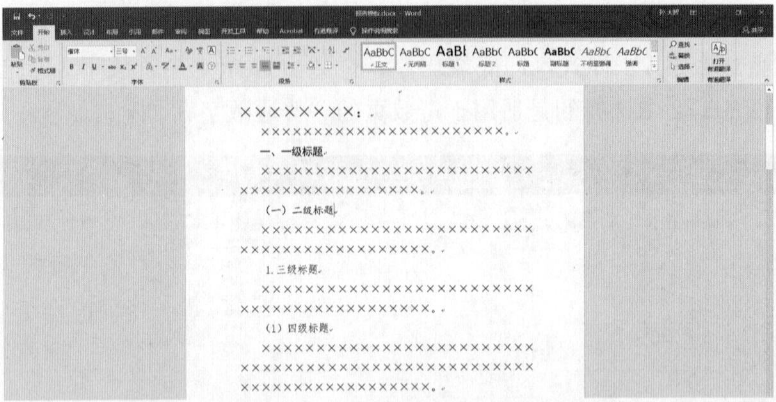

图 6-29　【自定义多级符号列表】示意图之二

八、公文页码的设置

（一）公文页码的排版规定

如前所述，新国标规定，编排页码时一般用 4 号半角宋体阿拉伯数字，编排在公文版心下边缘之下，数字左右各放一条一字线；一字线上距版心下边缘 7mm。单页码居右空一字，双页码居左空一字。公文的版记页前有空白页的，空白页和版记页均不编排页码。公文的附件与正文一起装订时，页码应当连续编排。

（二）公文页码的设置方法

（1）点击功能区中的【开始】，选择【插入】选项中的【页码】，在下拉菜单中选择【设置页码格式】（见图 6-30），打开【页码格式】对话框。

（2）在【页码格式】对话框中，单击【编号格式】下拉菜单，从中选择符合公文要求的“—1—，—2—，—3—，…”格式，单击【确定】按钮，完成页码格式设置（见图 6-31）。

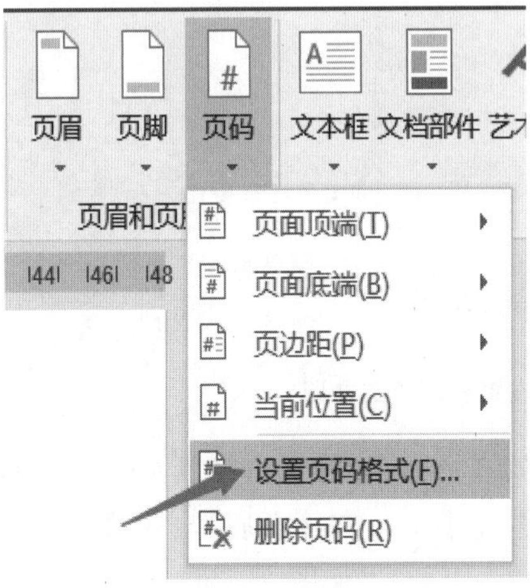

图 6-30　【页码设置】示意图之一

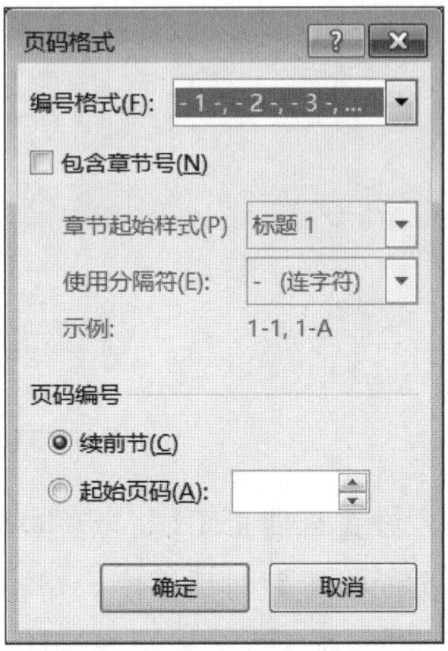

图 6-31　【页码设置】示意图之二

（3）插入【页码】下拉菜单中的【页面底端】，将页码输入版心下边缘。偶数页选择“普通数字 1”样式，即底端居左；奇数页选择“普通数字 3”样式，即底端居右。图 6－32 中选择的是适用于奇数页的“普通数字 3”样式。

图 6－32　【页码设置】示意图之三

（4）设置页码字体字号：选中插入后包括半字线在内的页码文本，在【开始】中，将【字体】设置为“宋体”，将【字号】设置为“四号”。

（5）设置页码缩进值：选中插入后包括半字线在内的页码文本，在【页面布局】的【缩进】中，将【左侧】【右侧】均设置为“1 字符”（见图 6－33）。

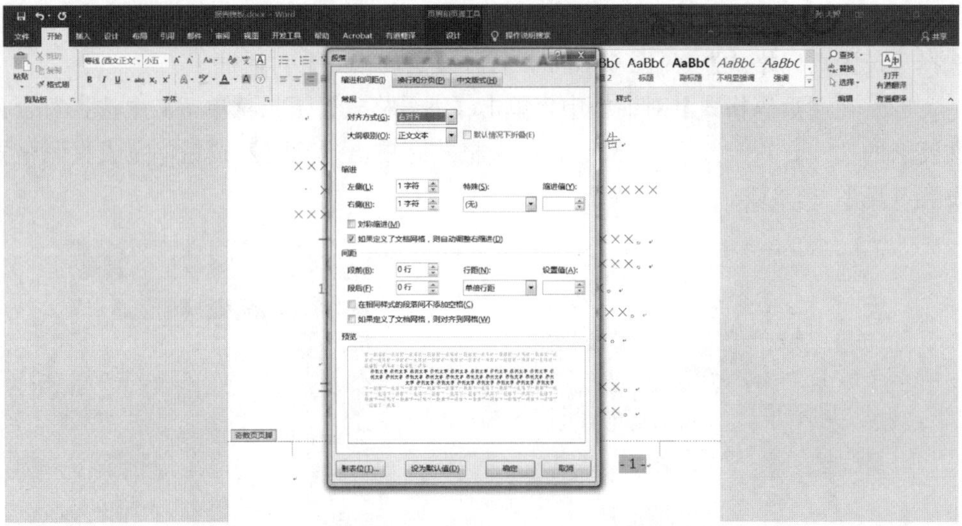

图 6－33　【页码设置】示意图之四

（6）设置奇偶页不同：点击功能区中的【页面布局】，选择【页面设置】，在弹出的【页面设置】对话框中，单击【版式】选项卡，在【页眉和页脚】中勾选“奇偶页不同”，将【页脚】设置为距边界“2.45 厘米”（见图 6－34）。

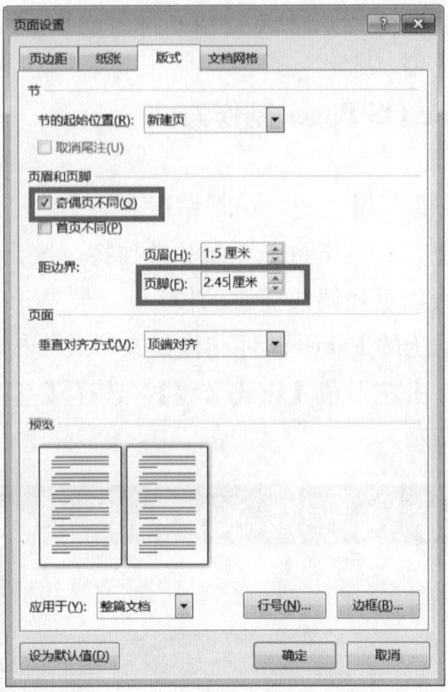

图 6－34　【页码设置】示意图之五

之所以要选择“奇偶页不同”复选项，是因为公文要求双面印刷，且单页码居右，双页码居左。

九、公文格式模板的保存

点击选项卡的【开始】，在弹出的下拉菜单中点击【另存为】，选择地址后在弹出的对话框中【保存类型】一栏中选择【Word 模板】；然后给模板命名，选择文件保存位置。也可通过快捷键“Ctrl＋S”保存（见图 6－35）。

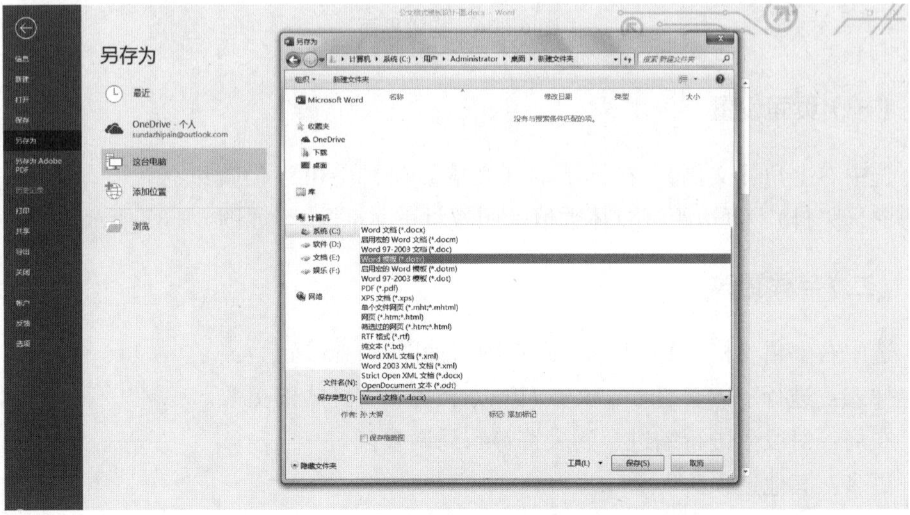

图 6－35　【公文格式模板保存】示意图

至此，公文格式模板设计制作完成。

十、公文格式模板 Mac OS Pages 制作方法

Mac OS 系统是苹果机专用系统，正常情况下在普通 PC 上无法安装，目前国内外使用的人数相当可观。其操作系统界面非常独特，突出了形象的图标（如渲染能力更强）和人机对话（如更强调快捷键的使用），与 Windows 系统较为不同。故特别附录利用 Mac OS 系统的 Pages 软件制作公文格式模板的步骤于此。

进入 Pages 软件，点击左下角【新建文稿】，选择【空白（竖排）】模板，进入如下界面（如图 6－36 所示）。

图 6－36　初始界面

（一）页面设置

选中右上角【文稿】，在其下的【文稿】项目中可以设置纸张尺寸（A4）、页面方向（竖排）、页边距（具体数值参照教材正文部分）（如图 6－37 所示）。

（二）字体更改

选中右上角【格式】，下属三个选项（如图 6－38 所示）：

样式：进行字体、字号、文本对齐方式等文字样式的更改。

布局：对段落进行缩进、制表符等布局调整。

更多：其他选项。

按照公文格式模板逐一进行更改，需要注意以下内容：

（1）目前通用版本中的“对齐”暂无“分散对齐”方式。

（2）默认“字体”与“项目符号与列表”（项目编号等）中不完全包含公文所需形式，需自行下载。

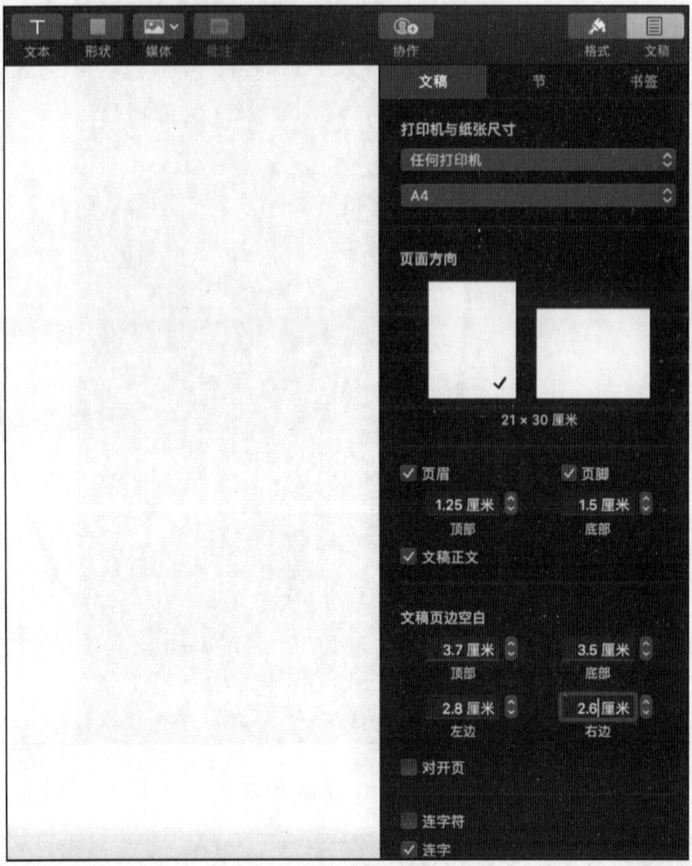

图 6－37 页面设置

（三）标题

1. 普通标题——文本框设置

普通标题需插入文本框，在上方菜单栏中选中【文本】即可插入，右侧【格式】菜单可进行同理更改。

2. 联合行文——表格插入方法

联合行文时需插入表格。

在上方菜单栏中选择【表格】，选取适当模板进行插入。点击表格第一行右侧的“Ⅱ”进行列数调整，同理进行行数调整。

在右侧【格式】下选择【表格】，取消【网格线】和【隔行颜色】的选项（如图 6－39 所示）。

单击某一单元格可进行文字输入，拖拽选中多个单元格可进行单元格合并操作。

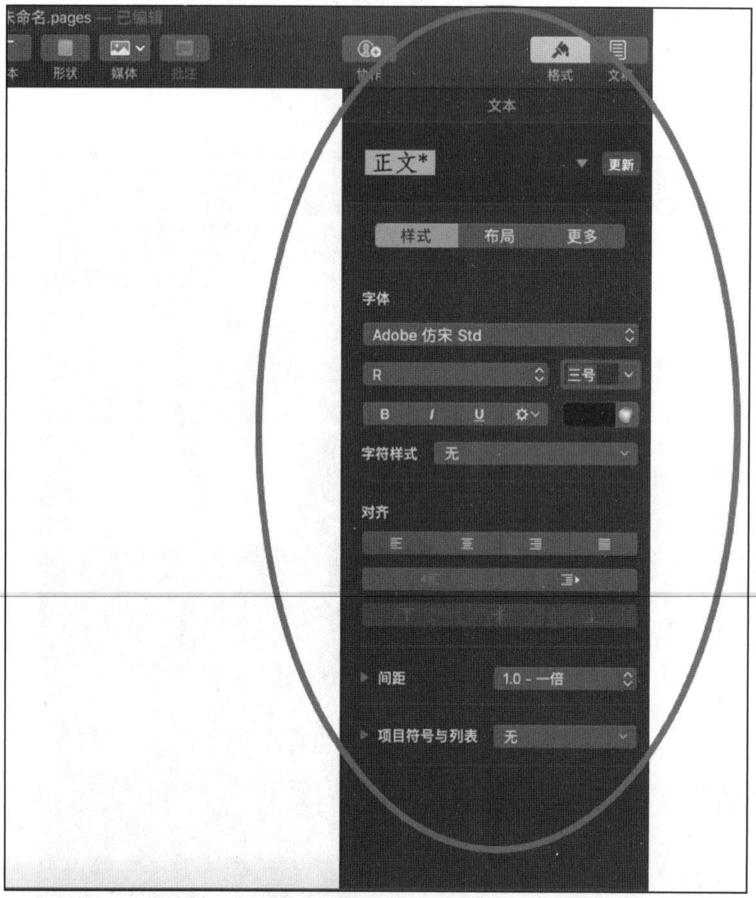

图 6-38　字体更改

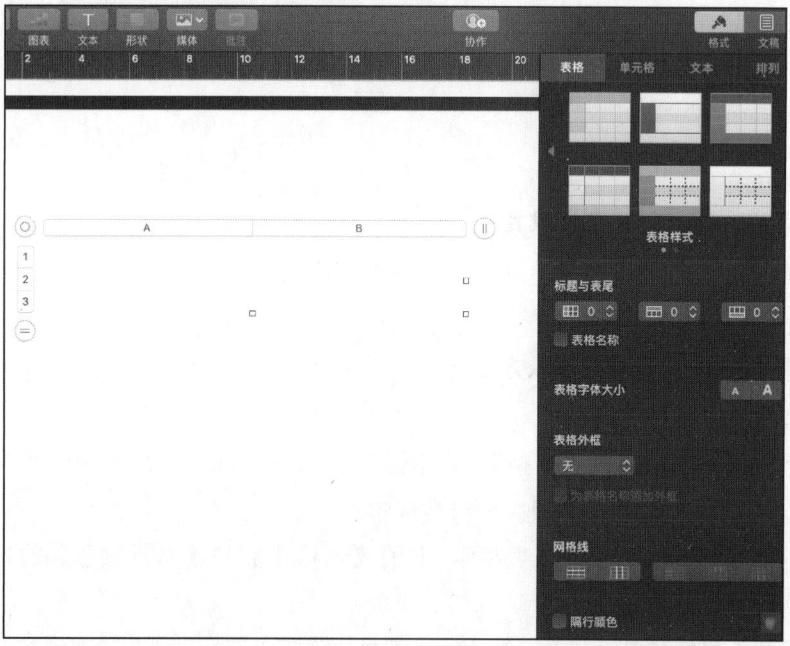

图 6-39　联合行文-表格插入

（四）制表位的应用

首先，应确保标尺在显示框中：选中左上角【显示】菜单，点击【显示标尺】。

插入制表符：在【格式】菜单中选中【布局】，在【制表符】一栏点击【+】，分别设置为“14.6 厘米”“右对齐”“无”，则标尺中自动插入距离版心右界空一个汉字符的三角形符号，即所插入的制表符（如图 6－40 所示）。

输入文字：点击该行需要插入制表符的地方，点击键盘 Tab 键，光标自动移至所插入的制表符位置，完成所需文字的输入。

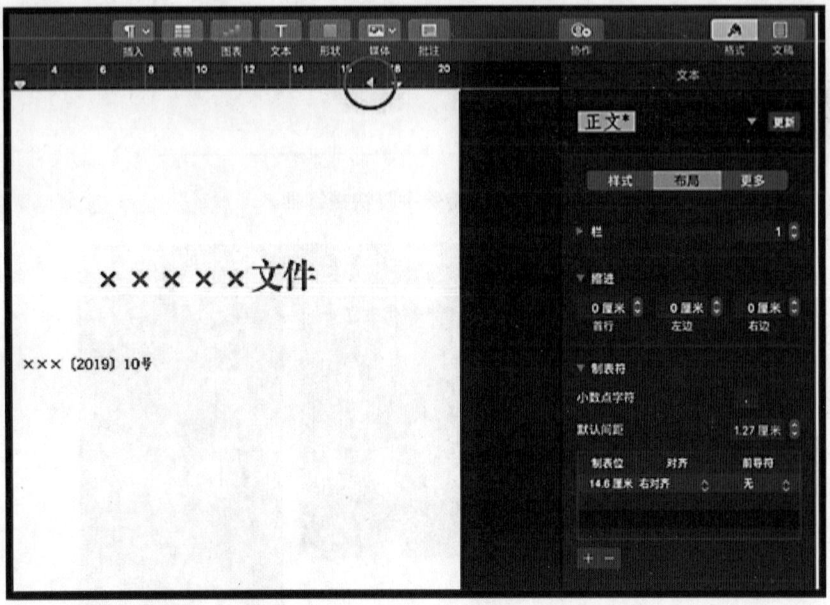

图 6－40 制表位插入

（五）特殊字符、线条的插入方法

如“〔 〕”“×”等特殊符号可通过键盘快捷键（需切换到“中文”模式）“Shift＋Option＋B”进行选择界面（如图 6－41 所示）。

关于其他特殊符号的插入，点击 Pages 界面正上方菜单中的【插入】，在【基本】选项中可进行线条和五角星的插入（如图 6－42 所示）。

1. 星形符号插入方法

选中星形后，在【格式】中选中【排列】，将符号大小均调整为“0.56 厘米”（换算为字体大小为三号字），在【文本绕排】项下选择【内联（带文本）】，则五角星自动插入最后一个字符后（如图 6－43 所示）。

2. 直线的插入方法

选中直线后，在【格式】中选中【样式】，更改线条的颜色、粗细（如图 6－44 所示）。

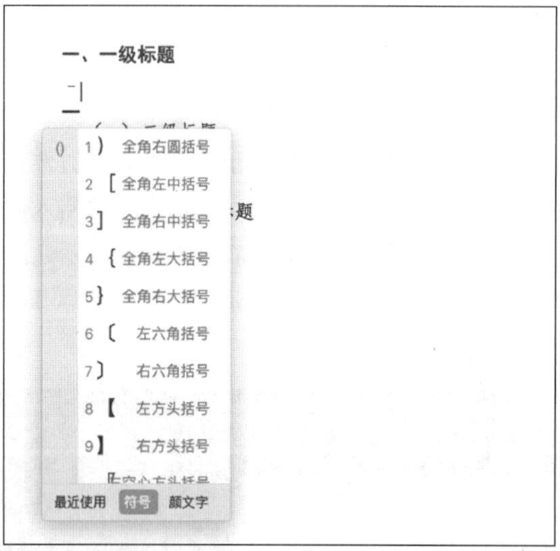

图 6－41　特殊字符快捷键插入

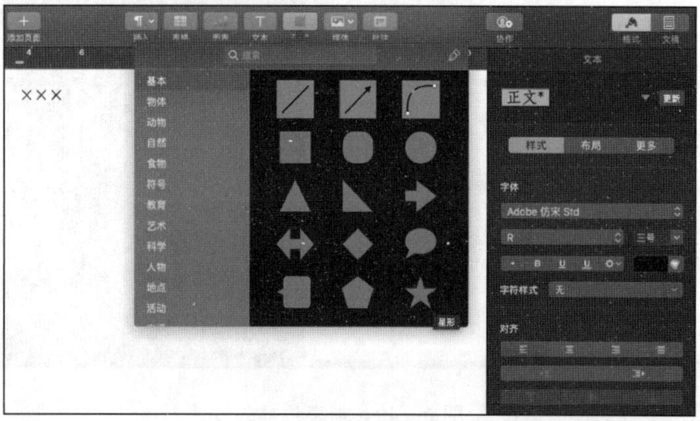

图 6－42　特殊符号插入

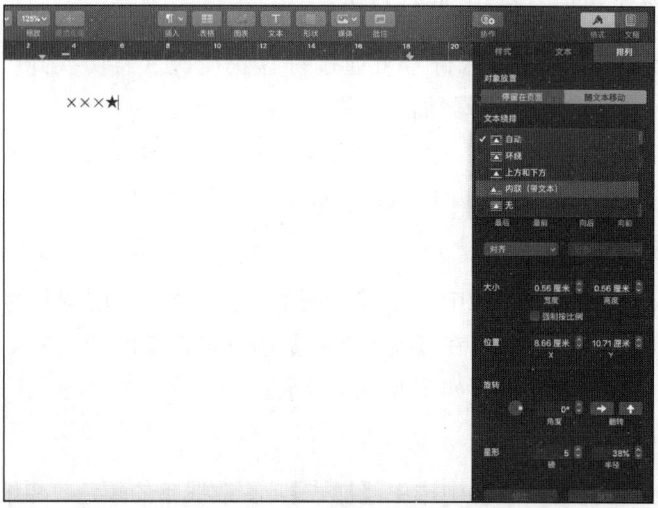

图 6－43　星形符号插入

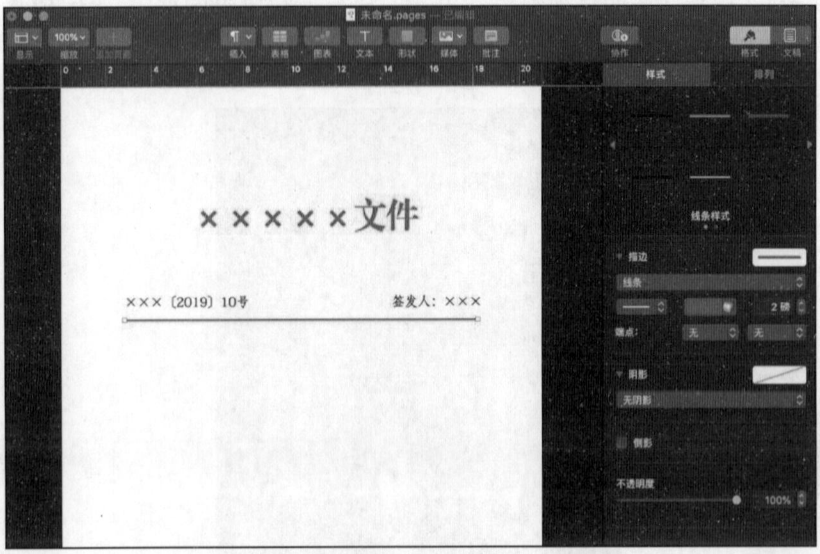

图 6－44　直线插入

关于直线的长度和位置，可手动拖拽直线两端点至版心左右边界，或通过右侧该项目下输入【大小】和【位置】的具体数值进行改变。

在【排列】中选中【文本绕排】，选择【上方和下方】，则直线与文字具有适宜的间距。

（六）页码设置

在右上角【文稿】选项中选中【文稿】，勾选【对开页】，出现如图 6－45 所示界面。

图 6－45　页码设置-对开页

点击选项【节】，取消【匹配上一页】的选择，勾选【左页和右页不同】（如图

6－46 所示），选择适当的页面编号格式（需自行下载要求的格式），完成页码设置（如图 6－47 所示）。

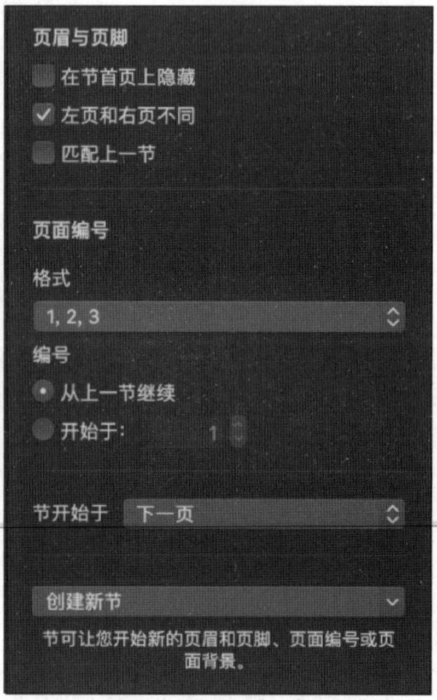

图 6－46　页码设置

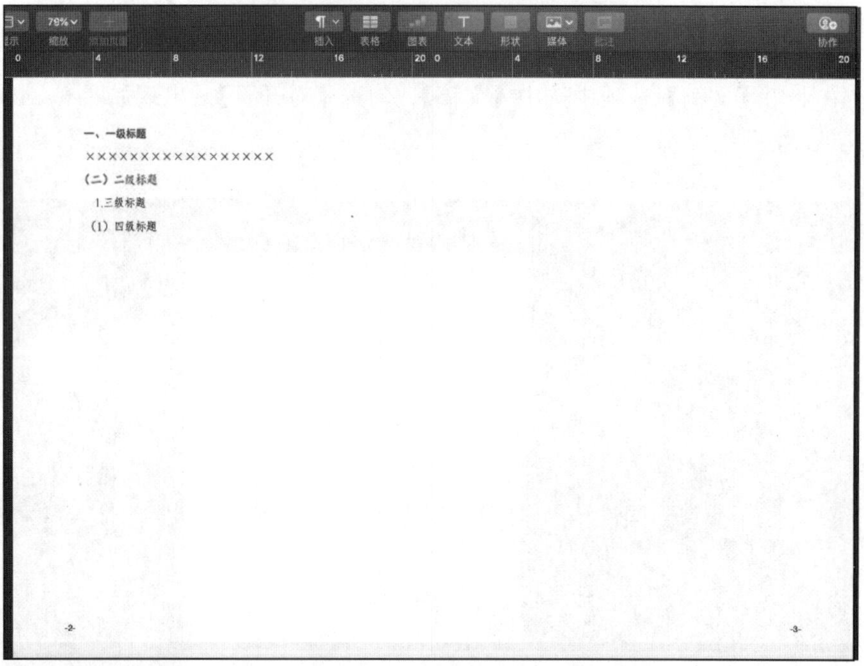

图 6－47　页码预览

（七）公章插入方法

选择图 6－48 中【媒体】选项进行公章图片的插入。插入后点击右上角【格式】，选中【排列】中的【无】，则图片可被放置于文稿内任意位置（如图 6－49 所示暂用圆圈代替公章）。

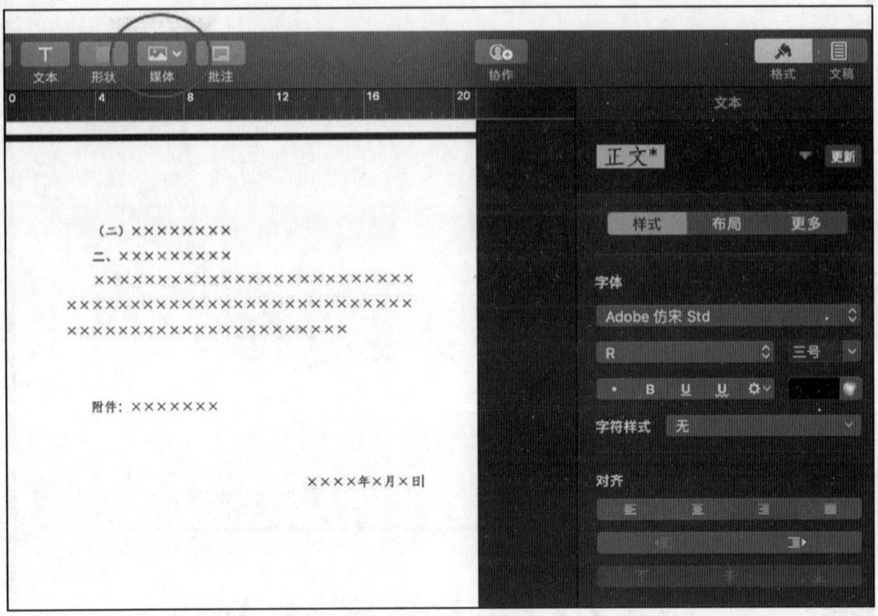

图 6－48　插入公章

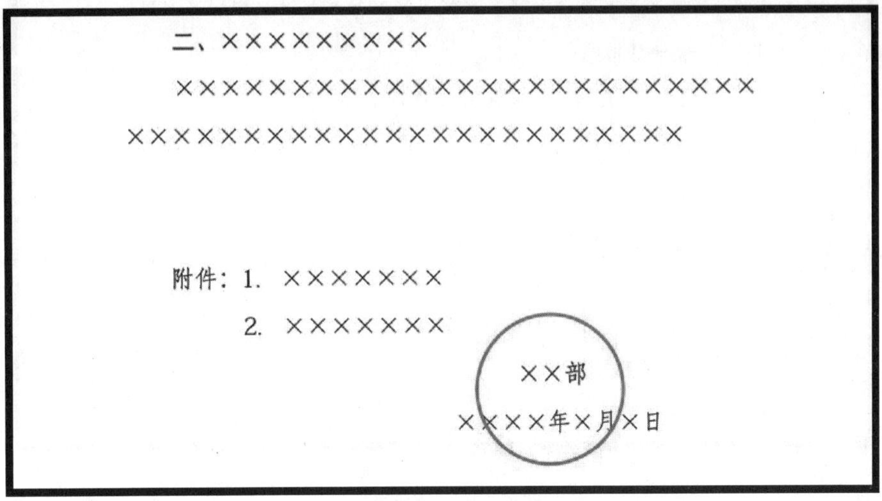

图 6－49　公章预览

（八）模板展示

以下是一些公文格式模板（如图 6－50 至图 6－56 所示）。

000100

机密★2 年

特急

××××××文件

×××〔2021〕10号　　　　签发人：×××

××××××关于××××的请示

××××：

××××××××××××××××××××××××××

一、一级标题

×××××××××××××××

（一）二级标题

1.三级标题

（1）四级标题

-1-

图 6－50　模板 1－1

（2）××××××××××××××××

2.××××××××××

（二）××××××××

二、×××××××××

××××××××××××××××××××××××××
××××××××××××××××××××××

附件：×××××××

×××××

××××年×月×日

（联系人：×××，电话：×××××××）

抄送：××××××、××××××。

××××××××　　　　××××年×月×日印发

-2-

图 6-51　模板 1-2

000100

机密★2年

特急

中共中央×××部
中华×××总工会 文件
中国×××总公司

×××〔2021〕10号　　签发人：×××，×××，×××

×××关于××××××的请示

×××××：

××××××××××××××××××××××××××

一、一级标题

××××××××××××××××

（一）二级标题

1.三级标题

（1）四级标题

-1-

图6－52　模板2－1

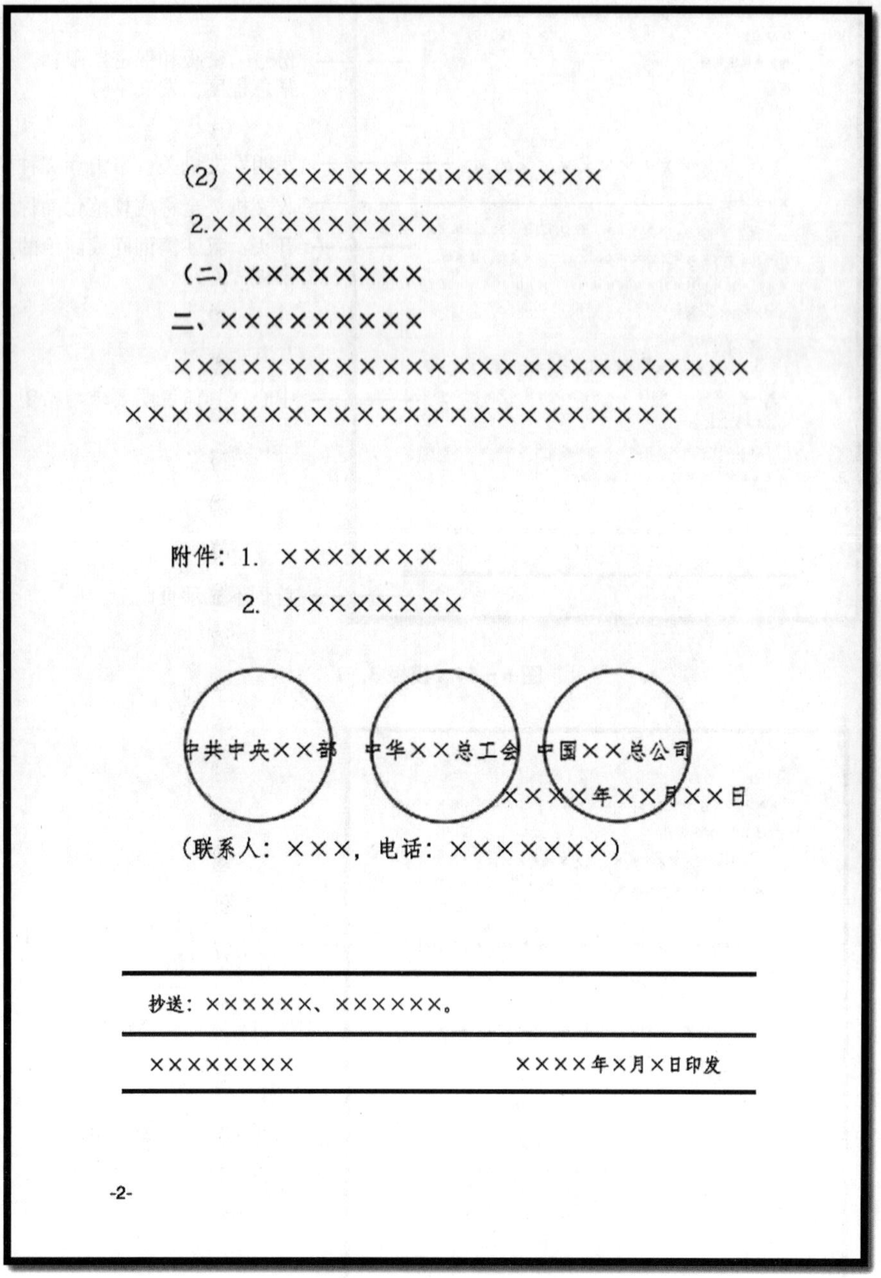

(2) ××××××××××××××××××

2.×××××××××××

(二) ×××××××××

二、×××××××××

×××××××××××××××××××××××××××

××××××××××××××××××××××××××

附件：1. ××××××××

2. ×××××××××

中共中央××部　中华××总工会　中国××总公司

××××年××月××日

（联系人：×××，电话：××××××××）

抄送：××××××、××××××。

××××××××　　××××年×月×日印发

-2-

图 6－53　模板 2－2

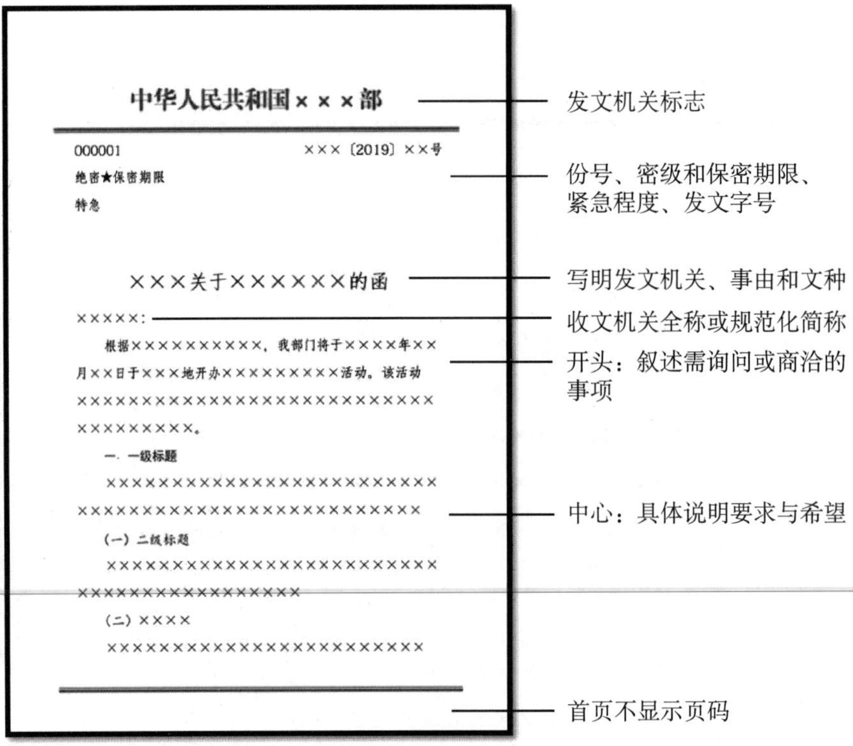

图 6－54　模板 3－1

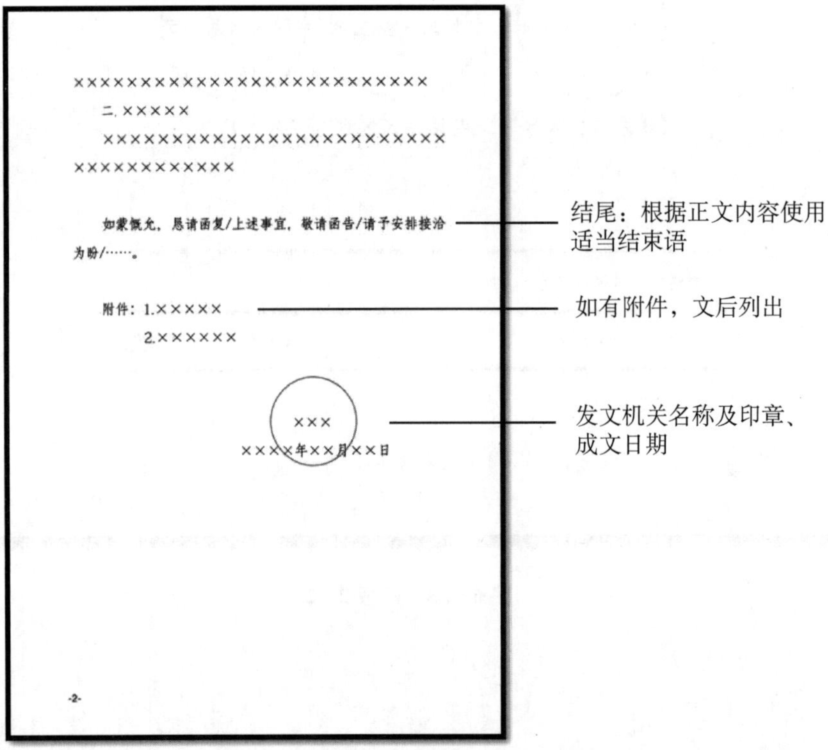

图 6－55　模板 3－2

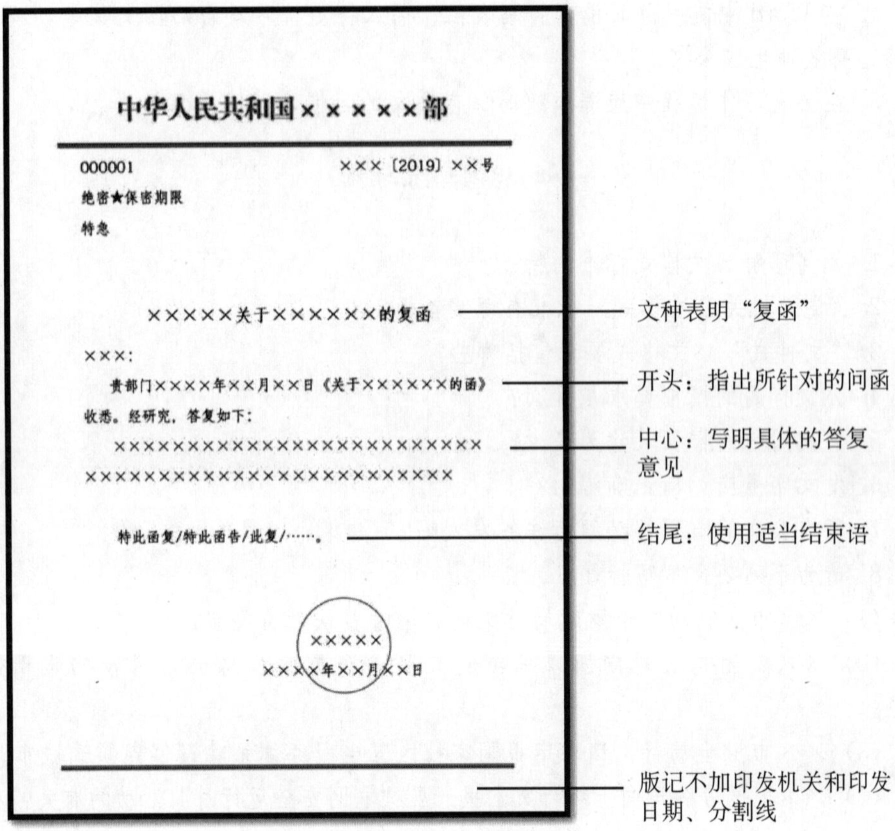

图 6-56　模板 4

扫码学制作

Windows 操作指引

Mac 操作指引

本章小结

1. 公文格式具备规范性、相对的固定性、稳定性等特点。

2. 党政机关公文格式应遵循 2012 年发布的《党政机关公文格式》（GB/T 9704—2012）国家标准。

3. 在 OA 系统中，应制作统一规范的文件格式模板，各机构应依据不同的公文类别、性质、行文关系、紧急程度、密级要求以及格式规范等制作相应的文件格式模板。

4. 在Word中使用页面设置、制表位、插入特定符号及自动图文集等，有助于准确、高效地生成公文。

5. 在公文写作过程中应养成随时保存公文的习惯，以防文件丢失。

思考与练习

1. 如何理解公文格式标准的特点？
2. 《党政机关公文格式》标准有哪些新规定？
3. “文件式”公文格式要素包括哪些？
4. 公文标题的撰拟要求是什么？
5. 公文用纸的幅面尺寸为多少？
6. 发文字号应如何正确编制？
7. 所有公文的首页都必须标注签发人吗？
8. 请为下列公文拟写标题。

(1) ××市法制局向市财政局行文请求增拨普法教育经费。

(2) ××集团总公司向所属单位发文要求派员参加总公司科技档案干部培训班。

(3) ××市卫生局行文请求申报国家社区卫生服务体系建设试点候选城市。

(4) ××电网分公司向上级行文汇报开展“电网安全运行月”活动的有关情况。

(5) ××电网总公司认为《××电力建设公司关于××××的报告》很好并批示转发各有关单位。

9. 如何使用开发工具代替手动输入印发日期？
10. 少数民族语言如何进行输入？
11. 符号“★”如何输入（多种方法）？

案例分析

1. 指出下列做法是否正确，并说明理由。

李秘书在对一份发文进行排版时，发现公文下文结束后已不能容下印章的位置，只能在下一页盖章。为保证公文的完整性、有效性，于是李秘书在加盖公章的页面左上角标注“此页无正文”。

2. 请根据《党政机关公文格式》的要求及本章第三节的内容，制作“函”的格式模板。

阅读书目

中华人民共和国国家质量监督检验检疫总局，中国国家标准化管理委员会. GB/T 9704—2012 党政机关公文格式. 2012.

第七章

常用公文撰写举要

引子

你能指出下列文稿中的错误和不当之处吗？

××研究院人力资源部购置设备的申请报告

××研究院并刘卫国院长：

我部前几年购买了 8 台计算机和 4 台打印机，用于日常办公。近来严重老化，经常出故障，严重影响了管理职能和提高工作效率。为此，请求院领导及时拨付十二万元，以便用于 8 台新型计算机和 4 台打印机的购置工作。

务请批准购买。

此外，2014 年新员工培训计划已制订完成，请一并批准。

人力资源部（印章）

2014 年 2 月 18 日

学习重点

本章重点介绍党政机关现行通用文种的用途、类型及撰写方法。这些文种包括：决议、决定、命令（令）、公告、通告、公报、意见、通知、批复、请示、报告、议案、通报、函、会议记录、纪要、简报等。并运用案例展示与评析的阐释方法，具体说明公文撰写过程中需要注意的相关事项。读者可以通过学习本章内容，体会公文撰写的基本要领与约定俗成的规则。

关键术语

决议	意见	通报
决定	通知	函
命令（令）	批复	会议记录
公告	请示	纪要
通告	报告	简报
公报	议案	

第一节　决议、决定、命令（令）

一、怎样撰写决议

（一）知识要点

1. 决议的用途

决议适用于会议讨论通过的重大决策事项，是要求贯彻执行的重要决策性公文。例如：

- 《第十三届全国人民代表大会第一次会议决议》
- 《中国共产党第十九次全国代表大会关于十八届中央委员会报告的决议》

2. 决议的特点

（1）权威性。决议代表一个组织的决策意见，对下级组织的工作具有很强的领导指导作用，一经公布，相关组织、地区必须坚决执行，因此具有很强的约束作用。

（2）程序性。决议须经某一会议集体讨论通过后才能产生法定效用，其内容的公开发布必须按照规定由发文机关负责人签署发布。如果不履行法定程序，决议就不具有合法性。

（3）简练性。决议的内容较单一，主要说明会议的时间和主要内容。一般只写决议的结果，不写讨论的过程。要求篇幅简短、文字精练。

（二）写作方法

决议由标题、题注、正文、发文机关署名、成文日期等几部分组成。

1. 标题

标题通常由“会议或发文机关名称＋事由＋决议”组成，如《中国共产党第十七次全国代表大会关于十六届中央委员会报告的决议》。

2. 题注

题注写明通过决议的时间和会议名称，以“（ ）”括起，如“（2020 年 10 月 8 日全体会议通过）”。

3. 正文

首先，说明作出此项决议的背景、依据、目的及意义，或简要介绍出席会议的人员、审议或表决结果等，以表明会议的必要性和有效性。其次，说明会议审议或表决通过的决议事项的具体内容。当决议事项的内容层次较多时，可采用分条列项的方法安排逻辑结构，或通过使用“会议赞成”“会议同意”“会议提出”“会议要求”“会议号召”等词语引出独立的自然段落来表达。最后，写明对贯彻执行决议的要求、号召等。

4. 发文机关署名

写明作出决议的会议或机构名称。

5. 成文日期

根据《党政机关公文格式》的规定，成文日期用阿拉伯数字将年、月、日标全，年份应标全称，月、日不编虚位（即 1 不编为 01）。

凡在题注中已标明决议制发机关与成文日期的，在落款处不再标注。

（三）例文展示与评析

【例文 1 会议决议】

第十三届全国人民代表大会第一次会议关于政府工作报告的决议

（2018 年 3 月 20 日第十三届全国人民代表大会第一次会议通过）

第十三届全国人民代表大会第一次会议听取和审议了国务院总理李克强所作的政府工作报告。会议高度评价过去五年我国经济社会发展取得的历史性成就、发生的历史性变革，充分肯定国务院过去五年的工作，同意报告提出的 2018 年经济社会发展总体要求、政策取向和对政府工作的建议，决定批准这个报告。

会议号召，全国各族人民更加紧密地团结在以习近平同志为核心的党中央周围，高举中国特色社会主义伟大旗帜，以习近平新时代中国特色社会主义思想为指导，全面贯彻党的十九大和十九届一中、二中、三中全会精神，坚持和加强党的全面领导，坚持稳中求进工作总基调，坚持新发展理念，紧扣我国社会主要矛盾变化，按照高质量发展的要求，统筹推进“五位一体”总体布局和协调推进“四个全面”战略布局，坚持以推进供给侧结构性改革为主线，统筹推进稳增长、促改革、调结构、惠民生、防风险各项工作，大力推进改革开放，创新和完善宏观调控，推动质量变革、效率变革、动力变革，在打好防范化解重大风险、精准脱贫、污染防治三大攻坚战方面取得扎实进展，引导和稳定预期，加强和改善民生，促进经济社会持续健康发展，锐意进取，埋头苦干，为决胜全面建成小康社会、夺取新时代中国特色社会主义伟大胜利，为把我国建设成为富强民主文明和谐美丽的社会主义现代化强国、实现中华民族伟大复兴的中国梦努力奋斗！

【例文 1 评析】

这是一篇典型的会议决议。标题“第十三届全国人民代表大会第一次会议关于政府工作报告的决议”，采用“会议名称 + 事由 + 决议”的结构。题注“（2018 年 3 月 20 日第十三届全国人民代表大会第一次会议通过）”说明了决议通过的时间。正文开头“第十三届全国人民代表大会第一次会议听取和审议了国务院总理李克强所作的政府工作报告”，说明了会议的名称、程序和内容。正文主体“会议高度评价过去五年我国经济社会发展取得的历史性成就、发生的历史性变革，充分肯定国务院过去五年的工作，同意报告提出的2018年经济社会发展总体要求、政策取向和对政府工作的建议，决定批准这个报告”，说明了会议决议的具体内容。第二段“会议号召……”部分，提出了对贯彻执行决议的要求、号召。全文基本要素齐全，文字简练，态度明确。

二、怎样撰写决定

（一）知识要点

1. 决定的用途

决定是党政机关、社会团体、企事业单位对重要事项或重大行动做出决策和安排时制发的指挥决策性公文，对下级机关的工作或某项活动具有强制性影响。

2. 决定的基本特征

（1）指挥性。决定是经重要会议或领导班子研究通过后，对下级机关或某一方面的工作提出的重要指导性意见，确定具体措施及实施方案，要求下级单位依照执行，具有比较强的指示方向的作用。

（2）权威性。决定一经作出，在所属下级工作中或所辖系统内具有强制约束力。收文单位包括个人必须严格执行。

（3）单纯性。决定的内容要符合一文一事的要求，以便贯彻执行，不能杂陈多种事项。

（4）决断性。“决”就是拿主意、拍板，“定”就是不能再改变。这就看出决定具有很浓的决断色彩。发文机关根据有关方针政策以及形势需要，在法定的范围内，有权对有关事项、问题、行动做出决策和安排，不受其他因素、条件的限制。例如，《全国人民代表大会常务委员会关于批准〈中华人民共和国和巴巴多斯引渡条约〉的决定》，就是我国最高国家权力机关依照法律和国际反恐怖活动形势的要求，所做出的重要决策，表明了中国政府的鲜明立场。

3. 决定的分类

按照内容和用途，决定可以分为以下六类：

（1）法规性决定；

（2）政策性决定；

（3）批准性决定；

（4）部署性决定；

（5）知照性决定；

（6）奖惩性决定。

（二）写作方法

决定一般由标题、主送机关、正文、落款等部分组成。需要在会议上讨论通过的决定，则在标题下以“题注”形式注明通过决定的会议名称和日期，正文写完后，结尾不再落款。

1. 标题写法

决定的标题一般有两种形式：一种是由“事由＋文种”构成；另一种是由“发文机关＋事由＋文种”构成。例如：

●《全国人民代表大会常务委员会关于严惩严重危害社会治安的犯罪分子的决定》（惩处性决定标题）

●《××公司关于表彰刘××英勇扑救成品库房烈火的决定》（褒奖性决定标题）

●《国务院关于加强节能工作的决定》（部署性决定标题）

●《全国人民代表大会常务委员会关于批准〈中华人民共和国和土库曼斯坦关于打击恐怖主义、分裂主义和极端主义的合作协定〉的决定》（批准性决定标题）

2. 主送机关写法

决定属于重要的下行文种，要概括写明收文机关名称。但类似“各省、自治区、直辖市人民政府，国务院各部委、各直属机构”等属于没有特定收文对象的决定，则不需写主送机关。

3. 正文构成

根据决定种类的不同，决定的正文有直叙型、基本型、三段型三种结构模式。

（1）直叙型。采用起笔入题的方法，直接阐明决定事项。

（2）基本型。由“原因 ＋ 决定事项”两个部分构成，即首先简要说明决定的原因、目的或根据，然后阐明决定内容。凡是内容较少的决定，可以紧接在原因之后写出决定事项。奖惩性决定大都采用这种结构形式，前后两个部分，基本属于因果关系。内容较多的决定，为了确保条理清楚，以便阅读和执行，应当采用分条列项的方法阐明决定事项。

（3）三段型。由“原因 ＋ 决定事项 ＋ 号召”三个部分构成，即在基本型的基础上，增加发出号召或提出实施要求部分。重大政策性决定、部署性决定，大都采用三段型的结构方式。

4. 发文机关署名与成文日期

在落款处加盖发文机关印章和成文日期。经会议讨论通过的决定，发文机关和成文日期则采用“题注”的形式，在公文标题之下的括号内标明。

（三）例文展示与评析

【例文 2　奖励性决定】

国务院关于 2018 年度国家科学技术奖励的决定

国发〔2018〕44 号

各省、自治区、直辖市人民政府，国务院各部委、各直属机构：

为深入贯彻落实习近平新时代中国特色社会主义思想，全面贯彻党的十九大和十九届二中、三中全会精神，坚定实施科教兴国战略、人才强国战略和创新驱动发展战略，国务院决定，对为我国科学技术进步、经济社会发展、国防现代化建设作出突出贡献的科学技术人员和组织给予奖励。

根据《国家科学技术奖励条例》的规定，经国家科学技术奖励评审委员会评审、国家科学技术奖励委员会审定和科技部审核，国务院批准并报请国家主席习近平签署，授予刘永坦院士、钱七虎院士国家最高科学技术奖；国务院批准，授予“量子反常霍尔效应的实验发现”国家自然科学奖一等奖，授予“黄瓜基因组和重要农艺性状基因研究”等 37 项成果国家自然科学奖二等奖，授予“云-端融合系统的资源反射机制及高效互操作技术”等 4 项成果国家技术发明奖一等奖，授予“小麦与冰草属间远缘杂交技术及其新种质创制”等 63 项成果国家技术发明奖二等奖，授予“水下发射固体运载火箭系统研制”等 2 项成果国家科学技术进步奖特等奖，授予“凹陷区砾岩油藏勘探理论技术与玛湖特大型油田发现”等 23 项成果国家科学技术进步奖一等奖，授予“主要蔬菜卵菌病害关键防控技术研究与应用”等 148 项成果国家科学技术进步奖二等奖，授予简·迪安·米勒教授等 5 名外国专家中华人民共和国国际科学技术合作奖。

全国科学技术工作者要向刘永坦院士、钱七虎院士及全体获奖者学习，不忘初心、牢记使命，继续发扬科学报国的光荣传统和追求真理、勇攀高峰的科学精神，以实现国家富强、民族振兴、人民幸福为己任，深入实施创新驱动发展战略，坚定不移走中国特色自主创新道路，着力实现原始创新重大突破，攻克关键核心技术，破解创新发展难题，为加快建设创新型国家、建设世界科技强国，决胜全面建成小康社会、夺取新时代中国特色社会主义伟大胜利、实现中华民族伟大复兴的中国梦作出新的更大贡献。

国务院

2018 年 12 月 28 日

【例文 2 评析】

此文正文分为三个层次。

第一层次，简要概括地说明了行文的目的，使读者知道为什么要发出此决定，这是公文强调发文目的的体现。

第二层次，简要说明奖励事项。按照常规来说，在表彰先进人物时，应当叙述先进事迹。但是此文几乎没有提到受表彰者的具体事迹，只是有重点地列举了获奖项目名称。之所以如此，主要有以下原因：

一是重大科技成果的产生，有一个艰苦漫长的攻关过程。每一位获奖者都有着既普通又不平凡，但一定很感人的经历。他们的事迹在一篇公文所能允许的篇幅中，难以叙述清楚，何况有些人的事迹在其他场合或媒体中已经有过比较详细的报道。

二是获奖者的研究工作内容大都是极其专深或十分尖端的科技领域。叙述他们的事迹离不开介绍这些科技问题，这些内容对于一般读者来说，可能相当乏味。当然，有些内容属于保密范畴，不允许在奖励性决定中反映。

三是此文的重点在于让国人甚至让全世界知道，中国政府表彰了哪些科学家，什么成果获奖，而非在于让人们详细了解他们的事迹。

鉴于上述原因，此文没有叙述获奖者的具体事迹。这是这类决定比较适宜的表达形式。

第三层次，向全国科技工作者发出学习先进的号召。

三、怎样撰写命令（令）

（一）知识要点

1. 命令（令）的用途

命令和令不是两个文种，而是同一文种的两个名称。标题中使用“命令”还是“令”应根据惯例和文字顺畅的需要而定。按照用途和目的划分，命令（令）有以下三种类型。

（1）公布令。用于公布行政法规和规章。国务院出台行政法规、国务院各部委制定行政规章、副省级以上人民政府制定地方性行政规章，可以采用命令（令）向社会公布。

（2）行政令。用于宣传施行重大强制性行政措施。例如：

- 《甘肃省人民政府2018年森林防火命令》
- 《北京市平谷区人民政府2018年冬季征兵命令》

（3）嘉奖令。用于批准授予和晋升衔级，奖励有关单位及人员。例如：

- 《国务院、中央军委关于表彰参加国庆阅兵装备工作各单位和全体同志的命令》
- 《国务院 中央军委关于授予武警江西省总队吉安市支队井冈山市中队“井冈山爱民模范中队”荣誉称号的命令》

2. 命令（令）与决定的区别

（1）使用单位不同。命令（令）只限于县级以上政府使用；决定可供各机关、团体、企事业单位使用。

（2）内容详略不同。命令（令）不做或很少做阐述和说明，篇幅较简短；决定有时需阐明指导思想和方针政策，提出措施和方法，篇幅相对较长。

（二）写作方法

1. 公布令的写法

公布令由标题、令号、正文、签署人和签署日期等几项内容组成。

（1）标题。采用“发文机关名称+命令（或令）”结构。

（2）令号。采用发文机关领导整个任期内所发命令的序号，下一任另编序号，称作“流水号”。其写法是“第×号”。

（3）正文。只有一个小段落，大多直接写法规或规章（加书名号）、通过会议或者审批的机关名称和通过或审批日期及施行日期。为使公布令文字简约，绝大多数公布令的正文不写公布目的和根据。公布令后面的法规或规章，不能被视为附件，因此正文之后不加附件说明。

（4）签署人和签署日期。签署人一般由发文机关领导职务名称和签名组成。签署日期（成文日期）采用《党政机关公文格式》规定的格式。

公布令应公开行文，没有具体的收文机关。

2. 行政令的写法

行政令由标题、令号、收文机关、正文、签署人和签署日期等几项内容组成。

（1）标题。由于行政令的正文一般较长，因此标题大多采用三项式，即“发文机关全称（或规范化简称）+事由+命令（令）”。如果正文很短，那么也可采用两项式，即“发文机关全称+令”组成。

（2）令号。既可采用常规发文字号，也可像公布令那样采用令号；如预计为同一件事项发布若干命令时，还可单独依次编号，如“第1号”“第2号”等。

（3）收文机关。面向各机关和广大公众的命令，不写收文机关。主要面向有关单位的命令，可写收文机关。

（4）正文。开头部分简要说明发令的根据或目的；主体部分分条列举强制性行政措施；结尾部分对有关单位和公众提出执行此命令的要求或号召，对违反或破坏此命令的人发出警告。

（5）签署人和签署日期。行政令一般由发文机关领导签署，较少使用发文机关印章。签署日期标明年、月、日。

3. 嘉奖令的写法

嘉奖令由标题、令号、正文、签署人和签署日期等几项内容组成。

（1）标题。有两种写法：一是由“发文机关名称+事由+嘉奖令”组成，与一般三项式标题不同的是，事由前不用“关于”而用“对”，只有这样才顺当。二是由“发文机关名称+事由+命令”组成，用于授予荣誉称号的嘉奖命令。

（2）令号。采用常规发文字号。

（3）正文。首先介绍受奖单位组织或个人的先进事迹，并做出评价；其次写明嘉奖决定，包括授予荣誉称号、晋升职衔等奖励；最后是发出号召，希望各单位和个人向受奖组织或个人学习。

（4）签署人和签署日期。一般由发文机关领导签署，较少使用发文机关印章。签署日期（成文日期）采用《党政机关公文格式》规定的格式。

公开发表的嘉奖令不写收文机关。

4. 注意事项

（1）慎重使用。命令（令）的使用级别较高，具有明显的权威性，只有国家主席、全国人大常委会委员长、国务院总理、各部（委）部长（主任）、县级以上政府才能使用，所以要慎重使用，正如《尚书》所说，"慎乃出令，令出惟行"。

（2）语句果断。命令（令）的内容一般为施行重大强制性行政措施，所以较多使用语气词"必须""不得""均应"等。

（3）篇幅简短。命令（令）的篇幅一般较为简短，言简意赅，如曾巩的《南齐书目录序》所言："号令之所布，法度之所设，其言至约，其体至备，以为治天下之具。"

（三）例文展示与评析

【例文 3 公布令】

中华人民共和国国务院令

第 704 号

《行政区划管理条例》已经 2017 年 11 月 22 日国务院第 193 次常务会议通过，现予公布，自 2019 年 1 月 1 日起施行。

总理 李克强

2018 年 10 月 10 日

【例文 3 评析】

此则公布令标题采用"发文机关全称 + 令"的结构。令号为"第 704 号"。正文只有一段文字，说明公布的法规名称及实施日期。简约的文字中，透露着一种公布法规的严肃性。

【例文 4 行政令】

××省人民政府 2018 年森林防火命令

××发〔2018〕1 号

为有效预防和扑救森林火灾，确保人民生命财产和国家森林资源安全，根据《森林防火条例》（国务院令第 541 号）有关规定，结合我省实际，发布如下命令：

一、明确森林防火期。全省森林防火期原则上为每年 11 月 1 日至次年 5 月 31 日，其中每年 1 月 1 日至 4 月 30 日为森林高火险期。各市政府可结合本地实际调整森林防火期和森林高火险期。

二、严控野外火源。森林防火期内，下大力气筑牢“四条防线”（用火审批防线、入山检查防线、日常巡护防线、联防联保防线），在森林防火区禁止烧荒、烧秸秆、烧枝丫、烧煮加工山野菜、吸烟、烧纸、烧香、野炊、使用火把、点火取暖、燃放烟花爆竹和孔明灯、焚烧垃圾等野外用火行为。在林区要道和景区入口设立检查站，进入森林防火区的人员、车辆必须接受森林防火检查。

三、落实防火责任。严格落实以地方政府行政首长负责制为核心的森林防火责任制，强化森林防火指挥机构组织协调和指导责任、职能部门监管责任、森林经营主体经营范围内的防火责任。涉及两个以上行政区域或者管理区域的，有关政府或主管部门要建立森林防火联防机制，明确联防职责，协同做好联防区域内的森林防火工作。要加强对高火险区的巡逻管控，严防死守敏感地区和重要设施。森林防火期内，各级森林防火指挥机构要严格执行 24 小时值班带班、有火必报、报扑同步制度。森林消防专业队伍要实行 24 小时执勤、备勤、靠前驻防制度，保持临战待命状态。对发生的火情要迅速查清原因，对相关责任单位和责任人依法依纪惩处。

四、强化宣传教育。各地、各有关部门要采取多种形式广泛开展森林防火宣传教育，增强公众的责任意识、安全意识和法治意识，提高公众预防、避险、自救、互救和减灾能力，确保有火不成灾、有灾无伤亡。

××省人民政府（印章）

2018 年 1 月 6 日

【例文 4 评析】

这是一篇典型的行政令。标题“××省人民政府 2018 年森林防火命令”，采用“发文机关全称 + 事由 + 命令”的结构。发文字号为“××发〔2018〕1 号”。此命令面向各机关和广大公众发布，故不写收文单位。正文的开头部分（第一段）说明了发布命令的目的（“为有效预防和扑救森林火灾，确保人民生命财产和国家森林资源安全”）和依据［“根据《森林防火条例》（国务院令第 541 号）有关规定”］。正文主体部分的第一条明确森林防火期，其余各条提出一系列强制性行政措施或要求。落款署发布命令的机关名称和日期。全文行文目的明确，基本要素齐全，用词准确，语气果断，符合行政令的要求。

第二节　公告、通告、公报

一、怎样撰写公告

（一）知识要点

1. 公告的用途

公告是指党政机关或有关职能部门向国内外宣布重大事项或法定事项时所使用

的公文。公告主要用于以下两种情况。

（1）向国内外宣布重要事项。例如，2008 年“5・12”汶川大地震之后，5 月 18 日国务院发布《中华人民共和国国务院公告》，宣布 2008 年 5 月 19 日至 21 日为全国哀悼日。

（2）向国内外宣布法定事项。例如，2018 年 4 月 12 日，公安部发布《中华人民共和国公安部公告》，对公安部规章和规范性文件目录以及公安部决定废止的规范性文件目录予以公布。

值得注意的是，司法机关的专用公文也有公告这一文种，但其用途不同。司法机关公告用于司法机关按照法定程序将某事项告知公众，如开庭公告、应诉公告、强制执行公告等。

2. 公告的特点

（1）主体级别高。公告的作者一般为全国人民代表大会及其常务委员会、国务院及其职能部门、副省级以上地方人民政府及其职能部门，或者是法律法规规定的其他机构。社会团体、企事业单位和基层的党政机关极少使用。因此，公告具有很强的庄重性和严肃性。

（2）告知范围广。公告的内容面向的是国内外的社会公众，与外国机构或个人无关的事项不用公告。

（3）内容影响大。公告采用公开行文方式，发布形式多种多样，因而其内容影响大。

公告宣告的事项往往具有重要性和法定性，这就决定了其行文必须简要，用语必须庄重、严谨、准确，以确保公告的权威性和公信力。

（二）写作方法

公告由标题、发文字号（编号）、正文、发文机关署名和成文日期等几部分组成。

1. 标题

公告的标题通常有两种写法：一种由“发文机关名称＋事由＋公告”构成，如《邮电部、国家工商行政管理局、公安部关于加强集邮管理取缔非法倒卖邮票活动的公告》；另一种由“发文机关名称＋公告”构成，如《中华人民共和国全国人民代表大会公告》。

2. 发文字号（编号）

公告的发文字号（编号）一般按照年度编制顺序号，格式为“第×号”或“××××年第×号”。

3. 正文

公告的正文通常由缘由、事项和结束语三部分组成。

（1）缘由。说明公告的根据、背景、目标或意义等。例如，“为推进跨境人民币直接投资便利化，完善监管措施，现就跨境人民币直接投资的有关问题公告如下”。

（2）事项。说明要公开告知的事情或信息。

（3）结束语。常以“特此公告”“现予公告”等语结尾，有时也省略。

4. 发文机关署名和成文日期

标明公告发布机关的名称。标题中已经明确标明发文机关的，也可省略。成文日期采用《党政机关公文格式》规定的格式。

（三）例文展示与评析

【例文 5　事项公告】

中华人民共和国财政部公告

2018 年第 129 号

根据国家国债发行有关规定，财政部决定发行 2018 年第九期储蓄国债（电子式）（以下简称第九期）和 2018 年第十期储蓄国债（电子式）（以下简称第十期）。现将第九期和第十期（以下简称两期国债）发行等有关事宜公告如下：

一、两期国债均为固定利率、固定期限品种，最大发行总额 400 亿元。第九期期限 3 年，票面年利率 4%，最大发行额 200 亿元；第十期期限 5 年，票面年利率 4.27%，最大发行额 200 亿元。

二、两期国债发行期均为 2018 年 10 月 10 日至 10 月 19 日，2018 年 10 月 10 日起息，按年付息，每年 10 月 10 日支付利息。第九期和第十期分别于 2021 年 10 月 10 日和 2023 年 10 月 10 日偿还本金并支付最后一年利息。

三、从 2018 年 10 月 10 日开始计算，投资者持有两期国债不满 6 个月提前兑取不计付利息，满 6 个月不满 24 个月按发行利率计息并扣除 180 天利息，满 24 个月不满 36 个月按发行利率计息并扣除 90 天利息；持有第十期满 36 个月不满 60 个月按发行利率计息并扣除 60 天利息。

四、投资者可通过中国工商银行、中国农业银行、中国银行、中国建设银行、交通银行、中信银行、中国光大银行、华夏银行、上海浦东发展银行、兴业银行、招商银行、平安银行、北京银行、上海银行、南京银行、广发银行、河北银行、杭州银行、青岛银行、成都银行、宁波银行、徽商银行、江苏银行、邮储银行、北京农商银行和青岛农商银行网上银行办理两期国债认购、个人国债账户开户和查询业务。

其他事宜按《中华人民共和国财政部公告》（2018 年第 40 号）规定执行。

特此公告。

财政部（印章）

2018 年 9 月 28 日

【例文 5 评析】

本文是一篇典型的事项公告。标题“中华人民共和国财政部公告”采用“发文机关名称＋公告”的结构。“2018 年第 129 号”为发文字号。因为此公告是面向国内外社会公众发布的，所以它没有具体的收文机关。正文开头部分（第一段）简要地说明了公告发布的根据（“根据国家国债发行有关规定”）和背景［“财政部决定发行2018 年第九期储蓄国债（电子式）（以下简称第九期）和 2018 年第十期储蓄国债（电子式）（以下简称第十期）”］。正文主体部分直接、明确、简要地告知了有关事项。由于内容较多，故分列条款。正文以“特此公告”结尾。最后，落款处署发文机关名称和发布日期。全文基本要素齐全，文字简短精练，事项说明清楚明确。

二、怎样撰写通告

（一）知识要点

1. 通告的用途

通告是适用于公布社会各有关方面应当遵守或周知的事项的公文。按照用途和目的划分，通告有以下两种类型。

（1）遵守性的通告。用于在一定范围内公布应当遵守的事项，例如：

- 《南宁市人民政府关于依法严厉打击传销活动的通告》
- 《河南省人民政府关于社会保险费改由地方税务机关征收的通告》

（2）周知性的通告。用于在一定范围内公布应当周知的事项，例如：

- 《北京大学关于 2018 年硕士研究生初试成绩复查的通告》
- 《国家税务总局关于联网应用中国电子口岸出口退税数据的通告》

2. 通告与公告的区别

（1）告知范围不同。公告面向国内外社会公众发布，通告仅面向国内社会公众发布，无须外国组织或个人知晓和遵守的事项不能用公告宣布。

（2）事项重要性不同。公告的事项比通告的事项更为重大，政治性更强，发文机关级别更高。

（3）使用频率不同。通告面向国内发布，要求有关单位和人员知晓和遵守，使用频率较公告要高。

3. 通告的写作要求

（1）目的明确。通告的事项具有明确的指向性，往往直接指向某项具体的事项，如税务局关于征税的通告、机动车管理部门关于机动车辆年检的通告等。

（2）合法合规。通告的内容具有很强的规范性，一经颁布，各有关单位或个人均须依照执行，因此其内容必须符合法规政策。

（3）发布及时。通告用于发布需要遵守或周知的事项，需在事前行文，以便有关组织或人员对即将展开的工作进行安排。

（4）文字准确。通告的内容涉及规范性、约束性的事项或提倡、禁止的事项，具有明确的指示性，因而其文字必须准确、周密、严谨，不能产生歧义。

（二）写作方法

通告由标题、发文字号、正文、发文机关署名和成文日期等几部分组成。

1. 标题

通告的标题有四种形式：一是由“发文机关名称＋事由＋通告”构成，如《国家教委关于维护中小学正常教学秩序的通告》；二是由“事由＋通告”构成；三是由“发文机关名称＋通告”构成；四是仅有“通告”两字。

2. 发文字号

采用常规发文字号。

3. 正文

通告的正文一般由发通告的缘由、事项和结束语三部分构成。

（1）缘由。即通告的开头，通常说明通告的根据、背景或目的。其末尾常用“特作如下通告”或“现通告如下”等文字过渡到下文。

（2）事项。即通告的具体内容、主体部分，要写明在什么范围内、告知谁、告知何事。

（3）结束语。一般写执行通告的要求，带有强调的性质；也可以写明执行的时间、范围和有效日期；有的不设结尾，以“特此通告”“告此”结束。

4. 发文机关署名和成文日期

如果标题中已经标明发文机关名称，那么也可不署名。成文日期应采用《党政机关公文格式》规定的格式。

（三）例文展示与评析

【例文6　周知性通告】

吉林省安全生产监督管理局通告

2018年第20号

按照《中共中央国务院关于全面振兴东北地区等老工业基地的若干意见》（中发〔2016〕7号）和《国务院关于煤炭行业化解过剩产能实现脱困发展的意见》（国发〔2016〕7号）及国家发展改革委等部委关于煤炭行业去产能一系列文件精神，长春市双阳区人民政府、吉林市蛟河市人民政府、吉林市桦甸市人民政府、白山市浑江区人民政府、延边州珲春市人民政府按照相关要求，决定对长春市双阳区丁家煤矿等9处矿井予以关闭。

长春市人民政府、吉林市人民政府、白山市人民政府、延边朝鲜族自治州人民政府要按照法律法规和国务院及省政府有关要求，督促或协调有关部门及时注（吊）销已通告关闭矿井的采矿许可证、安全生产许可证等证照和证件，撤销在建项目核准（审批）文件，停止供应并妥善处理剩余火工品，停止供水、供电，拆除供水、供电设备、线路和矿井生产设备、通信设施，封闭、填实井筒，平整工业场地，恢复地貌。同时，要支持相关企业妥善安置从业人员，加强组织领导，落实责任，严格标准，加强行政执法，确保矿井按时关闭到位，防止死灰复燃。

特此通告。

附件：2018 年退出关闭矿井名单（第二批）（略）

吉林省安全生产监督管理局（印章）

2018 年 10 月 15 日

【例文 6 评析】

本文是吉林省安全生产监督管理局所发布的周知性通告。标题采用“发文机构名称 + 通告”的结构。“2018 年第 20 号”为发文字号，标于标题之下。在内容方面，正文中第一段说明通告缘由；第二段表明通告事项，说明需要办理的事项；最后以“特此通告”为结语。正文之后附有附件，详列“2018 年退出关闭矿井名单（第二批）”。在语体方面，本文得体、简洁、明确、平实，易于理解。

三、怎样撰写公报

（一）知识要点

1. 公报的用途

公报主要有以下四种用途或类型。

（1）用于公布重要决定。党组织的重要会议公布重要决定常用公报，例如：

- 《中国共产党第十九届中央委员会第三次全体会议公报》
- 《中国共产党第十九届中央纪律检查委员会第一次全体会议公报》

（2）用于公布重大事项。常见于统计、环境保护等部门发布重要公共信息，例如：

- 《中华人民共和国 2017 年国民经济和社会发展统计公报》
- 《2017 年中国水资源公报》

（3）外交公报。外交事务中常使用公报，例如：

- 《中华人民共和国和美利坚合众国联合公报》
- 《中华人民共和国、俄罗斯联邦和印度共和国外交部长第十二次会晤联合公报》

（4）政府公报。政府公报实际上不是公文，而是多份、多种公文的汇编，是国家机关定期或不定期连续发行的、具有期刊性质的出版物。其目的是便于集中公开国家机关的公文，便于公众查找、获取与利用公共信息。例如：

- 《中华人民共和国国务院公报》
- 《中华人民共和国最高人民法院公报》
- 《广西壮族自治区人民政府公报》
- 《南宁政报》

2. 公报与公告的区别

（1）适用范围不同。公报仅适用于公布党组织的重要会议内容、重要外交议定事项，以及社会普遍关注的公共信息等；而公告的使用领域比公报更广泛。

（2）发文机关不同。公报的发文机关限于党组织高层机关、外交部、统计部门、环境保护部门等；而公告的发文机关多是各级人民代表大会、行政机关、人民法院等，其行文主体的范围比公报更宽泛。

（3）内容详略不同。公报侧重于陈述事项的主要内容，内容较具体，篇幅较长；公告侧重于直接告知事项，内容简明，篇幅较短。

3. 公报与通报的区别

（1）适用范围不同。公报适用于公开发布重要决定或重大事件，以及社会普遍关注的重要公共信息；通报适用于表彰先进、批评错误、传达重要精神、告知重要情况。

（2）所侧重的内容不同。公报侧重于公布内容，以便人们知悉；通报侧重于评价，以便下属机关从中学习经验、吸取教训。

（3）发文方式不同。公报的主送对象是社会公众，无须标明受文对象，一般借助于媒介公开行文；通报的主送机关为发文者的下属机关，一般需要明确标注收文机关，多以逐级行文的方式发布。

（二）写作方法

公报一般由标题、题注、正文、发文机关署名和成文日期等几项内容构成。

1. 标题

会议公报的标题由“会议名称＋公报”组成，如《中国共产党第十七届中央委员会第一次全体会议公报》。重要信息公报的标题由“发文者名称（或信息针对的地域）＋时间＋事由＋公报”组成，如《××市 2013 年水资源公报》。外交公报的标题有两种：一是由“发文者名称＋事由＋联合公报”组成，如《中华人民共和国和美利坚合众国关于建立外交关系的联合公报》；二是由“发文者名称＋联合公报”组成，如《中华人民共和国和哈萨克斯坦共和国联合公报》。

2. 题注

会议公报的题注一般说明公报通过的会议名称和时间。

3. 正文

公报正文的开头部分以简短的文字概要揭示公报的主要内容；主体部分写清事

件、事项的具体内容，如会议的主要议程、主要决议或发言人的主要观点，反映客观事物性质、状态的各种统计数字，等等；结尾部分提出号召或要求等。

公报正文的逻辑表达有两种常见方式：一是分段式，即说明一层意思或一项决议，常把“会议认为”“会议指出”等词语放在段首，引出一个段落层次；二是数字序号式，用“一、”“二、”等标明层次序号，以使公文层次更加醒目、内容更加清晰。

4. 发文机关署名和成文日期

在落款处标明公报发布机关或会议的名称和发布日期。许多公报因为在标题和题注中已经说明了发布机关或会议的名称和发布日期，所以通常省略此项内容。

（三）例文展示与评析

【例文 7　会议公报】

中国共产党第十九届中央纪律检查委员会第二次全体会议公报

（2018 年 1 月 13 日中国共产党第十九届
中央纪律检查委员会第二次全体会议通过）

中国共产党第十九届中央纪律检查委员会第二次全体会议，于 2018 年 1 月 11 日至 13 日在北京举行。出席这次全会的有中央纪委委员 133 人，列席 177 人。

中共中央总书记、国家主席、中央军委主席习近平出席全会并发表重要讲话。栗战书、汪洋、王沪宁、赵乐际、韩正等党和国家领导人出席会议。

全会由中央纪律检查委员会常务委员会主持。全会以习近平新时代中国特色社会主义思想为指导，全面贯彻落实党的十九大精神，研究部署 2018 年纪检监察工作，审议通过了赵乐际同志代表中央纪委常委会所作的《以习近平新时代中国特色社会主义思想为指导 坚定不移落实党的十九大全面从严治党战略部署》工作报告。

全会认真学习、深刻领会习近平总书记重要讲话。一致认为，讲话站在新时代党和国家事业发展全局的高度，深刻阐述党的十九大关于全面从严治党的战略部署，进一步总结 5 年来全面从严治党的重要经验，科学分析党面临的风险和挑战，强调在中国特色社会主义新时代，完成伟大事业必须靠党的领导，党一定要有新气象新作为，要全面贯彻党的十九大精神，以永远在路上的执着把全面从严治党引向深入。讲话登高望远、居安思危，内涵丰富、切中要害，展现出坚定信仰信念、鲜明人民立场、顽强意志品质、强烈历史担当，诠释了新时代中国共产党人初心不改、矢志不渝、自我革命、砥砺奋进的政治品格和革命精神。习近平总书记对纪检监察机关和纪检监察干部寄予殷切期望，提出新的要求。学习贯彻习近平总书记重要讲话精神是全党的重要政治任务，要同学习贯彻党的十九大精神结合起来，学懂弄通做实，把握精神实质，统一思想认识，强化责任担当，把党中央的决策部署一项一项抓实抓好。

全会指出……

全会强调……

全会要求……

全会号召，要紧密团结在以习近平同志为核心的党中央周围，无私无畏、奋发有为，不断取得全面从严治党、党风廉政建设和反腐败斗争新成效，为落实党的十九大战略部署，决胜全面建成小康社会、夺取新时代中国特色社会主义伟大胜利作出新的更大贡献！

【例文 7 评析】

这是一篇典型的会议公报。标题由“会议名称＋公报”构成，题注说明了公报通过的会议名称和时间。正文第一段说明了会议时间、地点，第二段说明了参加会议人员，第三段说明了会议程序，第四至六段详细说明了会议内容，第七段总结了会议提出的要求，正文结尾（第八段）提出了号召。全文结构清楚、逻辑严密，完整地交代了会议的基本情况。本文态度鲜明、正确，文字规范、工整。

第三节　意见、通知、批复

一、怎样撰写意见

（一）知识要点

1. 意见的基本功能

根据《党政机关公文处理工作条例》的规定，意见“适用于对重要问题提出见解和处理办法”。

2. 意见的基本特征

意见是党政机关共同使用的文种。从行文关系的角度说，意见比较特殊，下行文、上行文和平行文，都可以使用。

（1）作为下行文的意见，大都涉及比较宏观层面的工作，具有指导和指示的功能，应向下级提出明确的要求，以便下级机关遵照执行。如文中没有明确的要求，下级机关可参照执行。

（2）作为上行文的意见，具有请示的功能，可以按照请示的程序和要求办理。所提意见如涉及其他部门职权范围，主办部门应与有关部门协商，取得一致意见后方可行文。如有分歧，应由主办部门的负责人出面进行协调，如难以达成共识，可列明各方的理由和依据，提出建设性意见，与有关部门会签，然后报请上级机关处理或给予答复。

（3）作为平行文的意见，可供对方参考。

本部分仅从下行文的角度，阐述意见的撰写方法。

（二）写作方法

撰写意见，要把握以下几个构成部分：

1. 标题

写明发文机关名称、事由和文种三个部分。例如《国务院关于城市优先发展公共交通的指导意见》等。

2. 题注或落款

属于在会议上通过的意见，应当在标题之下以题注的方式标明通过意见的会议名称或具体日期。不属于在会议上通过的意见，则按照公文落款的方式来处理，即在正文右下方标写发文机关名称并加盖印章，下面用阿拉伯数字写明成文日期。

3. 正文

意见的正文大多篇幅较长，所以应特别注意层次分明。一般分导语、主体和结尾三部分。

意见的导语应讲明制发意见的缘由、政策依据及其发文意义，这部分应简明扼要。

意见的主体是文件的中心内容，要采用分条列项的方式，表明对有关问题的态度和处理意见，也可以拟制相应的小标题，统领各部分内容。

意见的结尾一般提出实施要求或强调重要性，提出希望，等等。

（三）例文展示与评析

【例文 8　指示性意见】

中共中央 国务院关于实施乡村振兴战略的意见

（2018 年 1 月 2 日）

实施乡村振兴战略，是党的十九大作出的重大决策部署，是决胜全面建成小康社会、全面建设社会主义现代化国家的重大历史任务，是新时代“三农”工作的总抓手。现就实施乡村振兴战略提出如下意见。

一、新时代实施乡村振兴战略的重大意义

（略）

二、实施乡村振兴战略的总体要求

（一）指导思想。（略）

（二）目标任务。（略）

（三）基本原则

——坚持党管农村工作。（略）

——坚持农业农村优先发展。（略）

——坚持农民主体地位。（略）

——坚持乡村全面振兴。（略）

——坚持城乡融合发展。（略）

——坚持人与自然和谐共生。（略）

——坚持因地制宜、循序渐进。（略）

三、提升农业发展质量，培育乡村发展新动能

乡村振兴，产业兴旺是重点。必须坚持质量兴农、绿色兴农，以农业供给侧结构性改革为主线，加快构建现代农业产业体系、生产体系、经营体系，提高农业创新力、竞争力和全要素生产率，加快实现由农业大国向农业强国转变。

（一）夯实农业生产能力基础。（略）

（二）实施质量兴农战略。（略）

（三）构建农村一二三产业融合发展体系。（略）

（四）构建农业对外开放新格局。（略）

（五）促进小农户和现代农业发展有机衔接。（略）

四、推进乡村绿色发展，打造人与自然和谐共生发展新格局

乡村振兴，生态宜居是关键。良好生态环境是农村最大优势和宝贵财富。必须尊重自然、顺应自然、保护自然，推动乡村自然资本加快增值，实现百姓富、生态美的统一。

（一）统筹山水林田湖草系统治理。（略）

（二）加强农村突出环境问题综合治理。（略）

（三）建立市场化多元化生态补偿机制。（略）

（四）增加农业生态产品和服务供给。（略）

五、繁荣兴盛农村文化，焕发乡风文明新气象

乡村振兴，乡风文明是保障。必须坚持物质文明和精神文明一起抓，提升农民精神风貌，培育文明乡风、良好家风、淳朴民风，不断提高乡村社会文明程度。

（一）加强农村思想道德建设。（略）

（二）传承发展提升农村优秀传统文化。（略）

（三）加强农村公共文化建设。（略）

（四）开展移风易俗行动。（略）

六、加强农村基层基础工作，构建乡村治理新体系

（略）

七、提高农村民生保障水平，塑造美丽乡村新风貌

（略）

八、打好精准脱贫攻坚战，增强贫困群众获得感

（略）

九、推进体制机制创新，强化乡村振兴制度性供给

（略）

十、汇聚全社会力量，强化乡村振兴人才支撑

（略）

十一、开拓投融资渠道，强化乡村振兴投入保障

（略）

十二、坚持和完善党对“三农”工作的领导

（略）

让我们更加紧密地团结在以习近平同志为核心的党中央周围，高举中国特色社会主义伟大旗帜，以习近平新时代中国特色社会主义思想为指导，迎难而上、埋头苦干、开拓进取，为决胜全面建成小康社会、夺取新时代中国特色社会主义伟大胜利作出新的贡献！

（新华社北京 2018 年 2 月 4 日电）

【例文 8 评析】

上文是党中央、国务院为贯彻落实十九大战略部署，完成全面建成小康社会、全面建设社会主义现代化国家的重大历史任务，切实推进新时代“三农”工作而制发的重要指示性意见。

全文开头以简明扼要的语言，说明了实施乡村振兴战略的重要价值。

主体部分被划分为十二个部分，阐述了实施乡村振兴战略指示意见的重要内容。其中第一、第二两个部分，阐述了实施乡村振兴战略的重大意义与总体要求，属于总述。第三至第十二部分，属于分述，分别展开说明了实施乡村振兴战略的具体指示内容。内容系统全面，表述清晰明确。每个部分下面，再分为总起段、分述段两个层次细化说明。总起段起到了概括和引领作用；分述段都采用了“段旨撮要”的表述形式，起到了细化和展开作用，具有段旨突出、思想鲜明、便于领会和把握的特点。

结尾部分采用了号召式表述方式。

总之，全文通篇主题突出，结构完整，层次分明，表达准确、规范、严谨、流畅。尤其在总体架构方面，对于起草指示性意见，具有重要参考价值。

二、怎样撰写通知

（一）知识要点

1. 通知的基本功能

用来批转下级机关的公文，转发上级机关和不相隶属机关的公文，传达要求下级机关办理和需要有关单位周知或者执行的事项，任免人员等。

2. 通知的种类划分

根据内容及其功能，通知可以分为以下几种：

（1）规定性通知；

（2）指示性通知；

（3）事务性通知；

（4）知照性通知；

（5）批转、转发、发布性通知。

3. 通知的基本特征

（1）适用广泛。各级各类机关、单位及社会团体都可以使用；从公文内容来说，既可以传达上级的指示意见，批准和发布行政法规，也可以部署重要工作任务，告知重要公务信息；从行文关系来说，用于下行文和平行文均可。

（2）主题单纯。通知具有主题单一的特点，恪守一文一事的原则，一个通知只涉及一件工作、一个问题、一项公务活动。

（3）表述灵活。根据通知内容的繁简程度，表述形式既可以多层多段，也可以篇段合一，没有固定不变的表述形式。

（4）时效明显。凡是下达通知，收文单位都要在一定时间范围内执行和办理，因此正文中通常包括时间要素。

（5）操作性强。通知要具体说明执行要点和要求，这些要点和要求必须具体明白而不能含糊其词，收文机关按照通知要求去做，即可完成任务。

（二）写作方法

1. 标题写法

通知的标题要准确标明事由部分，以便收文机关准确理解、执行和办理。涉及紧急事项的，可以在标题中写明“关于……的紧急通知”。凡属于批转、转发、发布文件的通知，标题中应写明“批转”“转发”“发布”等字样。被批转、转发、发布的公文属于规章类文件，应在原标题外加书名号，标题中不用标点符号。内部会议通知、聘任通知等可以省略发文机关名称或事由部分。

标题举例：

- 《××市人民政府关于召开全市民政工作会议的通知》
- 《中共中央办公厅国务院办公厅关于印发〈党政机关公文处理工作条例〉的通知》
- 《国务院办公厅转发财政部等部门关于推动我国动漫产业发展若干意见的通知》
- 《会议通知》

2. 主送机关写法

主送机关在标题之下、正文之上的左侧顶格标明。下发普发性通知，应概括标明下级机关名称，如“各区、县人民政府，市属各委、办、局，各直属机构”；针对某个单位行文，则要具体标写单位名称。

3. 正文构成

概括来说，内容简单、篇幅简短的通知，采用篇段合一的方式；内容复杂而重要的通知，通常篇幅较长，适宜采用分层表达的方式，即将正文分为导语、主体和结尾三个部分，主体部分逐层表达。

4. 附件和附件说明

有些通知需要补充说明和有参考作用的附件，应在正文之下标注附件名称和份数，以免漏阅。

5. 落款部分

准确标明发文机关名称、规范用印和标写成文日期。

（三）例文展示与评析

1. 规定性通知

用于针对某些工作或行为出台明确规范，要求人们遵照执行。与指示性通知相比，它侧重于强调应当做什么和怎样做。

【例文 9 规定性通知】

国务院关于开展第四次全国经济普查的通知

国发〔2017〕53 号

各省、自治区、直辖市人民政府，国务院各部委、各直属机构：

根据《全国经济普查条例》的规定，国务院决定于 2018 年开展第四次全国经济普查。现将有关事项通知如下：

一、普查目的和意义

全面调查我国第二产业和第三产业的发展规模、布局和效益，了解产业组织、产业结构、产业技术、产业形态的现状以及各生产要素的构成，摸清全部法人单位资产负债状况和新兴产业发展情况，进一步查实各类单位的基本情况和主要产品产量、服务活动，全面准确反映供给侧结构性改革、新动能培育壮大、经济结构优化升级等方面的新进展。通过普查，完善覆盖国民经济各行业的基本单位名录库以及部门共建共享、持续维护更新的机制，进一步夯实统计基础，推进国民经济核算改革，推动加快构建现代统计调查体系，为加强和改善宏观调控、深化供给侧结构性改革、科学制定中长期发展规划、推进国家治理体系和治理能力现代化提供科学准确的统计信息支持。

二、普查对象和范围

第四次全国经济普查的对象是在我国境内从事第二产业和第三产业的全部法人单位、产业活动单位和个体经营户。具体范围包括：采矿业，制造业，电力、热力、燃气及水生产和供应业，建筑业，批发和零售业，交通运输、仓储和邮政业，住宿和餐饮业，信息传输、软件和信息技术服务业，金融业，房地产业，租赁和商务服务业，科学研究和技术服务业，水利、环境和公共设施管理业，居民服务、修理和其他服务业，教育，卫生和社会工作，文化、体育和娱乐业，公共管理、社会保障和社会组织等。

三、普查内容和时间

普查的主要内容包括普查对象的基本情况、组织结构、人员工资、生产能力、财务状况、生产经营和服务活动、能源消费、研发活动、信息化建设和电子商务交易情况等。

普查标准时点为2018年12月31日，普查时期资料为2018年年度资料。

四、普查组织和实施

第四次全国经济普查是一项重大的国情国力调查。各地区、各部门要全面贯彻落实党的十九大精神，以习近平新时代中国特色社会主义思想为指导，统筹推进“五位一体”总体布局和协调推进“四个全面”战略布局，牢固树立和贯彻落实新发展理念，按照“全国统一领导、部门分工协作、地方分级负责、各方共同参与”的原则，统筹协调，优化方式，突出重点，创新手段，认真做好普查的宣传动员和组织实施工作。

为加强对普查工作的组织和领导，国务院成立第四次全国经济普查领导小组，负责普查组织和实施中重大问题的研究和决策。普查领导小组由国务院领导同志任组长，成员单位包括国务院办公厅、国家统计局、国家发展改革委、中央宣传部、中央编办、中央综治办、民政部、财政部、税务总局、工商总局和质检总局等部门（组成人员名单另发）。普查领导小组办公室设在国家统计局，负责普查的具体组织实施和协调。涉及普查经费方面的事项，由财政部负责和协调；涉及固定资产投资保障方面的事项，由国家发展改革委负责和协调；涉及企业和个体工商户名录方面的事项，由工商总局、税务总局负责和协调；涉及机关和事业单位名录方面的事项，由中央编办负责和协调；涉及社团、基金会、民办非企业单位及基层自治组织名录方面的事项，由民政部负责和协调；涉及统一社会信用代码方面的事项，由国家发展改革委负责和协调，其中数据管理和信息共享事项由质检总局负责和协调；涉及城乡社区网格化服务管理工作和社会治安综合治理信息系统的事项，由中央综治办协调。国务院其他有关部门，也要按照各自职能，各负其责、通力协作、密切配合、信息共享。掌握普查对象有关普查资料的各级部门要及时准确提供部门的行政记录和数据信息。银行、证券、保险、铁路等部门和单位及有关方面，要按照普查方案统一要求，负责组织开展本系统的普查工作。

地方各级人民政府要设立相应的普查领导小组及其办公室，加强领导，认真组织好本地区的普查实施工作，及时采取措施解决普查工作中遇到的困难和问题。……

五、普查经费保障

第四次全国经济普查所需经费，由中央和地方各级人民政府共同负担，并列入相应年度的财政预算，按时拨付、确保到位。

六、普查工作要求

坚持依法普查。所有普查工作人员和普查对象必须严格按照《中华人民共和国统计法》、《中华人民共和国统计法实施条例》和《全国经济普查条例》的规定，按时、如实地填报普查表。任何单位和个人不得虚报、瞒报、拒报、迟报，不得伪造、篡改普查数据。普查取得的单位和个人资料，严格限定用于普查目的，不作为任何单位对普查对象实施处罚的依据。各级普查机构及其工作人员，对在普查中所知悉的国家秘密和普查对象的商业秘密，必须履行保密义务。

确保数据质量。（略）

加强规范统一。（略）

提升信息化水平。（略）

注重宣传引导。（略）

国务院

2017 年 12 月 4 日

【例文 9 评析】

规定性通知承载了领导机关的重要工作意图。撰写这种通知要写清发文目的、依据或意义，有时需要交代行文背景，以增强文件的针对性。

上文是针对开展第四次全国经济普查工作下达的规定性通知。导语干脆利落，在直接交代行文根据后，亮出全文主题。

该文主体部分采用递进式逻辑结构，分三个层次安排。第一部分简要说明了普查目的和意义，这是通知的第一个逻辑层次，向读者说明了为什么要普查；第二、三部分明确指出了普查对象和范围、普查内容和时间，这是通知的第二个逻辑层次，旨在向读者说明普查什么；第四、五、六部分提出了普查的组织和实施、普查经费保障、普查工作要求，这是通知的第三个逻辑层次，说明了怎样普查的问题。其中，对普查工作要求的表达，采用了“段旨撮要”的表述方法，将四项内容用提炼段旨的手法表述，便于理解和执行。概括而言，全文的逻辑脉络，是通过“为什么要普查—普查什么—怎样普查”这样三个环节体现出来的。写作者的思维模式清晰可见。

此文没有明显的结尾，实际上可以称之为“意尽言止”的结尾方法。在主体内容已将相关要求说明清楚的情况下，可以不再安排一个形式上的结尾。

总的来看，此文在规定内容方面，写得非常明确；在语言表达方面，用语准确，言简意赅，逻辑严密，表意肯定；在逻辑结构方面，严谨严密，无懈可击。这是一则很值得学习的规定性通知。

2. 指示性通知

用于传达重要指示精神，部署下一阶段的工作任务以及要求下级机关执行的事项，注重从原则性问题、思想认识层面以及今后一段时期的工作做出方向性指示，给人以启发，指导作用明显。

3. 事务性通知

用于办理具体的、临时性工作事项。

【例文 10 事务性通知】

××物业管理公司

关于做好防汛防风安全检查工作的紧急通知

各项目处：

根据市气象台发布的暴雨预警，为了落实区安委会及住宅中心的紧急部署，现将做好防汛防风安全检查工作的有关事项通知如下：

一、各项目处必须加强领导和组织协调，按照安全管理规程，把安全检查工作落到实处；必须加强宣传教育，提高安全意识，明确岗位责任；必须确保每天24小时值班，值班表务必于8月14日前上报总经理办公室。

二、认真检查屋顶防水，雨漏、地漏排水系统，防止地下室及地下车库进水，保证排水通畅，要制定地下室人员转移预案。

三、认真检查高层楼房避雷防护设施，对楼顶和墙面安装的广告牌要进行牢固性排查，避免发生安全责任事故。

四、认真检查小区内的架空电缆，遇有问题及时处理；避免大风刮断电线，影响住户生活。

五、（略）

六、（略）

××物业管理公司（印章）

20××年8月10日

【例文10评析】

事务性通知主要用来告知需要办理的一般性的具体事项，使用非常普遍，除上述临时布置任务或检查任务完成情况外，还有如成立或撤销机构、启用或停用印章、办公地点迁移、节假日放假安排等事项。上述事务性通知，导语交代了具体的行文根据，然后明确指出了行文目的，最后说明了公文主题，主题内容采用了务虚在前、务实在后的表达顺序。务虚部分主要交代了思想认识方面应当注意的问题，务实部分具体说明了需要检查的具体部位。总体来看，通知的内容考虑周密、语言表达简洁、发文及时迅速，能确保要告知的信息准确无误。此文可以作为事务性通知的范例学习和借鉴。

4. 知照性通知

用于要求有关单位周知或告知一般事项以及沟通公务信息等。如要求下级机关报送文件、节假日安排、召开会议、调整机构、变更电话号码、办公地点迁移、启用或停用印章等，都要制发通知，告知有关单位和相关人员。

【例文11　知照性通知】

××县人民政府办公室
关于撤销××县垃圾处理厂项目建设指挥部的通知

×政办发〔2017〕25号

各乡人民政府，县政府各委办局、各直属机构：

我县××垃圾处理厂建设项目经过4个月的紧张施工，现已全面竣工并投入试运行，该项目建设指挥部的任务已经完成。经县长办公会研究，决定撤销××县垃圾处理厂项目建设指挥部。原指挥部的办公用房交付垃圾处理厂使用，项目建设过程中的档案资料全部由该厂接收，试运行期间及今后有关项目建设方面的未尽事宜由该厂负责，为项目建设所抽调的人员一律回原单位工作。

特此通知。

××县人民政府（印章）
2017 年 6 月 10 日

【例文 11 评析】

制发知照性通知，旨在将一些重要的新情况及时告知相关单位和人员，文件并不要求收文单位干什么具体的事情。可以采取分层表达或篇段合一两种篇章形式。拟写这类通知的关键是，要做到内容考虑周密、语言表达简洁、发文及时迅速，确保告知的信息准确无误，以便收文单位和读者了解周知，或便于日后沟通联络。以上这篇知照性通知可以作为范例学习和借鉴。

5. 批转性通知

批转性通知是上级机关对下级机关发文审批之后的一种转发行为。之所以被称为批转性通知，是因为其具有批准该文生效和指示如何执行的性质。批转性通知有两种表述形式。一种是针对被批转文件的郑重表态式通知，另一种是针对被批转文件随文下达有关指示意见的阐发式通知。

【例文 12 表态式批转性通知】

国务院批转国家发展改革委关于 2017 年
深化经济体制改革重点工作意见的通知

国发〔2017〕27 号

各省、自治区、直辖市人民政府，国务院各部委、各直属机构：

国务院同意国家发展改革委《关于 2017 年深化经济体制改革重点工作的意见》，现转发给你们，请认真贯彻执行。

国务院
2017 年 4 月 13 日

【例文 12 评析】

这是一例批转性通知，用于批转下级机关的公文。批转性通知有两种不同的表述方式：

（1）表态式。使用极为简短的语言，对所批转的公文表明态度，要求收文机关贯彻执行。表态用语多为“同意……”“批准……”等。

（2）阐发式。对所批转的公文不仅仅停留在表明态度上，而是针对有关内容进一步阐述指示性意见，说明此项工作的意义、执行重点与注意事项等，旨在强调所批转公文的指导作用。阐发式批转性通知可以参照阐发式转发性通知即例文 14 的写法。

拟写批转性通知有两个步骤。

首先，根据被批转公文的情况，酌情写好批语部分。

其次，对被批转公文（请示、意见等）做一些技术性处理，去除其眉首、公章、版记等独立行文标志，因为它已成为批转性通知的组成部分，不再是独立行文了。

批转性通知的格式相对固定，关键在于语言准确、精练，语气肯定无疑。

6. 转发性通知

用于转发上级机关和不相隶属机关的公文。

【例文 13 表态式转发性通知】

国务院办公厅关于转发文化部等部门
中国传统工艺振兴计划的通知

国办发〔2017〕25 号

各省、自治区、直辖市人民政府，国务院各部委、各直属机构：

文化部、工业和信息化部、财政部《中国传统工艺振兴计划》已经国务院同意，现转发给你们，请结合实际，认真贯彻执行。

国务院办公厅

2017 年 3 月 12 日

【例文 14 阐发式转发性通知】

国务院办公厅关于转发国家发展改革委
营造良好市场环境推动交通物流融合发展实施方案的通知

国办发〔2016〕43 号

各省、自治区、直辖市人民政府，国务院各部委、各直属机构：

国家发展改革委《营造良好市场环境推动交通物流融合发展实施方案》已经国务院同意，现转发给你们，请认真贯彻执行。

各地区、各有关部门要充分认识推动交通物流融合发展的重要意义，制定完善配套政策措施，加强政策协同和监管协调，形成工作合力。各省级人民政府要加强组织领导，完善协调机制，结合本地实际抓紧制定具体方案，切实落实各项工作任务，及时研究解决实施过程中出现的新情况、新问题。国家发展改革委要会同有关部门对本实施方案的落实情况进行跟踪分析和监督检查，认真总结和推广经验，重大事项及时向国务院报告。

国务院办公厅

2016 年 6 月 10 日

【例文 13、例文 14 评析】

以上是两例转发性通知，用于转发上级机关、同级机关和不相隶属机关的公文。这种通知由转发语和被转发公文组成，撰写方法与批转性通知基本相同。由于转发性通知比批转性通知应用范围要广泛，因此它比批转性通知应用更多一些。

转发性通知的转发语有两种写法：

（1）表态式。对所转发的公文表明态度或说明情况，明确提出执行要求。

（2）阐发式。对所转发的公文在表明态度、提出执行要求后，既可以指出此项工作的重大意义、工作措施和方法，也可以结合本单位或本系统的实际情况做些补充说明。

三、怎样撰写批复

（一）知识要点

1. 批复的用途和特点

批复是上级机关答复下级机关请示事项时所用的文种。请示在先，批复随后，是批复产生的主要背景。

批复有以下特点：

（1）指示性。批复属于一种下行文种。批复的内容，反映了领导机关的指示性、决策性意见，具有较强的约束力，下级机关必须遵照执行。

（2）针对性。批复是领导机关专门针对下级机关请示事项而写作的，是对请示所做的回复性文件。领导机关既可以肯定下级机关的请示事项，亦可以否定下级机关的请示事项，但是，必须紧紧围绕请示事项行文。

（3）结论性。一般而言，批复具有“一锤定音”的性质，批复的内容相当于对下级请示事项的最终结论性意见。因此，它只发给提出请求的单位，不像其他公文那样有着较广泛的适用范围。当答复的问题具有普遍性，或批复事项涉及其他许多单位时，就要用通知形式批转有关单位。

（4）简明性。批复的行文简明扼要，用语精练简洁，语气肯定。

2. 批复的类型

（1）按照批复内容的表达方式，可分为表态式批复、阐发式批复两种类型。

- 表态式批复，内容比较简单，只是针对请示事项表明同意或不同意的态度。
- 阐发式批复，通常针对新生事物或重大而有长远影响的事项，在明确表态的基础上，进一步阐发政策性、指示性意见，指导下级机关处理好有关问题。

（2）按照批复内容的性质，可分为肯定性批复、否定性批复、解答性批复三种类型。

- 肯定性批复，即同意下级机关请示事项的批复。
- 否定性批复，即不同意下级机关请示事项的批复。
- 解答性批复，即针对下级机关请示中所询问的有关事项，给予明确解答的批复。

批复与批转性通知的区别和联系体现在以下几点：

- 批复与批转性通知，都是上级机关针对下级来文所做出的答复和处理。
- 批复是针对请示事项的行文，只下达给提出请示的机关；批转性通知则针对请示事项，下达给所有需要执行的下级机关。

● 从内容性质上看，批复既可以是肯定性意见，也可以是否定性意见。批转性通知则是在同意请示事项的前提下制发的，均属于肯定性意见。

（二）写作方法

1. 标题写法

批复的标题与其他文种的标题有所区别。具体写法有以下两种：

（1）发文机关＋请示事项＋文种。例如《国务院关于"十三五"国家政务信息化工程建设规划的批复》，标题中"'十三五'国家政务信息化工程建设规划"是原请示事项。

（2）发文机关＋表态词＋请示事项＋文种。例如《国务院关于同意设立南京江北新区的批复》。

要注意，在起草肯定性批复时，标题中应使用"同意"这个表态词；如果批复的内容是不同意下级请示事项，那么标题中不宜标明"不同意"字样，而需在正文中阐述不同意的理由。

2. 主送机关写法

写明批复所针对的请示单位的具体名称。

3. 正文写法

正文是批复的核心部分，其写法应视批复的实际情况而定，但是有基本固定的格式可以借鉴。一般来说，批复的正文要分为三个部分。

（1）引据部分。即正文的开头，往往只用一句话说明应什么机关的什么请示而批复。通常引用下级机关请示的来文日期、文号和标题，比如："你局 2018 年 10 月 28 日《关于加强和完善军队转业干部培训工作的请示》（×人发〔2018〕32 号）收悉。"这是为了增强批复的针对性。

（2）批复意见。即写清批复的主体内容，要针对请示事项明确表态，予以答复。一般用转接语"经研究，现批复如下："引出批复意见，也可以直接写"经研究，同意……"写明批复的事项是什么，通常针对请示事项逐项说明。针对性要强，开门见山，态度要明朗，观点要鲜明，所提意见、做法要切实可行，符合党和国家的政策法规。属于否定性批复的，也要答复。批复的意见不能无的放矢，含糊其词，似是而非，使下级难以理解，无所适从。

（3）批复结语。既可以用"特此批复"结束全文，也可以写明希望或要求，如"请遵照执行"等。有的批复没有结语，把批复事项或问题说完即可。

4. 发文机关署名

即在正文的落款处标明发文机关名称并加盖发文机关印章。

5. 日期

即在落款处用阿拉伯数字写明发文的年、月、日。

（三）例文展示与评析

1. 表态式批复

用于针对下级机关的请示表明肯定性意见。

【例文 15　表态式批复】

××集团公司关于同意组建程家坝抽水蓄能电站项目部的批复

×电建〔2017〕51 号

××建设有限公司：

你公司《关于组建程家坝抽水蓄能电站项目部的请示》（×建〔2017〕16 号）收悉。经研究，同意你公司组建程家坝抽水蓄能电站项目部。部门设置与人员编制由你们根据实际情况确定。

特此批复。

××集团公司（印章）

2017 年 4 月 24 日

【例文 15 评析】

表态式批复的核心内容，是对下级请示事项明确表态，表明“同意（或批准）……”即可。它主要用于肯定性批复。

上述表态性批复，从标题的事由部分到正文主体内容，突出了同意组建程家坝抽水蓄能电站项目部的主题，语言肯定，态度明朗。由于批复事宜得到了圆满解决，因此正文就不需要再多用笔墨了。

2. 阐发式批复

用于针对下级机关请示事项在表示同意的基础上，进一步阐述指导性意见。

【例文 16　阐发式批复】

国务院关于关中平原城市群发展规划的批复

国函〔2018〕6 号

陕西、山西、甘肃省人民政府，国家发展改革委、住房城乡建设部：

国家发展改革委《关于报送关中平原城市群发展规划（送审稿）的请示》（发改规划〔2017〕2033 号）收悉。现批复如下：

一、原则同意《关中平原城市群发展规划》（以下简称《规划》），请认真组织实施。

二、《规划》实施要全面贯彻党的十九大精神，以习近平新时代中国特色社会主义思想为指导，统筹推进“五位一体”总体布局和协调推进“四个全面”战略布局，坚持以人民为中心的发展思想，牢固树立和贯彻落实新发展理念，以供给侧结构性改革为主线，加快培育发展新动能，拓展发展新空间，以建设具有国际影响力的国家级城市群为目标，以深度融入“一带一路”建设为统领，以创新驱动发展、军民融合发展为动力，以延续中华文脉、体现中国元素的风貌塑造为特色，加快高端要素和现代产业集聚发展，提升人口和经济集聚水平，打造内陆改革开放新高地，充分发挥关中平原城市群对西北地区发展的核心引领作用和我国向西开放的战略支撑作用。

三、陕西、山西、甘肃省人民政府要切实加强组织领导，健全协作机制，明确责任分工，制定实施方案，做好与相关专项规划的衔接，确保各项目标任务落到实处。《规划》实施中涉及的重大事项、重大政策和重大项目按规定程序报批。

四、国务院有关部门要按照职能分工，研究制定支持关中平原城市群发展的具体政策措施，在有关规划编制、体制创新、重大项目建设、优化行政区划设置等方面给予积极支持。国家发展改革委、住房城乡建设部要做好协调指导，加强对《规划》实施情况的跟踪分析，适时组织开展《规划》实施情况督查评估，研究新情况，总结新经验，解决新问题。重大问题及时向国务院报告。

国务院

2018年1月9日

【例文16评析】

这是一篇阐发式批复。其行文重点是对下级请示事项阐明指示性意见。

阐发式批复的行文，首先要对请示事项表态，即“同意（或批准）……”。然后，提出进一步指示意见：下级遵循什么指导思想或基本原则，如何落实请示事项，重点抓住哪些关键问题，相关各方如何尽职履责，等等。例如，批复意见的第二条明确提出：“以延续中华文脉、体现中国元素的风貌塑造为特色，加快高端要素和现代产业集聚发展，提升人口和经济集聚水平，打造内陆改革开放新高地，充分发挥关中平原城市群对西北地区发展的核心引领作用和我国向西开放的战略支撑作用。”这样的指导意见，非常适合作为中华文明摇篮的关中地区的区位特色，对关中平原城市群的发展建设具有重大指导意义。

拟写阐发式批复，要特别慎重，注意针对性、指导性、可行性，切实发挥批复一锤定音的作用。

3. 否定性批复

用于针对下级机关请示事项表明否定性意见。

第四节　请示、报告、议案

一、怎样撰写请示

（一）知识要点

1. 请示的用途与应用范围

根据《党政机关公文处理工作条例》的规定，请示“适用于向上级机关请求指示、批准”。具体应用范围如下：

（1）对有关政策、规定、决定等有不理解之处，或执行过程中需要变通处理时，需请求上级机关予以解释、指示与认可。

（2）请求审批本机关制定的重要规章、重大决策等。

（3）请求批准人员编制、机构设置、干部任免、领导班子组成与调整、经费预算以及重要人员或事故的处理事宜。

（4）请求协调、解决本机关无法解决的困难或问题。

（5）根据规定必须履行审批手续的事项。

总之，被列入请示的事项，应确属本机关无法解决的困难与问题。下级机关既要积极争取上级机关的领导与指导，也要尽职尽责，努力办好职责范围内的事情。

2. 请示的类型

按照用途和目的划分，请示有以下两种类型。

（1）请求指示类请示。

（2）请求批准类请示。

（二）写作方法

请示需要具备标题、主送机关、正文、生效标识、发文时间等格式要素。此外，请示在眉首部分要标明签发人，在附注处应注明联系人姓名和联系电话。

1. 标题写法

请示的标题一般包括三要素，即发文机关名称＋事由＋文种。事由部分应简明，避免产生歧义；按照规范使用文种，勿将“请示”写成“请求”或“申请”，也不能写成“报告”或“请示报告”。

标题举例：

- 《××街道办事处关于更换全民健身活动器械的请示》
- 《××大学关于成立国际文化交流中心的请示》
- 《××公司人力资源部关于举办公文写作培训班的请示》

2. 主送机关写法

请示一般主送直接上级机关。受双重领导的单位向上级请示，应在主送一个负责答复的上级机关的同时，抄送另一个需要了解情况的上级机关。

单位内部的行文，可以标写主管领导姓名，视同主管部门。

3. 正文写法

请示的正文，一般分为以下三个部分：

（1）导语部分。说明请示原因，主要包括行文依据和目的，必要时说明请示的背景。在讲清原因后，常用“为此，特请示如下”或“现将……事项请示如下”等，引出主体内容。

（2）主体部分。说明请示什么事项，并提出解决问题的初步方案、具体建议或意见，供上级机关定夺。提倡积极帮助上级机关出谋划策，不能消极地上交矛盾。

（3）行文要求。通常以“以上意见当否，请批示”“以上请示如无不当，请批准”“特此请示，请予审批”“以上请示如无不当，请批转……单位执行”等结语，表达行文要求。

4. 公文生效标识

即在公文正文下方标明发文机关名称并加盖发文机关印章。

5. 发文时间写法

在生效标识下面用阿拉伯数字标明发文的年、月、日。

（三）例文展示与评析

1. 请求指示类请示

旨在解决“我们请求怎样做”的问题，即针对没有法律政策根据，或没有先例可以遵循的事项，请求上级给予明确指示。行文重点是将工作中遇到的特殊情况和问题讲清楚，以便上级了解全面情况，做出正确判断。

【例文 17　请求指示类请示】

××市人民政府关于承办××××年春季
全国糖酒商品交易会有关问题的请示

××省人民政府：

根据××部通知，××××年春季全国糖酒商品交易会将于 3 月下旬在我市举行，并委托我市承办有关会务工作。为使这次交易会达到预期目的，并取得圆满成功，现将有关问题请示如下：

一、成立全国糖酒商品交易会领导小组。大会筹备及大会期间的有关重大事项，由领导小组负责组织协调。领导小组下设全国糖酒商品交易会办公室，负责日常具体工作。

二、会务接待工作由全国糖酒商品交易会办公室牵头，市工商局、市糖酒公司、市糕点公司共同承办。请省级各有关部门大力支持、指导。

三、交易会期间，有接待任务的各宾馆、饭店、招待所及大会交易场，应接受会务办公室的统一安排，遵守物业管理规定，执行交易秩序管理的通告，做好与会人员的住宿和交易场地的安排、管理工作。

四、交易会期间，公安、交通部门要切实加强社会治安和市内交通管理，保证与会人员的人身、财产安全；铁路、航空、航运部门要尽力做好代表的返程中转和货物运输工作；城市供水、供电、供气部门要认真做好水、电、气的供应，切实保证交易会需要；工商、市容、卫生管理部门要积极支持配合，保证交易会的顺利进行。

五、交易会期间，场内广告业务由大会统一办理，场外广告悬挂时间由大会统一安排。

六、预计本届交易会将有5万余人要由大会统一安排接待，在此期间，请各市、地、州和省级各部门尽量不在我市安排会议。

特此请示，请予审批。

附件：全国糖酒商品交易会会务领导小组名单（略）

××市人民政府（印章）
××××年×月××日

【例文17评析】

这是一篇中规中矩的请示。正文开头部分对行文背景的交代言简意赅，行文目的明确，一看便知。文件标题精准严谨，经得住仔细推敲；主题鲜明突出，始终围绕中心；内容排布合理，即与承办商品交易会有关的需要省政府审批的事项，涉及会议的组织领导、接待服务、安全保卫、后勤保障、广告宣传等方方面面，考虑得周密、完善、实在、稳妥，具有可行性和可操作性，体现了务实细致的工作作风。主体内容采用条目形式表达，简洁清晰。最后提出审批请求，要求明确。从通篇逻辑来看，行文过程体现了“为什么请示—请示什么问题—如何解决问题—请上级回复—是否安排附件”这样一个完整的思维线索，构思合理而流畅。

总体看来，此文内容完备，布局合理，表达得体，格式规范，语言简明，是一篇上好范文。

2. 请求批准类请示

旨在解决“我们请求这样做”的问题。即在机构设置、人员编制、领导班子调整、财务预算、重要事件或重要人物的处理、改革事宜等问题上，请上级机关进行审核批准。行文重点是将本单位解决问题的建议或方案给予全面说明，必要时采用附件形式，提供有关材料，以便上级机关了解情况或审核批准。

【例文18 请求批准类请示】

××院人力资源部关于采购办公设备的请示

××副院长：

我部的办公设备购于2011年。随着计算机技术的迅猛发展，硬件、软件更新速度越来越快，现有的12台计算机已陈旧老化，难以满足新型软件的运行要求，严重影响了日常办公效率；与之配套的6台喷墨打印机也因使用年限过长，故障频繁，急需更新换代。

为改善办公条件，提高工作效率，经研究，拟购置12台新型台式计算机和6台激光打印机。据了解，购置以上设备共需资金约13万元，特请院里拨款予以支持。

以上请示如无不妥，请批准。

附件：拟购办公设备清单（略）

人力资源部（印章）
2018 年 6 月 20 日

【例文 18 评析】

这是某研究院的内部机构人力资源部为采购办公设备向院领导的请示。

第一段以交代现有办公设备老化的事实为行文背景，理由充分，语言符合专业化要求。

第二段重点说明了采购办公设备的种类、数量、经费需求等内容，提出请拨款支持的意见。

第三段即结语的使用，规范得体。

纵观通篇文件，主题明确、内容严密、表达规范流畅，是一篇很不错的请示。

二、怎样撰写报告

（一）知识要点

1. 报告的用途

根据《党政机关公文处理工作条例》的规定，报告适用于向上级机关汇报工作、反映情况，回复上级机关的询问。与其他文种相比，报告是一种典型的下情上达的公文，制发报告，也是接受和服从上级领导的体现。

2. 报告的种类

（1）按照报告的内容划分，有综合报告、专题报告等。

（2）按照报告的目的划分，有工作报告、情况报告、总结报告、答复报告等。

请示与报告都是上行文。但是，从写作角度来说，请示与报告有明显区别。在起草过程中，一定要区分清楚。

● 行文时间不同。请示必须在事前行文，不能“先斩后奏”或擅自处理；报告则在事中和事后行文。

● 行文目的不同。请示旨在请求上级机关给予指示和批准，是为了解决具体问题；报告是为了向上级机关汇报工作、反映情况，是一种陈述性的文件，旨在单向反馈信息，让上级机关了解有关情况。

● 内容要求不同。请示的内容单一，必须执行一文一事的规则；报告的内容可以具有综合性的特点，可以同时反映多方面的情况和问题。

● 处理结果不同。请示要求上级机关给予答复，报告则不需要上级机关行文批复。

（二）写作方法

报告的写作格式基本相同，主要由标题、主送机关、正文、公文生效标识、发文日期五个部分组成。

1. 标题写法

标题一般采用发文机关名称 + 事由 + 文种的形式。定期制发的报告需要标明针对的时间，以示区别。综合报告的标题可以省略介词结构，专题报告的标题要特别注意将事由概括准确。

标题举例：

- 《××县林业局关于2018年春季植树造林的报告》
- 《××公司总经办关于厂区规范化管理检查结果的报告》

2. 主送机关写法

主送机关顶格标写在正文前第一行，通常只能主送一个直接上级机关。

3. 正文写法

报告的正文通常按照三个部分安排为好。

(1) 说明报告的缘由。例如为什么要写报告，是遵照领导的明确要求，还是认为有必要让领导机关了解有关工作情况，或是为了答复上级机关的询问；报告涉及的主要内容、时间空间范围、总体情况如何等。

(2) 陈述报告的主要内容。即反映主要工作进展情况，要突出重点，抓住核心问题，有主要成绩，有基本经验，有存在不足，有改进意见。

(3) 采用结语结束全文。一般使用“特此报告，请审阅”或“特此报告”等。结语不宜用“以上报告如无不妥，请批转……执行”，因为报告与请示不同，如果有请上级批转的要求，那么应当使用“请示”或“意见”。

4. 公文生效标识

在公文落款处标明发文机关名称并加盖发文机关印章。

5. 发文日期写法

按照要求标写发文的年、月、日。

(三)例文展示与评析

1. 工作报告的写作

(1) 开头部分。概述报告涉及工作的基本梗概，包括工作针对的时间、主要任务、工作进程、总体效果等，无须细说，点到为止。

例如《××市人民政府关于工业生产情况的报告》的开头：“今年上半年，我市工业出现了经济效益与发展速度同步增长，经济效益增长高于产值增长的好势头。到6月末，工业总产值完成×××亿元，比去年同期增长55.2%，完成年计划的54.2%。工业企业利润比去年同期增长52.5%，是近10年来实现利润最高的一年。上缴利润和工业税收分别比去年同期增长20.4%和10.1%，利润率逐月上升，流动资金占用减少，产品成本下降，全员劳动生产率显著提高。”这段文字概述了××市上半年工业总产值、工业企业利润、上缴利润、工业税收等方面的增长情况，客观地说明了该市工业经济效益与发展速度同步增长的良好势头。

(2) 主体部分。重点报告工作进展情况和主要成绩，工作中采取的主要措施以及主要经验体会；找出存在的不足或薄弱环节，说明解决问题的办法；提出下一步的工作意见或表明进一步做好工作的愿望。主体部分的叙述要有详有略。

（3）结尾部分。通常使用的结语是“特此报告，请审阅”“如有不当，请指正”等。

【例文 19　工作报告】

××市人民政府关于节能减排工作的报告

××省人民政府：

今年以来，省政府继续将节能减排工作作为保护绿水青山、改善生态环境、提升发展质量的重要抓手，出台了一系列促进节能减排的政策措施。按照省政府节能减排工作的总体要求，通过及时传达、精心部署、强化服务、加强监管等各项措施，我市节能减排工作取得了明显进展，环境质量处于持续改善当中。现将有关工作情况报告如下：

一、节能减排目标任务及完成情况

（一）目标任务

（略）

（二）完成情况

（略）

（三）主要做法

1. 精心部署（略）

…………

6. 加强监管（略）

二、节能减排工作存在的问题

1. 节能减排的自觉意识有待进一步提高（略）

…………

5. 节能减排制度体系有待进一步完善（略）

三、今后工作的主要措施

1. 进一步做好节能减排宣传教育工作（略）

…………

6. 进一步加强节能减排管理队伍建设（略）

以上报告，请审阅。

××市人民政府（印章）

2016 年 12 月 24 日

【例文 19 评析】

这是一份典型的工作报告，中心内容是汇报节能减排工作。

报告的导语部分，简要说明了工作背景、行文根据等，重点强调了工作中采取的主要举措与总体效果，言简意赅，点到为止。

主体部分分为三个方面。重点回顾了节能减排目标完成情况及主要做法，说明了节能减排工作存在的问题，并说明了进一步做好节能减排工作的主要措施。全文思路清楚，条理清晰，结构完整，内容饱满，语言凝练。

稍有遗憾的是，全文第一部分写到“目标任务”“完成情况”后，又安排了“主要做法”部分展开说明，这就犯了内容杂糅的错误。建议将“(三) 主要做法”改为“二、节能减排的主要做法”单独表达，并相应地对文章后面的一级标题序号做适当调整。

2. 答复报告的写作

答复报告有很强的针对性。当上级领导就某些事项询问下级或对某些工作问题的文件给予批示时，就需要使用答复报告给予相应的回复。

【例文 20　答复报告】

××规划建设委员会办公室
关于××县拟建工业开发区的报告

××市人民政府：

根据×××副市长的批示，我们就××县人民政府《关于建立工业开发区的请示》(×政〔××××〕110 号) 中的有关问题，曾转市规划局、规划院研究，今年 1 月 13 日，我们在规划办系统联席会议上再次进行了研究，现将我们的意见报告如下：

一、××县人民政府提出在现状××公路以南（即××县城西南）地区建立工业开发区，与××县城总体规划没有矛盾，可原则同意。

二、现状××公路以南至规划××公路之间可用于工业的用地共 2 平方公里，其中，规划的自来水九厂××至××县段管线巡线路以北地区为 1.2 平方公里。

三、由于现状××公路和规划××公路之间地区是自来水八厂的水源补给区，因此，在选择工业项目时，必须注意保护环境。

四、(略)

特此报告

附件：××县工业区规划图

××规划建设委员会办公室（印章）
××××年 2 月 5 日

【例文 20 评析】

上文具有答复报告的典型特征。开头就简要说明了问题的由来，说明对副市长的批示很重视。交代领导批示之后收文单位采取的举措，可以体现对领导批示的高度重视。在语言表达方面，此文条理清楚，行文简洁。答复报告一般应满足以下要求：

第一，要将答复的缘由说清楚。比如，哪位领导在何时对何问题做了批示或询问了哪些事项，本机关在得知领导批示后有哪些反映情况，要事先说明。

第二，要讲究针对性。围绕询问或批办意见，简要陈述研究处理意见或结果，切不可“顺便说明”或“节外生枝”，与询问无关的问题不要涉及。

三、怎样撰写议案

（一）知识要点

1. 议案的用途与种类

根据《党政机关公文处理工作条例》的规定，议案适用于各级人民政府按照法律程序向同级人民代表大会或人民代表大会常务委员会提请审议事项。

2. 议案的种类

本部分介绍的议案是人民政府向同级人民代表大会提请审议事项时使用的正式行政公文。按照内容的不同，可以分为重大事项议案、立法议案、批准条约议案等。

中国共产党系统的各级机关不使用议案。

提交议案的主要目的是，提出比较系统、成熟的建议文本，供大会审议并采用，反映人民群众的意愿和要求，督促国家机关依法履行职责。

3. 议案的特点

（1）行文关系的限定性。作为行政公文，议案的发文机关和收文机关具有严格的限定性。只能是人民政府向同级人民代表大会及其常务委员会制发议案。议案类似于平行文。

（2）程序的法定性。议案的提出和受理机关、内容范围、受理程序、提出和处理时限等在法律上均有严格规定，必须遵照执行。

（3）内容的单一性。议案的内容必须遵循“一文一案”的原则，不得将两件或两件以上的事项写进同一议案。

（4）结果的期复性。议案经受理机关认定后，必须给予处理和答复。

（二）写作方法

议案一般由标题、主送机关、正文、发文机关署名、成文日期、附件等几部分组成。

1. 标题

议案的标题必须采取完整机构，即“发文机关名称＋事由＋文种”，如《国务院关于提请审议〈中华人民共和国外商投资企业和外国企业所得税法（草案）〉的议案》。

2. 主送机关

议案的主送机关是与政府同级的人民代表大会及其常务委员会。主送机关要在正文前面顶格写。

3. 正文

议案的正文通常包括立案理由、议案事项和审议请求三部分。

（1）立案理由。阐述提出议案的原因、根据和目的，要充分客观、简洁明了。

（2）议案事项。即议案所提出的请求审议的具体事项，主要包括重大事项案、立法案、选举案、罢免案、预决算案等。一般议案都将提请审议事项以附件形式附在正文之后，以备审议。

（3）审议请求。这是议案的结语部分，一般使用“以上议案，请审议”或“现提请审议”等结语来表述。

4. 发文机关署名

即在公文落款处标明发文机关名称，或标写发文机关首长姓名。

5. 成文日期

即用阿拉伯数字标明发文的年、月、日。

6. 附件

议案正文之下通常注明需要审议的法规草案文本或其他有关文件。

（三）例文展示与评析

【例文 21　人事任免议案】

××区人民政府关于提请任命张××职务的议案

××区人民代表大会常务委员会：

根据《中华人民共和国地方各级人民代表大会和地方各级人民政府组织法》相关规定，提请任命张××为××区教育局局长，任期 4 年。

以上议案，请审议。

区长　　黄××

2018 年 2 月 1 日

【例文 21 评析】

人事任免议案的法律规章依据写得明确，任免事项中涉及的人员姓名、职务、任期等交代得精准，全文简洁明了。

第五节　通报、函

一、怎样撰写通报

（一）知识要点

1. 通报的功能

根据《党政机关公文处理工作条例》规定，通报用于表彰先进、批评错误、传达重要精神或情况。从行文关系看，通报属于下行公文，是进行宣传教育、传达重要情况时常用的公文。党政机关、人民团体、企事业单位、学校、社区都可以使用。

2. 通报的种类

按照内容及其目的，通报可以分为三种类型。

（1）表彰性通报；

（2）批评性通报；

（3）情况通报。

3. 通报的特点

（1）告知广泛。由于通报所涉及的人物或事件具有典型性，旨在进行宣传教育、启发引导或广泛沟通，因此，下发范围较广。

（2）客观真实。通报的内容均是实际工作中已经发生的真实情况，具有事实上的绝对准确性，并非防范性的政治说教。这是起到广泛教育推动作用的基础。

（3）行文及时。通报行文的目的在于尽快把情况传达出去，以引起广泛注意，促进工作，因此特别要求及时迅速行文。

（4）正面引导。无论是表扬先进、批评错误，还是传达重要情况，其目的都在于通过典型可信的人和事，引导人们明辨是非，吸取教训，弘扬正气，树立新风。

（二）写作方法

通报一般由标题、主送机关、正文、生效标识与发文日期组成。

1. 标题写法

通报的标题要突出其所传达的信息，通报事项要概括准确，使人一目了然，特别要准确揭示事实的性质。撰写表彰性通报，常用“表彰……”或“授予……称号”等词语表明发文机关立场。拟写批评性通报，则要使用“擅自……”或“给予……处分”等词语表明态度。

通报的标题有两种形式，即“直述式”和“转述式”。由发文机关直接发出的内容单一的通报，称为“直述式”写法，即直接叙述情况。如《××局关于给予韩××严重警告处分的通报》。另一种是发文机关转发已有成文的通报，称为“转述式”写法，例如《××市人民政府关于××县希望工程捐款使用情况的通报》，所转发的是《××县人民政府关于希望工程捐款使用情况的通报》。所不同的是，转述式通报正文之前需要加写一段按语，以说明相关情况。

通报的事由通常有两种表示方法：其一是以事实为事由，强调的是批评这种错误事实；其二是以表彰或处理方法为事由，侧重于强调表彰方法。

标题举例：

- 《共青团××区委关于授予洪××“优秀共青团员”荣誉称号的通报》
- 《××市人民政府关于表彰曹××见义勇为智擒杀人凶犯的通报》
- 《国务院办公厅关于××省××县红星玻璃钢厂擅自制作和出售国徽的通报》
- 《××大学关于给予环艺系学生张××记过处分的通报》

●《国务院办公厅关于水利专项资金审计情况的通报》

2. 主送机关写法

由于通报发文范围较广，因此主送机关通常采用统称的方法概括标明收文机关名称。

3. 正文构成

正文是通报的核心部分。虽然不同类别的通报具有不同的写法，但它们都建立在客观事实的基础上，其目的都是沟通有关情况，因此，正文的表达离不开这样几个基本部分：介绍情况与叙述事实、评价分析与表明态度、说明对事件的表彰或批评方法及其对收文单位的指导性意见。

4. 生效标识

在落款处标明发文机关名称，并钤盖发文机关印章。

5. 发文日期

用阿拉伯数字标写发文的年、月、日。

（三）例文展示与评析

1. 表彰性通报

主要用于表彰突发事件中的好人好事，如救人、救火、勇斗歹徒、拾金不昧等事迹，也用于确认和公布先进集体、先进个人的表彰结果，介绍先进经验，树立先进典型，旨在宣传先进思想和事迹，鼓励人们学习先进，做好工作。

【例文 22 表彰性通报】

××省化工总公司党委关于授予张××“优秀共产党员”荣誉称号的通报

各分公司党委，总公司党委各部门，各直属机构：

张××同志是××分公司所属天宏化工厂管道维修工人，共产党员。今年 8 月 12 日上午 8 时 30 分，天宏化工厂成品车间后处理工段油气管道突然爆炸起火。正在清理夜间施工现场的张××被爆炸气浪猛烈推倒，头部、右臂和大腿等多处受伤，鲜血直流，鞋子也被甩出很远。在这危急时刻，张××强忍剧痛，迅速爬起，顾不得穿鞋和查看伤势，踩着玻璃碎片，冲入烈火之中，迅速关闭了喷胶阀门、油气分层罐手阀、蒸汽总阀。接着，先后用了十余个干粉灭火器扑救颗粒泵、混胶罐等处的大火，在随后赶来的保安人员韩××的援助下，奋战十余分钟，终将大火扑灭，避免了火势蔓延。

张××同志在车间失火并随时可能发生更大爆炸的危急关头，将个人生死置之度外，果断处理突发事件，为遏制火势蔓延，减少国家财产损失，做出了突出贡献。他的行为体现了为保护国家财产和人民利益，不惜牺牲个人生命的崇高精神品质，谱写了一曲当代共产党人的正气之歌。韩××同志不顾危险，奋力救火，表现了忠于职守、不怕牺牲的精神，不愧为一名称职的保安人员。

为此，总公司党委研究决定：

一、将张××和韩××奋力灭火的英勇事迹通报全公司，予以公开表彰。

二、授予张××“优秀共产党员”荣誉称号，晋升一级工资，并颁发灭火奖金××××元，以资鼓励。

三、为韩××晋升一级工资，并颁发灭火奖金××××元，以资鼓励。

希望各分公司党委、总公司党委各部门、各直属机构组织广大共产党员和干部职工认真学习总公司党委的表彰通报，以张××、韩××的英雄事迹和崇高精神为动力，落实安全生产责任，努力做好本职工作，为化工行业的改革与发展做出更大的贡献。

××省化工总公司党委（印章）

20××年8月20日

【例文22评析】

这是一篇表彰好人好事的通报，其写法具有很好的示范作用。

首先，采用记叙的表达方式，简要叙述了事件经过，写明何人在何时、何地做了何事，结果如何，记叙文的各要素完备清晰，使人一目了然，事件经过部分虽然着墨不多，却写得精彩感人，给人留下了形象生动的印象。

其次，采用议论的表达方式就事论理，紧密结合张××、韩××英勇扑救烈火的事迹，进行恰如其分的评析，语言简要明确。我们看到，文章省略了推理论证的过程，只留下了结论性的意见，即使用论断性的语言，表明了发文机关的鲜明态度。

最后，采用引用说明的方式，转达了总公司党委表彰决定的内容：授予荣誉称号，给予物质奖励，提出希望和要求，号召大家向先进模范学习，进一步突出表明了制发本通报的目的，体现了通报所具有的广泛宣传教育功能。

在撰写通报时应该注意以下几个问题：

第一，撰写表彰性通报与撰写先进事迹的材料要区分开来。

第二，通报所选取的素材多数是突发性的事项，如救人、灭火、勇斗歹徒、拾金不昧等，这应当是通报着重反映的事项，但是不可能天天都遇到，人人都遇到。

第三，先进事迹材料所要表彰的是一贯长期积极工作的先进模范人物，它是供评选先进工作者用的材料，它更应当侧重于写出表彰对象的一贯表现，从平凡中见不平凡。

2. 批评性通报

主要用于批评错误，宣布纪律处分结果等，旨在教育干部和群众引以为戒，防止发生类似错误。

【例文23　批评性通报】

××市人民政府办公厅
关于××有限公司职员酿成重大恶性交通事故的通报

各区、县人民政府，市政府各委、办、局，各总公司，各高等学校：

据市公安交通管理局报告：4月17日晚7时许，××有限公司总经理秘书张×

×（男，36 岁）擅自将本单位新购的“别克”牌轿车开出。当张××以每小时 110 公里的速度自西向东行至××路十字路口时突遇红灯，由于酒后精神恍惚，加之车速过快，来不及采取制动措施，与××出租汽车公司一辆由南向北正常通过路口的“捷达”牌出租车相撞，致使出租车司机和一名女乘客当场死亡，另一名女乘客因伤势过重，经医院抢救无效死亡，张××本人受重伤，“别克”牌轿车严重损坏，“捷达”牌出租车报废。

这起重大恶性交通事故，给国家和人民的生命财产造成重大损失。市人民政府已责成市公安交通管理部门会同有关单位严肃查处，做好善后处理工作。各单位都要从这一重大恶性交通事故中吸取教训，引以为戒。当前，春季旅游已近旺季，全市交通流量加大。为确保我市交通秩序，下大力减少交通事故，市政府要求：

一、各单位接此通报后，要立即向所有持有汽车驾照的人员传达，从中吸取教训，并组织他们联系本单位和本人行车实际，检查车辆隐患，整顿行车纪律，增强法制观念。对有酒后开车行为和经常超速驾驶、抢行的驾驶员，要依法严肃处理。

二、各单位要严格履行交通安全责任追究制度。（略）

三、各单位对干部、职工普遍进行一次交通安全教育。（略）

××市人民政府办公厅（印章）

20××年 4 月 22 日

【例文 23 评析】

上文是针对一起重大恶性交通事故发出的通报，属于一种批评性通报。这种通报通常针对生产、交通、安全、火灾、医疗等方面的重大责任事故而制发，具有重要的警示借鉴作用，以便引起有关单位的重视，防止重蹈覆辙。

这种通报的正文一般分为三个部分。

首先，叙述发生事故的经过，可以用“据调查”或“据××报告”开头，把什么时间、什么地点，发生了什么事故，事故主要经过及其造成的损失情况给予简要叙述。要确保行文有根有据，事实准确，过程清楚，以达到用事实说话的目的。

其次，对事故进行定性分析，找出事故原因，分析特点，或者指出事故的危害及其影响。

最后，具体写明对事故的处理决定，态度要明确，语气要坚决果断。还要提出防止此类事故的措施和要求，引以为戒，关键是要对症下药。

3. 情况通报

主要用于对某些特殊社会动态、人的思想状况以及一定时期或某方面工作进展情况以及重要信息或重大事故处理情况，进行交流沟通，以引起广泛关注，或传达领导机关的指示意图，以便统一认识，统一行动，共同完成任务，同时也为领导决策提供重要情况。

【例文 24　情况通报】

国务院办公厅关于
全国互联网政务服务平台检查情况的通报

国办函〔2017〕115 号

各省、自治区、直辖市人民政府，国务院各部委、各直属机构：

为摸清全国互联网政务服务平台现状，推动提升政务服务质量和实效，切实便利企业群众办事创业，经国务院同意，国务院办公厅近期对全国互联网政务服务平台进行了检查。现将有关情况通报如下：

一、基本情况

本次对 31 个省（区、市）及新疆生产建设兵团的互联网政务服务平台进行了检查，共随机抽查平台 201 个，其中省级平台 30 个、地市级平台 42 个、区县级平台 129 个。除核查各平台功能是否可用外，还抽查了企业设立登记、教师资格认定、排污许可证核发等与企业群众生产生活密切相关的高频服务事项，共计 865 个。

截至 2017 年 8 月底，已有 29 个省（区、市）及新疆生产建设兵团建成一体化互联网政务服务平台，其中 16 个平台实现了省、市、县三级全覆盖。平台功能方面，北京、天津、上海、浙江、山东、广东、海南等地区平台搜索、注册、咨询等功能有效可用的比例在 80%以上；服务事项方面，江苏、浙江、山东、广东、贵州、宁夏等地区平台 80%以上的服务事项规范性、实用性、准确性较好。此外，浙江提出“最多跑一次”、江苏提出“不见面审批”等，对互联网政务服务平台服务实效提出了更高要求。

二、主要问题

各地区互联网政务服务平台加快建设的同时，在信息共享、平台功能、服务信息等方面也出现了一些问题，影响了平台作用的发挥，有的平台甚至办不成事。

（一）办事入口不统一。统一办事入口是方便群众找到和使用互联网政务服务平台的首要条件。但一些地方互联网政务服务平台与政府门户网站“两张皮”，甚至出现同一事项内容不同、标准各异的现象，导致办事平台不好找、企业群众不愿用。抽查发现，26%的互联网政务服务平台未与本级政府门户网站前端整合，不能提供统一服务入口。

（二）政务信息不共享。（略）

（三）事项上网不同步。（略）

（四）平台功能不完善。（略）

（五）服务信息不准确。（略）

三、下一步工作要求

各地区、各部门要按照《国务院关于加快推进“互联网+政务服务”工作的指导意见》（国发〔2016〕55 号）要求，针对目前互联网政务服务平台存在的问题，认真清理整改，不断加强平台建设，提高服务能力，切实让企业群众办事更方便、更快捷。

（一）进一步完善平台功能。从方便企业群众办事角度出发，着力提升平台的实用性。各地区、各有关部门要依托政府门户网站构建权威、便捷的一体化互联网政务服务平台，已经单独建设的平台要尽快实现与政府门户网站的整合，统一办事入口。加快推进信息共享，实现单点登录、一网通办。科学合理设置服务分类，避免出现“有栏目无内容、空架子不实用”等问题。完善平台搜索、咨询等功能，确保公众能够“找得到、问得清”。

（二）准确细致公开办事服务信息。（略）

（三）开展全面自查整改。（略）

附件：全国互联网政务服务平台检查指标（略）

国务院办公厅

2017 年 10 月 6 日

【例文 24 评析】

这是一篇具有示范意义的情况通报，旨在通报全国互联网政务服务平台检查情况。导语部分概括说明了通报的目的和主题。主体部分划分为基本情况、主要问题和下一步工作要求三个部分，其中下一步工作要求部分，对于做好全国互联网政务服务平台建设与管理具有很强的指导意义。全文内容饱满，结构清晰，语言简洁，表达流畅，具有很强的示范作用。

二、怎样撰写函

（一）知识要点

1. 函的用途

函用于不相隶属的机关之间商洽工作，询问和答复问题，请求批准和答复审批事项。

函属于典型的平行文种。不相隶属的机关之间，不论级别高低，都没有职权上的指挥与服从、领导与被领导关系，都是平等协作关系，相互行文均使用函。政府的专门职能部门，如财政、人事、卫生、统计、环保、市政管理等部门，都是各项事业的专门管理机关，下级政府或同级部门要开展这些方面的工作，或涉及这些部门的职责范围时，必须请求它们批准才行。这时应当使用“函”请求批准，而不能使用“请示”。只有下级机关向上级机关请求批准时，才能使用“请示”行文。

党委和政府的综合职能部门（办公厅、室），根据领导授权可以代行党委和政府的部分职权，用函答复下级机关的请示事项，此时的函则具有一定的指导作用。

2. 函的特点

（1）适用范围广泛。平行或不相隶属的机关之间相互往来公文，都可以用函行文，不受级别限制。

（2）内容单纯具体。函的内容遵循一文一事的原则，不能一文多事。都要针对具体的人、具体的事、具体的时间、具体的事项等。

（3）文字表达简练。函的语言表达简洁精练，篇幅简短简明。

（4）行文格式规范。有些单位的函格式失之随意，要知道函属于国家法定公文文种，在格式上有严格规范。

3. 函的种类

根据发函的目的和内容，可以划分为商洽函（联系函）、询问函、请求函、答复函、批准函、告知函等。

（二）写作方法

函一般由标题、主送机关、正文、发文机关署名、成文日期等部分组成。

1. 标题写法

函的标题一般由发文机关名称、事由和文种（函或复函）三部分组成。按照约定俗成的规则，区分函类别的用词，例如“联系”“商洽”等，应写在事由之前；肯定性复函，要在标题中使用表态用词；否定性复函不必如此，而要在正文中说明否定事项。

标题举例：

- 《××市林业局关于请求将××商店列入旅游定点商店的函》
- 《××大学关于联系春季植树造林活动的函》
- 《国务院办公厅关于同意在民间组织登记证书上使用国徽图案的复函》
- 《和平中学关于同意接待××卫生学校师生临时住宿的复函》

2. 主送机关写法

标写收文机关的全称或规范化简称。

3. 正文写法

从函的授受关系来说，有发函和复函两大类。不同内容和用途的函，其正文写法不同。

发函（商洽函、联系函、询问函、请求函、告知函）的正文，首先要说明发函的理由、根据，询问什么问题，告知哪些情况等，要写得清楚、明白、诚恳，以取得对方的理解和支持。请求函，则主要说明请求的理由和请求批准事项等。商洽和请求事项，应当说明本单位的意见。发函理由要充分明确，合乎事理。发函的结尾要写明要求答复，并使用诚恳、谦和的语言和商量、征询的语气。如“请即函复”“特此函告”“诚请大力支持并研复（函复）为盼”“请大力协助并尽快函复是荷”等。

复函（包括答复函和批准函）的正文，首先要针对来函表示收悉，如“贵局××××年××月××日《关于商洽××××问题的来函》收悉”，这是复函惯用的开头引语；然后，针对来函请求、商洽、询问的有关事项，明确答复或表态。撰写批准函，则重在表态同意某事，还可以在此基础上，阐述有关意见，提醒对方注意有关事项。函的结尾使用“特此函告”“特此函复”“此复”等惯用语。

4. 发文机关署名

在正文右下方标明发文机关名称并规范使用印章。

5. 成文日期

使用阿拉伯数字标明成文年、月、日。

（三）例文展示与评析

1. 商洽函（联系函）

旨在与对方商洽、联系有关事项，求得对方的配合与支持，促使商洽、联系的事项得到解决。

【例文 25 商洽函】

××省商务厅关于商洽委托代培涉外秘书人员的函

××贸易大学：

随着我国经济文化领域对外交流日益频繁，我厅部分秘书人员先后调整到涉外部门工作。新近上岗的秘书人员缺乏涉外秘书知识，业务素质亟待提高。据悉，贵院将于今年9月起开办涉外秘书培训班，系统讲授涉外秘书、公关礼仪等课程。这为我厅新任秘书人员提供了一个难得的在职学习机会。

为尽快提高涉外秘书人员的从业素质，我厅拟选派12名在职涉外秘书人员全程参加此次培训班的学习，并于培训班结束后继续委托贵院代培1年时间，所需代培经费及其他相关费用，我厅将按贵院规定按时如数拨付。不知贵院是否同意？

如蒙慨允，敬请研复为盼。

××省商务厅（印章）

20××年7月22日

【例文 25 评析】

商洽函要在标题中写明商洽事项，给对方传达明确信息。

正文内容大多分为两个层次安排：首先说明发函理由，一般以实际工作情况为背景提出需求。上文首先说明本厅在岗秘书人员素质亟待提高这个事实，说明参加在职学习的必要性。其次，说明商洽事项，这是发函的目的所在。上文明确提出了需要商洽的具体事项和本单位意见。如果商洽事项涉及几个方面，以分条列项说明为宜，以便对方考虑研究。商洽函态度要谦和，语言要恳切。结尾用语是对回函的期待，要注重语气得体。可以用“以上事宜，恳请支持”“如同意，诚请尽快复函”“如蒙慨允，敬请研复为盼”等结语。上文的结尾用语得体规范。

2. 询问函

即向对方询问了解有关事项，上下级机关、平行机关、无隶属关系的机关之间都可以使用。

【例文 26 询问函】

××技术公司关于询问信息安全管理专业在职培训班有关情况的函

××大学：

据报载，贵校将于今年 3 月起开办信息安全管理专业在职培训班。我公司有意派人参加，但对有些情况了解得还不太具体，比如何时招生、招收多少名额、是否需要考试、开设哪些课程、报考对象和条件如何、收费标准等，我公司急需了解，以便选派合适人选参加学习。

以上事宜，敬请函告。

××技术公司（印章）

2018 年 2 月 18 日

【例文 26 评析】

询问函是有疑而问，旨在问明情况，以便本方采取行动。其写法并不复杂，关键是要将问题的由来，以及本方所关注的事情问清楚，以便对方给予有针对性的解答。询问函在行文中切忌兜圈子。

上文开头第一句点明了事项由来，第二句表明了本方意图，紧接着将疑问列明，全文看不见一句多余的话，语言很简洁。其中"但（我们）对有些情况了解得还不太具体"一句写法很得体。我们估计可能是报纸上的这条消息较笼统，但询问函却没有丝毫埋怨之意，而是以我们了解得不够具体的说法巧妙地说明了这一点。试想，如果将这句话改成"但你们对很多情况没有具体说明"，那么难免引起对方的不快。起草函，要特别注意语言语气方面的得体讲究。

3. 请求函

旨在向同级业务主管部门请求批准事项。

【例文 27 请求函】

××省教育厅关于请求录用 2018 届大学毕业生的函

×教人〔2018〕68 号

××省人社厅：

根据《中共××省委组织部××省人社厅关于 2018 年省直机关录用应届高校优秀毕业生的通知》（×组字〔2018〕46 号）规定，我们对拟录用到我厅机关工作的 2018 届大学毕业生，按规定程序进行了统一考试、面试、体检、政审。经厅党组研究，拟录用大学毕业生韩××等共计 18 名。

现将录用审批材料报给你们，请予审批。

附件：录用审批材料（略）

××省教育厅（印章）

2018 年 6 月 10 日

【例文 27 评析】

写函时，在语言表达上要直截了当。上述例文的最大特点就是语言简洁凝练，表意清晰。它的正文主要写明了三层意思：一是发请求函的依据；二是请求批准的具体事项；三是要求审批的意愿。

4. 批准函

用于批准有关机关的请求事项。可以划分为表态式批准函与阐发式批准函两种。

【例文 28　批准函】

××省人社厅关于批准录用韩××等 18 名同志为国家公务员的复函

×人发〔2018〕116 号

××省教育厅：

你厅 2018 年 6 月 10 日《关于请求录用 2018 届大学毕业生的函》（×教人〔2018〕68 号）收悉。

根据《中共××省委组织部××省人社厅关于 2018 年省直机关录用应届高校优秀毕业生的通知》（×组字〔2018〕46 号）规定，经审查合格，批准录用韩××等 18 名同志为国家公务员。

特此函复。

附件：批准省教育厅录用人员名单（略）

××省人社厅（印章）

2018 年 6 月 20 日

【例文 28 评析】

该文是典型的批准函。标题中准确使用了表态词“批准”二字，态度明确。

正文开头部分，使用引语说明收到了对方来函。具体标明了来函的日期、标题、文号等信息，突出体现了批准函的针对性。

正文主体部分，针对来函请求事项做了明确表态，具有“一锤定音”的特点。

结尾部分，使用常规的结尾语，结束全文。

总的来看，该文内容完整，语言简要，语气得体，对拟写批准函具有参考价值。

第六节　会议记录、纪要、简报

一、怎样撰写会议记录

（一）知识要点

会议记录是在开会时由记录人当场如实记写会议议题、议定事项和主要精神的一种事务文书文种。会议记录属于机关内部使用的公文，它是会议情况的真实反映，具有重要的保存、利用价值。

1. 记录内容

会议记录的内容主要包括：

（1）会议的时间、地点、出席人员、列席人员、缺席人员、主持人、记录人；

（2）会议议题以及围绕议题展开的有关活动；

（3）会议讨论、争论的焦点及其各方的主要见解；

（4）权威人士或代表人物的言论；

（5）会议开始时的定调性言论和结束前的总结性言论；

（6）会议已议决的或议而未决的事项；

（7）对会议产生较大影响的其他言论或活动。

2. 记录方法

会议记录的方法大体分两种：

（1）摘要记录。即做纲目式的记录，重点记录会议的主要议题、决定、议项、通过的文件、会议的结论等。对与会者的发言内容，虽然不必一字不漏地记录，但也应选择其要点作记，特别是对与会者的不同观点或争议应做重点记录。这种记录的优点是简洁精练、重点突出。

（2）详细记录。即详细、具体地记载会议的组织、进展情况，将与会者的发言内容完整无遗地记录下来。诸如大型会议上报告人的报告、会议期间首长或领导的讲话和插话，以及会议结束时的总结发言，都要做详细记录。某些特别重要的会议或特别重要人物的发言，需要记下全部内容。有录音设备的，可先录音，会后再整理出全文；没有录音条件的，应由速记人员担任记录；没有速记人员的，可以多配几名记录速度快的工作人员进行记录，以便会后互相校对补充。

3. 记录技巧

（1）快，即记得快。字要写得小一些、轻一点，多写连笔字。要顺着肘、手的自然去势，斜一点写。

（2）要，即择要而记。要有详有略，记会议大要、会议上的重要或主要言论。

（3）省，即在记录中正确使用省略法。如使用简称、简化词语和统称。省略词语和句子中的附加成分，比如“但是”只记“但”；省略较长的成语、俗语、熟悉的词组，句子的后半部分画一曲线代替；省略引文，记下起止句或起止词即可，会后查补。

（4）代，即用较为简便的写法代替复杂的写法。其一，可用姓代替全名；其二，可用笔画少、易写的同音字代替笔画多、难写的字；其三，可用一些数字和国际上通用的符号代替文字；其四，可用汉语拼音代替生词难字；其五，可用外语符号代替某些词语；等等。但在整理和印发会议记录时，均应按规范要求办理。

（二）写作方法

会议记录通常由标题、正文和结尾等几部分构成。

1. 标题

一般由“会议全称（或规范化简称）＋记录”构成，如《××市人民政府办公室第二次工作会议记录》。

2. 正文

正文是会议记录的主体和核心，必须着力写好。一般分为以下两部分。

（1）会议的基本组织情况。包括会议名称、时间、地点、出席人员、列席人员、缺席人员、主持人、记录人等，并列顶格排出，一般应在会议主持人宣布开会之前就绪。

（2）会议进程。这部分是会议记录的主体，包括议题、发言内容、议决事项三项内容。其中，议题由主持人在开会时宣布；对发言内容的记录应尽可能记录发言人的原话，记录要全面，不能添加记录人的任何主观意愿，不能断章取义；议决事项多由主持人在会议行将结束时做归纳概括，分条列出。与会者对议决事项如无异议，则须写明“一致同意”；如举手或无记名投票表决，则须写明“经举手表决，一致通过”或“经无记名投票表决，一致通过”。

3. 结尾

会议记录的结尾应由会议主持人、记录人签名，并写明日期，以示负责。

会议结束，记录完毕，要另起一行写“散会”二字，如中途休会，要写明“休会”字样。

（三）例文展示与评析

【例文 29　会议记录】

××党支部会议记录

地点：××会议室

时间：××××年×月×日

主持人：×××（支部书记）

记录人：×××

出席人：支部正式党员××人、预备党员××人（详见点名簿）

列席人：×××（职务）、×××（职务）

缺席人：×××（因公出差请假）、×××（因病请假）

会议议题：

1. 讨论支部工作报告；

2. 讨论预备党员×××、×××同志提交的转正申请。

会议内容：

主持人：今天，我们召开支部全体党员大会，应到××人，实到××人，超过应到会人员半数，会议有效。今天我们还特别邀请了×××、×××两位党外同志列席会议，请大家向他们表示热烈欢迎。今天会议有两项议题，一是讨论通过去年支部的工作报告，二是讨论×××、×××同志提交的转正申请。下面让我代表党支部向大家做工作报告。

（支部书记做支部工作报告）

请与会同志酝酿，充分发表意见。

×××：……

（记录每位同志的发言）

主持人：刚才，同志们对我们的工作提出了许多宝贵的意见或建议，我们会认真加以考虑，不断改进工作。接下来进行今天会议的第二项议题，讨论预备党员×××、×××同志提交的转正申请。

…………

会议到此结束。

主持人：（签名）　　　　　　　　日期：××××年××月××日

记录人：（签名）　　　　　　　　日期：××××年××月××日

【例文 29 评析】

这是一篇规范的会议记录。全文十分清楚地交代了会议的时间、地点、出席人员、列席人员、缺席人员、主持人、记录人、会议议题、会议进行过程和每位与会者的发言内容。末尾附有主持人、记录人的签名，手续完备。

二、怎样撰写纪要

（一）知识要点

1. 纪要的含义及其与会议记录的区别

纪要用于记载或传达会议基本情况和议定事项，是贯彻落实会议精神、指导工作、解决问题、交流经验的重要工具，是会议信息的主要载体之一。

会议记录与纪要都源于会议，同属于实录性文书，但它们的区别也很明显。

第一，在性能上，会议记录是记载会议进程和会议发言以备查考的事务文书，侧重于发挥原始凭证作用；纪要则是国家法定公文，具有现实执行效用和约束力。

第二，在内容上，会议记录是与会议同步形成的实录性文书，具有原始和翔实的特点；纪要是在会议公文基础上整理加工摘编而成的，是会议内容系统而简要的反映。

第三，在表现形式上，会议记录没有统一格式，由单位自定；纪要则有规范的格式要求，并且与其他公文略有不同。

第四，在表达方式上，会议记录是对发言者“所发之言”的再现，尽可能保持

“原汁原味”；纪要则采用记叙为主、说明为辅的体裁形式，运用准确、严谨、简明的公文语言，记载和反映会议的主要精神和议定事项。

总之，会议记录具有突出的实录性、原始性、备查性特点；纪要则具有记录内容的系统性、记录程度的摘要性、发挥作用的时效性、表现形式的规范性等特点。

2. 纪要的种类

（1）决议性纪要；

（2）协调性纪要；

（3）研讨性纪要。

3. 纪要的特点

（1）系统性；

（2）摘要性；

（3）时效性；

（4）规范性。

（二）写作方法

1. 纪要的格式要素

纪要的格式相对灵活一些。通篇分为版头、主体和文尾三大部分。

（1）纪要版头。纪要的版头有两种形式。一种是专门设计的纪要版头，主要用于定期召开的办公会议，由纪要名称（会议名称＋纪要）、编号、编制单位、编制日期构成；另一种是仿照下行文件格式设计的版头，由发文机关标识、发文字号构成，常用于专题会议。

（2）纪要主体。主要由标题和正文两部分组成。标题由“会议名称＋纪要”或“会议事由＋会议纪要”构成。例如，《华东地区档案工作协会会议纪要》《关于××机场候机楼改扩建工程协调会议纪要》等。定期召开的例行办公会，涉及事项较多，加之使用专门设计的版头，已经能够说明会议性质，也可省略标题。

纪要的正文通常由会议概况、会议主要精神及决定事项两个部分。

第一，会议概况部分。

会议概况即纪要的开头部分，主要目的是反映会议的组织情况。可以采用概述式和分项式两种表达形式。

概述式开头，即将会议时间、地点、参加人员、列席人员、会议议程、主持人等会议要素用一段文字概括叙述，以使人们对会议情况有一个基本了解。例如××省林业局制发的《全省林业局长会议纪要》开头写道：“经省人民政府批准，全省林业局长会议于××××年××月××日至××月××日在××市召开。参加会议的有各地、州、市、区、县林业局长和省级有关部门负责同志。省委副书记王××、副省长李××分别到会并发表重要讲话。省林业局长王××主持了会议。会议期间，学习传达了全国林业局长会议精神，研究部署了全省森林资源普查、退耕还林、森林防火以及林业管理干部队伍建设等工作。现将会议主要精神和议定事项纪要如下。”这段话虽然文字不多，但把会议概况交代得很清楚。

分项式开头，即依次将会议时间、地点、参加人员、主持人、议题等要素一一列出，使人一目了然。

第二，会议主要精神及决定事项部分——用来反映会议的议定事项和结果。

这是纪要的核心部分，既是对会议主要精神和决定事项的系统整理和集中反映，也是要求与会单位或有关方面贯彻落实会议精神的法定依据。

会议主要精神是指领导讲话的核心思想和与会人员在围绕议题研讨时形成的共识，常用“代表们一致认为……”“代表们指出……”“会议认为……”“会议指出……”“会议强调……”等进行概括。

会议决定事项是指会议围绕议题或相关事项讨论后形成的结论性意见或会后要贯彻执行的事项，常用“会议通过了……”“会议原则同意……”“会议决定……”“会议确定……”等进行概括。

一般来说，纪要正文不必安排结尾部分。因为，结尾所要强调的问题，人都在基本精神中得到了反映。如果有必要，那么也可以强调指出落实会议精神的要求、号召，或者对会议做出简要评价。有些纪要，将出席会议的人的名单放在结尾之处，以便减轻纪要开头部分篇幅上的压力。

（3）纪要文尾。主要由发送范围、印制单位、印发日期、印数等部分构成。

2. 纪要主体表达方式

（1）条款式。将会议研究决定的事项用条款方式简要说明，分别冠以一、二、三、四的标号，一条写一个事项。这样的表达简明扼要，既适用于部署工作的会议或办公会议，也适用于工作协调会，以便落实责任，督促检查。

（2）概述式。有些会议研究的问题比较集中单一，可把讨论的意见概括成几个方面或几层意思，依次阐发。

（3）归纳分类式。有些工作会议或理论研讨会议涉及内容较广，讨论的问题较多，实际上是某一部门业务工作的全面安排部署，这就要按讨论的问题、议定的事项分类整理，分别列出序号、标题来叙述。每个标题下面，视内容多少，或分段或分条来写。

（4）发言记录式。有些会议研讨的问题比较单一，可按与会人员的发言摘要整理；有些日常例会，研究的问题头绪较多，比较具体，可按议题顺序，在会议记录的基础上逐项整理，并进行提炼和概括。

撰写纪要的要求如下：

● 撰写纪要应当做好准备工作。要了解会议的宗旨和指导思想，熟悉会议议程，预计会议可能出现的情况，做到心中有数，以便较好地把握会议的精神，搞好会议记录，为编写纪要奠定基础。

● 提炼和概括会议主要精神或结论性意见，是编写纪要的关键所在。在这方面，要注意“四要”：一要抓住主要领导或权威人士的发言内容，领会其精神实质；二要抓住主持人发表的意见，特别是注意反映他的总结性发言；三要区分讨论过程中的意见和表态性的结论性意见；四要把握多数人意见，尤其当对重大问题的意见不完全统一时，要按照少数服从多数的原则，以多数人的意见为结论性意见。

（三）例文展示与评析

1. 决议性纪要

旨在记载和反映会议通过的重要结论或决定事项，常用于重要办公会议。

【例文 30 决议性纪要】

××市人民政府第 4 次常务会议纪要

2017 年 5 月 19 日上午，×××市长主持召开市政府第 4 次常务会议，传达部署了法治政府建设工作，学习贯彻了习近平总书记在中央深改组第三十三次会议上的重要讲话精神，听取了加快融入省政务服务“一张网”运行的工作方案，2017 年秋季高中、初中、小学、幼儿园招生计划及办法的汇报，研究了《水处理污泥规范化管理暂行办法》《关于调整完善生态补偿政策的意见》等事宜。

会议议定以下事项：

一、传达部署了法治政府建设工作

会议听取并原则同意市政府×××副市长传达的国务院、省、××市法治政府建设工作会议精神及下阶段重点工作的部署。会议要求：一是思想上要高度重视。中央、省、××市对法治政府建设提出了一系列目标任务，市人代会也提出了建设法治政府的相关要求，各级各部门要统一思想、提高认识，做到心中有法。二是执法要更严格、更有效。要加强日常的执法工作，同时巩固综合执法改革成效，进一步完善体制机制，强化执法队伍建设，发挥好综合执法改革的作用。三是要注意执法程序、用好司法资源。严格遵守法定执法程序，研究本级制定程序的合理性和必要性，发挥法律顾问作用，重视信息公开，降低行政复议和诉讼败诉。四是要处理好法治建设与改革创新的关系。在执法过程中，既要遵守法律条款，又要避免机械执行。针对法律与实际情况不衔接的情形，要充分理解立法精神，实事求是地开展制度创新，解决现实难题。法制办对现行法律条款中的强制手段进行了梳理，相关部门要通过制定操作手续、流程，明确执行使用办法。

二、学习贯彻了习近平总书记在中央深改组第三十三次会议上的重要讲话精神

会议学习了习近平总书记在中央深改组第三十三次会议上的重要讲话精神。会议明确，法治政府建设与改革创新各有侧重，但目的和要求是一致的，改革创新需要法治保障，法治政府建设也需要改革创新。会议认为，习近平总书记在第三十次深改组会议上提出了“四个有利于”的改革创新方向，在第三十三次深改组会议上提出了抓改革落实的方法。各板块、各部门既要旗帜鲜明地执行上级改革任务，更要发挥基层的探索实践，对一些意见分歧比较大的改革，只要大方向正确，就要坚

决改、大胆试。主要负责同志要发挥关键作用，亲力亲为、敢于担当、落地见效、统筹安排，着力打通关节、疏通堵点、破除阻力，把改革措施真正落到实处。各板块、各部门要把落实“10件事”，压实责任、同心协力，作为强化领导干部责任担当的重要抓手，确保各项任务顺利完成。会议认为，××市广大干部具有改革创新的勇气、担当干事的精神、落实工作的办法，广大干部要进一步凝聚共识、形成合力，为××市发展多做贡献。会议部署了三项重点工作：一是推动财政增收节支和“三优三保”的落实。4个尚未通过“三优三保”专项规划的板块要加快工作进度，确保年内专项规划全覆盖。各板块要强化资源整合，理清一本账，确定资源总量、明确年度任务、排出计划认真抓，确保实现既定目标。二是推动“263”专项行动落实。城乡生态环境问题依然突出，要进一步提高思想认识，各板块与部门一起研究，发挥好村“两委”的作用，解决当前村级环境脏乱的问题。必须抓住重点、突出难点，着力解决老百姓最关心的黑臭河道、垃圾、废气扰民三大突出问题。三是以村道改善为契机创新农村治理。各板块要严格按照制定的办法推进，必须让老百姓充分参与，通过村道建设凝聚人心，同时也提高村干部的工作能力，引导村民主动关心村级发展、积极参与村级事务，从而推动农村治理的改善。

三、关于加快融入省政务服务“一张网”运行的工作方案

会议听取并原则通过了市政务服务办《关于加快融入省政务服务“一张网”运行的工作方案》。会议指出，“一张网”建设时间紧、任务重，各部门尤其是“一把手”要高度重视，带头加强学习，充分支持。会议要求，由政务服务办牵头，部门积极配合，按计划加快推进落实。会议明确，工作推进中遇到的困难，政务服务办要及时汇报，由×××常务副市长协调解决。

四、关于2017年秋季高中、初中、小学、幼儿园招生计划及办法

会议听取并原则通过了市教育局关于2017年秋季高中、初中、小学、幼儿园招生计划及办法。会议要求，普通高中、对口单招、职业类（含高职）的招生比例要符合老百姓对各类学校的需求，要加强宣传引导，突出社会办幼儿园的办学质量、特色和优势。教育部门要创新举措、形成机制，推动集团办学取得实质性进展。

五、关于《水处理污泥规范化管理暂行办法》

会议听取并原则通过了市环保局《水处理污泥规范化管理暂行办法》，会后根据会上意见建议做进一步修改完善。会议要求，加快推进干化焚烧项目建设，遇到问题及时协调解决，确保年内建成投用。

六、关于《关于调整完善生态补偿政策的意见》

会议听取了市财政局《关于调整完善生态补偿政策的意见》的汇报。会议要求，认真梳理生态补偿的内容、范围、对象，按照××市规定执行；补偿的标准要考虑××市实际，逐步与××市标准接轨。生态补偿的主体，根据谁负责谁受益的原则来确定。会议明确，会后根据会上意见建议做进一步修改完善后讨论。

××市人民政府办公室

2017年5月23日

【例文30评析】

本文属于决议性纪要。本文开头（第一段）概述了会议的基本情况——会议时间、主持人、会议名称和主要内容。然后，分段列项地说明了会议议定的六个事项。全文条理清晰、简明扼要、表述明确，易于读者了解会议主要精神以及会后如何落实会议精神。本文不足之处在于既未交代会议地点，也没有列明会议参加人员和列席人员。

2. 协调性纪要

用于简要记载协调会、现场办公会上形成的重要决定事项，旨在明确责任、督促落实有关决定事项。主要决定事项大都写成条款形式。

【例文31　协调性纪要】

××区涉路施工审批专题协调会会议纪要

2018年7月18日，××市××区交通运输局在其三楼会议室组织召开了××区涉路施工审批专题协调会。参加会议的有关部门：区审管办、交警大队、公路局、国电××公司、水务公司、移动公司、联通公司、广电公司、铁塔公司的代表（具体名单附后）。与会人员在听取了各施工企业反映的涉路施工审批难点及案例后，进行了集中讨论研究，达成了一致意见，现将会议意见纪要如下：

(1) 鼓励各管线及配套设施施工企业在公路新建及改扩建时与公路建设同步设计、同步审查、同步施工；如统一纳入公路设计范围，可免于涉路施工审批，免于缴纳公路设施补赔偿费用。

(2) 在区本级的涉路施工审批权限内的农村公路涉路施工审批件，交通类一般项目可凭据区交运局批复的施工图批复文件（须有明确的安全评价意见）代安评报告；其他行业一般项目可由区公路局牵头召集安监、交警、行业管理等部门及专家进行设计方案安全审查，以专家意见或审查纪要代安评报告；技术复杂，存在较大安全风险源的施工项目仍需由具备交通资质的设计咨询单位单独出具安评报告。

(3) 区公路局应梳理区内公路数据库，注明辖区内各公路行政等级、建控区范围、审批权限后，将相关数据定期更新公示在区主要信息公开平台，对涉路施工的主要关联企业可主动书面告知。

(4) 交通类建设项目在设计审查时，应通知国电××公司、水务公司、移动公司、联通公司、广电公司、铁塔公司等主要涉路施工企业参会，及时做好方案整合，预留管线位。

(5) 区交通、公路部门应积极对接市公路管理部门，协调国省道沿线涉路施工许可事宜，共同研究合理可行的审批方案报批，督促市局审批进度，做好审批服务各项工作。

(6) 区交通审批窗口在组件完备的情况下应及时受理涉路施工审批件（含全城通办代收件）并做好全流程监管，各审批单位应按规定时限及时办结；建议区公路局下阶段深化研究，出台权限内涉路施工审批简化流程相关细化政策。

附件：会议参加人员名单（略）

【例文 31 评析】

本文是政府部门在召开协调会议后形成的一篇会议纪要。开头部分简要说明了此次会议的基本情况；主体部分采用的是条款陈述的形式，简要记录了会上议定的有关事项，为推动该项工程的顺利开展提供了依据；正文之后附有参会人员名单。

这种条款式纪要，适用于紧急状态下召开的会议、现场办公会议等情况。它有助于迅速成文，督促落实相关决策事项。

3. 研讨性纪要

主要用于记载专业研讨会议或学术会议的相关信息，完整反映会议研讨情况。

【例文 32 研讨性纪要】

2017 年教育部高等学校档案学专业教学指导委员会年会
暨第二十六届档案学专业系主任联席会议纪要

2017 年 10 月 29 日至 31 日，2017 年教育部高等学校档案学专业教学指导委员会年会暨第二十六届档案学专业系主任联席会议在郑州召开。会议由郑州航空工业管理学院承办，会议主题为“新技术背景下档案学专业课程教学”。包括教育部高教司×××、河南省档案局×××、郑州市档案局×××、郑州航空工业管理学院×××、教育部高等学校档案学专业教学指导委员会（以下简称档案学教指委）全体委员、来自全国 30 余所高校的档案学专业系主任，以及会议特邀嘉宾武汉大学×××教授、××集团×××总经济师在内的近 70 名代表出席了会议。

会议开幕式由云南大学党委副书记、档案学教指委副主任×××教授主持。郑州航空工业管理学院×××，教育部高教司×××，河南省档案局×××，档案学教指委主任、中国人民大学一级教授×××分别致辞。×××教授在致辞中指出，本次会议的主题有很强的时代色彩，契合了习近平总书记在党的十九大报告中提出的“加快教育现代化，办好人民满意的教育”的明确要求，符合教育部提出的“变轨超车”计划，档案学专业教育教学应加强探索，把现代技术和教学内容深度融合。

在大会主题报告环节，档案学教指委秘书长、中国人民大学信息资源管理学院院长××教授介绍了 2017 年教育部“信息技术支持下的高等教育教学与管理创新研修班”的有关情况，传达了关于推动高校加快信息技术与教育教学深度融合、推动在线开放课程建设等有关要求。××集团×××总经济师以“新技术背景下的企业档案工作及人才需求”为题，介绍了企业档案工作在新技术背景下的新发展、新作为及对人才需求的变化，提出了应厚植档案学专业根本和丰富档案学专业内涵的建议。武汉大学×××教授在“‘信息检索’慕课体会”报告中，从“给谁教”“教什么”“怎么教”等方面介绍了“信息检索”慕课建设的经验，为新技术背景下档案学教育改革提供了有益借鉴。中国人民大学信息资源管理学院××副教授围绕“面向‘数字记忆’的档案学创新实验体系建设”，从“为什么做”“怎么做”“做了什么”三方面阐述了引入符合潮流的技术和手段、提供实操平台和培训计划，以及构建养成式的培养和锻炼模式等内容。郑州航空工业管理学院信息科学学院×××副教授就“新技术背景下郑州航院档案学专业课程教学改革情况”进行了汇报，着重阐述了郑州航空工业管理学院档案学专业从传统到形成“航空为本、管工结合”教育教学特色的凝练过程和服务社会、科研与教学互动等方面的具体探索。几个主题报告内容丰富、讲解精彩，从不同层面和角度，深入地讨论了新技术背景下档案学专业课程教学改革有关理论和实践问题。

在自由讨论环节，来自山东大学、黑龙江大学、吉林大学、国防大学政治学院、北京联合大学、上海大学、郑州大学、武汉大学、西藏民族大学、福建师范大学、河北大学、辽宁大学、辽宁科技学院、南开大学、广西民族大学、湘潭大学、中山大学、湖北大学、南京大学、天津师范大学、呼和浩特民族学院、中国人民大学、南昌大学、云南大学、上海师范大学、苏州大学、西北大学、盐城师范学院和扬州大学等的60多位专家学者结合各自高校的办学特色和教育教学经验，在教学改革、慕课建设、跨界融合以及全国高校档案学专业大学生创新性课外科技作品大赛方面进行了充分交流。

在闭幕式上，×××教授做了总结发言。她指出：以人工智能为代表的新技术已经成为当今社会的新浪潮，应探索“变轨超车”的深层含义。新技术背景下的档案学专业教育，除了战术层次上的跟踪发展外，应更多地考虑战略问题。新时代档案事业前景与档案学专业紧密相连，档案学专业发展的机遇与挑战并存。新技术带来的冲击将既是一个重新洗牌的过程，也是档案学专业版图重构的过程。在这一过程中，档案学教育者一是要关注档案职业发展，为档案职业献计献策，成为档案事业的建设者；二是要关注学科前景，要有危机感；三是要关注学生前景，不能仅满足于学生就业率，而是需要关注学生的发展。她强调，学科带头人、掌门人要定规划、定方向，要让学生自尊、自豪、自信地说自己是档案人，这既是时代对档案学教育者提出的根本要求，也是档案学教育者前进的正确道路。要让档案学教育真正为国家事业、为学科建设、为学生合理知识结构的形成提供有用的、有潜力的重要支持，这才是档案学学科长久发展的根本。

会议决定，全国高校档案学专业大学生创新性课外科技作品大赛将继续举办，每两年一次，作为档案学教指委年会的一个重要环节。会议对承办2017年年会的郑州航空工业管理学院师生的精心组织、周到服务、辛勤付出表示衷心感谢。会议还决定，2018年档案学教指委年会暨第二十七届档案学专业系主任联席会议由南昌大学承办。

【例文32评析】

上文属于研讨性纪要。这类纪要必须将讨论情况、议定事项、达成共识、重点意见，准确、简明、充分地反映出来。与会者的共识和议定事项，既是会议精神的重点和主要内容，也是会后落实和解决问题的主要依据，必须准确无误地表达。

撰写纪要的要求如下：

第一，必须忠实于会议实际，既不可随意增减，也不能借题发挥，更不能将执笔者的个人见解掺杂进去，这是撰写纪要的基本原则。同时，还应注意，纪要又是对会议基本精神的提炼和概括，它既要反映会议讨论情况，特别是领导的重要讲话精神，又必须综理其要。但提炼概括，不应成为会议记录的全面重复。

第二，在研讨性纪要中，既要写清一致意见，也要写清重要的不同意见。这也是忠实于会议内容的表现。

第三，注意表达的逻辑性和条理性。既可以用拟人的方法，如“会议认为”“会议决定”等区分纪要的不同层次，也可以用列小标题的方法，区分不同的问题，以增强逻辑性和条理性。

三、怎样撰写简报

（一）知识要点

1. 简报的含义

简报是各机关、单位简要报道工作情况、交流重要信息的日常事务文书。它在实际使用当中名目繁多。如工作简报、理论动态、教学简讯、组工情况、共青团生活、会议快报、情况简报等，简报只在机关内部和机关之间发送运转。

2. 简报的特点

（1）简明性。一目了然是简报的主要风格，唯其如此，才能使人迅速了解简报的主要信息。在内容方面，主旨集中，重点突出，遵循一文一事原则；在形式方面，篇幅简短，提倡千字文；在结构方面，布局严谨，条理清晰；在表达方面，凝练平直，讲究直截了当，不搞“穿靴戴帽”。

（2）及时性。首先，反映情况快，凡是新经验、新动态、新情况，都在最短时间内反映，由此决定了简报内容是最新信息。其次，编制及时，例如突发事件、重要会议、重大决策反馈等，都在很短时间内编写简报。及时性的特点，要求编写者具有预见性和洞察力，把握时代脉搏，做到眼疾手快。

（3）典型性。纳入简报的事项都是现实工作中的典型事件、有代表性的新生事物或对全局工作有较大影响的问题，对于领导机关制定决策、推动面上的工作，具有现实意义。因此，简报的选材要典型，具有以点带面的功能，避免老生常谈。

（4）灵活性。首先，行文方式灵活多样，向上级机关反映情况，可以按照报告方式撰写；向外报道重要消息，可以按照新闻方式撰写；需要告知上、下、左、右的某些情况，可以按照通报方式撰写。其次，反映情况广泛而灵活，国内外重大事件、重要思想动态、重要社情民意、有关方针政策执行过程中的反馈信息等，都在简报反映的范围之内。最后，简报的外观形式没有法规规定，具有灵活多样的特点，满足严肃庄重、朴素大方的基本要求即可。

3. 简报的种类

（1）工作简报。为反映中心工作或某项业务进展情况、措施方法及其取得的成效而编发的简报。既可以在某项工作全面展开时，立即编写简报，反映工作开局情况；也可以在工作告一段落时编写简报，用来总结阶段性成果。这种简报时效性很强。

（2）情况简报。为反映一个地区或一个单位执行有关的方针政策、组织某项活动、发生重大事故的有关状况以及干部职工的思想动态而编写的简报，以便上级机关有效地指导下级机关工作，及时掌握有关情况，采取得力措施，妥善处理问题。

（3）活动简报。为报道机关单位组织的某项活动而编写的简报，例如组织参观考察、文化艺术展演、义务劳动、慈善募捐、宣传咨询等活动，都可以编写相应的简报，及时反映活动的内容、形式、成效等情况。活动简报有助于相关部门或领导及时掌握有关信息。

（二）写作方法

简报虽未列入法定公文范畴，但是在长期使用过程中，逐渐形成了约定俗成的格式。整体而言，一般分为报头、报核、报尾三个部分。

1. 报头部分

相当于公文版头部分，主要用来标明简报的名称、期号、编制单位和编制日期，其格式安排以约定俗成为原则。如果内容涉及不宜公开的事项，那么应在报头左上方标明“内部参考 注意保存”字样。

2. 报核部分

报核是简报的核心，包括标题和正文两个部分。报核的形式基本是一题一文的组合，也可以将围绕同一主题的几篇简短材料同时编辑在一篇简报中。

（1）拟写简报标题。简报的标题灵活多样，归纳起来，有以下几种形式可供借鉴：

- 揭示主题式标题，例如《经济纠纷案件判决后执行难的问题亟待解决》；
- 概括内容式标题，例如《省教委领导出席我院科研成果鉴定会》；
- 形象式标题，例如《温暖的手来自四面八方》；
- 对仗式标题，例如《洪水无情 人间有爱》；
- 正副式标题，例如《找准角色位置 增强服务意识——××区人事局军队转业干部培训班圆满结束》。

（2）拟写简报正文。正文通常由导语、主体、结尾三部分组成。

导语。既可以采用新闻导语的方法，直接切入简报主题或交代事件要素，也可以采用公文导语的方法，交代行文根据与目的，以便引起读者关注。不管怎样开头，都要注意内容概括，语言简短，不能游离中心内容。

主体。由于简报内容不同，因此主体的写法各具风貌。总的来说，要靠事实说话，精选新鲜典型、有指导作用和启发意义的材料，注意提炼观点，做到观点和材料相统一。要注意重点突出，有详有略。还要讲究结构合理，脉络清晰。

结尾。简报的结尾灵活多样，可以根据实际需要适当安排。有的简报用结尾深化主题，加深印象；有的简报用结尾来归纳全文；有的简报则“意尽而言止”，即主体部分已经说清了事情，就不再刻意安排结尾。短小精悍的简报，当然也要体现在结尾的干脆利落方面，决不能“画蛇添足”。

3. 报尾部分

相当于公文的版记部分，在末页最下方，画横线，线下标明报送发范围及印发份数，以备查考。

（三）例文展示与评析

1. 工作简报

可以按事物发展的因果关系组织材料。这种结构形式，便于反映事物发展的客观规律，具有较强的说服力。

【例文 33 工作简报】

开展“五型”政府工作简报

第 1 期

县“五型”政府建设领导小组办公室　　　2018 年 11 月 16 日

编者按：为从更高层次贯彻落实习近平总书记对江西工作的重要要求，坚决贯彻落实省委十四届六次全会、市委五届五次全会、县委十三届六次全会精神，根据省、市政府统一部署，县政府决定在全县政府系统大力开展忠诚型、创新型、担当型、服务型、过硬型政府（简称“五型”政府）建设，加快推动全南高质量、跨越式发展。为加强宣传引导，促进工作交流，推动工作落实，县“五型”政府建设领导小组办公室将定期或不定期编发简报，设立“领导讲话”“工作动态”“主题活动”“他山之石”“干群评述”等栏目，重点刊发县委、县政府领导同志有关讲话和批示，全县政府系统推进“五型”政府建设的重要举措和工作进展，各乡（镇）、各部门开展“五型”政府建设的生动实践和经验做法，以及干部群众的反应反响，推动“五型”政府建设扎实有序开展。

县政府召开全体会议动员部署“五型”政府建设工作

2018 年 11 月 6 日，县政府召开全体会议，深入贯彻落实省委十四届六次全会、省政府全体会议、市委五届五次全会、市政府全体会议和县委十三届六次全会精神，总结 2018 年以来的政府工作，安排部署下一阶段任务，动员全县政府系统大力开展“五型”政府建设，确保上级各项决策部署落到实处。县委副书记、县长××出席会议并讲话。县委常委、县纪委书记、县监委主任××对“五型”政府建设提出要求。副县长××主持会议。县领导××、××、××出席。

××同志指出，全县政府系统要站在战略和全局的高度，深刻把握“五型”政府建设的重要性和紧迫性，自觉按照“五型”要求全面加强自身建设。必须坚持对标对表、坚持问题导向、坚持“刀刃”向内、坚持常态长效、坚持以上率下，深入改作风、提效率、敢担当、优环境，在“五型”政府建设上争当表率。

××同志强调，各乡（镇）、各部门要对照方案要求，突出工作重点，务实推进“五型”政府建设。

（1）要维护核心、服从大局，做坚定勇毅的“信仰者”。一要做到绝对忠诚。要筑牢“两个维护”的政治忠诚，把坚决维护习近平总书记在党中央和全党的核心地位、坚决维护党中央权威和集中统一领导，作为最高的政治原则、最严的政治要求、最铁的政治纪律，以实际行动维护党中央定于一尊、一锤定音的权威。二要强化理论武装。要把理论学习摆在更加突出的位置，常态化开展“学原文、学讲话、学报告”系列活动，深入学习习近平新时代中国特色社会主义思想，系统掌握党的基本理论、基本路线、基本方略，把握核心要义、精神实质、实践要求，持续在学懂弄通做实上下功夫，做到学思用贯通、知行合一。三要确保政令畅通。要紧密结合实际，从更高层次研究和推动习近平总书记对江西工作的重要要求全面落地生根、开花结果。要主动服从服务于大局，不折不扣落实党中央国务院、省委省政府、市委市政府和县委的决策部署。要坚决反对“形式主义”和“官僚主义”，用经得起历史和人民检验的实绩，诠释对党的忠诚、对人民的忠诚、对事业的忠诚。

（2）要敢于突破、勇于创新，做勇立潮头的“拓荒者”。一要深入解放思想。要把解放思想贯穿全过程，激励政府系统创新思维高一筹、开阔视野宽一层、先行先试快一拍，充分利用一切可以利用的新机制、新模式、新方法，大胆学习复制先进地区的改革创新试点经验，不断研究新情况、探索新方法、总结新经验、解决新问题，努力在各领域贡献“全南方案”、创造“全南经验”、打造“全南样板”。二要拉高工作标杆。要胸怀“对标一流、争创一流”“跳起来摘桃子”的勇气和胆略，跳出全南看全南，站在全国、全省、全市的发展大局中找准“坐标”，拿出敢闯敢干、敢为人先的冲劲和干劲，把工作标准定位在干到最好、干到极致上，力争在一些工作、一些方面、一些领域干出成效、干出特色。三要激发创新活力。要通过不断学习和吸收新信息、新知识，提高适应新时代、新目标的本领，提高科学决策和精准施策的水平，大力推动政府治理理念创新、服务模式创新、体制机制创新，争抢创新“第一口活水”，全面释放创新创造活力和强劲动能，为高质量、跨越式发展注入强大动力。

（3）要雷厉风行、攻坚克难，做担当有为的“实干者”。一要提高工作效率。要在科学谋划的基础上，着眼于效率和速度抓落实，对看准了的事，抓住时机、立即行动，定下来的事，雷厉风行、抓紧实施，能办的立即办，能快的尽量快，能赶的尽量赶。二要勇于攻坚克难。要树立打歼灭战的信心和决心，围绕一些难点、重点和瓶颈，集中精力和优势兵力，开展集中攻坚，啃下一个个“硬骨头”。三要敢于担当负责。要有“让问题到此为止”的责任心，在遇到困难时，切实负起责任，该拍板的要敢于拍板，该负责的要敢于负责，决不能推诿逃避、问题上交。要进一步完善激励机制和容错纠错机制，旗帜鲜明地为敢想的人“鼓足劲”、为敢干的人

“加满油”、为试错的人“卸包袱”。

(4) 要提高效能、创优环境，做体贴入微的“服务者”。一要强化服务理念。要用情、用心、用力服务，始终把群众安危冷暖放在心上，扎扎实实解决好群众最关心、最直接、最现实的利益问题，让人民群众有更多的幸福感、获得感。要强化企业服务，严格落实挂点帮扶企业制度，深入开展入企帮扶行动，确保企业反映的一些堵点问题及时回应，早日解决。二要提升服务效率。要加快新行政服务中心办事大厅建设，确保2019年政务服务事项“应进必进”。大力推进“一窗式”服务模式和中介服务超市改革，深入推进并联审批、容缺后补机制。要加快推进“一次不跑”改革，持续提高“最多一次办结”的事项比重，努力实现线上“一网通办”、线下“只进一扇门”、现场办理“最多跑一次”，到政府办事要像“网购”一样方便，营造良好的政务环境。三要优化服务质量。要大力推动政务服务供给侧改革，健全完善全程代办服务、预约办理服务、上门服务等方式，不断提升政府服务质量。要结合“连心连情”“扶贫工作日”等活动，大力践行“一线工作法”，深入基层、贴近群众，沉到乡（镇）、村组去督查调度，实地发现问题、解剖“麻雀”，推动问题有效解决，努力提高群众满意度。要强化入企帮扶，深入企业走访调研，收集存在的问题，建立企业问题工作台账，持续推进“降成本优环境”专项行动向精细化发展。

(5) 要德能为先、廉洁托底，做内外兼备的“奋进者”。一要切实增强工作本领。全县政府系统要始终保持“本领恐慌”的紧迫感，按照锤炼“五个过硬”、增强“八大本领”的要求，加强能力素质建设。要坚持干什么学什么、缺什么补什么，干一行、爱一行、钻一行、精一行，全面系统打牢专业功底，提高专业化能力。要密切跟踪新技术革命的趋势，善于运用互联网、大数据、云计算和人工智能等先进技术手段，提升工作能力和水平。二要坚持不懈改进作风。要持之以恒加强作风建设，严格执行中央八项规定精神及其实施细则和省市部署要求，把县委作风建设“负面清单”“十带头十不准”行为规范落实到工作中、体现在行动上，注重常态长效，坚决防止“四风”反弹回潮。深入开展“怕慢假庸散”问题集中整治活动，引导全县政府系统把功夫下在察实情、出实招、办实事、求实效上，确保作风建设成效群众看得见，政府工作高质量推进。三要遵规守纪永葆清廉。要拧紧责任链条，层层传导压力，推动政府系统党风廉政建设和反腐败工作向纵深发展。要把纪律挺在前面，严格落实“一岗双责”，加强廉政教育和廉政文化建设，坚决惩处各类腐败行为，引导全体工作人员自觉做到秉公用权、不谋私利，全面塑造清正清廉清明政府的良好形象。要进一步加强对行政权力的监督制约，进一步扎紧制度的笼子，构建亲清新型政商关系，确保权力在阳光下运行。要严格管理公共资金、公共资源交易、国有资产资本，严格控制“三公”经费和一般性支出，着力完善财政资金使用、政府采购、建设工程招投标等方面的规章制度，推动全县政府系统坚持依法行政，以法律法规筑牢反腐倡廉防线。

××同志最后强调，“五型”政府建设是一项系统工程，各乡（镇）、各部门要加强领导，压实责任，扎实推进，务求实效。要强化责任落实。要把“五型”政府建设摆在重要位置，各单位“一把手”要把这项工作抓在手上，要认真履行好第一责任人的职责。“五型”政府建设每个事项的牵头单位，要发挥统筹协调作用，并对工作任务进行细化量化，各责任单位也要积极配合、齐抓共管。要强化宣传报道。要在报纸、电视、政府门户网站开辟专题专栏，大力宣传“五型”政府建设的推进情况、经验做法、工作成效，营造浓厚氛围。要强化督察考核。要组织群众开展效果评价，各窗口服务单位还要邀请服务对象进行满意度测评。要组织第三方机构进行效果评估，确保效果检验可量化、可问责。要坚持“常规检查全覆盖，明察暗访随机化”，扎实开展督查，对成效显著的予以表彰奖励，对推进不力的严肃问责。

【例文 33 评析】

这是一篇反映全南县动员部署“五型”政府建设的工作简报。报头标明了简报的名称、期次、制发机关和时间。编者按简要地说明了制发简报的背景、目的，简报刊发的周期，开设的栏目和刊载的主要内容。正文首先说明了县政府“五型”政府建设工作动员部署会的时间、主要参加人员、基本内容，然后提炼了县政府领导同志对推进“五型”政府建设的五个方面的要求。本简报要素完整、结构清晰、文字简练，易于读者了解会议精神。

2. 情况简报

编发这种简报，旨在迅速反映工作中的有关情况，达到上下沟通的效果。

【例文 34　情况简报】

行政审批窗口 2017 年 10 月工作情况简报

一、基本情况

10 月，××县市场和质量监督管理局政务中心窗口共接办各类审批事项 322 件，办结 319 件（如下表所示）。

审批情况

审批事项（含服务）	受理件数	办结件数	审批方式	当场办结率
名称核准	86	86	即办件	100%
企业登记	197	197	即办件	100%
股权出质	1	1	即办件	100%
动产抵押	11	11	即办件	100%
药品经营许可	27	24	非即办件	

二、市场主体发展及服务融资情况

（一）10 月份我县新增个体、企业登记发展情况

（1）新设立有限责任公司 73 户，注册资本 32 228.000 6 万元。其中，注册资本 50 万元以上（含 50 万元）的有 57 户，注册资本为 31 630 万元。

(2) 新设立个人独资企业 12 户，注册资金 262 万元。

(3) 新登记农民专业合作社 3 户，成员出资总额 950 万元，成员 16 人。

(4) 个体工商户新登记 229 户，资金数额 2 727.1 万元。

（二）10 月份助企融资情况

本月共办理动产抵押设立登记 11 户，被担保债权数额 14 628.298 8 万元；办理股权出质设立登记 1 户，被担保债权数额 200 万元，出质股权数额 1 000 万元；助企融资 14 828.298 8 万元。

（三）10 月份商事制度改革推进情况

本月办理“先照后证”登记 147 户，办理企业“多证合一”登记 165 户；办理个体工商户“多证合一”318 户，办理企业简易注销登记 7 户。

2017 年 1 月至 10 月共办理“先照后证”登记 2 268 户；累计办理“五证合一、一照一码”登记 2 960 户；累计办理个体工商户“两证整合”登记 5 040 户；办理企业“多证合一”登记 165 户；办理个体工商户“多证合一”318 户；办理企业简易注销登记 20 户；办理个体工商户转型升级为企业 19 户，累计办理个体工商户转型升级为企业 92 户；新设立“家庭农场”107 户，资金 6 239 万元，累计办理“家庭农场”379 户，资金 28 736.56 万元。

本月共收到服务对象表扬留言 11 条，表扬信 2 封。

（四）工作记事

10 月 19 日，我局副局级干部××到××县政务服务中心行政审批窗口值守，现场服务办事群众并耐心指导办事群众登记。

10 月 25 日，我局发出全县第一张通过××市工商行政管理局“全程电子化网上登记系统”申请的企业新设立营业执照——××市××教育咨询有限公司营业执照。这是我县深化商事制度改革，提高企业登记注册的信息化、便利化、规范化水平的又一项新举措。

10 月 29 日，我局开设“绿色通道”，全力为“××种植专业合作社”设立登记提供高效、优质的服务，收到合作社赠送的感谢信 1 封。

【例文 34 评析】

这是一份反映部门工作情况的简报。该简报用精练的数字清晰表述了部门在 10 月份的主要工作情况，符合简报简单、直接、明了的特点。同时，分条列项的方式能方便读者对工作情况一目了然。

本章小结

1. 起草公文必须熟悉公文的用途与特点，了解每种公文的具体分类情况，这是准确使用公文、保障公文起草质量的基本前提。

2. 请示与报告、通知与通报、会议纪要与会议记录等有某种程度上的相似性，要准确地使用这些公文，就必须把握这些文种之间的区别与联系。

3. 一份公文主要由标题、主送机关、正文、发文机关、成文日期等基本部分构成。其中正文部分通常分为导语、主体、结尾三个部分安排。

4. 公文导语部分通常需要交代行文背景、行文根据和行文目的，以增强发文的针对性；主体部分则围绕主题展开说明、叙述或议论，其表述形式往往需要划分段落或分条列项，以便体现条理性。结尾部分是公文篇章的收束部分，可以使用结语提出行文要求，或说明相关事项。

5. 公文内容的基本规范是要遵循一文一事原则，不能面面俱到。

6. 经常阅读高质量例文是学习公文写作的有效方法。

思考与练习

1. 试述请示与报告的用途和起草方法。
2. 试述决定与批复的用途与起草方法。
3. 试述通知与通报的用途与起草方法。
4. 试述函与纪要的用途与起草方法。
5. 试述会议纪要与会议记录的联系与区别。
6. 如何编写简报？

案例分析

1. 假设你是海港区教育局办公室秘书小张，李大成局长留给你一张便条，请你据此拟写一篇会议通知。

小张：

局长办公会决定，12 月 10 日（下周三）上午 8 ：30 召开 2014 年全区教育改革工作会议，地点在教育局办公楼报告厅，传达今年 11 月市教育工作会议精神，听取区教育局教学工作检查情况汇报，研究部署全区教育改革工作。全区各中小学校校长参加会议。请你草拟一份会议通知，用海港区教育局名义发文，明早交我审定后，在区政府网站发布。

李大成
8 月 3 日

2. 根据公文写作要求，分析下列文件中的问题，并提出修改意见。

关于××市工业总公司坚决刹住企业吃喝风的通知

各厂矿、工厂：

总公司纪律检查小组在刚刚完成的年底大检查中，发现许多单位宴请频繁，名目繁多的请客送礼，造成惊人浪费，广大职工对这种腐败现象极为不满，广大党员对此极为不满。为了加强党风廉政建设，维护企业利益，总公司办公会议研究决定，各单位纪检小组必须尽快成立，加强自检，并在一个月内，将自检报告上报给总公司。

特此通知。

××市工业总公司（公章）
二〇一九年一月八日

3. 根据公文格式规范和写作要求，分析下列文件中的问题，并提出修改意见。

××县××乡人民政府文件

××政发〔2019〕14 号

××乡人民政府关于建设经费的报告

××县人民政府、×××县长：

我们××乡地处海拔二千一百米的山区，老龄人口较多。在县政府的大力支持下，于二〇〇一年在乡政府所在地东庄村兴建了一座敬老院，接收孤寡老人入院养老。近年来，先后有很多老人前来联系入住事宜，因床位有限，难以满足老人们的愿望。

为便于更多老年人在敬老院安享晚年，我乡打算在人口较集中的××村兴建××乡第二敬老院，预算资金一百八十万元（见附件）。因我乡财力有限，特请拨付××乡第二敬老院建设经费 120 万元，其余部分由我乡自筹解决。

以上报告，务请批准。

另外，我乡不久前上报的“双基教育计划”实施方案，也请尽快批准。

附件：××乡第二敬老院建设工程预算报告

二〇一九年三月十八日

抄送：××县人民政府

××乡人民政府办公室　　　　2019 年 3 月 18 日印

---

4. 根据以下材料拟写函，要求内容合理，表达准确，用语得体。

××省政府发出《关于切实解决农村留守儿童教育问题的通知》后，新西部科技管理学院打算在 2019 年暑期组织 100 名在校大学生到为民县政府所属的 10 所希望小学开展义务支教活动，辅导农村留守儿童学习文化课和计算机操作，为期一个月。此事需要得到为民县教育局的支持与协助。请以该院名义拟写这份函。

5. 下列公文在内容和语言表达方面存在诸多问题，请指出问题并改写一篇。

关于庆祝“三八”节活动的通知

各位老师：

春意融融，百草吐芳，春天款款来到了！

伴随着春天的脚步，在这春光明媚的日子里，我们又迎来了今年的“三·八”国际妇女节。值此佳节之际，学院领导、工会、女工委向全体女教职工致以最真挚的节日祝福，祝你们节日愉快、身体健康、工作顺利、家庭幸福！

为表达对全体女会员亲切关怀，学院领导为每个女会员发慰问费200元，请各部门以工会小组为单位，于3月4日上午到财务处领慰问费。

为丰富大家的文化生活，陶冶情操。院工会、女工委组织一次在职女教职工联谊活动。具体安排如下：

一、活动时间：3月7日，上午10：40

二、乘车时间：3月7日，上午9：40在学院主楼门口

三、活动地点：钱柜首体店（首都体育馆对面）

四、具体要求：各部门将参加活动的女教职工名单于3月4日下班前报工会办公室。

也欢迎男同胞参加！

院　工　会
女　工　委
二〇一九年三月四日

阅读书目

1. 王健．文书学．3版．北京：中国人民大学出版社，2015.
2. 姬瑞环．公文写作与处理．5版．北京：中国人民大学出版社，2019.
3. 刘春生．公务文书写作教程．上海：复旦大学出版社，2010.
4. 杨霞．公文写作规范与例文解析．北京：北京大学出版社，2013.
5. 赵国俊．公文写作与处理．北京：中国人民大学出版社，2011.
6. 岳海翔．公文写作技法通讲．北京：中国文史出版社，2012.
7. 董明发，刘为．笔杆子是怎样炼成的．北京：红旗出版社，2014.

PART THREE

3

|第三篇|

OA平台上的公文处理

第八章

公文处理概述

引子

以下问题说明了什么？会导致怎样的后果？

- 在一些单位的 OA 系统中，许多重要的电子文件“有人办，无人管”，在完成了运转程序之后便处于失控状态。
- OA 系统缺乏档案管理功能，即便有档案管理模块，功能也十分有限。
- 缺少完善的文件后台管理，造成电子文件丢失、损毁并无法恢复。
- 业务系统中未嵌入档案管理功能，机构无法掌控业务活动中形成的重要文件。

学习重点

了解公文处理程序的含义和主要工作内容，掌握公文处理程序的特点，深入理解 OA 环境中的文件、档案一体化管理理念及其对传统公文处理程序的影响，了解 OA 环境中公文处理流程再造的必要性及方式。

关键术语

公文处理程序　　“双轨制”
收文处理　　文件、档案一体化管理
发文处理　　公文处理流程再造
办毕公文处置

第一节　公文处理程序概述

一、公文处理程序的含义与内容

公文处理程序是根据公文的制发、办理和管理的规律，对文件工作中的一系列操作环节、工作步骤的有序组合和合理安排。公文处理程序反映了文件在各类机构内部有目的地运转的全部过程，通常包括收文处理、发文处理和办毕公文处置等具体过程。

（一）收文处理的工作内容

收文处理是指机构伴随公务活动收受外单位发来的文件并对其进行运转或办理的过程。通常包括以下主要环节（详见本书第九章）：

- 收文的接收：包括接收、审核、退文或分发等环节。
- 收文的办理：包括拟办、批办、承办或传阅、注办等环节。
- 收文的管理：包括登记、加工、对内催办、注办等环节。

（二）发文处理的工作内容

发文处理是指机构为履行职能制发公文的过程。通常包括以下主要环节（详见本书第九章）：

- 发文的形成：包括拟稿、会商、审核、签发、复核、缮印、校对、用印或签署等环节。
- 发文的发出、传递：包括发文登记、传递、发出或公布等环节。
- 发文的管理：包括登记、对外催办、查办等环节。

（三）办毕公文处置的工作内容

办毕公文处置，指根据办毕公文的不同内容或价值，对其分类，剔除无用文件，对具有保存价值的文件进行有序化整理的活动。通常包括以下主要环节（详见本书第十章）：

- 整理归档。
- 清退、暂存。
- 销毁清除。

根据《党政机关公文处理工作条例》及其他相关规定，以及机关文件的运转规律，公文处理程序流程如图 8－1 所示。

2020 年新《档案法》的发布，使得电子文件“单轨制”运转、“单套制”归档成为必然趋势。

二、公文处理程序的特点

合理规划、科学设计公文处理程序，对提高公文处理的质量与效率具有至关重要的作用。公文处理程序是根据公文撰制、运转、处理和管理的规律，对文件工作

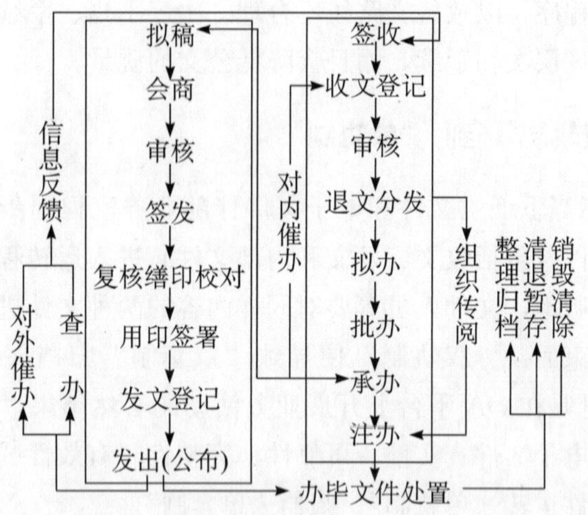

图 8-1 纸质文件处理流程示意图

中的一系列操作环节和工作步骤进行有序组合和合理安排的结果，因而具有规范性、有序性的特点；同时电子文件大量产生、运转、存储于 OA 平台，又使得公文处理程序具有 OA 环境中的从“双轨制”到“单轨制”、从线性到非线性的新特点。

公文处理融合在每一个机构的各项职能活动之中，又与各个方面发生着广泛的联系；公文处理既为本单位的管理及社会服务，又受其影响和制约；公文处理在社会组织内部周而复始，处理程序具有明显的重复性。有效的公文处理必须建立高度稳定的秩序，施行程序化管理，才能确保处理渠道畅通无阻。因此，公文处理程序从整体上呈现出以下特点。

（一）规范性

如图 8-1 所示，公文处理程序是由一系列环环相扣、紧密衔接、周而复始、不断循环往复的诸多环节组成的，这些重复出现、反复运转、需要协调统一的环节和工作程序正是制定标准的对象。实现公文处理程序标准化是文件工作标准化的重要内容（详见本书第二章），必须通过制定工作制度、科学规划、标准化设计等方式，对每个工作环节及整个流程予以规范，使之成为不同部门共同遵循的规范，保障公文处理的有效和高效。

（二）有序性

有序性既是公文处理程序规范性的体现，也是必然要求。只有制定科学的公文处理程序、施行程序化管理，才能保证公文处理准确、高效、通畅。施行程序化管理，从整体上要求公文处理程序的所有工作环节紧密衔接、有机结合、井然有序，满足文件处理工作涉及部门及人员范围广泛，需要加强协调、合理控制、协同办公的要求。从原则上来说，各环节的顺序与工作步骤均有规定的次序，不能任意颠倒或打乱。比如：发文处理流程必须“先核后签”，不得次序倒置。否则，不仅会打乱公文处理的正常程序，以致行文路线不合理、次序不当、手续不全而导致费时误事，增加多余的处理层次和手续，而且会降低公文的质量。

（三）从“双轨制”到“单轨制”

“双轨制”是指当下纸质文件和电子文件伴随业务流程同步运转，又称“双轨制”运转。即在文件（包括收文、发文和内部文件）进入运转程序时就形成电子文件和纸质文件两种版本，文件人员等要对同样内容的两种文件进行重复或部分重复办理。在现行期结束后，“双轨制”便导致“双套制”归档（详见本书第十章）。“双轨制”的出现既是在OA平台上开展业务活动的必然结果，也是对电子文件实施全程管理，保障电子文件真实性、可靠性、完整性、有效性的关键举措。未来的发展方向是电子文件运转“单轨制”、归档“单套制”。

（四）从线性到非线性

著名科学家钱伟长说过：“现在已经到了这么一个时代，任何科学发展，包括社会科学在内，它的前沿问题都是非线性问题。”非线性思维既是系统思维的核心，也是了解电子文件流程特点的新视角。非线性的基本特征是非单一性、非均匀性、可变性。鉴于纸质文件从生成到处置“按部就班”的线性过程并不适用于电子文件，具有线性特征的文件生命周期在电子环境中演化为文件连续体（详见本书第一章），呈现出“过程循环、环节叠加、多维多元”的非线性特征，因此在设计OA系统中的文件处理流程时必须考虑这一新特点，兼顾文件、档案一体化管理需求，在原有纸质文件处理流程的基础上实施流程再造。

第二节　OA环境中的文件、档案一体化管理

OA是一个动态概念。在不同的发展阶段，其内涵在不断深化，外延也在相继扩大。为了充分反映信息社会和网络环境下现代办公自动化的时代特征，为了适应经济全球化和信息网络化对办公自动化的需求，有学者建议将“办公自动化”（office automation，OA）改为“办公信息系统”（office information system，OIS）。“办公信息系统是以计算机科学、信息科学、地理空间科学、管理科学、行为科学和网络通信技术等现代化科学技术为支撑，以提高专项和综合业务管理与辅助决策的水平效果为目的的综合性人机信息系统。”①

伴随着各国政府大力推进电子政务建设的步伐，“电子政务”一词愈加流行。但究其实质，电子政务并不是对OA（包括OIS）的否定或替代，而是与OA紧密

---

① 中国OA的现状与展望//OA’2000办公自动化国际学术研讨会论文集．北京：电子工业出版社，2000.

相关，电子政务的实现必须依托于高效的OA平台。电子政务的出发点更多地是站在政府的角度，在应用范围、应用重点、用户群体以及应用技术等方面与OA有所差异。办公自动化是电子政务的基础，目前这一点已成共识；不仅如此，还应进一步认识到，电子政务是办公自动化的延续，是网络时代更广义上的政府办公自动化，并拓展为"面向社会的政府办公自动化"。在当前数字转型的社会背景下，加强对作为电子政务重要组成部分和重要工具的公文的管理，加强系统建设，不仅十分必要，而且十分迫切。

一、OA环境中文件、档案一体化管理的含义

文件、档案一体化管理，简称为文档一体化。OA环境中的文件、档案一体化管理是指基于文件生命周期理论，利用计算机及网络技术，从系统论的角度出发，对文件工作和档案工作统筹规划、科学管理，使之系统化、规范化，以期发挥各自及整体最大效能，从而提高各类机构管理效能，确保从机关现行文件直到馆藏档案管理的高效和优化。①

文件生命周期理论是文件、档案一体化管理的直接理论基础（详见本书第一章），该理论告诉我们，从现行文件到档案是一个连续统一、前后衔接的过程，前一阶段的文件质量直接决定后一阶段的档案质量。因此，从发展的观点和系统的观点来看，应将文件管理和档案管理两个有着密切联系的系统看作一个统一的系统，应采取统一的工作制度和方法来控制前后各有特点但又互相连续、衔接的工作流程，从而做好对文件运动全过程的控制。

文件、档案一体化管理的总体目标是实现从现行文件到馆藏档案整个运动过程的全面控制和科学管理。过去，"立卷归档"通常被视为文件工作与档案工作的分界线，所谓的一体化也停留在机关内部。科学的文件、档案一体化管理应当以文件生命周期理论为指导，在文件从产生直至最终进馆的整个运动过程中，既加强机构内部文件工作与档案工作的一体化，也注重档案室与档案馆的业务衔接，从而从文件到档案的全过程都得到有效控制。即一体化应当实现机构文件处理、档案室工作和档案馆工作"三位一体"的有机结合。

文件、档案一体化管理的主要内容包括：

- 文件、档案系统设计一体化。在文件最初生成阶段——对电子文件而言意味着在系统设计阶段——就应当预先树立档案管理的意识，照顾到档案管理的需要，确保生成的文件符合档案管理的功能需求。
- 文件、档案管理流程一体化。对文件和档案的运动流程实施统筹规划、全面控制和综合管理，涉及管理体制的统一设计、组织机构的统一设置或其职

---

① 王健．电子时代机构核心信息资源管理：OA环境中的文件、档案一体化管理战略．北京：中国档案出版社，2003.

能的有机协调、管理人员的统一配备、管理制度的统一规范等诸多方面。

- 文件、档案信息利用一体化。针对文件、档案信息利用进行合理协调，在现行文件管理阶段同样树立为社会服务的意识，在档案管理阶段充分发挥档案作为现行工作信息源的作用，使文件和档案都能最大限度地发挥作用。

以计算机技术和网络技术为代表的信息技术是文件、档案一体化管理的技术保障。文件、档案一体化管理不仅仅是理论上的一种管理思路和模式，更多的是实践中需要实施的一种管理方法和手段，客观上需要技术的支持和保障。以计算机技术和网络技术为代表的信息技术可以很好地扮演技术支持与保障的角色。一方面，计算机的运用和推广简化了文件工作和档案工作的程序，提高了文件工作和档案工作的效率，改变了文件的生成方式和载体性质，使越来越多的文件依赖计算机生成和读取；另一方面，网络技术的出现和普及改变了文件运转、传输、处理和利用的方式，使文件可以通过网络实现远程传递、异地处理和全球利用。

二、文件、档案一体化管理是必然趋势

（一）文件工作与档案工作的内在联系要求实行文件、档案一体化管理

文件与档案的密切联系决定了文件工作与档案工作之间存在紧密联系，文件工作是档案工作的前提和基础，档案工作是文件工作的延伸和发展，文件工作和档案工作是处于同一连续体的系统工程。长期以来，我国围绕“归档”这一关口，分别形成了一系列文件工作制度和档案工作制度，这些制度的建立和健全无疑对我国文件工作和档案工作的发展发挥了积极作用，但是，文件工作与档案工作的分离也带来了一系列问题和消极影响。在日常机关工作中，人们都只关注文件的现行目的和现行作用，只关心文件的内容与办理过程及结果，加上缺乏对文书工作的专门管理，使得文件在质量上出现了物质形态不统一、制成材料不合乎质量要求、信息记录要素不完整、归档范围内材料不齐全等一系列问题[①]；归档是文件工作与档案工作的结合部，但从实践上看，归档制度并没有全面地、切实地执行；文件工作系统从上到下没有一个专门的业务机构对文件工作全面履行“指导、监督和检查”的职责，文件工作各项制度、办法难以全面落实。为解决这些问题，理论界和实际工作者都认为要对从文件工作到档案工作进行新的整合，实行文件、档案一体化管理。

（二）有效管理电子文件的前提是实现文件、档案一体化管理

一方面，电子文件的阶段性并不明显，电子文件体现的是一种大文件观，文件与档案的区别已逐渐淡化，因此，对电子文件的管理本身就包含从形成到最后处置的整个过程。另一方面，在现代办公环境中，电子文件大量产生，电子文件具有信

① 冯惠玲，张辑哲．档案学概论．北京：中国人民大学出版社，2001.

息的非人工识读性、系统依赖性、信息的易变性等特点，对电子文件的管理与对传统纸质文件的管理存在很大不同。为保障电子文件的真实性、可靠性和长期可读性，需要对电子文件实行全程管理和前端控制。全程管理是根据电子文件的特点和要求，建立一个完整的管理体系，对电子文件从产生到永久保存的整个生命周期进行全程管理；前端控制是指对电子文件的管理要在文件形成之前就对文件形成直到成为档案的整个过程给予通盘规划，把可能预先设定的管理功能纳入系统之中，并在形成和维护阶段进行监督。全程管理和前端控制是保障电子文件真实性、可靠性和长期可读性的重要措施，因此，对电子文件的有效管理客观上要求实行文件、档案一体化管理。

2020年新《档案法》对电子档案提出“来源可靠、程序规范、要素合规”的要求，规定了电子文件成为电子档案的条件，这也是对文件、档案一体化管理的法律要求。

由此可见，文件工作与档案工作的内在联系决定了文件工作与档案工作应被纳入同一系统中统一管理；在现代办公环境中，信息技术广泛运用，涌现出大量电子文件，而对电子文件的有效管理客观上需要实行文件、档案一体化管理；同时，信息技术的运用又为文件、档案一体化管理的实现提供了技术保障，文件、档案一体化管理成为文件工作发展的必然趋势。

三、文件、档案一体化管理的实现途径

文件、档案一体化管理的概念在20世纪80年代中期被提出，当时由于计算机技术的迅猛发展，档案工作者逐渐认识到文件、档案一体化管理的重要性。在20世纪90年代以前，对文件、档案一体化管理的探讨主要是为适应机构档案工作改革，提高机构文件、档案工作效率而进行的，反映在实践上，首先体现在手工环境及计算机辅助管理环境下的文件、档案一体化管理。20世纪90年代中期以后，随着办公自动化的普及，更加需要文件工作和档案工作的有效衔接和统筹兼顾，并纳入整个办公自动化系统中。由于电子文件的法律地位尚未获得确认，纸质文件在解决司法纠纷上的作用尚不能被取代，因此在文件与档案管理上出现了纸质文件与电子文件并行的局面，亦称双轨制。在双轨制下，文件、档案一体化管理已不再体现为早期的计算机辅助管理，计算机与网络的作用在文档管理中进一步得到体现，这时的一体化已突破了对传统手工条件下文件、档案管理的简单模拟，文件管理与档案管理出现了更多的交叉与融合。在未来，随着电子文件法律地位的确立，其真实性将得到保障，文件、档案管理将趋向一体化，电子文件的大量出现及其长久保存的需要促使文件、档案管理一体化进入实质阶段。电子文件的全程管理和前端控制都孕育和根植于这种一体化的管理策略。实际上，将电子文件和电子档案分而治之的思路无论是在理论上还是在实践中都很难行得通。在对电子文件的全程管理中，计算机硬件的配置、网络和节点规则的制定、文件格式和数据库结构的确定，以及

索引的编制等都需要从文件形成阶段开始统筹设计，电子文件的归档、整理、鉴定、著录、生成元数据等大量“档案管理性工作”也需要在文件的生成或运转阶段进行，因而电子文件管理必须选择文件、档案一体化管理模式。[①] 电子环境下文件、档案一体化管理的实现将更多地体现在建立功能涵盖电子文件生命周期全部管理活动的电子文件管理系统上，这一系统将是在全程管理和前端控制原则指导下对整个管理流程的重构[②]。文件、档案一体化管理功能必须整合、镶嵌于系统之中，通过系统完整实现，这样才有可能真正实现 OA 环境下的文件、档案一体化管理，这也才会是真正意义上的文件、档案一体化管理。

OA 平台上设计公文处理程序必须注入文件、档案一体化管理的理念，充分考虑文件、档案一体化管理的需求。如果说文件、档案一体化管理的思想在传统环境中是“应该”遵循的原则，那么在电子环境中，其一旦被嵌入系统便成为“必须”遵循的原则和“不得不”履行的实践。[③]

第三节　公文处理流程再造

一、公文处理流程再造的概念

公文处理流程再造是指以文件、档案一体化管理理念为先导，打破文件工作、档案工作互相分家的局面，对原有的文件管理流程和档案管理流程进行统筹规划，重新设置合理的工作流程，旨在简化重复环节、提高效率、满足电子文件的全程管理需求。

二、公文处理流程再造的必要性

公文处理程序缺乏规划或设计不当，已经成为电子文件难以在网络环境中正常运转的瓶颈，电子系统中的文件、档案一体化管理也就无从实现。因此，必须加强对公文处理程序的科学规划和有效控制，在完善纸质公文处理程序的基础上充分考虑电子文件的形成规律和运转特点，重新考虑电子公文处理程序的再造问题，优化处理流程，以便和电子文件管理系统有效衔接。

长期以来，我国纸质文件管理实行的是“分阶段＋分环节”的管理方式，即先划分为文件管理和档案管理两个阶段，各阶段中再划分若干管理环节，每个环节相对独立、界限清楚。可以看出，传统文件管理流程与档案管理流程是相互分离的，它将文件和档案管理中的一系列环节分别进行组合和安排，并通过归档环节加以链

① 冯惠玲．电子文件管理教程．北京：中国人民大学出版社，2001.
② 王健．与比特共舞：全球对电子文件管理难点的回应．档案学通讯，2001（2）.
③ 王健．创新与拓展：档案管理 e 化之路．北京：中国档案出版社，2004.

接。这种管理流程的缺点主要表现在：

第一，文件管理与档案管理各自独立，整个文件生命周期被划分为文件管理和档案管理两个“泾渭分明”的阶段，前后缺乏连贯性和一致性，这种工作模式不适用于电子文件管理的需要，无法满足全程管理的需求。

第二，文件、档案管理自身的各个环节相对独立，彼此缺乏联系，致使许多工作不得不重复进行。

第三，文件、档案管理流程设计不合理，多为线性、串行模式，一环扣一环、一环接一环，完成上一个环节才能再接着运转到下一个环节，既不能满足相关环节并行、叠加、同步完成的要求，也难以实现环节的持续、延后、追加数据的需求，更无法满足文件、档案管理无缝衔接、相互兼容的要求。

综上所述，传统的文件管理由于多以实体的纸质文件为管理对象，在文件的控制与管理中，文件管理流程的设计以基于业务流程的“分工”为基本特点，具体划分为若干环节。然而，电子文件对传统文件管理流程的不适应性日益明显：一是对原有管理流程的解析显示出作业的不合理分割和交叉重复；二是电子文件的技术特征将以往在档案管理阶段才实现的“后工序”提前至文件形成阶段，使流程再造成为必要。以注重“分工”为特点的传统文件管理模式已不能适应新的变化，电子文件管理的各项具体业务应该并可能根据其内在关联性而得以重新组合，这使得流程再造成为必然。

第一，由于电子文件可以借助网络进行传递，多以“虚拟”的状态穿梭于网络，因此在现行期的运转过程中，电子文件不必像纸质文件那样依托文件实体在各个环节中依次传递、处理。电子文件的种种特性使传统文件管理的各个业务环节之间的界限变得模糊和淡化，因此，对于某些业务环节可以也必须进行重新整合。

第二，电子文件具有信息形态数字化、非人工识读性及对系统的依赖性等特点，导致文件的形成、处理和利用方式发生了根本性变化。为保证电子文件的真实性和完整性，在电子文件生成之初乃至生成之前的设计阶段就应该对文件进行一系列前端控制，因此，除需要有机协调、合并某些环节之外，还要将原有的环节顺序重新调整。

总之，在设计 OA 系统中的文件处理流程时，必须对文件的管理注入全程、系统的管理思想，要注重文件生命周期内各个阶段管理活动和管理要素的统筹兼顾，强调各项管理内容和要求的无缝链接、系统整合和总体效应①。

三、公文处理流程再造的方式

如上所述，电子文件的种种特性使传统文件处理程序的各个业务环节之间的界

---

① 王健．电子时代机构核心信息资源管理：OA 环境中的文件、档案一体化管理战略．北京：中国档案出版社，2003.

限变得模糊和淡化。借助于网络传递的电子文件可以克服纸质文件只有完成上一个环节才能转入下一个环节的障碍，不仅可以实现文件处理过程中若干相关环节的同步开展，也可以而且必须兼顾后期档案管理的需求。比如：在电子环境中，重新调整文件、档案管理的各个环节之间的线性前后顺序，通过环节前置、后延、叠交等各种方式对整个文件生命周期的各项工作实施连续性控制和全程管理。

（一）环节前置

着眼于超前控制，将一些关键环节提前至文件生成之际。这是文件生成过程控制的非线性最显著的表征。这些关键环节包括：

1. 提前并实时归档

电子文件一经形成，即刻赋予归档标记，纳入保存范围和档案部门的监控之中，防止删除与流失，保证齐全和完整。

2. 提前鉴定、鉴定与鉴别同步

在电子环境中，对档案的鉴定不仅要在文件转化为档案之前进行，而且要将鉴定环节大大提前，在文件生成之际乃至生成之前就进行鉴定。在从系统中产生的大量电子信息当中鉴别截获电子文件的同时，便对其进行同步鉴定，加强控制。在设计电子文件保管系统时，便将电子文件保管期限表嵌入其中，将鉴定需求置于系统流程之中，实现电子文件生成之际的初级鉴别和初次鉴定的自动化。

3. 提前著录

将档案著录嵌入文件登记环节，在文件形成之时便由形成者或承办人进行操作。融合文件、档案管理的需求，统一设计，将著录数据纳入统一的数据库中，可提高著录工作的效率，保证质量。

（二）环节后延

着眼于全程管理，将需持续的环节向后延伸。原来只在某一个时间点上完成的特定环节，在电子环境中可能需要在一个连续的时间段上持续完成，直至跨越电子文件的整个生命周期。这是与传统流程线性、“平面”设计的最大不同之处。

上述各个环节在前置的同时还需要后延。归档、鉴定都不是一蹴而就的环节；著录必然贯穿于电子文件的制作、处理、归档、迁移、利用等各项环节，除了基于编制检索工具的需要之外，还要承担起维护电子文件真实性的重任；电子文件的信息保护与载体保护更是贯穿始终。

（三）环节叠交

就系统而言，某些环节可能存在功能交叉或包含关系、时间重叠或互相穿插现象。这是电子环境中文件、档案一体化管理的必然结果。

比如：鉴定、著录、归档同时在文件形成之际进行。又如：登记与著录、分类与归档、鉴定与鉴别、归档与鉴定等交织在一起。

由此可见，电子文件处理程序的非线性特征无疑加大了文件、档案管理的难度，只有全面分析、研究电子文件管理功能需求与流程再造方案，并将其嵌入系统之中，才能通过系统有效控制、“强制”实施。

文件、档案一体化管理是电子时代文件管理的必然趋势，文件管理软件的设计不应仅局限于满足纸质文件现行阶段的管理要求，还应基于整个文件生命周期，全面考虑从文件管理到档案管理的系统功能需求。在OA系统中，在电子文件管理软件中，必须协调原来“泾渭分明”的文件工作和档案工作两个子系统，将两者的需求一同嵌入软件，在文件形成、接收之际既考虑文件管理需求又同时兼顾与档案工作的衔接和长久保管的需要，使文件、档案一体化管理的理念得到充分体现。

本章小结

1. 公文处理程序是根据公文的制发、办理和管理的规律，对文件工作中的一系列操作环节、工作步骤的有序组合和合理安排。

2. 公文处理程序具有规范性、有序性、从“双轨制”到“单轨制”、从线性到非线性的特点。

3. OA环境中的文件、档案一体化管理是指基于文件生命周期理论，利用计算机及网络技术，从系统论的角度出发，对文件工作和档案工作统筹规划、科学管理，使之系统化、规范化，以期发挥各自及整体最大效能，从而提高各类机构管理效能，确保从机关现行文件直到馆藏档案管理的高效和优化。

4. 文件、档案一体化管理是必然趋势。OA平台上设计公文处理程序必须注入文件、档案一体化管理的理念，充分考虑文件、档案一体化管理的需求。

5. 公文处理流程再造是指以文件、档案一体化管理理念为先导，打破文件工作、档案工作互相分家的局面，对原有的文件管理流程和档案管理流程进行统筹规划，重新设置合理的工作流程，旨在简化重复环节、提高效率、满足电子文件的全程管理需求。

6. 公文处理流程再造通常可以通过环节前置、环节后延、环节叠交的方式得以实现。

7. 2020新《档案法》对文件、档案一体化管理提出了新的要求。

思考与练习

1. 什么是公文处理程序？

2. 公文处理程序包括哪些工作内容？

3. 公文处理程序具有哪些特点？

4. 如何理解OA环境中的文件、档案一体化管理？

5. 为何以及如何实现公文处理流程再造？

案例分析

下述认识是否正确，为什么？

1. 我单位早在 20 世纪 80 年代就建设了 OA 系统，后来又购买了档案管理软件，只要二者对接就算实现了文件、档案一体化管理。

2. 只要把计算机上生成的电子文件打印保存归档，就算实现了 OA 环境中的文件、档案一体化管理。

阅读书目

1. 中华人民共和国档案法.（2020-06-20）[2021-02-20]. http://www.npc.gov.cn/npc/c30834/202006/14a5f4f6452a420a97ccf2d3217f6292.shtml.

2. 党政机关公文处理工作条例.（2013-02-22）[2021-02-20]. http://www.gov.cn/zwgk/2013—02/22/content_2337704.htm.

3. 党政机关电子公文处理工作办法（厅字〔2019〕7 号），中共中央办公厅、国务院办公厅 2019 年发布。

4. 聂曼影. 云环境下的文件档案可信性保障. 北京：社会科学文献出版社，2018.

5. 中华人民共和国国家质量监督检验检疫总局，中国国家标准化管理委员会. 信息与文献 电子办公环境中文件管理原则与功能要求 第 1 部分：概述和原则（GB/T 34840.1—2017）.2017.

6. 中华人民共和国国家质量监督检验检疫总局，中国国家标准化管理委员会. 信息与文献 电子办公环境中文件管理原则与功能要求 第 2 部分：数字文件管理系统指南与功能要求（GB/T 34840.2—2017）.2017.

7. 中华人民共和国国家质量监督检验检疫总局，中国国家标准化管理委员会. 信息与文献 电子办公环境中文件管理原则与功能要求 第 3 部分：业务系统中文件管理指南与功能要求（GB/T 34840.3—2017）.2017.

8. 杨霞. 文件管理规程与案例. 北京：北京大学出版社，2014.

9. 冯惠玲，赵国俊，等. 中国电子文件管理：问题与对策. 北京：中国人民大学出版社，2009.

10. 王健. 创新与拓展：档案管理 e 化之路. 北京：中国档案出版社，2004.

11. 王健. 电子时代机构核心信息资源管理：OA 环境中的文件、档案一体化管理战略. 北京：中国档案出版社，2003.

12. 何嘉荪，傅荣校. 文件运动规律研究：从新角度审视档案学基础理论. 北京：中国档案出版社，1999.

第九章

公文处理流程

引子

你了解发文流程和收文流程吗？它们分别如图 9-1、图 9-2 所示。

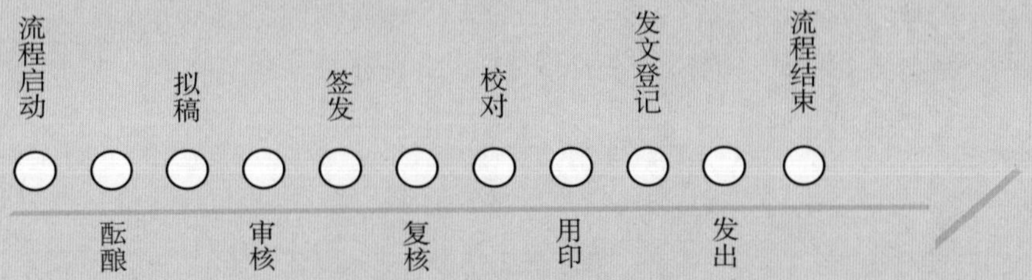

图 9-1 发文流程示意图

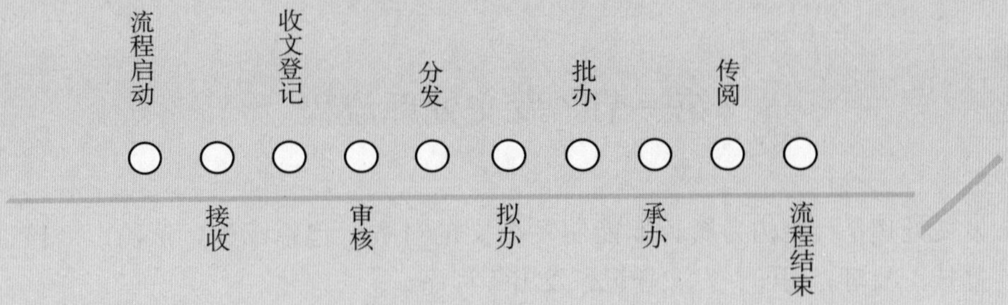

图 9-2 收文流程示意图

学习重点

通过学习，了解发文、收文处理工作的一般流程，包括掌握审核、签发、复核、校对、用印、登记、发出、公布等发文环节，以及文件接收、审核、拟办、批办、承办、传阅等收文环节的基本概念、工作内容与要求、实际操作方法，及其在办公自动化系统中的实现方式，等等。

关键术语

发文处理	会商
拟稿	签发
审核（核稿）	正签

代签	文件交换
核签	收文处理
会签	接收
分层签发	收文登记
先核后签	审核
复核	分发
校对	分流
对校法	拟办
折校法	批办
读校法	承办
印章	注办
公章	传阅
用印	催办
发文登记	查办
发出	公布
传真	加工

第一节　发文处理流程

发文处理是指机构为履行职能制发公文的过程，包括酝酿、拟稿、审核、签发、复核、校对、用印、发文登记、发出等程序。

发文处理的各项程序之间密切联系、环环相扣，其中任何一个环节出现问题，都有可能直接或间接地影响发文的质量和效率。

一、酝酿、拟稿

酝酿和拟稿是发文流程中的基础或起始性工作。酝酿文稿是拟稿的基础，酝酿充分、成熟，是撰拟出逻辑严密、语言流畅的文稿的前提。由于酝酿和拟稿各自的原则与内容有所不同，因此它们在处理方法上也会呈现出不同的特点。

（一）酝酿

酝酿，指文稿撰写者根据写作目标和意图，广泛收集、阅读、选择材料，设计表达文稿主旨的一系列思维活动过程。

文稿的酝酿通常是一个多人参与的构思过程。实际上，在交办任务之前，交办写作任务的领导已经对文稿有一个总体的要求，但这些要求还处在没有使用文字表达的相对模糊的状态。而文稿的撰写者的酝酿，就是在充分理解领导的写作要求基础上将其明确化，形成更加稳定、清楚地表达文稿主旨的逻辑框架，只有根据这一框架才能拟出一篇文稿。如有必要，文稿酝酿还需要征求有关业务人员或者职能部门人员的意见，并由文稿的撰写者筛选、提炼后纳入文稿框架。可见，文稿撰写者的酝酿构思活动是最主要的，酝酿的目的就是最终形成一篇文稿的逻辑思维框架。

要想形成比较科学合理的逻辑框架，一般要按照以下的步骤进行。

1. 准确解读领导交办写作任务的意图

领导的意图，是根据现实工作进程的需要，制定政策、部署工作、处理现实问题的计划、策略、目标等。领导的意图直接决定了公文写作的成败，撰文者在接受任务时，应准确清楚地把握行文对象、中心内容、主要观点、目的要求、交稿时间等影响文稿写作活动的要素。针对这些要素，撰稿者需要“换位思考”：通过进一步充分领会、仔细分析研究，体会领导的角度和高度，进而将领导的思想转化为自己的思想，这样才能够真正理解领导的意图，并将其与现实社会环境、国家法规、本机构职能、现状等有机结合起来，深刻领会，融会贯通，从而收到事半功倍、触类旁通的效果。相反，如果不能透彻了解这些要素，那么撰文者将无法组织材料，设计结构，即使设计出了文稿的逻辑框架，写出的文稿也难以符合领导的要求，自然无法实现写作的目的。

2. 在收集阅读材料的过程中酝酿结构

为了使文稿有血有肉，就需要丰富的材料作为支撑，因此，必须通过多种渠道收集材料，通过阅读材料、选择材料的过程逐渐搭建、完善文稿的结构。在 OA 环境中，特别提倡利用网络收集材料的方法。网络具有动态性、资料的丰富性和搜索的快捷性等特点，可以从中方便地获取与主题相关的最新法律法规、行业动态、社会反映等信息。这种方法与传统写作活动中常用的从图书、报刊中获取资料的方法相比较，具有更强的时效性和系统性，甚至有时能对同一主题的资料实现“一网打尽”，大大提高资料收集查找的效率。在搜索筛选的过程中，可逐渐积累能够说明主题的材料，构思表现主题的结构设想，为下一步的整体构思奠定基础。

3. 采用各种思维方法设计文稿框架

人们分析问题常用的思维方法通常包括以下几种：第一种是集束性思维，即从不同的角度对问题进行研究，找出共同的关联性，推断出结论，形成文稿结构；第二种是发散性思维，即从一点出发，不受拘束，自由驰骋思维，迸发思想火花，然后将思想成果整理成条理分明、逻辑清楚的文稿；第三种是拓展性思维，即在分析、研究和信息加工的基础上，梳理逻辑思维的脉络和头绪，构思提纲。

以上步骤通常是一个连贯连续的过程，相关联的工作环节可统筹兼顾，适当交叉、融合。例如：解读领导意图的同时可以思考文稿的逻辑架构，收集材料过程中可以再次领会领导意图，构思结构时又可以发现材料之不足，等等。为了使逻辑思路在整个写作过程中能够起到引导作用，通常将思路用文字形式形成书面写作提纲，以备出现思路不畅或遗忘时查询，保持思维的连续性和完整性。

（二）拟稿

拟稿是按照构思或者写作提纲撰写公文草稿的活动。如果说酝酿还是一个思维活动过程的话，那么，拟稿就是写作活动的第一个具体行动环节。它是借助于语言编码符号，将人们大脑中无形的思想表达出来，形成一份人们可以阅读理解的文字材料的活动。在拟稿时应遵循一定的原则和要求，以便完整准确地表达发文机关的意图，更好地实现行文的目的。

当前，在日益普及的办公自动化平台上，拟稿的方法发生了巨大的变化：与传统的纸质文件不同，电子文稿可以随时增、删、改，而其后的文面仍然工整如初，省去了纸质文件写作中誊清文稿的繁重工作；拟稿的顺序不再是线性的，是先写还是后写开头，改变段落位置，或者调用已有的文件等都不再是固定的，而是随机的、动态的、瞬时完成的；可以按要求瞬间完成长篇文稿的重新排版；一些文字处理工具还可以自动编写内容摘要，自动检查语句和语法错误，等等；文件既可以是单一的文本文件、表格文件、声音文件、图像文件，也能混合编排，生成形式多样、内容丰富的各类多媒体文件。其中，特别是多媒体文件，使文件信息内容的表现力比传统的纸质文件或者单一形式的电子版本更加生动、直观。总之，网络环境下的拟稿工作更加方便、经济，更加富有效率。

1. 拟稿的要求

在拟稿时，要求做到：

（1）撰写者应站在发文机关的立场，从法定作者的角度起草文稿。法定作者通常指一个法定机构或者法定机构的领导。文件是交办者、撰写者以及审核者等人员共同劳动的成果，应准确反映法定作者的管理意图、策略和行动，而不是撰写者个人的思想和行动，因此，作为具体承担草拟文件任务的撰写者，在写作过程中，常常要采用“换位思考”的方法，不断校准自己在写作中的身份、立场、观点，以便处理好个人与组织、下级与上级的关系，设计好文件的内容和形式，把握好行文的人称、语言风格等。只有这样，才能够使写出来的文件集中体现出发文机关的意志。

（2）按照构思或写作提纲撰拟文稿。既然经过酝酿阶段形成了比较成熟的写作提纲，那么，在草拟文件时就应该按构思或者写作提纲的思路写作。以书面的写作提纲固定文件构思是文件写作的一种重要方法。在写作提纲中一般拟定了文件的主旨，明确了写作的目的，指明了行文对象和行文关系，确定了文件的基本格式、行文的基本框架和写作方法。有了写作提纲，就能成竹在胸，依此行文，很快就能完成文稿。当然，按照提纲行文，并不是说写作中提纲不可修改，而是强调充分利用前期酝酿的成果，提纲确有不当之处仍然可以修订、补充和完善，但切忌不分情况推翻写作提纲重新开始，或随撰文者情之所至，驰骋想象，导致拟稿工作效率低下。

2. 拟稿的注意事项

（1）体现领导意图，依法制文。任何一个机构，其领导都是其主要职能活动的决策者和组织者，公文是他们传达决策和组织实施方案的重要手段。如果撰文者不理解领导意图，自然难以真正传递和表达领导的管理思想和行动决策，那么写出来的文稿势必得不到领导的认可，也就失去文稿存在的合理性和合法性。此外，在正确理解领导要求的同时，撰文者还必须熟悉相关的国家法律、法规和规章以及政策，在机构的职权范围内，依法制发符合自身职权和地位的文件；相反，如果撰写者不知晓法规要求，没有政策观念，越权制发文件，文件的合法性也就难以保障。因此，在拟稿过程中，撰写者既要吃透领导意图，又要知法、懂法和守法，确保公文制发的合法性。

（2）反映现实工作需要和实际情况。文件是办事的工具，是根据现实工作的需要而制发的，对各级各类机构完成职能、履行职责具有鲜明的应用性和现实指导性。因此，首先，要确定发文的必要性。文件的写作应该反映现实工作的需要，应确有必要，方可行文，不能为了写公文而写公文，事无巨细，凡事必文，形成“文山”，不仅会增加公文拟稿以及处理工作的压力，同时也会造成人、财、物和时间的巨大浪费。其次，强调公文内容的真实性。公文内容应实事求是地反映工作中的真实情况，不得只报喜、不报忧，或者只讲成绩、不讲问题，或者为了个人或小团体的利益，伪造、隐瞒真实情况。真实是公文的生命，不真实的公文信息往往会给机构或社会造成损失，甚至是无法弥补的严重后果。

（3）符合公文写作规范。与文学写作或新闻写作相比较，公文写作具有自身的写作特点和行文规范。如它具有写作主旨的限定性、写作行为的被动性、写作格式的规范性、文件效用的法定性、文件功能的凭证性等特点。同时，写作中还必须坚持党政分开行文、一文一事、同级机构联合行文等规则，按照国家有关规定和要求选用文种、表达各种数据项目、规范使用数字和标点符号等。这一切都表明公文写作必须在规定的范围内进行，撰写者应掌握公文写作的规范、标准和要求，具备良好的写作技能，熟悉公文写作的表达特点，使写作活动自始至终接受各种制度、规则和规范的制约和限定，不得随心所欲地展现和张扬撰写者的个性，这也是公文合法性、有效性、规范性的重要保证。

（4）树立时间观念，及时成文。公文的直接应用性决定了公文写作活动的时效性。时效性表明公文只在特定的时间范围内发挥其作用。从发文程序管理来看，拟稿拖沓，不能及时写成文稿，会直接影响其他发文环节的顺利推进，错过发文的最佳时机，再行发文就可能失去公文的使用价值。

按照以上要求完成拟稿工作，一份公文的初稿便诞生了。这意味着文件的文稿已不再是飘忽不定、难以捉摸的思想，而是借助于语言、文字等记录符号表达的、可以识读的相对固定的文本。作为文件的撰写者，必须对文稿进行全面反复的修改，以保证文稿的质量符合要求。

二、审核、签发

草拟而成的文稿仍然是草稿，还不是一份具有法定效用的正式文件。文稿是否符合行文的目的和要求，是否真正体现了领导的意图，是否满足现实工作的需要，还必须经过有关部门或人员的审核和签发，以确认文件的规范性和合法性，保证行文目的的顺利实现。

（一）审核

审核，又称核稿，指由机构综合办公部门对文稿质量进行全面系统的检查、修正的活动。通常由机构综合办公部门的负责人或专职核稿人统筹组织或负责公文的审核工作。审核对于文件和文件工作具有重要的作用：对文件来说，审核是控制文件质量的一个必不可少的手段。通过审核，能发现拟稿人自己修改文稿时未能发现的问题，杜绝不合质量规范的文件流转到下一办文环节，起到质量把关的作用。对于文件工作来说，审核能够促进发文办理程序的高效运转。审核工作做得好，能为领导签发公文奠定良好的基础。有了审核，领导可以将精力和时间更多地放到重大问题的决策活动上，不必陷入检查、修改文件的事务活动中，既提高了签发人的工作效率，也有助于保证发文办理的及时与高效。

1. 审核的主要内容

通常，以机关名义制发的一般文稿，由机关综合办公部门承担审核工作，审核人可以是办公厅（室）的秘书长或办公室主任或专职的核稿人；如果是以机关名义制发的重要文稿，那么也可由机关领导亲自审核，确保文稿的质量。以机构内设工作部门名义制发的文稿，由该部门的负责人或由其授权的秘书人员进行审核，必要时也可交由机关综合办公部门有关人员审核把关。

为了严格把好文件的质量关，审核应从以下四个方面入手：

（1）明确是否有发文的必要。是否确有行文必要是审核的首要内容，是决定一份公文“生存权”的首要因素。一般来说，只有当一份公文为解决问题所必需，或能产生比面谈、电话、会议、现场办公等方式更好的效果时，才真正具有行文的必要。在现实工作中，存在一种错误的认识，认为文件发得越多说明工作做得越好，导致一些单位事无巨细皆制发公文，造成资源的无效投入。因此，可发可不发的文件以不发为宜；当用其他方法可以更快速、更经济、更有实效地解决问题时，就应该果断选择其他更富成效的方法传递信息，避免增加无用文件的数量，浪费人力、物力和时间。

（2）确定文稿内容是否符合要求。传递文件信息是发文的根本目的，是审核文稿时始终关注的核心问题，无论是文稿形式，还是有关部门制定的各种制度规范等，都是服务于文件内容的。内容表达是否正确规范，是否符合国家的方针、政策、法律、法规和规章的规定，是否符合本机关的发文目的，以及文稿内容是否真实准确，各项解决问题的方法措施是否明确、具体可行，这些问题都是影响文件内容信息有效性的关键。

(3) 核查文稿文面是否符合规范。文稿文面是指文件数据项目表达和排版格式的外在形式。文面形式是对文件内容的表达，始终服从并服务于文件内容的需要。文面的数据表达和排版格式规范分为法定和约定两种：如党政机关公文的格式，文稿中的人名、地名、数字、引文、结构层次序数、国家法定计量单位等是国家通过法规、规章等予以统一规范的；而逻辑规则和语法规范、公文语体表达、结构安排方法等是在长期的文件写作实践中约定俗成的。在审核文稿时，应该参照各种规范和要求，对文稿进行认真核查，保证所发文稿的规范性和权威性。

(4) 检查文稿是否符合行文规则。核查重点是文稿是否符合统一规范和有关文件行文主体资格、行文关系及行文方向等的一系列制度、规则。如检查行文方式是否妥当，行文关系、传递方向是否正确，是否符合联合行文的条件，是否贯彻党政分开行文的原则，文种是否正确，等等。特别要严格审查以机关名义向其他机构发送公文的主体资格和公文质量。

根据有关规定，机构内设部门一般不得以自己的名义向其他机关或单位制发文件，如果确需发文，那么须经综合办公部门审核后，以本单位或其办公厅（室）的名义对外行文。

2. 审核文稿的方法

在一般情况下，除综合办公部门的秘书负责综合性文稿的撰写工作外，各业务部门应自行拟稿，之后转送部门负责人核稿。核稿的常规顺序是：

(1) 业务部门核稿。拟稿后的文件需先经拟稿人所在部门的负责人审核，只有部门核稿合格后，才能将文稿转入综合办公部门进一步核查。

(2) 综合办公部门核稿。由办公厅秘书长或办公室主任或办公厅（室）的专职核稿人等进行核稿。负责核稿的人员应客观、明确地提出自己的意见。核稿未通过，则将稿件退回拟稿人，不得进入下一审批流程。如果是重要文稿，需要有关领导进行会商的文稿，那么应由核稿人确定本次会商的领导人选，依次进行会稿。

(3) 会商。经办公室核稿后的稿件，如果需要不同级别或同一级别的多位领导对稿件进行会商，那么应由主办单位出面组织，会商人员可以提出自己对文稿的意见。如果属于几个单位联合行文、本单位是主办单位的情况，那么应先由本单位负责审核，提出核稿意见，然后再组织其他协办单位依次审核文稿，并加入其审稿意见。通常，在OA系统中，不仅可实现文件逐级自动传送，依次会商，也可实现同时发给所有相关人员来收集其意见。

在审核文稿时，如果需要对发现的问题进行修正，那么并不是完全由审核人负责修正，可以视不同情况采取不同的处理方法：

(1) 对于文稿中出现的局部问题，审核人可以直接对文稿进行修改，例如：文稿出现标点符号错误、个别错别字、段落排列等问题，审核人可以顺手完成修改工作。

(2) 对于文稿中出现的大范围内容调整的问题，审核人可以在提出修改意见后，退还给拟稿人，由其对文稿进行具体修改。

（3）对于一些专业性较强的文稿，也可由审核人与拟稿人相互协商，共同修改。

发文稿纸样式如表 9－1 所示：

表 9－1　发文稿纸参考样式

<table>
<tr><td colspan="4" rowspan="3">签发意见

年　月　日</td><td colspan="6">拟稿人

年　月　日</td></tr>
<tr><td colspan="6">审核人

年　月　日</td></tr>
<tr><td colspan="6">复核人

年　月　日</td></tr>
<tr><td>文件
字号</td><td></td><td>密
级</td><td></td><td>保密
期限</td><td></td><td>紧急
程度</td><td></td><td>印制
份数</td><td></td></tr>
<tr><td>文件
标题</td><td colspan="9"></td></tr>
<tr><td>主送
机关</td><td colspan="9"></td></tr>
<tr><td>抄送
机关</td><td colspan="9"></td></tr>
<tr><td>附件</td><td colspan="9"></td></tr>
<tr><td>印制
机关</td><td colspan="3"></td><td>打印
校对</td><td colspan="3"></td><td>印制
时间</td><td></td></tr>
</table>

（二）签发

签发，是发文机关领导对已经审核的文稿进行核查并签注发出意见的活动。签发工作是机关领导行使职权、履行职责的重要手段，是对核查无误的文稿赋予法定效用的必要环节。因此，签发人通常是负有法定职责的领导或被授权的部门负责人，各个层次的领导应在各自的权限内签发文件，不得越权签发。

1. 签发的作用

（1）再次全面核查文稿。签发人往往是部门或单位的领导，由于身份和地位不同，看问题的方式和角度往往也会有别于公文撰稿人、核稿人，因此，签发人在批注发出意见之前应对文稿做全面系统的审查，查找撰稿人、核稿人可能遗漏的问题，及时纠正或补充，保证发文的质量。

（2）正式赋予文件法定效用。在通常情况下，经领导审阅后发现需要修正的文稿，会退回有关部门修正。只有确认无误的文稿，才由签发人批注正式发出意见，并签注姓名和日期。一经签发，文稿即成为定稿，具备正式文件的效用。经签发后的定稿，其他人未经签发人同意，均不得对其再做任何修改，否则将承担相应的责任。

（3）为印制正式文本提供依据。只有经过领导签注同意发出的意见后，文稿才能成为印制文件正本的标准稿本，否则，文稿不得进入下一个发文制发环节。这是文件规范性、合法性和权威性的必然要求。

2. 签发的种类

由于签发人身份、地位及工作程序的不同，签发有正签、代签、核签、会签之分。

（1）正签，指签发人在自身法定职权范围内签发文件。根据组织设计原则和人员编制管理原则，每一个组织机构的负责人都具有相应的职位、职权和职责，不同职位拥有相应的职权，可以依据职权履行管理职责，而签发文件是完成管理职责的主要手段之一。正签强调依职权签发文件。需要明确的是，正签不仅指正职领导的签发活动，也包括副职领导在其职权范围内的签发活动。

（2）代签，指根据授权代他人签发文件。当领导因故无法签发文件时，应委托其他领导或综合办公部门的负责人代其签发文件，以保证机构中各项工作的连续性和时效性。未经授权不得随意代替，否则即为越权或侵权行为，须承担相应的后果或责任，其签发的文件为无效文件。

（3）核签，又称加签，指上级领导签发下级机关或部门的重要文件。下级部门发布的重要文件，应报送上级部门审核复签，以保证文件的严肃性和法定效用。在实践中，应该正确界定“重要文件”，避免因过多核签而降低办文效率。

（4）会签，指当两个或两个以上机关联合行文时，由各机关的领导共同签发文件。会签必须在“会商一致”的前提条件下进行。会签时，先由主办单位签发文件，再由主办单位牵头组织协办单位签发文件。只有在参与会签的所有单位的负责人都在文稿上签注同意发出的意见、姓名、日期之后，这份联合发出的文件才能够发出，否则，文件就不得以联合行文的名义发出。

3. 签发的原则

签发的基本原则是分层签发，即签发人必须根据其职权范围的规定，签发属于自身法定权限内的文件。各个层次的领导应各负其责，签发自身职权范围内的文件，不得越权签发。越权签发的文件，不具有法定效用。

在现实工作中，签发权往往依附于领导的职务、职权，职务、职权与职责是相互匹配、三位一体的。因此，在一般情况下，各单位都由一位主要负责人负责签发文件，并承担相应的签发责任。只有权责分明，才能提高办文办事效率。对于一些重大事项，有时需要集体签发文件，共同承担责任。但由于集体签发有时存在主签人与其他签发人之间责任大小难以认定的问题，因此，选择集体签发方式时应慎重。

根据组织结构和现实工作的实际情况，分层签发原则的主要内容包括：

（1）以机关名义制发的文件，由机关领导签发，其中内容重要或涉及面广的文件由正职领导或主持日常工作的副职领导签发，部分文件也可由机关办公厅（室）秘书长或主任根据机关领导的授权代签。

（2）当以机关内设部门名义发文时，由部门领导签发，重要文件也可由本机关领导核签。

（3）会议讨论通过的决议、会议纪要等，由会议主持人签发。

（4）联合行文时应先由主办单位签发，后由各协办单位签发，并实行“对等”签发，即主办单位由哪一级领导签发，其他协办单位也由相应级别的领导会签。

4. 签发的要求

（1）正确选用签发类型，明确签发责任。为了增强公文的效用，应各负其责，依职权签发。一些单位对内对外的所有发文均由机关领导签发，或将所有文件授权下级代签的做法都是不正确的。除特殊情况外，上级领导不重复签发下级已签文件。尽量减少核签，已明确授权下属代签的文件就不必核签；组织好联合行文时的集体签发，以使其意见尽可能一致后再签注，如有意见分歧，可以请求上级机关协调，当无法达成一致意见时，各单位不得各自向下行文，以免给工作带来混乱，造成下级机关无所适从。除非必要，应尽量减少集体签发。

（2）坚持先核稿后签发，有助于经济、高效地制发公文。在发文办理过程中，应当首先对文件进行审核，再送交领导签发，这样有助于提高领导签发的效率。反之，容易造成反复签发或签发失效，造成资源浪费，失去审核的作用。

（3）保证签发的有效性与合法性。签发的有效性直接关系到文件的法定作用。签发时要写明签发意见、签发人姓名和签发日期，防止其他人篡改或冒名审批。已签发的文稿需要修改时必须经签发人同意后进行，修改后要再行送该签发人重新签发，以确认公文的有效性。

（4）规范签发意见的位置。批示定稿及其发出意见（如“发”“急发”等）应规范书写在签发意见栏内，见表 9－1 的相应位置，并签注签发人的姓名和签发日期；会签时，各单位的签发人均需签注签发意见以及完整的姓名与日期；代签时，应标注“代”“代签”等字样。只签注姓或名，或者只签姓名而不批注意见，或者只写年月不写日期等做法都是不规范的。

文件签发完毕，由文件办理人员根据领导的签发意见注明一些文件管理信息，如密级、紧急程度、份数、抄送机关等，以便于制作文件正本。

三、复核、校对

《党政机关公文处理工作条例》规定：复核、校对的目的在于确保发文质量。公文只有经过复核、校对确认无误后，方可继续流转。

（一）复核

复核是指由文秘部门在制作文件正本之前对文件定稿及其生成过程再次进行核查。复核是对文件质量全程控制的重要环节，可以避免文件在印制中或印制后，甚至发出后出现问题。

复核工作并不是前期审核工作的简单重复，而是审核、签发后的又一个质量把关环节。复核工作的内容不仅包括对审核内容的再次核查，而且重点关注签发环节及其后续的印制准备工作的复查核准。复核工作除了再次对文件的信息内容和形式进行审查外，工作的重点主要包括以下几方面。

1. 检查审核签发手续是否完备

即核查文稿的审核人、签发人是否合法，有无越权或侵权情况；是否规范地签注了发文意见、姓名和日期。

2. 检查文件管理信息是否准确

即文件具体的发送范围是否必要、明确，主送和抄送范围的选择是否恰当清楚，紧急程度、密级是否合理，印制份数是否有误，标注是否准确规范，等等。

3. 检查附件材料是否齐全

即附件材料的件数、页数是否与附件说明一致，是否有遗漏，其内容是否完整无缺。

4. 检查格式是否统一、规范

即文件书写格式是否统一，字体字号、标点符号、数字、公式、层次序数、页码、表格、注释的表达格式是否符合国家有关规定，表达文件内容的各数据项目的结构格式是否规范，等等。

由上可见，《党政机关公文处理工作条例》将发文审核分为两次，由不同层次的人员负责，使得审核内容范围更广，要求更严。

第一次审核（初审）：在公文呈送负责人签发前，由办公厅（室）进行审核。审核重点是是否需要行文、行文方式是否妥当、是否符合行文规则和拟制公文的有关要求、公文格式是否符合规范等。

第二次审核（复核）：在公文正式印制之前，由文秘部门进行审核。审核重点是审批、签发手续是否完备，附件材料是否齐全，格式是否统一、规范，等等。

经复核无误的文稿，即可按照规范格式进行排版，为保证排版后的文本与定稿一致，必须对印制的文本进行认真仔细的校对。

（二）校对

校对，指以定稿和规范格式为基准，对排版后的印版校样所做的全面核对检查，旨在发现并纠正各种错漏，确保文件质量的活动。

1. 校对的内容

（1）校正与定稿不符的各种字符。如形近字、同音字、倒字、横字、残字等，尤其是电子文本中的形近字、同音字较多，有时需要结合上下文来认真判断。

（2）校正与定稿不符的语句、行段。针对文本中常常出现的语句丢失或段落格式不规范的情况，应对照定稿仔细核实补齐。

（3）校正标点符号、公式、图表方面的错漏。标点符号直接影响语意的表达，必须尊重定稿；公式是否居中、图表附加位置是否符合规范等，都应仔细核对校正。

（4）纠正排版格式方面的差错。文件的定稿和正式文本在内容上具有一致性，但在排版格式上允许存在一定的差异，比如定稿往往只有主体内容，而正式文本有标明发文机关的版头和版记部分，因此要根据定稿中标注的发文管理的信息，认真进行核对，检查是否有遗漏或不当的增加项目。此外，还应解决统行、缩面等一般版式问题，以及图表与正文、注码与注文的衔接和页码编排问题。

在校对过程中，如果发现了文件定稿中的疏漏或其他重要问题，应及时向综合办公部门或文件核稿人、签发人等反映，提出问题，寻求解决方法，校对人员不得擅自更改变动，以保证定稿的有效性和权威性。

2. 校对的方法

校对文稿常用对校法、折校法、读校法三种方法。

（1）对校法，即将定稿放在左方或上方，校样放在右方或下方，校对者先看定稿，后看校样，逐字逐句核对，右手执笔指点校样，并随视线来回不断移动，完成校对。其优点是通过语句的来回对照，校对人员能够将看、读、思结合起来，容易发现文本中的问题，但由于长时间将目光集中在语句上，容易产生疲劳，而且逐字逐句地对照，其速度比较慢。

（2）折校法，即将定稿置于桌上，轻折校样，使待校文字处于页面第一行，然后把校样夹在双手大拇指、食指和中指之间，将校样压在定稿相应文字下一行位置上，双手随视线从左向右移动，校样与定稿上的文字一一对应。改样时，左手持样稿并用食指压校样于原来位置，用右手持笔改正错漏。其优点是校对比较仔细，差错率低，但由于是一人对两件稿本互相比较，因此速度较慢；校对中只注重字符的差异，一般对字符的意义不假思索，语意上的问题难以发现。

上述两种方法的共同特点在于：均由一人承担，采用对照、比较的方法完成校对工作。

(3) 读校法，即由一人读稿，另一人或多人查看样稿。读稿人应将每字、每句、每个标点符号读出，朗读应速度均匀有节奏，同音字、罕见字、另行、另页、另面、空行、占行及其他有关格式安排都需读出并加以说明。看样人应全神贯注，辨清每一字、每一句、每一个标点，发现错漏要及时通知对方停止读稿并在校样上改正。其优点是：可以调动耳、目、脑、手等多种器官参与到校对工作中，可以同时对文件的信息内容及其语法逻辑和外在格式等方面进行高品质的校对；由二人或多人分工协调，分工配合灵活，校准率较高。但如果读校双方节奏不一，读稿人吐字不清，便容易出现校核不准、速度较慢的现象。对于一些长篇公文文稿和紧急公文文稿可采用读校法。

在一般情况下，校对工作由负责文件印制的综合办公部门或承办部门负责。通常，校对文件需经 2～3 个校次后方能定版，重要的或文本较长的文件还需适当增加校次，并由两人以上参加校对，以确保文件质量。

经校对确认无误的文本，套上版头、版记等格式项目，即可缮印公文正本，经过用印（或签署）、发文登记等程序后向外发出。

四、用印、发文登记、发出

印章，代表一个机关的权力，是文件生效的标志。用印（或签署）的目的是赋予文件法律效力，保障文件的真实性和凭证性。用印或签署后，文件不能直接发出，还需履行登记手续等。

（一）用印

用印，指为了表明对文件承担法律责任和对文件法律效力的认可，由发文机关在文件上加盖机关印章的活动。在我国，最常用的文件生效方式是用印，它标明了文件的严肃性和权威性，是发文处理的一个重要环节。用印必须按照法定的权限和程序进行。此外，签署也是文件生效的标志，由法定签署人在文件正本上亲笔签注姓名和日期，确认文件的法定效用。

用印和签署尽管都是文件生效标志，但仍然存在一些区别。

首先，适用范围不同。以机构名义的发文，通常以加盖其印章确认法定效用；而以法定机构领导名义的发文，由该领导在文件正本上签署姓名，正本中没有生效时间规定的还需签注发文日期。

其次，职权层级不同。用印不受职权层级的影响，单位的不同层级的负责人不分级别和正副职别，只要符合职务权限要求而签发的文件均可用印；而签署权一般只由单位正职领导专有，副职领导不必联署。除经法定领导或其法定代表正式签署的文件之外，党政机关文件不经用印一律无效。在《党政机关公文处理工作条例》中列举的15种文种中，除纪要外，均需加盖印章或签署。

此外，虽然签署和签发都是领导或者负责人赋予文件法定效用的工作，但二者之间也有一些区别：一是签发人可以是不同层级的负责人，签署人一般是一个法定单位的正职领导。二是签发通常是在发文稿纸的签发栏里签注同意发出意见，以及姓名与日期，签注同意发出意见后的文稿即成为具有法定效用的定稿，是制作正式公文的基准；而签署是在公文正本落款处签注姓名（或者代以签名章）和日期（不签意见），直接确认文件的有效性。

1. 用印的原则

为保障文件的效用，用印时应遵循分层、分职用印的原则，以保证用印的规范性和有效性。

所谓分层，即按照组织机构的层级，各个层级的负责人在各自的法定权限内签发文件并使用相应的印章，也就是说，以谁的名义制发文件，就加盖谁的印章，一般不得用其他机关的印章，尤其是下级机关不得使用自己的印章代替上级机关用印。在特殊或必要的情况下，上级机关可为下级机构的文件代章，代章时应清楚标明“(代章)”字样。

所谓分职，即按照不同的工作职能需要选用相应的印章。根据功能需求，机关印章通常可以分为以下几种。

（1）公章，标注机关名称的公用图章，是法定机构在法律上的重要标志。通常以法定机构名义对外正式行文时均需加盖公章。法定机构应按照国务院以及国家公安部、民政部等部门的规定刻制和管理公章：国家行政机关和企事业单位、社会团体、民办非企业单位的印章为圆形，中央刊国徽或五角星；印章所刊汉字字体为宋体；刻制印章，应到当地公安机关指定的刻章单位刻制；当因单位撤销、名称改变或换用新印章而停止使用时，应及时送交印章制发机关或登记管理机关封存或销毁；印章丢失，经声明作废后，可以按规定程序申请重新刻制；对伪造印章或使用伪造印章者，要依照国家有关法规查处。

（2）业务专用章，特定使用范围的印章，其形状一般为长方形，有时也有圆形。公文的业务性强，当仅涉及某一项专项职责时，可用专用章。如应用于财务管理的财务专用章、应用于文件管理的收文章及档号章、应用于签约的合同专用章等。

（3）签名章，领导的姓名图章。可以任选字体刻制，其形状多为正方形；但在多数情况下，签名章根据领导亲笔书写其姓名字迹而刻制，其形状多为长方形。签名章多用于以领导名义制发的公文中。

（4）钢印，标注法定机关名称的公用特制印章，其形状与其公章一致。只有法定机关才制作钢印，而一个法定机关的内设组织机构不必制作钢印。钢印通过印文凸起而起到防伪作用。钢印适用于加盖证书、证件等公文。

2. 用印的方法

根据发文机关的情况不同，印章应加盖在文件的不同位置。以国家行政机关为例，一般文件的用印位置在正文后的落款处。具体方法请参见第六章第二节。

3. 用印的要求

目前，我国在文件上用印一般采用两种方法：一是在纸质文件上加盖印章，二是在办公自动化平台上直接采用电子签名的方法。《中华人民共和国电子签名法》已经出台，随着法规的完善，电子签名方法在电子政务和电子商务领域将会得到更加广泛的应用。

目前，多数机构以用印赋予公文效力。为了保证用印的严肃性和文件的有效性，用印时均要求做到：

（1）指定专人保管。机关公章应保管在综合办公部门指定的专人手中，使用时须由其监印，用毕迅速收回。如果是电子印章，那么同样必须由专人保管印章的相关数据，如IC卡或使用权限密码等，有关人员使用时必须进行身份认证，并不得告知非权限人使用电子印章的有关方法和口令，以保证电子印章的安全。

（2）监管用印过程。用印前，应当履行批准手续，不同的文件使用不同种类的印章，均应送交相应领导或负责人批准，未经同意一律不予用印。用印中，纸质文件的用印份数，以领导批准印发的份数或常规规定的份数为准，不得随意增加，印章管理者要做好正式记录。如果是电子签名，那么办公自动化平台的日志系统必须能够提供自动记录的用印权限人、时间、文件内容摘要等信息，以备查询和管理。电子文本的印章还必须有严格的复制、剪贴和更改权限规定。

（3）印迹必须端正、清晰、完整。字迹应端正地自左而右环行，完整、清楚地表明发文机关的名称，印章字迹不得有歪歪斜斜、缺字少画、模糊不清、字符颠倒等现象，以维护文件的严肃性、庄重性和有效性。为了增加成文日期的清晰度，防止因图案或文字压在成文日期上而使其难以辨认。在加盖印章时，如果印章下弧无文字，那么应以下弧压在成文日期上（下套方式）；如果印章下弧有文字，那么印章中心线应压在成文日期上（中套方式）；两个或两个以上印章的排列应采用同一种加盖方式，即统一采取下套或中套方式，不得五花八门。除签名章外，印章的颜色应为红色。在纸质文件上用印时，应选用质量较好的印泥。

公文用印后，公文实质性的制发工作就已经全部完成，文件已经成为具有法定效用的正式文本，经登记等手续便可发往收文机关。值得注意的是，对纸质公文来说，印章是公文生效的重要标志。而对于电子公文，为了确认公文的效用也需要印章作为生效标志。在OA环境中，电子印章或电子签名是通过专用软件生成的，在技术上要确保不被窃取或仿制，确保电子公文的真实有效。

（二）发文登记

发文登记，指将拟发出的文件正本上的信息和发送时间、对象、范围等情况登录在案的活动。发文登记的目的在于通过登录建立对内对外发文情况数据库，为发文信息的统计、催办以及日常查询等提供依据，同时也有助于分清收发文双方各自的责任。

文件的正本用印后，在发出前还需对文件进行逐项、逐份登记，详细地填写《发文登记表》（见表 9-2），登记表中的登记项目可以根据各机关的职能、业务活动的需要来增减。在 OA 系统中，发文登记功能通过系统自动实现。

表 9-2　《发文登记表》样式

发文序号	发文日期	发文字号	发文机关	文件标题	密级	份数	发往机关	清退情况	签收人	备注

为了有效传递信息，文件正本通常要借助于一定的传递方式发送到收文机关，或者通过一定的渠道向一定范围公布，这是文件真正发挥现行执行效用的重要途径。

（三）发出

发出，指通过一定的方式将文件信息传递给收文者的活动。文件发送的方式要保证文件信息能够经济、高效地传送。

纸质文件发出时可选用机要邮递、文件交换、快递、传真等方式传递。

机要邮递，是指借助于国家邮政系统的特种机要通信业务传递文件，是专为传递保密文件而单独开辟的特种邮递服务。秘密、机密的文件一般可用此方式递送。

文件交换，是通过设在城市（或地区）中心的文件交换处（站），定时定人集中相互收发文件，它可以减少文件传递的中间环节，文件传递速度快、经济，保密性较强。平件、秘密件、机密件均可借此方式传递。

快递，通过专业的速递公司派出专门通信人员向收文机关投送文件，这种方式用于保密文件或紧急文件的传递，费用较高，多在人口密集、经济发达的大中城市使用。

传真，借助于公共电信系统、传真设备，通过文字、图像等递送文件。其主要优点是迅速、快捷，但有保密要求的文件应慎用。

在办公自动化平台上，电子公文的发出是利用计算机网络高速传输的特性，将发布的公文自动传送给有关收文者，收文者足不出户即可及时收悉。这种传输方式可以实现一“点”对多“点”的收发功能。

第二节　收文处理流程

收文处理是指机构伴随公务活动收受外单位发来的文件并对其进行传阅或办理的过程。包括接收、收文登记、审核、分发、拟办、批办、承办、传阅等程序。通常，当收到一份文件时，先进行收文签收，经审核不合格者将被退回发文机关，合格者则根据机构的业务分工、文件的内容与处理要求等分别发送给相应的拟办人提出拟办意见，之后由批办人决策，再交由承办人办理。

收文处理过程是一个由各种工作环节组成的动态工作系统，各工作环节之间环环相扣、紧密衔接。如何设计和组织这些环节，直接影响着收文处理的效率。

一、接收、 收文登记

出于联系业务、沟通信息等需要，每一个机构都会接收来自其他机关的各种信息。接收是收文的第一个工作环节。在接收过程中，需要核查这些信息是否属于本机关业务活动中应该或需要处理的有用信息，为后续收文办理各个工作环节的顺利开展奠定基础。这一阶段的主要工作内容和步骤是：收取文件、核查签收、登记在案。

（一）接收

接收是收取、检查、核对外机关发送来的文件，确保接收的信息是对开展本机关业务和其他管理活动有用的文件信息。

在传统纸质文件的接收过程中，通常分两次完成文件的接收工作。

第一次是由本机关的收发室人员（又称外收发）负责接收来自邮局、机要通信、机要交通、公文交换站或各机关专送的公文，审核信封或包封外标记，当确认收文机关、清点数量、核对无误之后，在对方的发文簿或回执单上签字。

第二次是收发室人员与本机关的综合办公部门或职能部门的文件工作人员（又称内收发）之间针对已收入的公文进行清点、核对与检查，履行交接签收手续。

在办公自动化平台上，文件接收与其他工作环节一样，作为办公系统的一个子系统，在网络环境下以点对点或者点对面的方式来进行。这种传输文件信息的方式，取消了收发传递中介，更加直接、快捷、高效。与传统文件接收方式一样，办公系统从外部机构接收的信息并不都是有用的文件信息，因此，在接收文件时也同样需要认真鉴选，使有用的信息得到及时、有效的处理，提高整个机构的办文办事效率。

（二）收文登记

收文登记，指文件工作人员对收到的文件内容信息、收文日期等进行分门别类登录在案的活动。登记时应填写文件标题、发文字号、发文机关等内容信息。

收文登记的作用在于通过对收文信息的管理，方便平时核对、统计、催办、查找、利用公文，同时还有助于文件工作人员掌握公文运转过程中的有关情况，明确参与公文办理的各类人员的责任，提高公文办理的效率。

收文登记的范围，包括机关间正式往来的各种收文，如上级机关的政策性、指导性、交办性、参阅性公文，下级机关的呈请性公文，平行或其他不相隶属机关的商洽性、询问性公文，参加重要会议的通知及其他材料等，重要的、带有密级的刊物、资料，以及具有政治、经济、历史、科学价值的公文、资料，人民来信，等等。

收文登记，应主要登录以下主要项目：收文日期、来文机关、来文字号、文件标题、密级、份数及附件、承办单位及承办人等。

上述项目可以印制成如表 9－3 的《收文登记表》，也可将此表嵌入办公自动化系统中的来文登记子系统内。

表 9-3　《收文登记表》样式

收文编号	收文日期	来文机关	来文字号	文件标题	密级	份数	附件	承办单位	签收人	备注

二、审核、分发

各类机关在自身的职能活动中，会收到来自上级机关、平级或不相隶属机关、下级机关的公文，如果收文中有不符合有关规定和规范的文件，那么势必直接影响文件的办理方式方法的选择、办理时限的确定以及文件现实执行效用的顺利实现，误时误事。因此，文秘部门或文件工作人员应当在接收文件之后，对其进行严格审核，以提高办文、办事效率。

通过审核的文件，便可针对文件的内容和特征以及机关自身的业务和职能分工，合理分发，使之进入收文的办理流程。

（一）审核

审核，指按照有关规定和规范对收文进行检查核实的活动。通过审核，剔除无效和无用文件，保证内容和格式符合要求的文件进入收文办理流程，提高收文办理的时效性和有效性。

审核工作的具体内容包括：

（1）针对上级机关、平级或不相隶属机关的来文，主要检查来文是否属于本机关职权范围内应办理的文件。

（2）针对下级上报的需要办理的文件，除审核来文是否应由本机关办理之外，还应对以下方面进行审核：是否符合行文规则，是否符合国家法律、法规及其他有关规定，涉及其他部门或地区职权的事项是否业经协商、会签，文种、格式是否规范，等等。经审核，符合要求的文件进入下一个收文处理环节；不符合有关规定和规范的文件，经收文单位办公厅（室）负责人同意后，可以退回呈报单位，并说明退回的原因或理由，以便来文机关知晓问题所在。

（二）分发

分发，又称分流，即按照机构内部业务分工和来文的内容与要求，将其分送到各主管部门予以办理的活动。分发工作的目的在于根据职能分工，实现文件的分工处理。

收文分发一般在收文审核完毕后进行，但由于人们思维活动的多维性，人们往往在收文接收、登记的过程中，已经同时在对收文进行审核和分类，因此，收文分发流程不一定是完全孤立的单向线性运行，而常常与前面几个工作环节交叉或同步进行，以期加快办文速度。分发工作的要求如下。

1. 分门别类处理

分发文件必须了解文件的性质、内容等信息，根据办文程序、规定或惯例，区分阅知件与办理件、急件与平件、秘密文件与非秘密文件，并通过建立不同的文件夹对其分门别类处理，这样可以通过文件的有序、定向流动，使文件信息得到及时、安全、准确处理。此外，对一些内容重要或紧急但篇幅较长或表意不够清晰明了的文件，应结合分发工作适当做一些加工工作，旨在加快阅文办文的效率。比如：醒目标示重要内容或关键句，撰写提要，汇编摘报或针对若干文件编写信息汇集，等等。

2. 预先建立文件分发系统

作为文件处理的中继站和运转枢纽，综合办公部门应根据本单位的机构和人员的实际情况，建立常见文件的承办部门和承办人员的分发列表。当分发文件时，在列表中选择，有助于提高分发的速度。

3. 不同来源、不同内容的收文应采用不同的分发处理方法

分发时应遵循以下处理原则：

（1）领导亲收件径直转送领导个人，即使这些信件中包括公文也不例外，因为文件工作人员无权打开署有领导姓名的信件；

（2）业务性文件按业务分工径送各业务部门；

（3）综合性文件径送综合办公部门负责办理；

（4）只需阅知的文件直接组织传阅；

（5）对需要办理而无明确办理部门、办法、措施的文件，应在直接送领导或综合办公部门负责人进行批办或拟办后，再行分发。

三、办理、传阅

根据处理文件的不同方式，可以将一个机构的收文分为两大类：办理件（办件）和阅知件（阅件）。办理件，指需要由具体的业务部门或人员通过一定方式贯彻实施信息内容的文件；阅知件，指需要机构负责人、部门负责人或相关业务人员阅读了解信息内容的文件。办理件的处理过程通常按照拟办—批办—承办的流程进行；阅知件的处理过程通常按照拟办—批办—组织传阅的流程进行。办理、传阅的共同目的是了解文件内容和行文目的，使文件得到阅处。

（一）拟办

拟办，指由综合办公部门或业务部门的负责人及有关人员对需要办理的公文提出建议性处理意见的参谋性活动。经审核符合国家规定、需要办理的文件，根据本机关的职权范围、组织机构的设置、业务职能的分工以及文件内容的要求等实际情况，文秘部门应当及时提出具有针对性和可行性的拟办意见。

拟办人员，通常是综合办公厅（室）的秘书长（主任）或者业务部门的负责人，必要时也可由其授权有较高政策水平和较强语言文字表达能力、熟悉有关业务的秘书人员负责拟办。

1. 拟办的作用

拟办是文秘部门提供信息服务、参与决策、发挥参谋和助手作用的重要途径。它的作用具体表现在：从领导的角度来看，虽然拟办意见不是公文办理的最后意见，但拟办过程中提供的与办理有密切联系的各种资料，能为领导决策提供初选方案；经过筛选加工的、与决策相关的各种信息，有助于领导决策意见的形成；同时，明确而具体的拟办意见，有助于领导节省大量的时间和精力，及时准确地做出科学决策。因此，拟办意见对领导来说有着重要的参考价值。从拟办人角度来看，对公文如何处理的建设性意见，是拟办人认真分析、系统研究的结果，融入了拟办人的理性思维和知识智慧，体现了拟办人的综合分析问题、解决问题的能力。因此，拟办环节有助于充分发挥文秘部门及其人员的工作积极性和主观能动性，锻炼综合处理各种事务的能力，使之能够更好地履行辅助决策和参谋助手的职责，提高其信息服务的品质。

2. 拟办的范围

并非所有的公文都需要拟办，需要拟办的公文通常包括：下级机关的请示及重要的报告、要求本机关办复的公文、重要的人民来信等。

3. 拟办的要求

（1）对拟办人员的素养要求：拟办人员应具有较高的理论水平，能够运用相关知识分析问题、研究问题，站在全局的高度，提出高质量的拟办意见；深入了解党的有关路线、方针、政策，以及国家的相关法律、法规，为拟办工作奠定良好的政策基础；熟悉本机关组织机构的构成、领导的分管范围、各部门的业务范围以及本单位与相关单位的业务关系等，所提拟办意见应有具体的针对性，切合实际。

（2）对拟办活动的要求：详细地阅读来文，准确地把握公文的内容、性质和发文机关的具体意图和行文目的，以便有针对性地提出切实可行的拟办意见。掌握有关的方针政策及相关规定，必要时查阅有关公文资料，如是曾经处理过的问题，应了解前案有关情况，如是新问题，应在调查研究、分析论证的基础上，掌握各种具体情况，获得有价值的信息。同时，应将相关的公文资料附在此份公文之后，方便领导批办时查阅。

（3）拟办意见的撰写要求：拟办意见应当明确具体、简明扼要，具有可操作性，具体问题具体分析，针对不同情况提出相应的拟办意见。

对上级来文的拟办，应指明办理、贯彻落实的部门或具体人员，并提出具体要求，如“拟请××局研究落实”“请××同志批示”，使相关部门或人员能够明了自己的任务和责任；如果笼统地写为“请各位局长阅示”，则容易产生如下问题：各位领导阅文后都批示了意见，且所批示意见不一致，导致矛盾、抵触，降低文件办理的效率。

对下级机关或平行、不相隶属机关来文的拟办，需要明确指定负责承办文件的业务部门或业务人员以及注明办文时限。如：“拟请××处××同志负责办理，在×月×日前办复”，责任到人，明确办理时限，提高办文效率。

对需要联合办理的公文的拟办，应明确牵头单位，以免机构之间互相争办或相互推诿。必要时，在指定牵头单位的同时，还应明确如此安排的原因，便于主办和协办单位明确责任，相互协作，共同完成工作。如“拟请××处牵头，××处、××处、××处协助办理”，牵头单位是主办单位，承担主要责任，其他协办单位有义务配合主办单位完成文件的办理，为领导批办提供基础。

对难以提出具体办理意见的文件，在拟办前可先与文件内容涉及的相关部门联系沟通，在听取意见后再提出拟办方案。如各部门意见不一，应分述各种分歧意见，认真研究其可行性，提出自己的倾向性意见，并说明理由，供领导批办时参考或定夺。

在传统文书工作环境中，拟办意见一般填写在《文件处理表（单）》（见表 9－4）的拟办栏内，并签注拟办人的姓名和日期。在电子环境中，拟办意见的控制功能也就转移至在电子环境中实现。

表 9－4 《文件处理表（单）》样式

<table>
<tr><td>收文
日期</td><td></td><td>来文
机关</td><td></td><td>来文
文号</td><td></td><td>密级</td><td></td><td>份数</td><td></td></tr>
<tr><td>文件
标题</td><td colspan="4"></td><td>文书
处理号</td><td colspan="4"></td></tr>
<tr><td>拟办
意见</td><td colspan="9">年 月 日</td></tr>
<tr><td>批办
意见</td><td colspan="9">年 月 日</td></tr>
<tr><td>承办
过程
及结果</td><td colspan="9">年 月 日</td></tr>
</table>

（二）批办

批办，是指由机构或部门领导对文件办理提出最终处理意见的决策性活动。对拟办完毕的文件，应由文秘部门送领导予以批办，最终确认文件办理的意见或方案。公文的各个层次的负责人应针对公文的实际内容适当地选用集体批办或个人分工批办，批办时必须符合权限范围的要求，不得越权批办公文。

1. 批办的作用

批办是文件办理的核心环节之一，直接决定了一份文件的处理方法和途径。其作用具体体现在以下方面。

（1）批办是各级领导行使职权、履行职责的重要手段。批办是机构中相关层次的负责人履行自身职权范围、做出管理决策的具体体现。领导通过对文件的批示，指出采取行动的原则和方向，提出解决问题的方法和措施，并据此依法履行职责，行使管理职能。

（2）批办是领导及时阅示重要收文，了解有关情况的途径。各级领导的首要任务就是进行各种管理“决策”与“抉择”，这需要来自内部和外部的各种信息。而批办公文，可以使领导接触到来自不同单位、不同机关、不同人员的大批量的信息，为其决策的科学性和合理性提供充分而广泛的信息支持。

（3）批办有利于加强对文件办理的领导，防止失误，提高办文质量。批办工作直接关系到机关管理信息流的合理流动和畅通。批办对公文办理做出“终审判决”，是对拟办工作的再次把关，避免办文、办事的失误。

2. 批办的范围

单位收文并非都需领导批办。如果将所有公文一律交领导批办，那么容易使领导陷入“文山”之中，势必导致公文办理的积压和迟缓。相反，如果应交由领导批办的公文未交，下级全权处理所有公文，那么不仅会使领导无法有效履行自身的管理责任，还会导致公文办理各行其是，拖拉扯皮。

为了保证办理文件的质量，提高领导批办工作的效率，必须根据一个机构的职能、收文数量和来源状况等情况来划定批办的范围：无既定办理方案的业务性文件，非固定性文件来源的重要文件，本机构中无处理文件的业务对口部门的收文，依照职权确需领导行使决策权、指挥权和具体处置权的文件，等等。例如：上级颁发的重要指示、决定、工作部署，针对本机关的批示、批复、通报等，平行或其他不相隶属机关的重要的协调性工作的公文，下级机关重要的请示、报告，等等。特别要做好调查研究，制作常规文件列表，请领导进行一次性批办，以此大大减轻日常工作中领导批办文件的工作量。

3. 批办的要求

（1）坚持集中与分散相统一的批办原则。即本机关重大的、涉及全局性的问题，应由领导集团全体成员集体讨论、通过，而后做出批办意见；而不同组织机构层次的负责人应负责审批自身职权范围内的一般业务性、事务性文件，做到各负其责，各司其职。重大事项实行集中批办，有助于保持机构目标的准确和行动的一致，体现民主集中制的领导原则。一般业务实行分散批办，使工作分工明确，既能充分发挥各级批办人的工作积极性、主动性和创造性，又能使批办工作按时、保质、保量地完成。因此，各级批办人必须勇于承担责任，不得事无巨细都要召开会议以征得各方同意，或者一个单位"一支笔"，领导独断专行，而应既有集中又有分工，彼此协调、互相监督和制约，以便顺利完成批办工作。

（2）灵活处理批办顺序。对于按常规传送的例行公文，如统计报表，临时性、事务性公文等，应在年初做一次性批办，以后来文依此办理，简化重复性批办手续；领导当因故（如出差、生病等）不能批办时，应及时委托或授权其他领导批办，以免积压公文，影响运转。如遇紧急文件，为了减少文件运转环节，还可以灵活处理，将文件径送业务部门的承办人或有关业务负责人，使其尽快获悉文件内容，做好先期准备，一旦领导批办，就立即办理，以期缩短文件的办理时间。

（3）规范撰写批办意见。批办意见是领导决策行为的书面表达，批办意见的准确规范直接影响公文办理的质量和效率。工作中，应根据不同类型的文件，采用不同的方法，准确、及时地批办公文。

对于已有具体请示事项或拟办意见中已提出具体方案的文件，主批人应当明确签署意见、姓名和审批日期，其他审批人圈阅则视为同意，没有请示事项的，圈阅表示已阅知。

对于随机的无办理方案的非常规性文件，必须根据文件的内容，提出相应的、准确的批办意见：对需要贯彻执行的上级文件，要提出贯彻执行的具体措施；对需要具体办理的公文，应批示承办的部门及承办的要求与时限等；对需要两个或两个以上部门会同办理的公文，批示意见应指明主办单位与协办单位以及承办要求等；对需要阅知的公文，应批示传阅或传达的范围与时间。

批办意见要求高度明确、肯定、具体，前后必须保持一致。批示的执行方案必须是切实可行的，避免只写"已阅"而不写办理意见的模棱两可、似是而非的做法。批办的意见通常写为"同意拟办意见""请××办理""请××审阅（阅示）""请××查复"等；或在确定承办部门的同时，对如何办理提出原则性的意见（要件、急件还应规定具体时限），并签署姓名与日期。

批办意见应规范地书写在《文件处理表（单）》的批办栏内，一般不要直接在文件上批注意见，以保持文面的庄重与整洁，便于日后归档保存（如是呈请性的纸质文件，必要时，可将批办意见工整地写在公文首页天头的白边区，但不得批注在左侧的装订区）。

（三）承办

承办，是指通过对公文的阅读、贯彻执行与办理（或回复），而使公文内容所针对的事务与问题得以处理和解决的活动。经领导批办后的公文，应发送有关部门具体负责办理，以将批办意见落到实处，使之得到坚决的贯彻执行，真正实现制发公文的根本目的。

1. 承办的作用

（1）承办是收文办理工作的关键环节。在收文办理程序中，只有通过承办，接收登记是否完整、审核是否合格、拟办方案是否可行、批办意见是否科学才能得到充分体现。就收文办理过程来说，拟办是准备，批办是依据，承办是结果，没有正确的批办就得不到良好的承办结果，而有了正确的批办，并不必然得到好的承办结果。领导的批办意见是否真正落实，是否完成文件内容要求，还取决于文件承办工作的质量和效率。

（2）承办工作是检验批办意见是否正确的唯一途径。文件承办环节既是办文又是通过办文完成办事功能的环节，还是使批办意见最终落到实处的环节。在承办过程中，能够及时验证批办意见是否正确，发现批办决策的偏差或错误。不经承办，批办意见便无法具体落实，也就失去了公文"办事工具"的基本功能。

2. 承办的范围

通常，对一个机关单位来说，需承办的公文有：上级机关或本机关的指示，有的需向下传达贯彻，有的在本机关内部执行；上级领导交办的事项或需要办复的公文；来自下级机关的请示以及重要的报告；平行机关或其他不相隶属机关要求协作的函电、合同等；人大代表的议案、建议和政协委员的提案。

对一个机构内设的部门来说，并不需要处理上述所有文件，而是按照职权范围仅仅负责某一方面的文件的承办工作，如××局人事处，往往主要负责工资福利标准、人力资源管理等工作，属于这些工作内容的文件自然就应该由其负责。

3. 承办的要求

为保证有效地办理公文，在承办过程中应严格遵循以下要求。

（1）确认承办责任。承办中应遵循有关的方针政策、法律法规，依据惯例及实际情况办理公文。部门（人员）在接到收文后，首先要确认是否属于自己的承办范围，对不属于本部门（该人员）职权范围或者不宜由本部门（该人员）办理的公文，应当及时退回交办的文秘部门，并说明理由。承办工作要实行岗位责任制，对公文承办人员要明确职责，提出具体的要求与指标，做到目标明确、各司其职、权责相符、赏罚分明，以保证承办工作准确、及时、安全。凡被指定为牵头单位者，具有主办责任，但不得独自行事，而应在法定职权范围内召集会议，组织协调，并负责将有关单位提出的意见归纳整理，拟写办理意见。

（2）处理好承办原则性与灵活性的关系。在一般情况下，文件承办的原则要求承办部门和人员按照领导的批办意见办理文件。承办部门（人员）在收到交办的公文后，应认真阅读，掌握公文内容、发文意图及领导的批示意见，按照批办意见认真组织办理，不得自行其是，或者寻找理由推诿。若因未执行批办意见造成工作失误的，应追究相关承办部门（人员）的责任。由于现实工作的复杂性，领导的批示意见可能与本地或本机构的现实情况不相符合，或随机出现了新情况而不能按批办意见执行，承办部门可以在请求领导重新批示后再按批示意见办理。如果遇到紧急情况，那么可在合乎情理和事理的原则下，自由裁量，灵活执行。当两个或两个以上部门联合办理公文时，被定为牵头单位者，应担负起召集会议、安排贯彻执行，或者拟制文稿、整理意见等主办责任，并负责报请本单位领导审批。协办单位要积极配合，不得借故推诿。

（3）维护文件的时效性。人们制发文件的根本目的就是解决现实工作中的实际问题，任何文件都具有特定的时间范围，超过了这一范围，文件就失去了现实执行效用。因此，承办必须及时快捷，以保证按时完成工作任务。

通常，确定文件承办时限应区别不同情况：

- 对需要承办但又没有明确规定办理时限的文件，承办人员应根据文件的性质、重要程度和以往惯例，确定办理的时限。
- 对于紧急公文，应当及时办理；确有困难的，应当迅速予以说明。一般原则是：特急件，应随到随办，尽快在当时或在一日之内办理完毕；急件，原则上也应随到随办，最迟不超过三天。
- 对于限时办理的公文，在限定的时间范围内必须办理完毕，不应拖延，以免耽误办文办事。

当文件办理完毕后，负责具体办理公文的人员应该将处理结果直接填入文件的办理结果栏目，如表 9-4 所示的“承办过程及结果”栏内，以便日后查考公文承办的过程、方式、结果以及责任者，维护正常的承办工作秩序，防止出现重复办文的现象。对承办完毕的公文需简要注明其办理的经过与结果——习惯上又将其称为“注办”。

文件承办的经过和结果，大致可以分为以下情况：

- 发文承办的，注明复文号、复文日期。
- 会议承办的，注明会议名称、会议时间和议定事项。
- 电话回复的，注明时间、地点、人员、主要内容。
- 当面解决的，注明时间、地点、解决方式方法、措施与结果等。

承办人员应将以上内容清晰、工整地填写在“承办过程及结果”栏内，并应填写承办人姓名与日期，以备日后查询。

（四）组织传阅

阅知类文件通常由一个机构的综合办公机构负责处理。处理程序分为两种情况：一是针对常规文件或一般的资料，由文件工作人员按照有关阅文规定和惯例直接组织有关人员阅悉文件内容；二是针对非常规文件或者保密文件、资料，通常要按照拟办—（批办）—组织传阅的程序进行，在有关负责人批示阅文范围后，文件工作人员按照批示意见组织有关人员传阅。关于拟办、批办工作的内容前面已经有所讲述，本节重点讲述组织传阅工作。

组织传阅，是指由文书处理部门负责组织，按照有关规定和顺序将经过处理或加工整理的文件在多个部门或多位领导（工作人员）之间传递、运转，使其了解、知悉文件内容的活动。

1. 组织传阅的作用

一个机构的文件传阅组织工作对辅助领导决策和保证文件信息有序、有效运行有着重要的作用。

（1）为领导决策和有关管理人员执行决策提供重要的信息支持。在现代社会，对任何一个机构来说，信息的获取都是不可或缺的。任何一个机构的领导做出决策和管理人员执行决策都必须充分了解各种相关信息，一般来说，信息越充分，领导做出的决策就越科学，管理人员执行决策就越能把握好尺度。文书部门高效地组织传阅文件，旨在使有关人员及时阅悉文件信息，这将有助于提高领导制定决策的科学性、管理人员执行决策的有效性。

在办公自动化系统中，随着文件制作、传递和存储技术的发展，业务活动的不断扩展，文件数量的快速增长，领导的决策和管理需要更多、更广的信息来支撑。文书部门有意识地筛选材料、组织传阅，可以使领导和有关管理人员阅读文件信息更具针对性、有效性。

（2）有效控制机构中文件信息的流动方向和速度。由于机关职能活动的需要，文件信息的来源、性质、内容、数量是庞杂多样的，其中很大一部分文件信息来自阅知件。相对于办理类文件来说，阅知件往往并没有注明明显的阅文时效性和强制办复要求，使人们容易忽视传阅效率。但是，实际上，这类文件的阅文效率同样关涉机关办文、办事的效率，例如：通过阅知类公文的传递途径掌握的信息越多，越有助于有效地处理办理类文件。因此，文书部门组织传阅工作，可以组织和控制文件信息流动的方向，并通过催办等手段提高阅文者的阅文速度，从而加速文件信息在整个机构中的流动和交流，这有助于提升阅文者在单位时间内获取信息的数量和质量，做到对有用信息的有序组织、有效利用，提高整个机构及其人员的信息能力。

2. 组织传阅的方式

在传统文书工作中，组织传阅的最佳方式是树型传阅方式。

树型传阅方式，即以文件工作人员为主干，将文件传送给第一个阅文者，第一个阅文者阅毕将文件退回文件工作人员，由文件工作人员再传递给下一个阅文者，依此类推。

树型传阅方式的优点在于：文秘人员作为文件传阅的组织和控制者，掌握着文件传递的方向、时间、速度等。阅文者的阅文活动始终处于文秘部门的监控中，从而保证了文件信息传阅的时效性、有效性和可靠性。当然，与电子公文传阅相比，纸质文件载体在物理空间传阅的运行过程需要消耗时间，而且由于纸质文件载体与文件信息内容的复合性，一份文件在同一时间只能有一个阅文者，从而造成文件流动的顺序和方向只能是单向的线形运动。

在网络环境中，文件传阅的方式可以多种多样。主要方式有：

（1）利用办公自动化系统“点对点”“点对面”地组织传阅。系统中办公环境是四通八达的网络，每一个阅文者都是网络上的一个节点，文件信息可以实施点对点、点对面的同步即时传递。

（2）利用建立公共文件夹（库）组织传阅。通常是在综合办公部门建立一个公共查询的文件夹或文件信息库，有查阅权限的阅文者利用网络输入用户名、密码验证身份后进入，查阅相关文件信息。

（3）利用传真设备组织传阅。在纸质文件与电子文件并存的情况下，传真是办公自动化系统中一个重要的组件之一。借助于传真设备向有关阅文者发送传真件来组织传阅的方法，在今后相当长时间内，仍然具有广阔的使用前景。

总之，为了加快传阅速度，提高传阅效率，可根据本单位情况，采用适宜的阅文方法。特别需要明确的是：对国家和社会组织具有重要意义和深远影响的国家秘密和商业秘密等文件，要慎重选用利用计算机网络组织文件传阅的方式，避免文件信息丢失、变异、失密泄密等，以切实保证文件信息的安全。

3. 传阅的要求

（1）准确筛选阅件。办理文件的时效性要求很强，通常文件工作人员首先处理需办理的文件，因为办件通常比较重要，而且经过登记后还要进行拟办、批办、承办等一系列工作，涉及的部门和人员较多，办理过程耗时较长，所以需尽快投入运转。而阅件通常仅仅涉及部分负责人或相关人员，阅文对象范围比较单一，阅文时间要求相对灵活，文件工作人员较易控制阅文速度和方向。在处理文件时，文件工作人员应该正确选择哪些文件应该办理，哪些文件需要传阅，如果将办理件作为阅知件处理，就可能导致文件办理的延误。为此，文件工作人员应认真阅读文件，了解文件内容，根据机构职能、业务部门和人员分工等对文件进行准确归类。

（2）合理安排阅文顺序。阅文顺序的安排应考虑以下因素：一是文件自身的信息，如文件内容、重要程度、紧急时限、密级等；二是阅文者的条件，如职务高低、工作分工、职责范围、实际责任和工作需要等；三是阅文效率，包括选择什么方式阅文，遇到紧急情况时如何组织传阅更加高效，等等。据此，一个机构可以对常规文件制定一个经领导批准的相对稳定的运转次序，使进入机构的大部分阅知件不再需要批办，可由文件工作人员直接组织传阅。

文件传阅的一般顺序是：先送主要领导，次送主管领导及其他副职领导，再送有关业务部门负责人，最后送一般工作人员。但这一顺序并非一成不变，如遇急件、要件，则应分清主次缓急，灵活处理。例如，一份紧急文件需要各位领导传阅后办理，文件工作人员便可送主管领导与经办人首先阅知，及时做好办文准备工作，同时请示各位领导的批示意见，然后转送承办部门人员承办，高效办文，以免误事。

（3）保证阅件的安全。传阅文件必须按照相应的制度规范进行。例如：未经允许，阅文者不得随意复制、摘录、转发文件；不得将机密文件携带至公共场所，或者将其带回家中，以免泄密或被涂改；不得在网络中运用电子邮件方式传递绝密文件，或者使用明码方式传阅密码文件；等等。

（4）科学组织传阅。文件工作人员如何组织和控制文件的传阅，直接决定了文件的传阅效率。一方面，应以文件工作人员为中心组织传阅，不宜将文件在众多阅文者中传来传去，以免丢失、泄密、职责不清。另一方面，在传阅文件的过程中，文件工作人员应督促各位阅文者快速阅文。此外，文件工作人员还应根据文件内容、重要程度、急缓时限、职权职责等要素，对文件进行分类处理：

对于常规的需传阅的文件，应填写《文件传阅单》，以便确认有关人员阅读文件并记录阅后意见。阅文者的阅文意见填写在“阅后意见”栏内，同时注明阅文者姓名和日期。

对既需阅知又急需办理的文件，可以制作文件副本，分别投入阅文和办理两个流程，这样，“文”分两路，一举两得：一方面，阅文者可以有充分的时间阅读了解文件信息；另一方面，文件在文件主批人批办完毕后即可转入承办过程，使承办部门不需等待所有阅文者阅毕后再行办理文件，大大提高了办理文件的效率。

第三节　收发文管理环节

一、催办、查办

文件催办与查办工作的开展，有利于促进各级机关及其工作人员依法办理文件，督促纠正文件办理中的失误和偏差，保证办文、办事的效率。

（一）催办

指对文件处理过程所实施的督促与检查的活动，即对文件办理处置执行情况的反馈信息进行实时监控。催办作为公文管理的一种监督检查机制，是一项重要的控制手段。它不仅针对文件承办环节，还包括对文件拟办、批办等各个环节的督促检查。

根据文件工作不同的组织形式，各个专职或兼职文件管理部门，如综合办公厅（室）或业务部门的文件管理部门应是文件催办工作的具体实施机构。

1. 催办的范围

在一个组织中，需要催办的文件有：

（1）上级领导、本机关领导交办的事项或需要办复的文件。

（2）同级或其他不相隶属机关要求答复与办理的事项，如请求批准函、合同协议书等要求答复与处理的重要来信来访事项。

（3）下级机关的请示，会议决议中需要办理落实的重要事项。

（4）其他组织交代的需要办理的各种事项，如人大代表的议案和政协委员的提案，重要事故、事件、人物等专案的处理，等等。

2. 催办的方式

根据催办对象、催办手段、文件紧急和重要程度的不同，催办的方式可以多种多样。

（1）就催办对象而言，催办的形式可分为以下两种：

对内催办，是对本机关各承办部门的文件办理工作进行督促与检查；

对外催办，是针对本机关发往外机关请求予以办理的发文的督促。

（2）就催办手段而言，催办的形式可分为以下几种：

文字催办，即以发送催办单或便函的形式进行书面催办；

登门催办，指催办人员登门走访口头催办；

会议催办，召开会议集中宣讲实施催办；

通信催办，利用电话、电报、电传、电子邮件等手段进行催办。

（3）依据文件紧急和重要程度，可将催办形式划分为：

跟踪催办，对紧急文件紧随其后随时关注文件的办理情况；

重点催办，对重要文件应优先、重点地催办；

定期催办，对一般文件设定固定的时限按时督促办理。

3. 催办的要求

（1）选择适当的催办方式。根据文件的实际情况选用适当的催办方式，切忌事无巨细、不分缓急地选择催办方式。

（2）确定催办的适当时间。催办工作需在期满之前至少提前一两天查询、督促有关承办部门，保证文件在有效时限内办毕，已经到期或期满后再行催办就失去了催办工作的检查控制作用。

（3）做好催办登记。为了备查和明确办文各方的责任，催办应填写《催办登记表（单）》，对催办中的各项情况进行登记。当所催办的文件办理完毕后，催办人员应在《催办登记表（单）》等登记簿（单或卡）的催办结果登记栏中简要注明文件办理的方式、文件办毕的时间等情况，以备日后查询。

（二）查办

查办，指对重要文件的实际内容全面落实、办理的核查、督促控制的活动。它是综合办公部门辅助领导决策付诸实施的一项重要服务工作。查办工作的主要内容是对反映一个组织管理活动中的重大决策活动，监督检查其落实情况，也就是人们常说的对“大事要事”的督查。

1. 查办与催办的区别

尽管查办与催办都是对文件办理进行督促检查，但二者存在着一些差异，主要表现在：

（1）工作内容不同。催办是对需办理的文件或有明显时限要求的文件的办理情况的督查，侧重于对办理“时限”和“程序”的检查、催促；而查办主要是对具有典型性、代表性的重要文件的贯彻执行情况的督查，侧重于确保文件精神得以贯彻实施而产生“实效”。

（2）工作方法不同。催办由文秘部门（人员）通过口头、书面或电话、电子邮件等方法催促各部门及时处理文件；而查办除了可以使用催办的方法外，通常针对专门事项，组织专门力量，调查研究，认真核查、督查该事项的贯彻执行经过和状况，并且在检查结束之后，应向其领导部门或领导如实反馈督办过程和结果。

2. 查办的程序

（1）立案，明确核查的对象，指定或授权专门的机构或人员负责查办工作，提出查办工作的任务和要求，等等。

（2）实施督查，即具体针对承办部门（人员）或者针对与这项工作的办理密切相关的部门（人员）检查文件的办理情况，针对查办中发现的问题、不足或困难，需提出相应的解决方法和措施，予以修正或完善承办执行活动，指导、协助承办部门具体贯彻和落实文件精神。

（3）反馈情况，即将已核查的文件办理的经过和结果、掌握的情况等进行综合分析，以口头或书面的方式，如实上报给交办部门或领导，再结合领导意见将结果反馈到有关部门。

（4）注结，负责查办的组织或综合办公部门对查办完毕的事项应予以办结处置。

3. 查办的要求

（1）查办工作的内容应是重大事项或者领导批办的专项重要事项，要把领导决策的重要事项作为督查的重点，检查其落实情况。由于“大事要事”中各事项落实的紧迫程度经常发生变化，重点事项更是处于动态运行中。因此，动态地看待和处理“大事要事”中的关键事项，是很重要的。

（2）要求负责督查的机构和人员，必须坚持把推动领导决策落实作为出发点和归宿点。查办必须看实绩，重实效，绝不能摆花架子走过场。

（3）查办中要十分注重时间顺序的排列。对于“大事要事”中已经明确规定落实时间期限及量化目标的事项，要态度明朗，实施有效督查，坚决防止延期落实。

二、公布、加工

（一）公布

公布，是指政府、企业以及其他社会服务部门、事业单位等组织依照国家有关法律、法规和规章，向社会公开发布公文信息的活动。公文的公布既是有关机关的义务，也是尊重和维护公众知情权的一种体现，还是贯彻执行我国政府颁布的《中华人民共和国政府信息公开条例》的一种具体形式。

1. 公布的范围

对涉及公众利益调整、需要公众广泛知晓或者需要公众参与决策的政府信息，行政机关应当主动公开。具体包括：

（1）行政法规、规章和规范性文件；

（2）机关职能、机构设置、办公地址、办公时间、联系方式、负责人姓名；

（3）国民经济和社会发展规划、专项规划、区域规划及相关政策；

（4）国民经济和社会发展统计信息；

（5）办理行政许可和其他对外管理服务事项的依据、条件、程序以及办理结果；

（6）实施行政处罚、行政强制的依据、条件、程序以及本行政机关认为具有一定社会影响的行政处罚决定；

（7）财政预算、决算信息；

（8）行政事业性收费项目及其依据、标准；

（9）政府集中采购项目的目录、标准及实施情况；

（10）重大建设项目的批准和实施情况；

（11）扶贫、教育、医疗、社会保障、促进就业等方面的政策、措施及其实施情况；

（12）突发公共事件的应急预案、预警信息及应对情况；

（13）环境保护、公共卫生、安全生产、食品药品、产品质量的监督检查情况；

（14）公务员招考的职位、名额、报考条件等事项以及录用结果；

（15）法律、法规、规章和国家有关规定规定应当主动公开的其他政府信息。

2. 公布的方法

公文的公布，可以采用以下具体方法：

（1）通过新闻媒体公布公文。在全国性或者政府机关的报纸、期刊上公开发布文件信息，这已成为文件公开的一种主要形式，如利用党报、全国人大常委会公报、国务院公报、各省市的政报等公开公文。凡是在报刊上发布的公文一律视为正式文件，不再另外行文，只印发少量文件正本供存档使用。同时，借助于广播、电视等形式来公开公布公文，大大地提高了办文、办事效率。

（2）授权专门机构公布公文。规定档案馆、图书馆等机构公开公布公文，以便为社会各种机构和民众提供文件信息的查找利用服务。

（3）通过网络直接向社会公布。利用政府等各单位的网站来公开公文，为民众提供公文信息服务。

（二）加工

加工，即文秘人员针对收到的文件材料进行筛选分类、编辑加工，提取有效信息的活动。公文信息中蕴含着丰富的知识、信息，只有经过分类、筛选，加工萃取，才能使之有序化、系统化，成为领导部门或各职能部门所期望的可用信息。

1. 公文信息加工人员的修养

要做好公文信息的加工，公文信息加工人员必须具备良好的个人素养，这是决定公文信息加工的结果能否满足组织及其部门信息需求的关键。一般来说，公文信息加工人员应具备以下修养：

（1）较高的马克思主义理论水平。唯物辩证法是研究自然界、社会和人的思维活动的普遍联系与发展规律的科学，只有用辩证的方法，才能正确地认识、评价、收集、筛选取舍信息。

（2）合理的科学知识结构。只有拥有合理的知识结构，才能保证在信息时代自如地把握情势，运用资料，发掘、认识、理解、掌握、剖析材料，成为博采众长、富有洞见的人才。

（3）现代意识和信息意识。现代意识就是准备和乐于接受社会的改革和变化，思路开放广阔，尊重各方面的不同意见、看法，办事有计划，讲求效率，重视专门技术，敢于向传统挑战，等等。信息意识包括信息知识、信息情感和信息意向三大要素。现代意识与信息意识有助于培养公文信息加工人员的敏锐的观察力和思维能力，从而提高其信息加工能力。

（4）为事业而献身的精神。信息加工工作是一种艰苦的思想劳动。信息工作者为此需要付出无数的心血与汗水。他们需要有“衣带渐宽终不悔，为伊消得人憔悴”的自我牺牲精神。

2. 公文信息加工的要求

（1）准确。要求编辑加工中保持文件信息的准确真实，实事求是地反映原文的真实思想，切忌凭个人好恶断章取义，妄行校改。要通过认真筛选、鉴别，保证所加工文件信息的准确无误，使之能准确地服务于各项管理活动。

（2）适时。要求文件信息加工部门快速收集、加工反映行政事务、对象和环境变化发展的最新信息。如果收集和处理迟缓，那么一旦时过境迁，即使其原有价值再大，其现实价值也会丧失，这也就失去了文件信息加工的意义。

（3）适量。目前各类组织的公文数量在急剧增长，而人们的时间和精力是有限的，因而必须将公文以及依据公文而进行的加工成品控制在适当的数量上，以保证发挥有用信息的最大价值，避免多余的无用公文信息对各项工作的干扰。

（4）适用。公文信息的加工必须强调其针对性，要求在各项管理工作中用得上，这是文件信息加工的根本出发点和最终落脚点。

3. 公文信息加工的方法

（1）分类加工。即根据文件信息的共同点和不同点将其分门别类有序化的一种加工方法。这种有序化加工是将文件外部特征或者内容信息作为加工主题，用一定的分类标准和组织手段提供识别载体的基本特征，使信息利用者能够获取所需载体的查寻线索，起到对信息有序化的作用。这种方法能充分显示公文信息的系统性，便于保管和利用。这种方法在文件管理的收文、发文和文件存储等各个环节中都被广泛使用。

（2）比较加工。即通过对收集来的各种文件信息材料进行多角度、多侧面、多层次、多结构、多变量和复杂因果关系的比较，将其精髓信息浓缩、提炼，以简明扼要的语言加以概括表达，以更高品质的信息为组织各项工作服务的加工方法。比较加工的成果表现为各种信息摘录（摘要）、信息快报、专题提要等形式。这种方式，浓缩了文件信息，扩大了文件信息价值，可使领导或管理者获得更丰富的信息，提高其阅文质量。

（3）综合加工。即在对某一个主题的文件信息进行搜集、整理与分析研究的基础上，对分散在多种载体中的文件信息和材料加以总结、评价和逻辑推导，对管理对象或某一事物的发展趋势加以分析预测，或者对现实和将来可能出现的问题提出解决方案的加工方法。这种方法对多种载体的内容进行重新组织、综合揭示，并融入了加工者更多的思想和智力，因此其产生的信息价值，有可能大大超过分散于多种载体中的单一信息的价值总和。

第四节　网络环境中的公文流转

随着我国社会信息化进程的深入，许多党政机关、企事业单位等均进入了网络办公的新时代，公文信息是在无纸化的网络环境中流转、处理的。与传统纸质公文的流转相比较，网络环境中的电子公文流转更富有效率，如可以跨越时空限制阅文办文，传输速度快，办文效率高。网络环境中电子公文的流转继承了传统纸质公文流转实践中行之有效的流程与制度，整合了一些在原有纸质公文流转中可能出现的交叉与重复的办文环节，使公文的写作、传递、处理、归档、保管等诸多环节能够相互关联，彼此关照，整体优化，更加高效。

现以某单位办公系统为例，说明网络环境中电子公文流转的基本情况，各环节中的有关工作原则、要求等参见收发文处理流程的相关内容。

一、发文流转程序

（一）启动流程

在登录办公系统后，选择发文类型，如图 9－3 所示进入拟稿环节。

（二）公文拟稿

进入如图 9－4 所示的拟稿界面，在此可以选择发文模板，填写标题，确定公文的密级、保密期限、紧急程度、发文字号、主送单位、抄送单位等公文管理项目。点击“打开正文”进入如图 9－5 所示的 Word 界面编辑公文正文，待上述项目确认后，可在如图 9－6 所示的发文稿纸上浏览检查上述信息。

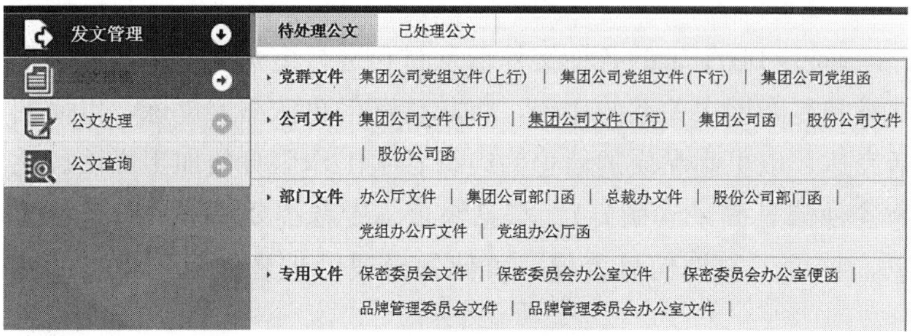

图 9－3　选择发文类型示意图

扫码看彩图

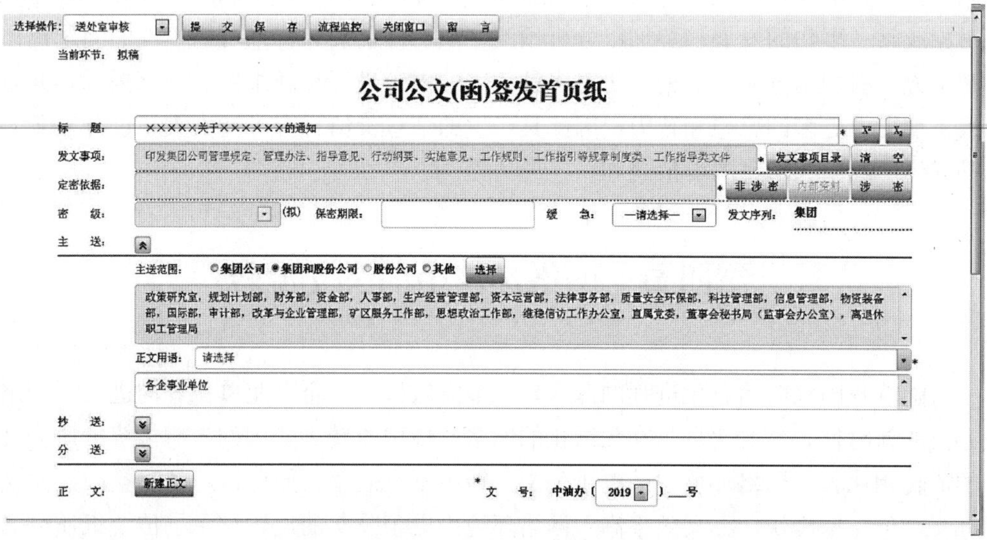

图 9－4　公文拟稿示意图

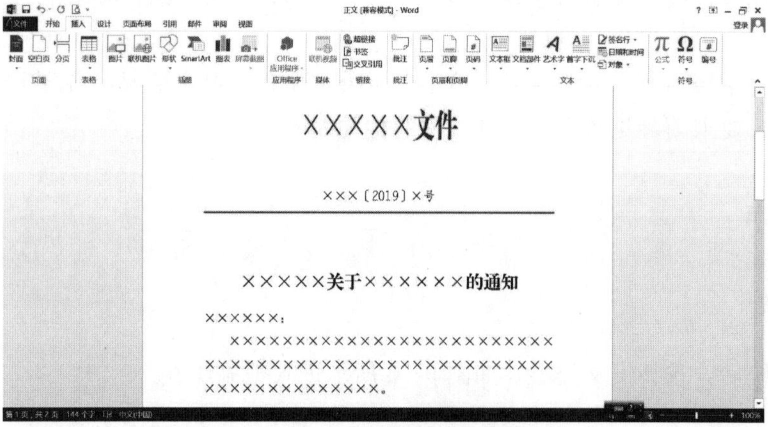

图 9－5　公文正文编辑界面示意图

扫码看彩图

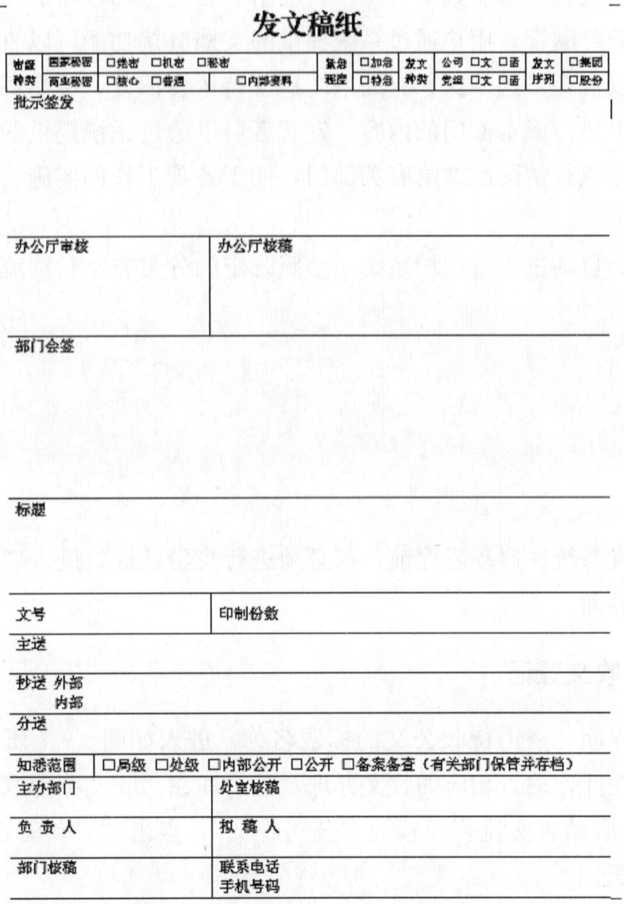

发文稿纸

密级种类	国家秘密	□绝密　□机密　□秘密		紧急程度	□加急	发文种类	公司　□文　□函	发文序列	□集团
	商业秘密	□核心　□普通	□内部资料		□特急		党组　□文　□函		□股份

批示签发

办公厅审核	办公厅核稿

部门会签

标题

文号	印制份数
主送	
抄送　外部 内部	
分送	
知悉范围	□局级　□处级　□内部公开　□公开　□备案备查（有关部门保管并存档）
主办部门	处室核稿
负 责 人	拟 稿 人
部门核稿	联系电话 手机号码

图 9－6　公文发文稿纸示意图

扫码看彩图

（三）公文审核、签发

拟稿人将公文发给部门负责人或者综合办公部门负责人进行审核，审核人在相应位置输入审核意见后退回拟稿人，再由拟稿人将文稿发送相关领导进行签发。审核与签发的过程，如审核修改的内容与时间、签发意见等内容，网络系统会通过日志、痕迹保真等功能自动保留下来。签发人可采用数字证书、电子签名等信息安全技术签发公文，以保障所签发的电子公文信息的安全性与真实性。

（四）公文用印、分发、归档

公文签发后退回拟稿人，由其检查复核公文文稿内容与形式无误后进行公文用印，一份完整的电子公文即告完成。与传统的纸质公文一样，电子公文也必须实行用印管理，如对电子公文印章的每一次使用，系统会自动记录使用人姓名、使用时间和次数，并自动生成用印日志。单位负责人可以随时查询用印日志，监督使用电子印章的情况。

分发是拟稿人将公文按照主送、抄送单位或人员进行发送。为保障分发公文的有效性，网络办公系统一般都应具有如下功能：自动给有公文查阅权限的用户发送信函，自动提示有公文需要阅读，用户通过系统提供的文档链接功能可以直接进入公文系统查阅；系统可以自动发送回执，有的系统还支持语音回复、手写回复；等等。对于公文中涉及的本单位或本部门的内容，发文者可以通过系统提供的回复功能将个人或本部门的工作执行情况反馈给有关部门，便于各项工作的实施、协调和控制。

文件在发送后，将会自动进入待归档系统，按照既定的分类方案自动流入相应门类等待审核归档。

二、收文流转程序

（一）进入系统

任何单位的公文处理系统在启动程序前，都必须进行身份认证，进入“收文管理”的“待处理文件”界面。

（二）公文签收、收文登记

在“待处理文件”界面，点击待收公文的标题名称，进入如图 9-7 所示的电子收文流程启动界面。在此，输入相应的收文办理意见，如在“收文办理意见”中填写“签收”，或者选择启动收文流程模板为“公司收文”，点击“启动流程”后，进入选定的工作流程界面。

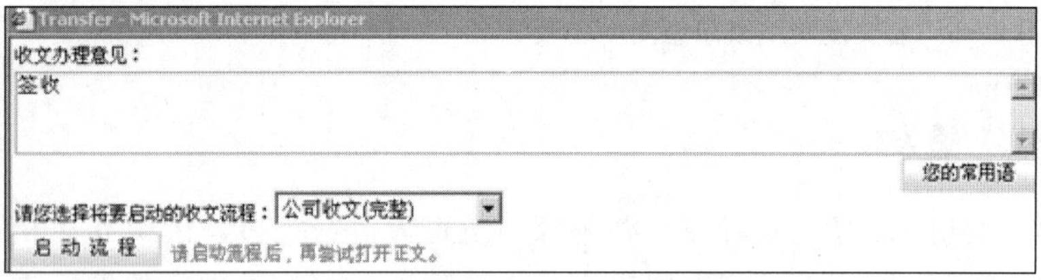

扫码看彩图

图 9-7　公文收文办理界面示意图

在网络环境中，收文登记是指将公文的主要数据信息输入电子计算机，建立数据库，对收文信息进行组织和管理。与传统的手工填写登记簿的方式相比较，现代化的登记方式具有明显的优势：

（1）鉴于电子文件具有易复制的特点，通过剪切、复制/粘贴、另存为等操作，可以方便、及时地录入收文中的各种数据，不需要一一重新打字录入相关信息，大大提高登记工作的效率。

（2）根据电子数据“一次输入，多次输出”的特点，可以按照主题、时间、发文字号等要求改变数据库信息的排列方式，便于按照主题、时间、发文字号等多种途径检索和利用文件。

（3）除机密文件外，其他文件皆可输入公用数据库或文件夹，实现不同程度的信息共享。如将签收的文件自动登录到收文登记表中，并在公文运转环节的各界面自动显示文件的相关信息；各单位可根据需要自行调阅文件目录或全文信息，减少查阅文件的环节；为归档文件整理以及日后档案部门管理文件提供数据，实现数据共享。

（4）对收文数据库中的信息，可以根据查找、利用的需要，按照收文时间或主题内容等顺序，打印成纸质登记表或将其装订成登记簿，作为纸质检索工具，满足手工检索的需要。

如图 9－8 所示的收文登记界面，是整个收文处理流程的中转界面，所有的办文流程都是由其提交来完成的。该页的有关收文登记信息，如文件标题、收文日期等既可由系统自动生成，也可通过按钮选择，或者直接输入，形成收文登记信息库。

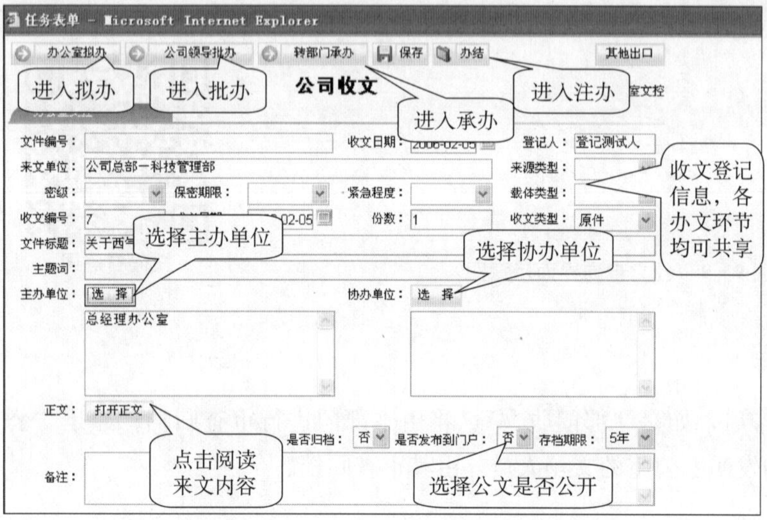

扫码看彩图

图 9－8　公文收文登记转办界面示意图

（三）公文办理

公文办理的拟办、批办、承办等环节是在图 9－8 这一中转界面上完成的。综合办公部门（文秘部门）是公文信息流转的主控部门，直接控制文件流转的方向和速度。

1. 拟办

点击“办公室拟办”，将收文提交给办公室拟办人审核，提出拟办意见，拟办人办毕后将公文退回办公室的文秘人员。

2. 批办

点击“公司领导批办”，将收文提交给拟办意见中指明的主管领导批示，主批人办毕后将公文退回办公室的文秘人员。

3. 承办

点击“转部门承办”，将收文提交给批办意见中指定的承办部门或者承办人员。

承办部门办理完毕后，应当予以注办，说明公文办理的内容、过程和结果。

4. 办结

点击“办结”，文秘人员一方面可以对本部门负责办理的公文予以注办、归档，另一方面可借此查询（见图 9－9）转办公文在各承办部门的实际办文进程，以便决定是否进行催办。部门承办已经完毕的“公司收文”将会自动返回给文秘人员，文秘人员点击“办结”，即可实现收文自动归档。

当上述工作办毕后，在图 9－8 的“备注”栏下方位置将会生成“拟办意见”“批办意见”“承办情况”“承办结果”等办文过程，办公室文秘部门可以在此对文件办理进程实时监控。

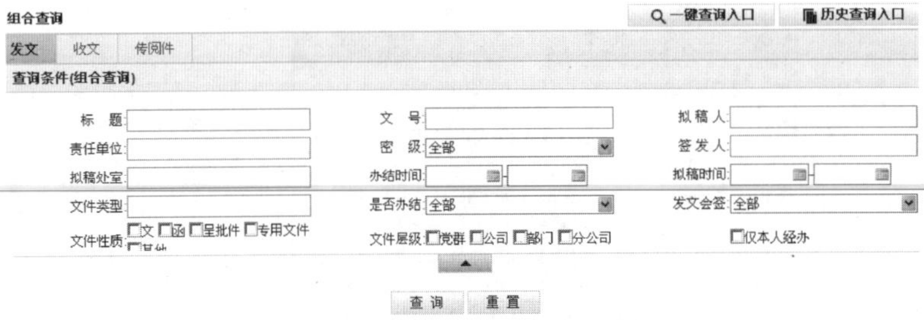

图 9－9　公文查询界面示意图

扫码看彩图

（四）公文归档

公文在承办完毕后，如是“部门收文”，将由本部门进行审查归档；如是“公司收文”，将会自动发回办公室的文秘人员，由其审查归档。

本章小结

1. 发文办理程序中重点掌握：拟稿的要求，公文审核的作用、内容，先核后签的原则，公文签发的作用、种类，分层签发原则，印章的作用、种类，用印审批制度。

2. 收文办理程序中重点掌握：收文签收的内容，分发的要求，收文审核的内容，拟办、批办、承办、注办的方法和要求。

3. 公文管理要重点掌握催办、查办的目的、方法和工作要求，公文公布、加工的作用、原则与方法。

4. 网络环境中的公文流转重点掌握各种处理环节的实现方法和工作要求。

思考与练习

1. 草拟公文应注意哪些问题？

2. 为了保证公文的准确性和有效性，应从哪些方面做好审核、签发工作？

3. 为什么要坚持“先核后签”的原则？

4. 签发有哪些种类？

5. 如何使用和管理印章？

6. 收文接收中应注意哪些问题？

7. 为什么说承办是公文办理的关键环节？

8. 如何做好文件的传阅工作？

9. 公文催办与查办的目的是什么？

10. 为什么要开展公文公布与加工工作？

案例分析

1. 请根据下面发文签发流程，指出办文过程中的不当之处，并说明理由或提出改进建议。

某业务部门拟印发省委办公厅文件，因分管领导出差在外而该文件较急，在未经分管领导授权的情况下，该业务部门将文件送省委另外一名领导进行了签发。

2. 请根据下面发文流程，指出办文过程中的错误之处，并说明理由或提出改进建议。

某业务部门起草了报上级单位的“请示”，在经部门审核、办公室核稿、单位领导签发后，送文印部门进行印制时，公文拟稿人对文件终稿做了重大修改，且在修改过程中因粗心导致文件出现错别字，后因用印人员在盖章过程中发现了错误，才避免了严重后果。

阅读书目

1. 王健．文书学．3版．北京：中国人民大学出版社，2015.

2. 曹润芳，赵国俊．文件写作与处理．北京：中国档案出版社，2006.

3. 杨霞．现代文件管理．北京：中国档案出版社，2003.

4. 郭建平．现代文书学．沈阳：辽宁大学出版社，2002.

5. 赵国俊，陈幽泓．机关管理的原理与方法．北京：中国人民大学出版社，1999.

第十章

办毕文件的处置

引子

你了解案卷级与文件级整理流程吗？它们分别如图 10-1、图 10-2 所示。

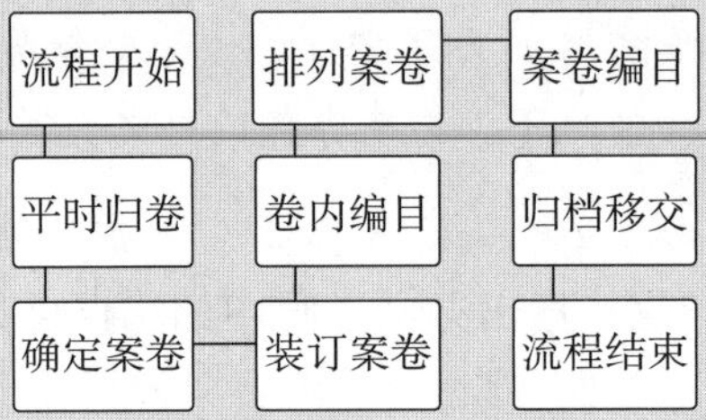

图 10-1　案卷级整理流程

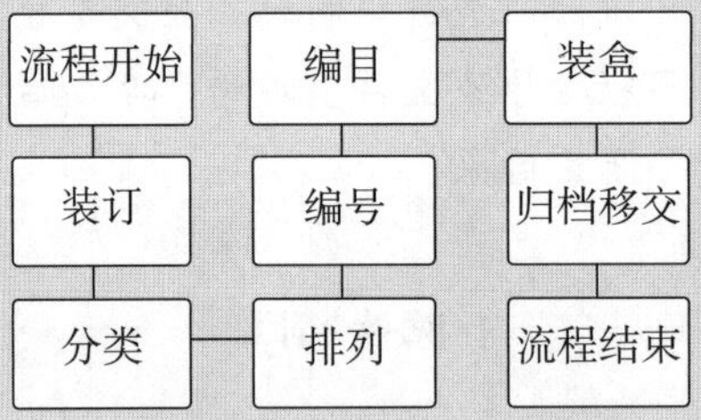

图 10-2　文件级整理流程

学习重点

明确办毕文件的基本概念，掌握办毕文件销毁、清退、暂存的范围和方法，以及归档文件整理、立卷工作的原则、方法和主要操作规程，"双套制"归档方法的应用，等等。

关键术语

办毕文件　　文件整理

《归档文件整理规则》　　文件归档

归档制度	文号
归档范围	题名
归档时间	文件标题
案卷	卷内备考表
归档要求	案卷题名
整理原则	案卷目录
分类方法	装订
分类方案	分类
清退	排列
销毁	编号
暂存	编目
“双套制”归档	装盒
案卷级整理	全宗名称
文件级整理	全宗号
按年度分类	保管期限
按组织机构分类	档号章
按问题分类	归档文件目录
按保管期限分类	人工归档
卷内文件目录	自动归档
责任者	

第一节　办毕文件的去与留

办毕文件，是指已经完成文件处理程序的公文。“完成文件处理程序”通常包括两层含义：一是发文部门制作文件过程的结束；二是收文机关对文件信息所传递的指令、任务已经处理完毕或者处理程序已经运转完毕。“完成文件处理程序”，并不一定意味着文件失去了现实执行效用。

办毕文件处置，指根据办毕文件的不同内容或价值，对其分类，剔除无用文件，对具有保存价值的文件进行有序化整理的活动。妥善处置办毕文件，有助于降低文件冗余度，凸显真正有价值的文件信息，充分发挥公文中有持续利用价值的信息的效用，防止无用信息对各项工作活动的干扰，保证日常以及日后快捷地查找和有效利用文件。特别是在 OA 环境中，由于文件制作和复制十分便捷，文件数量增长很快，而其中有许多信息时过境迁便不再具有利用价值，不仅占用存储空间、湮没有用信息，而且徒增管理成本，因此，必须对其进行定期或不定期处理。

在一个特定的机构中，判断一份公文的去与留，主要取决于文件的保存价值。文件是否具有保存价值，是由公文的内容、形式、形成者、公文对本机关的凭证价值和对社会长远的参考价值等多方面因素决定的。

在判断公文的保存价值时，要特别注意以下问题：

首先，从文件之间的整体联系上把握其留存价值。孤立地看一份文件，很难准确全面地做出是否“有用”的判断，这是由公文形成的自然规律所决定的。人们在处理事务的过程中，往往并不总是仅仅形成一份文件，通常是伴随处理过程而形成一组文件。单独审查一份公文，难以了解事务处理的来龙去脉，也就无法准确判断其保存价值，而从一组公文的整体联系上审查更有可能接近、认识事物的本质，为判断公文的去留提供更加合理和准确的认识基础。

其次，根据国家有关部门的规定，结合本机关实际情况制定出更为详细、便于操作的文件保管期限表，确定公文留存的尺度。在制定此类标准时必须特别注意，应同时考虑满足来自两方面的对办毕文件的需求：一是本机关查考工作的需求，二是社会各有关方面的利用需求。但是，同一公文并不总是同时对这两个方面具有同等的有用性，有的公文可能只对本单位具有现实作用，有的公文只对社会其他方面具有长远的利用价值，因此，应正确认识公文两个方面的利用需求，并据此将有保存价值的公文留存下来。对其中一时不能对保存价值做出肯定性判断的公文，可采取“宁宽毋严”的原则，允许暂存一段时间，让其经受时间的检验，以避免不必要的损失。

根据办毕文件价值判断的上述要求，可以对不同留存价值的公文定期进行价值鉴定，完善暂存文件的登记、保管、借阅制度，以及立卷归档制度。机构或部门留存公文的重心主要是本单位或本部门职能活动中形成的公文，因为此类文件对本单位或本部门是最富有原始记录作用、凭证作用和参考利用价值的。

按照有关文件处置的要求以及文件自身的保存价值，对一个机构的公文，通常可以采取四种不同的处置方法：整理归档、销毁、清退和暂存。

一、整理归档

文件整理，指文件工作人员将已经办理完毕、具有查考利用价值的文件材料，按照一定的原则和方法组成具有有机联系的组合体的过程。

文件归档，指根据国家有关规定，将属于归档范围的文件整理完毕，定期向本单位档案机构或者档案人员移交。

文件整理是文件归档的前提，对有保存价值的公文进行系统整理，可以维护公文之间的联系，防止公文散失，维护公文的完整安全，利于公文的检索、查阅、利用及管理。通常，只有经过系统整理的公文，才可向档案部门归档。由于这两项工作的联系性，人们习惯上将其称为“整理归档”。整理归档工作既是保存本机关职能活动历史记录的主要方法，也是为国家积累档案财富的重要途径。

文件整理必须坚持以下原则：遵循公文的自然形成规律，保持公文之间的有机联系，区别不同的价值，保证归档文件的齐全、完整，便于保管和利用。同时，在OA环境中还应保证电子文件与纸质文件整理的协调统一，满足文件、档案一体化管理的要求。

一项管理活动从开始到结束的过程，就是有关该项活动的公文从无到有的自然生成过程。这些公文之间存在一种内在的自然联系，在整理文件时应该依循并维护这种联系，保证文件在内容和形式上的齐全完整。同时，还需要根据公文不同的保存价值，划定文件的保管期限，并按照不同的保管期限高效、经济地保管文件，为日后的查找利用奠定良好的基础。

文件归档必须符合归档范围、归档时间、归档要求三方面的规范。

(一)归档范围

即文件应归档的范围，也就是需要转化为档案的文件的范围。依据国家档案局颁布的《机关文件材料归档范围和文书档案保管期限规定》《企业文件材料归档范围和档案保管期限规定》的要求，机关及企业文件材料归档范围如下：

(1) 反映本机关、本企业主要职能活动和基本历史面貌的，对本机关、本企业工作，国家建设，社会发展和历史研究具有利用价值的文件材料。

(2) 机关与企业管理活动中形成的在维护国家、企业和公民权益等方面具有凭证价值的文件材料。

(3) 本机关、本企业需要贯彻执行的上级机关、同级机关的文件材料，下级机关报送的重要文件材料，以及其他机构出具的与本机关、本企业有关的重要文件材料。

(4) 反映基层群众性自治组织和城乡社区治理、服务活动的文件材料。

(5) 其他对本机关工作具有查考价值的文件材料。

凡属上述归档范围的文件材料，应当按照整理原则和方法进行分门别类的整理，按有关规定向本机关、本企业负责档案工作的部门移交，实行集中统一管理，任何个人不得据为己有或拒绝归档。为此，各个单位或组织应结合本单位或组织的实际情况，由综合办公部门和档案部门共同协商，制定一个更具针对性和可操作性的归档范围，以指导各个部门的整理归档工作。电子文件参照国家有关纸质文件的归档范围进行归档并划定保管期限。

机关、企业等文书档案的保管期限定为永久、定期两种。定期一般分为30年、10年。

机关、企业等单位中的文件材料不归档的范围是：上级单位的文件材料中，普发性不需本单位办理的文件材料，任免、奖惩非本单位工作人员的文件材料，供工作参考的抄件，等等；本单位文件材料中的重份文件，无查考利用价值的事务性、临时性文件，一般性文件的历次修改稿、各次校对稿，无特殊保存价值的信封，不需办理的一般性人民来信、电话记录，单位内部互相抄送的文件材料，本单位负责人兼任外单位职务形成的与本单位无关的文件材料，有关工作参考的文件材料；同级单位的文件材料中，不需贯彻执行的文件材料，不需办理的抄送文件材料；下级单位的文件材料中，供参阅的简报、情况反映，抄报或越级抄报的文件材料，等等。

（二）归档时间

对于纸质文件，文件形成或处理部门通常应在次年 6 月底以前向本单位档案部门移交归档文件；而对于电子文件，一般应在办理完毕后及时向本单位档案部门归档。对不同载体文件或者不同门类的归档文件，应根据国家有关部门的规定，并结合归档文件内容与本单位自身情况来决定归档时间。

（三）归档要求

归档要求是对归档工作提出的质量要求，即反映文件的形成规律和特点，保证文件的齐全完整，维护文件之间的有机联系，区别不同价值，便于不同门类和不同载体文件材料的保管和利用。

目前，根据国家质量监督检验检疫总局《电子文件归档与管理规范》（GB/T 18894—2002）、国家档案局《电子公文归档管理暂行办法》（2018 年修订版）和《公务电子邮件归档与管理规则》（DA/T 32—2005）等的规定，针对许多单位在办公自动化平台形成的大量电子文件的归档，还要求特别考虑以下几个方面：

（1）系统硬件方面，在电子文件形成机构，档案部门应配置容量足够、处理能力强及相对安全的系统设备。电子文件形成机构应在运行电子文件处理系统的硬件环境中设置容量足够、安全的暂存存储器，存放处理完毕应归档保存的电子文件，以保证归档电子文件的完整、安全。

（2）系统软件方面，在电子文件处理系统中应设置符合安全要求的操作日志，随时自动记录对电子文件实时操作的人员、时间、设备、项目、内容等，以保证归档电子文件的真实性。

（3）归档载体方面，对具有永久和长期保存价值的电子文件要求实行“双套制”，即要求制成纸质文件，并与原电子文件的存储载体一同归档。每一个存储载体中同时存有相应的符合规范要求的收发登记表、机读目录、相关软件、其他说明等材料，以建立两者的关联。归档保存的电子文件一般不加密，必须加密归档的电子文件应与其解密软件和说明文件一同归档。

（4）归档鉴定方面，要求对相关项目进行检查。检查项目包括：与纸质文件核对内容、签章，审核电子文件收发登记表、操作日志及相关的著录条目，确认电子文件及相关的信息和软件无缺损且未被非正常改动，电子文件与相应的纸质文件内容及表现形式一致，处理过程无差错，等等。

（5）移交形式方面，可以采用存储载体传递或通过电子文件传输系统在网上交接。通过存储载体进行交接的归档电子文件，移交与接收部门均应对其载体和技术环境进行检验，确保载体清洁、无划痕、无病毒等。归档电子文件应存储到符合保管要求的脱机载体上，应按本单位档案分类方案进行分类、整理，并拷贝至耐久性良好的载体上，一式三套，一套封存保管，一套异地保管，一套提供利用。

此外，档案部门应加强对归档电子文件的管理。当提供利用涉密的电子文件时，应严格遵守国家有关保密的规定；采用联网的方式提供利用的，应采取稳妥的身份认定措施和权限控制措施，以及在存有电子文件的设备上加装防火墙等安全保密措施。

有关文件整理的具体方法详见本章第二、三节的相关内容。

二、文件销毁

文件销毁，是指经鉴定确认已不具备留存价值的公文材料，采取妥善的方法予以删除信息或毁灭记载公文信息的载体。由于公文数量的急剧增加，大量的无用公文信息混杂其间，为了避免无用信息给各项工作带来的干扰和管理资源的浪费，使有限的资源更有效地用在管理有用的公文信息上，必须对大量的无用信息予以剔除、销毁。

销毁文件是毁灭性的处置方法，往往不具有可再生性，因此，必须慎重鉴定、确认公文是否属于销毁范围。通常，凡无保存价值的公文材料均应划入销毁范围。

判断一份文件的"保存价值"，应该根据文件的内容、形式、责任者、对本单位的现实价值，或者对社会的长远历史价值等多方面的因素进行综合考量后，做出准确判断。切忌不加思量，草率做出评判，一旦误销便可能致使丢失的信息难以恢复，造成无法挽回的损失。

（一）销毁的范围

文件的销毁范围具体包括：重份文件、多余副本；外单位抄送本单位参考的文件或本单位内部机构之间互相抄送的一般性文件；临时性、事务性文件；外出参加会议带回的无留存价值的文件；一般文件的草稿、校样与其他已使用过的会议讨论稿、征求意见稿等；一般性的群众来信来访记录；无留存价值的信封；不销毁即会失密或泄密，造成严重损失的各种文件材料；失去留存价值的统计报表、登记簿册、简报；等等。通常，一个机构应该根据本单位职能活动的实际情况，制定一份常规销毁文件的清单，发至各个业务部门，指导各部门的销毁工作。

（二）销毁的审批权限

一般来说，销毁文件的审批权限有以下几种情况：

（1）销毁一般文件，由文秘部门与业务部门负责人审核，定期销毁。

（2）销毁重要文件或者标有国家秘密等级的文件，必须填写《文件销毁清单》

（包括拟销毁文件的发文单位、文号或成文日期、标题、份数、审批人、监销人、经办人、销毁时间等项目），由各单位文秘部门负责人审核，单位保密部门与分管领导审查批准。

（3）待销文件平时由文秘部门妥善安全管理。

（三）销毁的方式

销毁文件时应至少有两人监销，直至文件确已彻底销毁。未经审查批准，任何部门和个人均不得私自销毁公文。

（1）纸质文件销毁方式：可以采用销毁机具销毁、送造纸厂制作纸浆、用火焚毁等方式处理。

（2）电子文件销毁方式：永久删除。特别要注意：

- 销毁秘密电子文件时，要严加保密，必须确认销毁的文件确实被从电脑硬盘或软盘等载体上永久性删除，不得将其删除后放到“回收站”，以防泄密。
- 删除电子文件也必须经由有关领导批准后方可执行。因为在办公自动化系统中，销毁文件轻而易举，只要轻轻点击键盘或鼠标即可删除，因而采取这一行动应特别慎重。

三、文件清退

文件清退，指按照有关规定或要求，将办结文件退还原发文机关或指定机关。文件清退工作的目的在于保证重要文件或机密文件信息内容的安全，避免文件的丢失或失密、泄密现象的发生，保证文件的郑重性、严肃性、权威性与有效性，避免无用或错误文件信息的扩散。

（一）清退的范围

文件清退的范围具体包括：

（1）绝密级文件；

（2）指定限期清退的文件；

（3）限定在一定范围内讨论修改或征求意见使用的文稿；

（4）需清退的会议文件；

（5）调离岗位的工作人员在原职位中保存的文件；

（6）供本机关内部领导传阅的文件；

（7）发文机关明确要求退还的文件材料；

（8）有重大错漏情况或被明令撤销的文件；等等。

（二）清退的方法

文件清退主要是针对纸质文件的处置，因为纸质文件载体的清退能够保证文件信息内容的安全性，其处置办法是：

（1）填写《文件清退单（表）》，注明清退文件的基本情况，包括发文单位、文号、内容摘要、密级、份数等项目。按照发文要求清退文件，如来文已写明清退要求则直接按要求退回；对未注明清退要求但属不宜在收文机关久存的重要文件材料，收文机关文秘部门应及时主动与文件制发机关联系，按制发机关的意见处理。需清理的会议文件（包括征求意见稿、讨论稿），由会务组负责通知持件人清退。本机关内部征求意见稿，由承办单位的承办人或文件管理人员直接清退。外单位征求意见的文件（文稿），由本机关的文秘部门定期或不定期地统一清退。

（2）清退人、接收人要履行交接手续，双方均应在《文件清退单（表）》上签注姓名和日期，以示对清退工作负责。

在办公自动化平台上，电子文件的信息内容可以复制，因此，在保证电子文件信息载体安全性的基础上，更要重视保证电子文件信息内容的安全性，清退文件并不能真正解决信息内容安全性问题，还需要通过管理和技术等其他手段来实现。

四、文件暂存

文件暂存，指对既不应归档或清退，又暂时不宜销毁的文件，暂时留存一定时间以备查用、再做处置。部分文件暂时留存保管，不仅便于机关日常工作中的查阅参考，而且可以减轻业务部门频繁查找归档文件带给档案部门的压力，还可以节约大量的人力和时间。

暂存文件的范围：凡不需归档或清退，对本机关工作仍具有一定参考利用价值的文件材料，均可列入暂存文件范围，具体包括频繁查阅的已归档文件的副本，现行机关需要反复利用的简报、报表等，一时难以准确判定是否留存或销毁的文件，等等。

暂存文件应由各机关的文件处理部门统一、集中保管，并按一定的方法加以管理。重要的、常用的暂存文件，可以根据文件整理的原则与方法进行有序化，编制简便的文件检索目录，以便于日常的查找利用。

在办公自动化系统中，由于暂存文件仍将占用计算机系统的存储空间，因此，要求电子文件形成机构在运行电子文件处理系统的硬件环境中设置容量足够、安全的暂存存储器，存放处理完毕应归档保存和暂存的电子文件，以保证此类电子文件的完整、安全。

第二节　案卷级整理方法

案卷是一组有密切联系的文件组合体。案卷级整理，是通过分类与组合的方法将密切相关的文件有序化，并集中装订形成案卷的工作活动。“案卷”既是整理文件的成果，也是文书与档案管理的保管单位。对一个具体的机构来说，首先，要对文件进行分类，要求选择适当的文件分类方法和制订文件分类方案，这是分类整理文件的依据；其次，进行文件组卷，要求将划分出来的每一类别内的文件按照一定方法编制成一个个案卷。文件分类与文件组卷是案卷级整理的重要内容。

一、文件分类

文件分类应该符合分类的逻辑原则，力求简明、严密。分类方法是在文件整理之前确定的文件分门别类的逻辑原则和依据，是文件整理的前提。在文件分类过程中，每一层次上的分类只能使用一种分类方法。

（一）分类方法

通常，各类机关主要按照年度、组织机构、问题、保管期限等进行文件分类。

1. 按年度分类

即按照文件形成的年度特征将同一个年度的文件分为一类，将不同年度的文件分为不同的类别。现行机关通常都将一个自然年度（1 月 1 日—12 月 31 日）作为一个工作周期，因而工作周期中产生的文件，也就自然而然形成了以年度为单位的独立类别。按年度分类正好反映了机关工作逐年的变化发展，有利于文件查找和利用。按年度分类，要求根据文件准确日期归入相应的年度。不同年度的文件一般不得放在一起立卷。

由于工作的连续性，有时也会出现跨越两个或两个以上年度的文件，其处理方法是在一个单位或机构中明确文件的归属年度，并将其固定下来，保持处理此类文件的连续性。例如：回复性文件，放在复文年度；计划或规划性文件，放在计划或规划针对的第一年；总结性文件，放在其内容针对的最后一年；会议文件，放入召开会议的年度；规范类文件，放入文件针对的第一年；两项或多项内容的文件，归入主要内容针对的年度；等等。

2. 按组织机构分类

即按照文件形成或承办的机关的内部组织机构进行分类，不同组织机构作为不同类别。任何单位的组织机构都是根据职能需要设立的，每一个机构都具有自身相对独立的职权、职责，其产生或承办的文件因其职能自然形成相对独立的一个类别。按照组织机构分类，能够更好地保持同一组织机构的文件之间在内容性质上的主要联系，有利于日后按专题查找和利用。

根据国家有关规定，我国党政档案实行统一管理，因此对一个机关来说，一个年度内的文件按照组织机构标准分类的步骤如下：首先，将文件分成党、政、工、团等不同性质的组织机构大类别；其次，在每一大类别中再按组织机构继续划分类别。这种分类的结果，使一个单位的文件按照内设的组织机构的性质从各个层次形成不同的类别，脉络清楚地反映出本单位内各组织机构工作活动的历史面貌。

3. 按问题分类

即按照文件内容所反映的问题特征来划分类别。问题分类，可以使反映同一问题的一系列文件相对集中，较好地保持反映同一问题的文件之间的联系性，能为利用者提供关于某一问题、事件或人物等的系统、完整的文件信息。

按问题分类的方法带有较强的主观性。同一“问题”，由于知识背景、认识水平不同，人们对其看法各异，分类结果往往也难以统一或准确定位，因而在选用按问题分类的方法时必须谨慎。在通常情况下，一些大、中型单位不宜在第一层次分类时采用此种分类方法，而应先按年度分类或组织机构分类，再按问题分类。一些内部机构设置比较简单或者不太稳定、机构分工不明确而且公文数量较少的机关，适宜在第一层次采用按问题分类的方法。此外，按问题分类的方法可以多次灵活使用，例如：当在一个大问题下的文件数量比较多时，可将这个大问题分解为几个小一些的具体问题分别进行分类组卷。

4. 按保管期限分类

即按照文件不同的保存价值，将其划分成不同的类别。保管期限，是根据各类文件客观存在的保存价值确定的。按保管期限划分，通常在同一个问题之下进行，大中型机构一般不将其作为本单位全部文件的第一层次的分类方法。

国家档案局颁布的《机关文件材料归档范围和文书档案保管期限规定》将应归档的机关文书档案的保管期限定为永久、定期两种。定期一般分为 30 年、10 年。同时，它发布了通用的《文书档案保管期限表》，其中规定了永久、定期保管的文书档案的基本范围和保管期限。各机关可在具体工作中根据本机关的地位、职能和业务活动等客观情况，制定出更加详细、准确的保管期限表。如有必要，还可以针对文件具体情况，将长期、短期的保存时间划分得更准确、更具体。划分保管期限应该以文件的价值（对现行机关的现实凭证价值和对社会、国家等的历史参考价值）为依据。

上述分类方法，在通常情况下难以单独使用，需结合几种分类方法构成复式分类法。现行机关文件整理归档工作中常用的复式分类法有：年度—组织机构—保管期限分类法、年度—问题—保管期限分类法、保管期限—年度—组织机构分类法、保管期限—年度—问题分类法等。组织机构分类法与问题分类法不应在同一单位的同一层次同时使用。

（二）分类方案

为了同一个单位的不同部门、不同人员在对归档文件材料分类整理时能够保持分类方法选用的一致性，避免频繁变动给文件整理以及查找利用工作带来困难，各机关单位可以根据上述分类方法，结合本机关的主要职能、内部组织机构分布、文件形成的数量等情况，编制本单位全部文件的分类方案来进行规范与调控。

分类方案是预先编制的文件立卷条目，是保持一个机关内文件整理立卷工作连续性、稳定性和客观性的重要指南。分类方案的结构一般由类别、条款和条款顺序号组成。

类别，即按照一定的标准将文件划分为不同种类，分类的一般方法有按问题分类和按组织机构分类。按问题分类，即根据文件内容所反映的不同主题（问题）设类。按组织机构分类，即按机关内部机构来设类，组织机构的名称即类别名称。

条款，就是在第一级类别名称之下预拟的子类别名称。每一个条款都是密切相关的一组文件，可以组合成一个或多个案卷。条款的拟写应掌握类目延展限度，详略得当，不能太简单笼统或者过于烦琐，应反映出所包括的文件的责任者（作者）、问题（内容）和文件名称（或类型）。为了查阅方便，还可以将文件的保管期限标注于条款之后，这样可以更直观地了解每一条款的保管期限，在文件组卷时就不再需要重复查阅文件的保管期限表了。

条款顺序号，即将类别与条款经过系统排列后依次给予每一条款的顺序号。它的目的是固定每一条款的排列顺序。

分类方案可以采用文字叙述或者分类表格的方式编写。一旦分类方案确定下来，机关各个部门就应该照此对文件进行分类整理，并且在一定时间里保持其相对稳定性。

二、文件组卷

文件组卷是根据文件分类方法或分类方案，将整个机关文件或者立卷部门的文件划分到适宜数量的属类、小类，然后在分类层次的最低一层小类文件中找出这一小类文件在作者、内容、时间、地区、通讯者①、文种等方面具有的共同特点，将具有共同特点的文件集合成案卷。由纸质文件组成的案卷表现为一个个可以手工存取的物理实体，而在办公自动化环境中借助于计算机所编制的电子文件的“案卷”则表现为电子文件在逻辑上存在的关联性，只具有逻辑检索的意义。

文件组卷一般按照以下步骤进行。

（一）排列卷内文件

排列卷内文件，是对分类到恰当数量的一组文件进行认真分析，寻找出它们之间的主要特点（如作者、内容、文种、地区、时间、通讯者等特征），按照其主要的联系来排定它们的顺序，以固定每份文件在卷内文件中的位置。

常用的方法有：按时间顺序排列，即在一组文件中先按地区、名称或作者等特征将文件分开，然后再在每一小类中按文件形成时间的先后顺序排列；按文件的重要程序排列，即在一组文件中将重要的公文排在前面，将次要的公文排在后面。排列卷内文件旨在方便日常工作的利用。

---

① 是指针对同一问题制发问复性来往文件的两个单位。通讯者是公文作者的一种特殊表现形式。

(二)卷内文件编目

1. 编页号

即按卷内文件系统化排列后确定的顺序在文件正面的右上角、背面的左上角依次编写页号。它的目的是固定文件的顺序，便于文件的保护、统计和检索。文件的编号使用阿拉伯数字。

2. 编卷内文件目录

卷内文件目录即用以揭示卷内文件的内容与成分的一览表，主要是为了便于查阅、统计文件。卷内文件目录置于卷首，主要包括以下项目：顺序号、责任者、文号、题名、日期、页数、备注等。

(1) 顺序号。

即卷内文件排列的顺序件号，用阿拉伯数字标明。

(2) 责任者。

即文件的发文机关或署名者。责任者既可以是一个机关或机关内部的一个机构，也可以是几个机关，或者是一个人或若干人。它既是文件的组成部分之一，也是检索利用档案的重要途径。填写责任者项时一般应使用全称或通用简称。

(3) 文号。

即发文的字号，是由发文机关按发文次序编制的顺序号。文号一般由机关代字、年度、顺序号组成，如国办发〔2015〕8号，即国务院办公厅2015年第8号文件。在填写文号项时，应照实抄录，代字、年度、顺序号都不能省略，否则将给查找和利用带来困难。

(4) 题名。

即文件标题，它直接表达了公文内容和中心主题，是了解归档文件内容的主要检索点。完整的题名结构由作者、问题、文种三个部分组成。

文件题名应按照原样抄录下来，没有标题或标题不规范的，可以自拟标题，外加“[ ]”号。

(5) 日期。

即公文的成文日期。它是公文的重要特征之一，反映了公文产生的时间背景，是查找档案文件的常用途径。

(6) 页数。

当填写一件卷内文件所在的页码时，既可以填写该件文件的起止页码，也可填写起始页码。

(7) 备注。

用于填写归档文件需要补充和说明的情况，包括密级、缺损、修改、补充、移出、销毁等方面的信息。如果内容较多，那么可将其填入备考表中。

当卷内文件目录填写完后，即可装订案卷，即去掉金属物，装订成册，以固定和保护卷内文件。

卷内文件目录的样式如表 10－1 所示：

表 10－1　卷内文件目录的样式

顺序号	责任者	文号	题名	日期	页数	备注

3. 填写卷内备考表

卷内备考表是用以注明卷内文件立卷与利用状况的一览表。其作用是供档案保管人员与利用者日后查考之用。它通常加贴于卷内文件最末一页之后。卷内备考表内容包括立卷人、检查人、立卷时间等。卷内备考表的样式如图 10－3 所示。

（三）案卷编目

1. 拟写案卷题名

案卷题名，即案卷标题，用以概括揭示案卷内文件的主要内容与成分。其作用是有助于快速检索文件，它也是案卷编目和编制各种检索工具的主要依据。

拟写案卷题名要求文字简练，表达准确，基本结构力求完整。其基本结构格式为：文件的责任者（作者）—内容（问题）—名称（文种）。如有需要，也可增加相关立卷特征，如（地区）责任者（通讯者）—（时间）—（地区）内容—名称。

2. 填写案卷封面

案卷封面项目包括全宗名称（立档单位名称）、类目名称（分类方案中一级类别名称）、案卷题名、时间、保管期限、件页数、归档号、档号等。填写案卷封面要求格式规范、页面整洁、文字简练，使用简称应规范易懂，并应用毛笔或钢笔书写，字迹要工整清晰、易于阅读，便于查找文件。

案卷封面的样式见图 10－4 所示。

3. 编制案卷目录

案卷目录是将案卷按照组织机构、保管期限或主题等标准系统化排列后，对其依次登记形成的案卷名册。其作用在于固定案卷的排列顺序，使立卷工作最终得以完成；概括地介绍案卷的内容与成分，是文件与档案检索最基本的检索工具。案卷目录的基本结构包括案卷号、案卷题名、年度、页数、保管期限等。

案卷目录的样式如表 10－2 所示。

第三节　文件级整理方法

2015 年 10 月 25 日，国家档案局发布了中华人民共和国档案行业标准《归档文件整理规则》（DA/T 22—2015，见附录 3，代替 2000 年 12 月 6 日首次发布的 DA/T 22—2000），并于 2016 年 6 月 1 日起实施。该规则适应了办公自动化和文件、档案管理现代化的需要，在借鉴传统立卷方法合理性的基础上，对归档文件整理工作的原则和具体方法做出了新的规定。由于其整理的理念和方法规则充分考虑到了目前我国电子文件和纸质文件两种文件并存的现实状况，因而其整理思想和方法也对 OA 环境中归档文件的整理具有重要的指导意义。

卷内文件情况说明

立卷人：
检查人：
立卷时间：

图 10-3　卷内备考表的样式

<table>
<tr><td colspan="4">（全宗名称）</td></tr>
<tr><td colspan="4">（类目名称）</td></tr>
<tr><td colspan="4">（案卷题名）</td></tr>
<tr><td colspan="2">自　年　月至　年　月</td><td>保管期限</td><td></td></tr>
<tr><td colspan="2">本卷共　　件　　页</td><td>归档号</td><td></td></tr>
<tr><td rowspan="2"></td><td colspan="2">全宗号目录号</td><td>案卷号</td></tr>
<tr><td colspan="2"></td><td></td></tr>
</table>

图 10－4　案卷封面的样式

表 10－2　案卷目录的样式

案卷号		案卷题名	年度	页数	保管期限	备注
档案室编	档案馆编					

这种方法的突出特点表现在：通过淡化整理、深化检索，实现从重形式向重内容的工作重点的转移，实现双重减负，为全面跃上现代化平台打好基础；将实体文件按“件”进行整理，改变了以往文件实体整理以“卷”为单位的思路；分类方法固定为年度、机构（问题）、保管期限三种，并允许各单位视具体情况组合及简化分类层次；装订以“件”为单位进行，对装订材料不做统一规定；将纸质归档文件以件为单位进行组件、分类、排列、编号、编目、装盒、排架；电子文件还包括格式转换、元数据收集、归档数据包组织、存储等，使归档文件有序化；等等。相较于传统的文件整理立卷的方法，这种方法更容易学习掌握，操作起来也更加灵活简便，整理文件的效率也更高。

下面重点介绍装订、分类、排列、编号、编目、装盒的具体规范。

一、装订

归档文件整理的基本单位为“自然件”，即单份文件，以“件”为整理单位，进行文件级整理。“一件”是指在实体上装订在一起，编目时也只体现为一个条目。

在实际工作中，有些关联性很强的文件，利用时通常需要相互补充和查证，因此实体不宜分散，可以作为“一件”来整理。比如文件的正本与不同稿本，正文与附件（如附带的图表、统计数字，正文批准或发布的法规文件，等等），正文与文件处理单或发文稿纸，来文与复文，原件与复制件，正本与翻译本，中文本与外文本，转发文与被转发文，报表、名册、图册等。

装订文件旨在从实体上最终确定“件”的形态，固定文件页次，防止文件张页丢失，便于归档后的保管和利用。单份文件直接装订即可。多份文件作为一件的，装订前应先行排序。排序的规则是：正本在前，定稿在后；正文在前，附件在后；原件在前，复制件在后；转发文在前，被转发文在后；复文在前，来文在后；汉文本在前，少数民族文字文本在后；不同文字的文本，无特殊规定的，中文本在前，外文本在后。如有文件处理单，可放在最前面，将其作为首页加盖档号章，更好地保护正本、维持原貌。

在装订文件时，应利于归档文件的保护和管理。装订应牢固、安全、简便、平整；装订方式与装订材料和保管期限相匹配。永久保管的归档文件，可选用直角线装或“三孔一线”线装法；定期保管的、无须向档案馆移交的归档文件，也可使用不锈钢夹或封套装订。

二、分类

分类是指将归档文件按其来源、时间、内容和形式等方面的异同，分成若干层次和类别，构成有机体系的过程。合理选择分类方法，很大程度上决定了分类的质量。文件分类的方法很多，《归档文件整理规则》中明确规定选择年度、组织机构（问题）和保管期限作为通用的分类方法。

年度分类法、组织机构分类法、问题分类法、保管期限分类法等的具体内容请参见本章第二节以“案卷”为单位的整理方法中文件分类方法的相关内容。

应特别注意《归档文件整理规则》中分类的以下变化：

- 取消原来按“针对年度”归类的做法，统一按文件“成文日期”（即文件落款日期中的年份，是文件形成年份）判定文件所属年度。跨年度的计划、总结、预算、统计报表、法规性文件等内容涉及不同年度的文件，均按文件签发日期判定所属年度。跨年度形成的会议文件归入闭幕年。跨年度办理的文件归入办结年。这有利于简化分类中的概念和操作。
- 提出“组织机构（问题）”两种形式的分类法，组织机构分类法与问题分类法不能同时采用，而应根据机关归档文件的实际情况选择其中一种。组织采用机构分类的，按文件形成或承办部门分类；多部门形成的归档文件，归入主办部门。采用问题分类法的，按文件内容所反映的问题分类。
- 明确提出将保管期限直接作为一种分类标准，不限定年度、保管期限、组织机构（问题）在组合成复式分类法时的先后顺序。规定年度、保管期限是必选项，组织机构（问题）可作为选择项。

三、排列

排列是指在分类方案的最低一级类目内，根据一定的方法确定归档文件先后次序的过程。不同类别归档文件之间的排列、档案盒的排架等则不在此范围内。

归档文件应按“事由原则”排列，即同一事由的相关文件应当按照文件形成的先后顺序排列在一起。“事由”是一个比较原则性的概念，可以是指一件具体的事，或一个具体问题，或一段较紧密的工作过程，等等。界定“事由”，使密切相关、参照性强的文件从实体上相对集中，可以进一步体现出最低一级类目内归档文件之间的有机联系，客观反映某一“事由”的发生、发展、结束的全过程，同时也便于目录检索和实体存取。

归档文件应在分类方案的最低一级类目内进行。会议文件、统计报表等成套性文件可集中排列。“最低一级类目”是指分类时所确定的类目体系中设在最低一级的类目，例如当按照“年度—组织机构—保管期限”三级分类时，“保管期限”即为最低一级类目。当最低一级类目内文件数量较大时，也可再按事由结合时间、重要程度等排列。此外，成套性文件（指某些有着较密切的联系的系列文件）可集中排列，如会议文件、统计报表、内部刊物等。

四、编号

编号是指以归档文件在全部文件中的位置标识为档号（赋予归档文件的一组字符代码，以体现归档文件的类别和排列顺序），并以档号章的形式在归档文件上注明。档号应按照分类方案和文件排列顺序依次编写。

档号的结构为：全宗号-档案门类代码·年度-保管期限-机构（问题）代码-件号·子件号（页数）。上、下位代码之间用短横线连接号“-”连接，同一级代码之间用中圆点“·”隔开。如“Z109－WS·2017－Y－BGS－0001”，表示Z属类第109号全宗的2017年文书档案中办公室的永久类的第1件文件。

档号章上设置必备项和选择项，必备项包括全宗号、档案门类代码·年度、保管期限、机构（问题）代码、件号，子件号（页数）为选择项。

（一）全宗号

全宗号用4位数字或者字母与数字的结合标识，如“Z109”，“Z”代表全宗属类代码，“109”表示全宗顺序号。

全宗号是档案馆对其接收范围内各立档单位所编制的代号。在一个档案馆内，全宗属类代码不应重复，在一个全宗属类内，不应有重复的全宗顺序号。全宗号往往由各级档案馆按照进馆计划给定，有些新组建单位或暂未列入档案馆接收计划的单位，可将此项空置，留待同级档案馆给定全宗号后再行填写。

（二）档案门类代码·年度

档案门类代码以“文书”二字的汉语拼音的首字母“WS”来标识。

年度指归档文件的形成年度，即形成和办理归档文件的年度。形成年度的判定方法，具体可参照年度分类法部分的相关内容。年度以4位阿拉伯数字表示，如二〇一八年表示为“2018”，不能简化为“18”。

（三）保管期限

分为永久、定期30年、定期10年，分别以代码“Y”“D30”“D10”标识。

保管期限的划分，应当按照国家档案局颁布的相关规定，结合本单位文件内容和管理要求来确定具体的保管期限。

（四）机构（问题）代码

采用3位汉语拼音的首字母或阿拉伯数字标识，如“办公室”用“BGS”来标识。归档文件未按照组织机构（问题）分类的，应当省略机构（问题）代码。

（五）件号·子件号（页数）

件号是单件归档文件在分类方案最低一级类目内的排列顺序号，用4位阿拉伯数字标注，不足4位的，前面用“0”补齐，如“0099”。子件号是指件内单份文件排列的顺序号，用3位阿拉伯数字标注，不足3位的，前面用“0”补齐，如“009”。对于密切相关的多份文件组合为“一件”的，可根据需要选择标识子件号。不需要子件号的，可以省略。如有需要，可以在件号·子件号后添加页（张）数符号。

当编号项目确定后，要以档号章的形式逐件标识在每一件归档文件上，以明确归档文件在全宗中的“坐标”，保证归档文件借阅后的正确归位。

档号章包括全宗号、年度、保管期限、机构或问题、件号等项目。在填写这些项目时，应严格按照顺序进行，各项目在档号章中的位置不得打乱，以适应标准化管理的需要。

档号章的样式如图 10－5 所示。档号章示例见图 10－6、图 10－7。

全宗号	年度	件号
* 机构或问题	保管期限	* 页数

图 10－5　档号章的样式

Z109	2015	0099
办公室	永久	45

图 10－6　档号章示例 1

Z109	2015	0099
BGS	Y	45

图 10－7　档号章示例 2

不同的机关单位根据各自的不同情况，可能需要在档号章上增加其他选择项目，可在档号章的右侧增加空格填写所需标注的项目。

档号章一般应加盖在归档文件首页上端的空白位置；如果领导批示或收文章等占用上述位置，那么可将档号章盖在首页的其他空白位置，但以上端为宜。档号章尽量不要压住公文字迹，也不宜与批示文字等交叉。电子文件可以由系统生成档号章样式或以条形码等其他形式在归档文件上标识。

五、编目

编目是指编制归档文件目录。编目应按照分类方案、归档文件排列顺序，逐类、逐件编制，详细、准确地揭示归档文件的全貌，以便于文件检索。

编目应以“件”为单位逐件编目。在归档文件目录中，一件也只体现为一个条目。如来文与复文共同作为一件时，在归档文件目录中只对复文进行编目，对复文的编目应体现来文内容，通过检索复文来实现对相应来文的查找。

归档文件目录包括序号、档号、文号、责任者、题名、日期、密级、页数和备注等项目。

（一）序号

填写归档文件顺序号。

（二）档号

填写在编号工作中编制的档号，如“Z109－WS·2015－Y－BGS－0099”。

（三）文号

填写文件的发文字号。没有文号的，不用标识。

（四）责任者

填写文件的发文机关或署名者（制发文件的组织或个人）。

（五）题名

填写文件标题。没有标题、标题不规范，或者标题不能反映文件主要内容、不方便检索的，应全部或部分自拟标题，自拟内容外加方括号“[ ]”。

（六）日期

填写文件的形成时间。以 8 位阿拉伯数字标注年、月、日，如 2015 年 8 月 8 日，标注为“20150808”。

由几份公文作为一件时，件的日期应以装订时排在首位的公文的日期为准。如果正本与定稿为一件，以正本为准；正文与附件为一件，以正文为准；转发文与被转发文为一件，以转发文为准；来文与复文为一件，以复文为准。

（七）密级

文件密级，分为绝密、机密、秘密。没有密级的，不用标识。

（八）页数

页数指每一件归档文件的页面总数。文件中有图文的页面为一页，逐页编制页码，页码标注在文件正面右上角或背面左上角的空白位置。空白页不编页码，亦不计入页数。大张的公文或图表折叠后，仍按折叠前有图文的页面数计算页数。当来文与复文、正本与定稿等作为一件时，其页数应是构成该件的公文的页数之和。

文件材料已印制成册并编有页码的，可以保持原有页码不变，并以其页码计算页数。

（九）备注

备注用于注释文件需要说明的事项。

归档文件目录中其他项目的填写，请参见本章第二节中“卷内文件编目”的具体内容。归档文件目录的样式如表 10－3 所示。

表 10-3　归档文件目录的样式

序号	责任者	文号	题名	日期	页数	备注

在填写归档文件目录时，应使用符合档案保护要求的字迹材料，如碳素墨水等，禁止使用圆珠笔、铅笔、纯蓝墨水等不耐久的书写材料进行填写。已采用档案

计算机管理的单位，归档文件目录除保存电子版本外，还应同步生成打印目录。归档文件目录应单独装订成册，并编制封面。

归档文件目录封面的格式应与目录的编制方式一致，设置全宗名称、年度、保管期限、机构（问题）等项目。其中全宗名称栏应使用全称或规范化简称填写立档单位的名称。归档文件目录既可以按年装订成册，也可每年区分保管期限装订成册。归档文件目录封面的样式如图 10－8 所示。

归档文件目录

*全宗名称 ______________

*年　　度 ______________

*保管期限 ______________

*机　　构

(问题) ______________

图 10－8　归档文件目录封面的样式

归档文件目录及其封面等图表均可通过计算机生成并打印出来，将目录装订在一起便可用于手工检索。

六、装盒

装盒，指将已经修整、装订、编页完毕的归档文件按件号顺序装入档案盒、填写备考表、编制档案盒封面及盒脊项目的过程。

归档文件应严格按照件号的先后顺序装入档案盒，与归档文件目录中相应条目的排列顺序一致，保证检索到文件条目后能对应地找到文件实体。当文件利用完毕后归位时，同样要注意将其按件号顺序装入相应档案盒中。

装盒时，应按照分类方法的不同，将不同类别的归档文件装入不同的档案盒中。这是因为实体查找时是由归档文件目录条目对应到档案盒脊项目，再由盒脊项目对应到盒内文件档号章上的项目，所以盒脊项目的设置必须与盒内文件档号章的项目相对应，反映出归档文件的存址。

装盒时，档案盒只是归档文件的装具，并不要求同一事由的归档文件必须装在同一个档案盒内，只需按照排列的先后顺序依次装盒，一盒装满后顺次装入下一盒即可。在通常情况下，不同形成年度、不同保管期限、不同机构（问题）的归档文件不应被放入同一个档案盒。此外，可以视公文的数量，选择厚度适宜的档案盒，尽量做到文件装盒后与档案盒形成一个整体，站立放置时不至于使文件弯曲受损。档案盒的摆放方式分为竖式和横式两种。同一机关档案部门，通常只选一种形式的档案盒，以保持档案盒上架后整体的统一、整齐、美观。

档案盒封面应标明全宗名称：应使用全称或规范化简称标明（即立档单位名称），下加双横线。

档案盒应根据摆放方式的不同，在盒脊或底边设置全宗号、年度、保管期限、起止件号、盒号等必备项，并可设置机构（问题）等选择项。

（1）全宗号：一般全宗暂未给定的可先空置；无进馆任务的单位（如某些企事业单位），可以不印制全宗号一栏。

（2）年度：应填写盒内文件的形成年度，具体填写方法参见“编号”部分有关内容。

（3）保管期限：填写盒内文件所属保管期限，一般以汉字全称表示，如“永久”“30 年”“10 年”。

（4）机构（问题）：填写分类方案中相应机构（问题）的类目名，具体填写方法参见“编号”部分有关内容；不按组织机构（问题）分类的单位，盒脊上可以不印制机构（问题）项。

（5）起止件号：填写盒内排列第一件文件和排列最后一件文件的件号，其间用“—”号连接。起止件号分为“室编”和“馆编”两栏，归档文件整理阶段需填写的是起止件号中的室编栏，馆编栏供进馆前再鉴定、整理后直接填写馆编号。

（6）盒号：指档案盒的排列顺序号，在进馆时按进馆要求编制。盒号一般按照档案盒上架排列后的顺序流水编制，既可以每年一断号，也可以4位数为限几年一断号。

档案盒应采用无酸纸制作，其样式如图10－9所示。

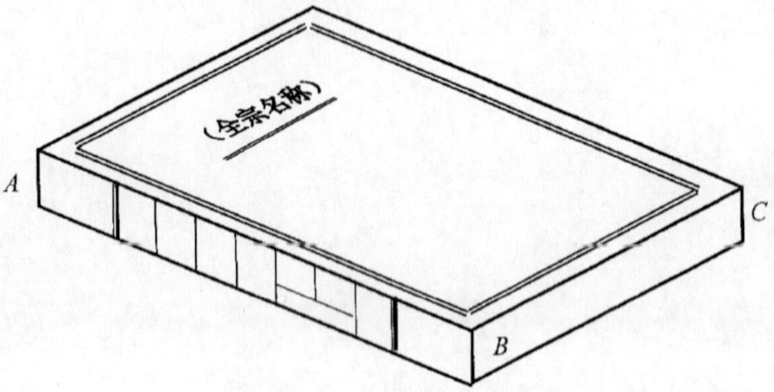

图10－9　档案盒样式

注：A=B=C=20，30，40mm等。

档案盒脊可以根据机关单位的实际需要，与档号章上的项目相协调，编制其他项目。盒脊项目格式如图10－10所示。

图10－10　盒脊编目项目示意图

备考表用以对盒内归档文件进行必要的注释说明，应放在盒内所有归档文件之后。备考表是机关档案部门对归档文件进行动态管理的有效措施。备考表上设置的项目包括：盒内文件情况说明、整理人、检查人和日期。在一般情况下，有关卷内文件材料的说明，都应逐项填写在备考表里；如无情况说明，也必须将立卷人、检查人的姓名和立卷时间填上，以示对案卷负责。备考表的样式如图10－11所示。

盒内公文情况说明
整理人： 检查人： 年　月　日

图 10－11　备考表的样式

第四节　“双套制”归档

“双套制”归档，是指在办公自动化的网络环境中，同一份归档文件，在保存一份电子版本的同时还要保存一份纸质版本。

本节所指的“双套制”归档，专指现行机关在电子环境中形成的电子文件的

"双套制"归档，不包括以下被人们称为"双套制"的情形：一是各级档案馆馆藏纸质档案电子化后形成的档案"双套制"；二是同一载体的"双套制"（实际是同一文件的重份），如归档文件一套按规定移交进馆，另一套由生成机构自己保存；三是纸质载体与非电子载体的"双套制"，如纸质文件及其缩微胶片拷贝的"双套制"；等等。

一、"双套制"归档的必要性

（一）"双套制"归档是当前机关电子文件与纸质文件并行管理的客观反映

当前，现行机关并没有完全实现无纸化办公。一些机关单位为了保持领导批办、签发文件的真迹以做办文凭证，在保存电子文本的同时，还保留着这些电子文本打印出的纸质文件，形成了同一文件按照电子与纸质两种载体双轨管理的状况。同时，在同一活动中，经常会形成纸质文件、照片文件、录音录像文件等，它们互相补充，共同构成特定业务活动的完整记录。为保持这些文件之间的特定历史联系，确保同一活动中形成的档案信息的完整性，各种载体的文件应与电子文件一同归档。采用电子与纸质文件并行管理和归档，正好适应了当前现行机关各类文件管理的现实需要。

（二）"双套制"归档是电子文件技术特性在文件管理中的具体表现

从技术角度看，首先，电子文件具有许多纸质文件不具备的技术特性，如保证电子文件长期可读性的软硬件是电子文件的构成部分，操作系统、应用软件以及相关的数据、配套文档资料等是电子文件生存的环境条件，必须以电子形式存在。其次，多媒体文件、图形图像文件、数据库文件、电子邮件文件、网站文件、超文本文件等大量电子文件难以打印到纸张上，即使是一些文本文件，其后台支撑的海量元数据和背景信息等是文件真实性、有效性的有力凭证，同样也是无法被打印到纸张上的。实行"双套制"归档能够使电子文件、纸质文件相互印证，更加真实、准确地记录各种管理活动的情况。

（三）"双套制"归档是及时高效地满足利用者需求的需要

从利用角度来看，当前一些机关将重要的电子文件打印出纸质文件保存，主要是为了保留文件的原始凭证性。随着社会信息化的深入，利用网络跨越时空查阅归档文件的情况会越来越多，并将成为未来档案利用的主流。面对这种情况，电子文件具有纸质文件所没有的优越性，如电子文件可以被准确快速检索，可以借助网络传输技术实现充分的电子文件信息资源共享，多媒体电子文件信息的集成化还可以产生图文声像并茂的传播效果，等等。如果只进行纸质文件归档，那么纸质档案移交给档案馆后又必须被重新电子化，势必出现重复劳动。"双套制"归档正好融合了纸质文件和电子文件的优势，既可发挥高效存取检索功能，高效满足利用需求，又可保障档案的凭证价值作用的实现。可见，当前实行“双套制”归档有其存在的必要性和合理性。

（四）“双套制”归档是保证文件信息完整与安全的需要

在现有科技条件下，电子文件现存的缺陷决定了它不能成为唯一的归档形式，这表现在：电子文件存储介质的稳定性和耐久性目前还远远比不上纸张，材料的氧化和变质、磁场的影响等很容易破坏磁介质上存储的数据，对软硬件的依赖性使电子文件不可脱机阅读，等等。这些都使电子文件的完整性、安全性难以得到持续、有效的保证。因此，采取“双套制”归档是当前保障电子文件完整与安全的重要措施。值得一提的是，未来的发展趋势是电子文件归档“单套制”。

二、“双套制”归档的要求

在现行机关，实施“双套制”归档的要求是：保持归档文件之间的有机联系，区分不同保管价值，便于归档文件的安全保管和方便利用。

所谓“双套制”归档文件之间的“有机联系”，不仅指反映主要职能活动的系列文件之间自然生成或形成的内在联系，而且指归档电子文件与纸质文件之间的联系，要在二者之间建立良好的对照和标识链接关系。所谓“区分不同价值”，是在分析文件保存价值、划分保管期限的基础上，选择确认哪些具有重要保存价值的文件采用“双套制”归档，哪些保存价值较低、保管期限较短的归档文件采用单一载体归档。通常，反映本单位主要职能活动的、保管期限为“永久”的文件材料应当进行“双套制”归档，而针对保管期限为“定期”的归档文件，应当结合具体的保管期限，考虑文件的典型性和代表性，予以适当选择和限定。

对现行机关以及档案馆来说，实施“双套制”归档，无疑将会加大人、财、物等资源的投入，尤其是电子文件的保存与利用需要的库管条件、技术支撑等要求较高，且随着技术升级，所需要的人、财、物等保障资源量也会增加。因此，各机关单位在进行“双套制”归档时，应在力求方便利用的前提下，根据归档文件的来源、内容、利用需求、保管期限、管理成本、保密要求、技术风险等多种因素，综合评估自身保障条件的承受能力大小，以便确保“双套制”归档的各类文件得到安全有效的保管与利用。

根据国家档案局《电子公文归档管理暂行办法》的相关规定，电子文件的归档方法主要有人工归档与自动归档两种。

（一）人工归档

由各业务部门负责归档的人员，通过电子文件批量归档模块，确定归档的形式（是按卷保管还是按件保管）、主文件及其附属文件（对应文件/件记录的 RTF 域和附文域），同时指定归档的分类节点（即相应的档案类目），将硬盘、磁盘等载体中的电子文件（DOC、XML、DXF、BMP、JPG、HTML、MEPG、WAV 等）批量导入档案数据库。

（二）自动归档

通过文件处理系统专用数据接口，在文件承办完毕后实现电子文件的即时归档。在系统管理员对连接设置进行定义后，归档过程往往自动进行，无须人工过多干预。在自动归档后，系统还可提供已归档文件的各类管理报表，如自动生成档案卷皮、卷内文件目录、分类目录、全引目录、专题目录、归档文件目录、借阅登记表等。

有关归档要求的其他内容详见本章第一节的相关内容。

本章小结

1. 重点掌握：办毕文件处置的主要方法，归档制度的主要内容，文件销毁的要求。

2. 理解：以“案卷”为单位整理归档文件的优点；按照年度、组织机构、问题、保管期限对归档文件进行分类的方法、要求；编制文件分类方案的作用、方法及要求；按照文件作者、内容、通讯者、时间、地区、文种等特征组卷的步骤及要求。

3. 了解：以“件”为单位与以“案卷”为单位整理归档文件的差异；文件级整理工作的步骤及要求。

4. 理解：“双套制”归档的必要性和要求。

思考与练习

1. 试述办毕文件处置的主要方法。

2. 试述归档制度的主要内容。

3. 试述归档文件的范围。

4. 试述文件分类方案的作用。

5. 试述以“案卷”为单位的归档文件整理的基本步骤。

6. 试述以“件”为单位的归档文件整理的基本步骤。

7. 尽管《归档文件整理规则》具有诸多优点，但随时归档可能造成反映同一问题的材料分散存在于不同位置，增加提供利用的调阅难度。以件为单位装订，加盖档号章，有一定的工作量；以件为保管单位，增加了归档文件的单位数量，加大了日常保管、管理难度，容易出现丢失、利用完毕放错位置等问题。你认为采用什么方法可以解决上述问题？

8. 为什么要实行“双套制”归档？

案例分析

指出下列文件整理工作中的不当之处，并说明规范做法。

××市文化局办公室文件工作人员小王具体负责全局各种办毕文件的收集整理工作。平时，他总是及时收集文件，将办公室以及各个部门办毕收回的文件放入文件柜中集中保管。到年终整理时，再按照文件作者—形成时间—保管期限的分类层次和方法，对这些文件进行统一的分类整理，然后分别装入档案盒，在办公室保存一年后再行向该局综合档案室移交归档。

阅读书目

1. 王健．文书学．3版．北京：中国人民大学出版社，2015.

2. 杨霞．文件管理规程与案例．北京：北京大学出版社，2014.

3. 王健．创新与拓展：档案管理e化之路．北京：中国档案出版社，2004.

4. 冯惠玲．政府电子文件管理．北京：中国人民大学出版社，2004.

5. 郭树银．归档文件整理工作指南．北京：中国大百科全书出版社，2001.

6. 重大活动和突发事件档案管理办法. (2021-01-06) [2021-02-20]. http://daj.hanzhong.gov.cn/nry2014.jsp?urltype=news.NewsContentUrl&wbnewsid=14132&wbtreeid=1023.

附录 1

党政机关公文处理工作条例

（中办发〔2012〕14 号）

第一章　总　　则

第一条　为了适应中国共产党机关和国家行政机关（以下简称党政机关）工作需要，推进党政机关公文处理工作科学化、制度化、规范化，制定本条例。

第二条　本条例适用于各级党政机关公文处理工作。

第三条　党政机关公文是党政机关实施领导、履行职能、处理公务的具有特定效力和规范体式的文书，是传达贯彻党和国家的方针政策，公布法规和规章，指导、布置和商洽工作，请示和答复问题，报告、通报和交流情况等的重要工具。

第四条　公文处理工作是指公文拟制、办理、管理等一系列相互关联、衔接有序的工作。

第五条　公文处理工作应当坚持实事求是、准确规范、精简高效、安全保密的原则。

第六条　各级党政机关应当高度重视公文处理工作，加强组织领导，强化队伍建设，设立文秘部门或者由专人负责公文处理工作。

第七条　各级党政机关办公厅（室）主管本机关的公文处理工作，并对下级机关的公文处理工作进行业务指导和督促检查。

第二章　公文种类

第八条　公文种类主要有：

（一）决议。适用于会议讨论通过的重大决策事项。

（二）决定。适用于对重要事项作出决策和部署、奖惩有关单位和人员、变更或者撤销下级机关不适当的决定事项。

（三）命令（令）。适用于公布行政法规和规章、宣布施行重大强制性措施、批准授予和晋升衔级、嘉奖有关单位和人员。

（四）公报。适用于公布重要决定或者重大事项。

（五）公告。适用于向国内外宣布重要事项或者法定事项。

（六）通告。适用于在一定范围内公布应当遵守或者周知的事项。

（七）意见。适用于对重要问题提出见解和处理办法。

（八）通知。适用于发布、传达要求下级机关执行和有关单位周知或者执行的事项，批转、转发公文。

（九）通报。适用于表彰先进、批评错误、传达重要精神和告知重要情况。

（十）报告。适用于向上级机关汇报工作、反映情况，回复上级机关的询问。

（十一）请示。适用于向上级机关请求指示、批准。

（十二）批复。适用于答复下级机关请示事项。

（十三）议案。适用于各级人民政府按照法律程序向同级人民代表大会或者人民代表大会常务委员会提请审议事项。

（十四）函。适用于不相隶属机关之间商洽工作、询问和答复问题、请求批准和答复审批事项。

（十五）纪要。适用于记载会议主要情况和议定事项。

第三章　公文格式

第九条　公文一般由份号、密级和保密期限、紧急程度、发文机关标志、发文字号、签发人、标题、主送机关、正文、附件说明、发文机关署名、成文日期、印章、附注、附件、抄送机关、印发机关和印发日期、页码等组成。

（一）份号。公文印制份数的顺序号。涉密公文应当标注份号。

（二）密级和保密期限。公文的秘密等级和保密的期限。涉密公文应当根据涉密程度分别标注“绝密”“机密”“秘密”和保密期限。

（三）紧急程度。公文送达和办理的时限要求。根据紧急程度，紧急公文应当分别标注“特急”“加急”，电报应当分别标注“特提”“特急”“加急”“平急”。

（四）发文机关标志。由发文机关全称或者规范化简称加“文件”二字组成，也可以使用发文机关全称或者规范化简称。联合行文时，发文机关标志可以并用联合发文机关名称，也可以单独用主办机关名称。

（五）发文字号。由发文机关代字、年份、发文顺序号组成。联合行文时，使用主办机关的发文字号。

（六）签发人。上行文应当标注签发人姓名。

（七）标题。由发文机关名称、事由和文种组成。

（八）主送机关。公文的主要受理机关，应当使用机关全称、规范化简称或者同类型机关统称。

（九）正文。公文的主体，用来表述公文的内容。

（十）附件说明。公文附件的顺序号和名称。

（十一）发文机关署名。署发文机关全称或者规范化简称。

（十二）成文日期。署会议通过或者发文机关负责人签发的日期。联合行文时，署最后签发机关负责人签发的日期。

（十三）印章。公文中有发文机关署名的，应当加盖发文机关印章，并与署名机关相符。有特定发文机关标志的普发性公文和电报可以不加盖印章。

（十四）附注。公文印发传达范围等需要说明的事项。

（十五）附件。公文正文的说明、补充或者参考资料。

（十六）抄送机关。除主送机关外需要执行或者知晓公文内容的其他机关，应当使用机关全称、规范化简称或者同类型机关统称。

（十七）印发机关和印发日期。公文的送印机关和送印日期。

（十八）页码。公文页数顺序号。

第十条 公文的版式按照《党政机关公文格式》国家标准执行。

第十一条 公文使用的汉字、数字、外文字符、计量单位和标点符号等，按照有关国家标准和规定执行。民族自治地方的公文，可以并用汉字和当地通用的少数民族文字。

第十二条 公文用纸幅面采用国际标准 A4 型。特殊形式的公文用纸幅面，根据实际需要确定。

第四章 行文规则

第十三条 行文应当确有必要，讲求实效，注重针对性和可操作性。

第十四条 行文关系根据隶属关系和职权范围确定。一般不得越级行文，特殊情况需要越级行文的，应当同时抄送被越过的机关。

第十五条 向上级机关行文，应当遵循以下规则：

（一）原则上主送一个上级机关，根据需要同时抄送相关上级机关和同级机关，不抄送下级机关。

（二）党委、政府的部门向上级主管部门请示、报告重大事项，应当经本级党委、政府同意或者授权；属于部门职权范围内的事项应当直接报送上级主管部门。

（三）下级机关的请示事项，如需以本机关名义向上级机关请示，应当提出倾向性意见后上报，不得原文转报上级机关。

（四）请示应当一文一事。不得在报告等非请示性公文中夹带请示事项。

（五）除上级机关负责人直接交办事项外，不得以本机关名义向上级机关负责人报送公文，不得以本机关负责人名义向上级机关报送公文。

（六）受双重领导的机关向一个上级机关行文，必要时抄送另一个上级机关。

第十六条 向下级机关行文，应当遵循以下规则：

（一）主送受理机关，根据需要抄送相关机关。重要行文应当同时抄送发文机关的直接上级机关。

（二）党委、政府的办公厅（室）根据本级党委、政府授权，可以向下级党委、政府行文，其他部门和单位不得向下级党委、政府发布指令性公文或者在公文中向下级党委、政府提出指令性要求。需经政府审批的具体事项，经政府同意后可以由政府职能部门行文，文中须注明已经政府同意。

（三）党委、政府的部门在各自职权范围内可以向下级党委、政府的相关部门行文。

（四）涉及多个部门职权范围内的事务，部门之间未协商一致的，不得向下行文；擅自行文的，上级机关应当责令其纠正或者撤销。

（五）上级机关向受双重领导的下级机关行文，必要时抄送该下级机关的另一个上级机关。

第十七条 同级党政机关、党政机关与其他同级机关必要时可以联合行文。属于党委、政府各自职权范围内的工作，不得联合行文。

党委、政府的部门依据职权可以相互行文。

部门内设机构除办公厅（室）外不得对外正式行文。

第五章 公文拟制

第十八条 公文拟制包括公文的起草、审核、签发等程序。

第十九条 公文起草应当做到：

（一）符合党的理论路线方针政策和国家法律法规，完整准确体现发文机关意图，并同现行有关公文相衔接。

（二）一切从实际出发，分析问题实事求是，所提政策措施和办法切实可行。

（三）内容简洁，主题突出，观点鲜明，结构严谨，表述准确，文字精练。

（四）文种正确，格式规范。

（五）深入调查研究，充分进行论证，广泛听取意见。

（六）公文涉及其他地区或者部门职权范围内的事项，起草单位必须征求相关地区或者部门意见，力求达成一致。

（七）机关负责人应当主持、指导重要公文起草工作。

第二十条 公文文稿签发前，应当由发文机关办公厅（室）进行审核。审核的重点是：

（一）行文理由是否充分，行文依据是否准确。

（二）内容是否符合党的理论路线方针政策和国家法律法规；是否完整准确体现发文机关意图；是否同现行有关公文相衔接；所提政策措施和办法是否切实可行。

（三）涉及有关地区或者部门职权范围内的事项是否经过充分协商并达成一致意见。

（四）文种是否正确，格式是否规范；人名、地名、时间、数字、段落顺序、引文等是否准确；文字、数字、计量单位和标点符号等用法是否规范。

（五）其他内容是否符合公文起草的有关要求。

需要发文机关审议的重要公文文稿，审议前由发文机关办公厅（室）进行初核。

第二十一条 经审核不宜发文的公文文稿，应当退回起草单位并说明理由；符合发文条件但内容需作进一步研究和修改的，由起草单位修改后重新报送。

第二十二条 公文应当经本机关负责人审批签发。重要公文和上行文由机关主要负责人签发。党委、政府的办公厅（室）根据党委、政府授权制发的公文，由受权机关主要负责人签发或者按照有关规定签发。签发人签发公文，应当签署意见、姓名和完整日期；圈阅或者签名的，视为同意。联合发文由所有联署机关的负责人会签。

第六章 公文办理

第二十三条 公文办理包括收文办理、发文办理和整理归档。

第二十四条 收文办理主要程序是：

（一）签收。对收到的公文应当逐件清点，核对无误后签字或者盖章，并注明签收时间。

（二）登记。对公文的主要信息和办理情况应当详细记载。

（三）初审。对收到的公文应当进行初审。初审的重点是：是否应当由本机关办理，是否符合行文规则，文种、格式是否符合要求，涉及其他地区或者部门职权范围内的事项是否已经协商、会签，是否符合公文起草的其他要求。经初审不符合规定的公文，应当及时退回来文单位并说明理由。

（四）承办。阅知性公文应当根据公文内容、要求和工作需要确定范围后分送。批办性公文应当提出拟办意见报本机关负责人批示或者转有关部门办理；需要两个以上部门办理的，应当明确主办部门。紧急公文应当明确办理时限。承办部门对交办的公文应当及时办理，有明确办理时限要求的应当在规定时限内办理完毕。

（五）传阅。根据领导批示和工作需要将公文及时送传阅对象阅知或者批示。办理公文传阅应当随时掌握公文去向，不得漏传、误传、延误。

（六）催办。及时了解掌握公文的办理进展情况，督促承办部门按期办结。紧急公文或者重要公文应当由专人负责催办。

（七）答复。公文的办理结果应当及时答复来文单位，并根据需要告知相关单位。

第二十五条 发文办理主要程序是：

（一）复核。已经发文机关负责人签批的公文，印发前应当对公文的审批手续、内容、文种、格式等进行复核；需作实质性修改的，应当报原签批人复审。

（二）登记。对复核后的公文，应当确定发文字号、分送范围和印制份数并详细记载。

（三）印制。公文印制必须确保质量和时效。涉密公文应当在符合保密要求的场所印制。

（四）核发。公文印制完毕，应当对公文的文字、格式和印刷质量进行检查后分发。

第二十六条 涉密公文应当通过机要交通、邮政机要通信、城市机要文件交换站或者收发件机关机要收发人员进行传递，通过密码电报或者符合国家保密规定的计算机信息系统进行传输。

第二十七条 需要归档的公文及有关材料，应当根据有关档案法律法规以及机关档案管理规定，及时收集齐全、整理归档。两个以上机关联合办理的公文，原件由主办机关归档，相关机关保存复制件。机关负责人兼任其他机关职务的，在履行所兼职务过程中形成的公文，由其兼职机关归档。

第七章 公文管理

第二十八条 各级党政机关应当建立健全本机关公文管理制度，确保管理严格规范，充分发挥公文效用。

第二十九条 党政机关公文由文秘部门或者专人统一管理。设立党委（党组）的县级以上单位应当建立机要保密室和机要阅文室，并按照有关保密规定配备工作人员和必要的安全保密设施设备。

第三十条 公文确定密级前，应当按照拟定的密级先行采取保密措施。确定密级后，应当按照所定密级严格管理。绝密级公文应当由专人管理。

公文的密级需要变更或者解除的，由原确定密级的机关或者其上级机关决定。

第三十一条 公文的印发传达范围应当按照发文机关的要求执行；需要变更的，应当经发文机关批准。

涉密公文公开发布前应当履行解密程序。公开发布的时间、形式和渠道，由发文机关确定。

经批准公开发布的公文，同发文机关正式印发的公文具有同等效力。

第三十二条 复制、汇编机密级、秘密级公文，应当符合有关规定并经本机关负责人批准。绝密级公文一般不得复制、汇编，确有工作需要的，应当经发文机关或者其上级机关批准。复制、汇编的公文视同原件管理。

复制件应当加盖复制机关戳记。翻印件应当注明翻印的机关名称、日期。汇编本的密级按照编入公文的最高密级标注。

第三十三条 公文的撤销和废止，由发文机关、上级机关或者权力机关根据职权范围和有关法律法规决定。公文被撤销的，视为自始无效；公文被废止的，视为自废止之日起失效。

第三十四条 涉密公文应当按照发文机关的要求和有关规定进行清退或者销毁。

第三十五条 不具备归档和保存价值的公文，经批准后可以销毁。销毁涉密公文必须严格按照有关规定履行审批登记手续，确保不丢失、不漏销。个人不得私自销毁、留存涉密公文。

第三十六条　机关合并时，全部公文应当随之合并管理；机关撤销时，需要归档的公文经整理后按照有关规定移交档案管理部门。

工作人员离岗离职时，所在机关应当督促其将暂存、借用的公文按照有关规定移交、清退。

第三十七条　新设立的机关应当向本级党委、政府的办公厅（室）提出发文立户申请。经审查符合条件的，列为发文单位，机关合并或者撤销时，相应进行调整。

第八章　附则

第三十八条　党政机关公文含电子公文。电子公文处理工作的具体办法另行制定。

第三十九条　法规、规章方面的公文，依照有关规定处理。外事方面的公文，依照外事主管部门的有关规定处理。

第四十条　其他机关和单位的公文处理工作，可以参照本条例执行。

第四十一条　本条例由中共中央办公厅、国务院办公厅负责解释。

第四十二条　本条例自2012年7月1日起施行。1996年5月3日中共中央办公厅发布的《中国共产党机关公文处理条例》和2000年8月24日国务院发布的《国家行政机关公文处理办法》停止执行。

附录 2

党政机关公文格式

（GB/T 9704—2012）

1　范围

本标准规定了党政机关公文通用的纸张要求、排版和印制装订要求、公文格式各要素的编排规则，并给出了公文的式样。

本标准适用于各级党政机关制发的公文。其他机关和单位的公文可以参照执行。

使用少数民族文字印制的公文，其用纸、幅面尺寸及版面、印制等要求按照本标准执行，其余可以参照本标准并按照有关规定执行。

2　规范性引用文件

下列文件对于本标准的应用是必不可少的。凡是注日期的引用文件，仅所注日期的版本适用于本标准。凡是不注日期的引用文件，其最新版本（包括所有的修改单）适用于本标准。

GB/T 148　印刷、书写和绘图纸幅面尺寸

GB 3100　国际单位制及其应用

GB 3101　有关量、单位和符号的一般原则

GB 3102　（所有部分）量和单位

GB/T 15834　标点符号用法

GB/T 15835　出版物上数字用法

3　术语和定义

下列术语和定义适用于本标准。

3.1

字　word

标示公文中横向距离的长度单位。在本标准中，一字指一个汉字宽度的距离。

3.2

行　line

标示公文中纵向距离的长度单位。在本标准中，一行指一个汉字的高度加 3 号汉字高度的 7/8 的距离。

4　公文用纸主要技术指标

公文用纸一般使用纸张定量为 $60g/m^2$～$80g/m^2$ 的胶版印刷纸或复印纸。纸张白度 80%～90%，横向耐折度≥15 次，不透明度≥85%，pH 值为 7.5～9.5。

5 公文用纸幅面尺寸及版面要求

5.1 幅面尺寸

公文用纸采用 GB/T 148 中规定的 A4 型纸，其成品幅面尺寸为：210mm×297mm。

5.2 版面

5.2.1 页边与版心尺寸

公文用纸天头（上白边）为 37mm±1mm，公文用纸订口（左白边）为 28mm±1mm，版心尺寸为 156mm×225mm。

5.2.2 字体和字号

如无特殊说明，公文格式各要素一般用 3 号仿宋体字。特定情况可以作适当调整。

5.2.3 行数和字数

一般每面排 22 行，每行排 28 个字，并撑满版心。特定情况可以作适当调整。

5.2.4 文字的颜色

如无特殊说明，公文中文字的颜色均为黑色。

6 印制装订要求

6.1 制版要求

版面干净无底灰，字迹清楚无断划，尺寸标准，版心不斜，误差不超过 1mm。

6.2 印刷要求

双面印刷；页码套正，两面误差不超过 2mm。黑色油墨应当达到色谱所标 BL100%，红色油墨应当达到色谱所标 Y80%、M80%。印品着墨实、均匀；字面不花、不白、无断划。

6.3 装订要求

公文应当左侧装订，不掉页，两页页码之间误差不超过 4mm，裁切后的成品尺寸允许误差±2mm，四角成 90°，无毛茬或缺损。

骑马订或平订的公文应当：

a）订位为两钉外订眼距版面上下边缘各 70mm 处，允许误差±4mm；

b）无坏钉、漏钉、重钉，钉脚平伏牢固；

c）骑马订钉锯均订在折缝线上，平订钉锯与书脊间的距离为 3mm～5mm。包本装订公文的封皮（封面、书脊、封底）与书芯应吻合、包紧、包平、不脱落。

7 公文格式各要素编排规则

7.1 公文格式各要素的划分

本标准将版心内的公文格式各要素划分为版头、主体、版记三部分。公文首页红色分隔线以上的部分称为版头；公文首页红色分隔线（不含）以下、公文末页首条分隔线（不含）以上的部分称为主体；公文末页首条分隔线以下、末条分隔线以上的部分称为版记。

页码位于版心外。

7.2 版头

7.2.1 份号

如需标注份号，一般用 6 位 3 号阿拉伯数字，顶格编排在版心左上角第一行。

7.2.2 密级和保密期限

如需标注密级和保密期限，一般用 3 号黑体字，顶格编排在版心左上角第二行；保密期限中的数字用阿拉伯数字标注。

7.2.3 紧急程度

如需标注紧急程度，一般用 3 号黑体字，顶格编排在版心左上角；如需同时标注份号、密级和保密期限、紧急程度，按照份号、密级和保密期限、紧急程度的顺序自上而下分行排列。

7.2.4 发文机关标志

由发文机关全称或者规范化简称加“文件”二字组成，也可以使用发文机关全称或者规范化简称。

发文机关标志居中排布，上边缘至版心上边缘为 35mm，推荐使用小标宋体字，颜色为红色，以醒目、美观、庄重为原则。

联合行文时，如需同时标注联署发文机关名称，一般应当将主办机关名称排列在前；如有“文件”二字，应当置于发文机关名称右侧，以联署发文机关名称为准上下居中排布。

7.2.5 发文字号

编排在发文机关标志下空二行位置，居中排布。年份、发文顺序号用阿拉伯数字标注；年份应标全称，用六角括号“〔〕”括入；发文顺序号不加“第”字，不编虚位（即 1 不编为 01），在阿拉伯数字后加“号”字。上行文的发文字号居左空一字编排，与最后一个签发人姓名处在同一行。

7.2.6 签发人

由“签发人”三字加全角冒号和签发人姓名组成，居右空一字，编排在发文机关标志下空二行位置。“签发人”三字用 3 号仿宋体字，签发人姓名用 3 号楷体字。

如有多个签发人，签发人姓名按照发文机关的排列顺序从左到右、自上而下依次均匀编排，一般每行排两个姓名，回行时与上一行第一个签发人姓名对齐。

7.2.7 版头中的分隔线

发文字号之下 4mm 处居中印一条与版心等宽的红色分隔线。

7.3 主体

7.3.1 标题

一般用 2 号小标宋体字，编排于红色分隔线下空二行位置，分一行或多行居中排布；回行时，要做到词意完整，排列对称，长短适宜，间距恰当，标题排列应当使用梯形或菱形。

7.3.2 主送机关

编排于标题下空一行位置，居左顶格，回行时仍顶格，最后一个机关名称后标全角冒号。如主送机关名称过多导致公文首页不能显示正文时，应当将主送机关名称移至版记，标注方法见 7.4.2。

7.3.3　正文

公文首页必须显示正文。一般用 3 号仿宋体字，编排于主送机关名称下一行，每个自然段左空二字，回行顶格。文中结构层次序数依次可以用“一、”“（一）”“1.”“（1）”标注；一般第一层用黑体字、第二层用楷体字、第三层和第四层用仿宋体字标注。

7.3.4　附件说明

如有附件，在正文下空一行左空二字编排“附件”二字，后标全角冒号和附件名称。如有多个附件，使用阿拉伯数字标注附件顺序号（如“附件：1. ×××××”）；附件名称后不加标点符号。附件名称较长需回行时，应当与上一行附件名称的首字对齐。

7.3.5　发文机关署名、成文日期和印章

7.3.5.1　加盖印章的公文

成文日期一般右空四字编排，印章用红色，不得出现空白印章。

单一机关行文时，一般在成文日期之上、以成文日期为准居中编排发文机关署名，印章端正、居中下压发文机关署名和成文日期，使发文机关署名和成文日期居印章中心偏下位置，印章顶端应当上距正文（或附件说明）一行之内。

联合行文时，一般将各发文机关署名按照发文机关顺序整齐排列在相应位置，并将印章一一对应、端正、居中下压发文机关署名，最后一个印章端正、居中下压发文机关署名和成文日期，印章之间排列整齐、互不相交或相切，每排印章两端不得超出版心，首排印章顶端应当上距正文（或附件说明）一行之内。

7.3.5.2　不加盖印章的公文

单一机关行文时，在正文（或附件说明）下空一行右空二字编排发文机关署名，在发文机关署名下一行编排成文日期，首字比发文机关署名首字右移二字，如成文日期长于发文机关署名，应当使成文日期右空二字编排，并相应增加发文机关署名右空字数。

联合行文时，应当先编排主办机关署名，其余发文机关署名依次向下编排。

7.3.5.3　加盖签发人签名章的公文

单一机关制发的公文加盖签发人签名章时，在正文（或附件说明）下空二行右空四字加盖签发人签名章，签名章左空二字标注签发人职务，以签名章为准上下居中排布。在签发人签名章下空一行右空四字编排成文日期。

联合行文时，应当先编排主办机关签发人职务、签名章，其余机关签发人职务、签名章依次向下编排，与主办机关签发人职务、签名章上下对齐；每行只编排一个机关的签发人职务、签名章；签发人职务应当标注全称。

签名章一般用红色。

7.3.5.4　成文日期中的数字

用阿拉伯数字将年、月、日标全，年份应标全称，月、日不编虚位（即 1 不编为 01）。

7.3.5.5　特殊情况说明

当公文排版后所剩空白处不能容下印章或签发人签名章、成文日期时，可以采取调整行距、字距的措施解决。

7.3.6 附注

如有附注，居左空二字加圆括号编排在成文日期下一行。

7.3.7 附件

附件应当另面编排，并在版记之前，与公文正文一起装订。“附件”二字及附件顺序号用3号黑体字顶格编排在版心左上角第一行。附件标题居中编排在版心第三行。附件顺序号和附件标题应当与附件说明的表述一致。附件格式要求同正文。

如附件与正文不能一起装订，应当在附件左上角第一行顶格编排公文的发文字号并在其后标注“附件”二字及附件顺序号。

7.4 版记

7.4.1 版记中的分隔线

版记中的分隔线与版心等宽，首条分隔线和末条分隔线用粗线（推荐高度为0.35mm），中间的分隔线用细线（推荐高度为0.25mm）。首条分隔线位于版记中第一个要素之上，末条分隔线与公文最后一面的版心下边缘重合。

7.4.2 抄送机关

如有抄送机关，一般用4号仿宋体字，在印发机关和印发日期之上一行、左右各空一字编排。“抄送”二字后加全角冒号和抄送机关名称，回行时与冒号后的首字对齐，最后一个抄送机关名称后标句号。

如需把主送机关移至版记，除将“抄送”二字改为“主送”外，编排方法同抄送机关。既有主送机关又有抄送机关时，应当将主送机关置于抄送机关之上一行，之间不加分隔线。

7.4.3 印发机关和印发日期

印发机关和印发日期一般用4号仿宋体字，编排在末条分隔线之上，印发机关左空一字，印发日期右空一字，用阿拉伯数字将年、月、日标全，年份应标全称，月、日不编虚位（即1不编为01），后加“印发”二字。

版记中如有其他要素，应当将其与印发机关和印发日期用一条细分隔线隔开。

7.5 页码

一般用4号半角宋体阿拉伯数字，编排在公文版心下边缘之下，数字左右各放一条一字线；一字线上距版心下边缘7mm。单页码居右空一字，双页码居左空一字。公文的版记页前有空白页的，空白页和版记页均不编排页码。公文的附件与正文一起装订时，页码应当连续编排。

8 公文中的横排表格

A4纸型的表格横排时，页码位置与公文其他页码保持一致，单页码表头在订口一边，双页码表头在切口一边。

9 公文中计量单位、标点符号和数字的用法

公文中计量单位的用法应当符合GB 3100、GB 3101和GB 3102（所有部分），

标点符号的用法应当符合 GB/T 15834，数字用法应当符合 GB/T 15835。

10 公文的特定格式

10.1 信函格式

发文机关标志使用发文机关全称或者规范化简称，居中排布，上边缘至上页边为 30mm，推荐使用红色小标宋体字。联合行文时，使用主办机关标志。

发文机关标志下 4mm 处印一条红色双线（上粗下细），距下页边 20mm 处印一条红色双线（上细下粗），线长均为 170mm，居中排布。

如需标注份号、密级和保密期限、紧急程度，应当顶格居版心左边缘编排在第一条红色双线下，按照份号、密级和保密期限、紧急程度的顺序自上而下分行排列，第一个要素与该线的距离为 3 号汉字高度的 7/8。

发文字号顶格居版心右边缘编排在第一条红色双线下，与该线的距离为 3 号汉字高度的 7/8。

标题居中编排，与其上最后一个要素相距二行。

第二条红色双线上一行如有文字，与该线的距离为 3 号汉字高度的 7/8。首页不显示页码。

版记不加印发机关和印发日期、分隔线，位于公文最后一面版心内最下方。

10.2 命令（令）格式

发文机关标志由发文机关全称加“命令”或“令”字组成，居中排布，上边缘至版心上边缘为 20mm，推荐使用红色小标宋体字。

发文机关标志下空二行居中编排令号，令号下空二行编排正文。

签发人职务、签名章和成文日期的编排见 7.3.5.3。

10.3 纪要格式

纪要标志由“×××××纪要”组成，居中排布，上边缘至版心上边缘为 35mm，推荐使用红色小标宋体字。

标注出席人员名单，一般用 3 号黑体字，在正文或附件说明下空一行左空二字编排“出席”二字，后标全角冒号，冒号后用 3 号仿宋体字标注出席人单位、姓名，回行时与冒号后的首字对齐。

标注请假和列席人员名单，除依次另起一行并将“出席”二字改为“请假”或“列席”外，编排方法同出席人员名单。

纪要格式可以根据实际制定。

11 式样

A4 型公文用纸页边及版心尺寸见图 1；公文首页版式见图 2；联合行文公文首页版式 1 见图 3；联合行文公文首页版式 2 见图 4；公文末页版式 1 见图 5；公文末页版式 2 见图 6；联合行文公文末页版式 1 见图 7；联合行文公文末页版式 2 见图 8；附件说明页版式见图 9；带附件公文末页版式见图 10；信函格式首页版式见图 11；命令（令）格式首页版式见图 12。

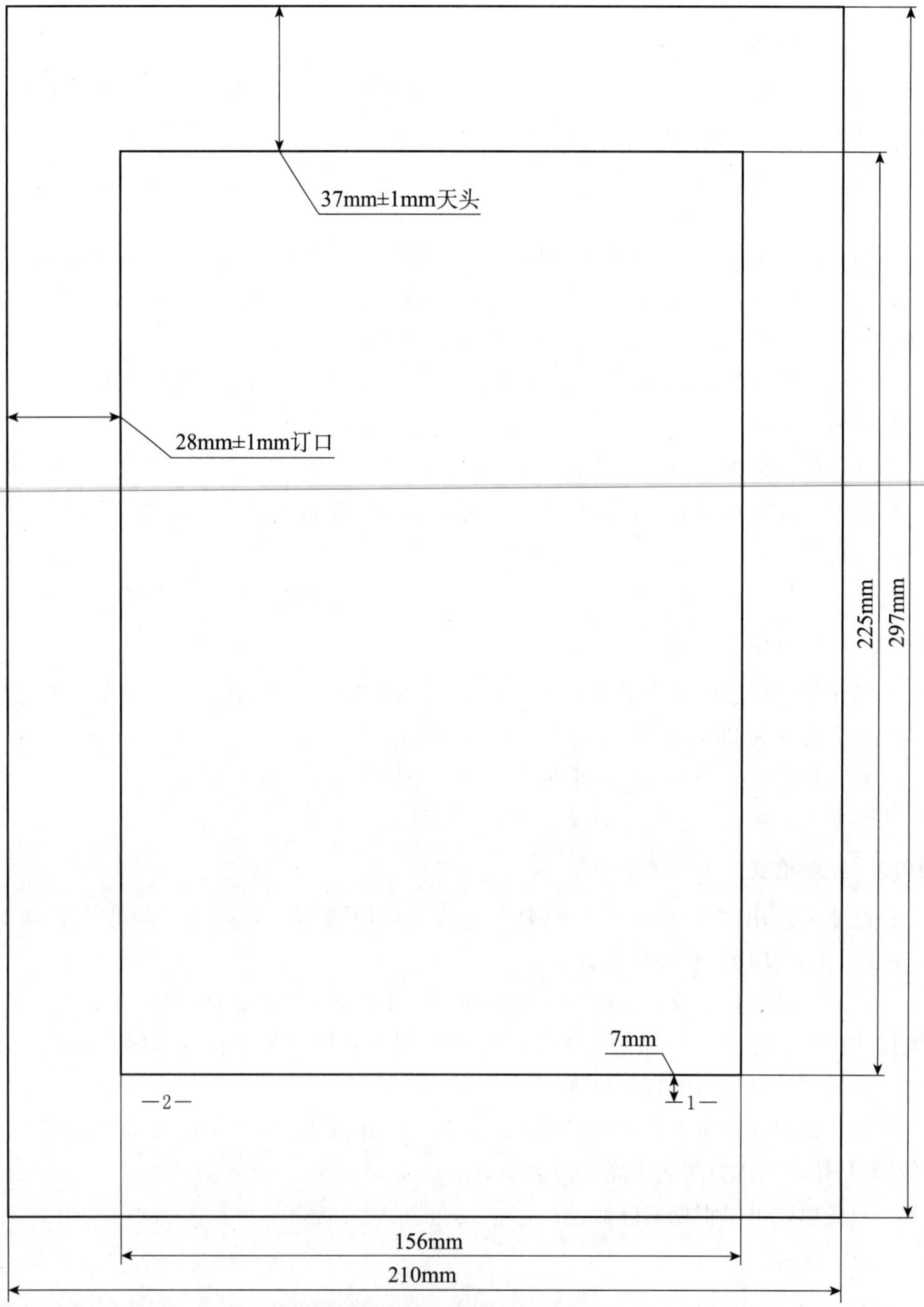

图 1　A4 型公文用纸页边及版心尺寸

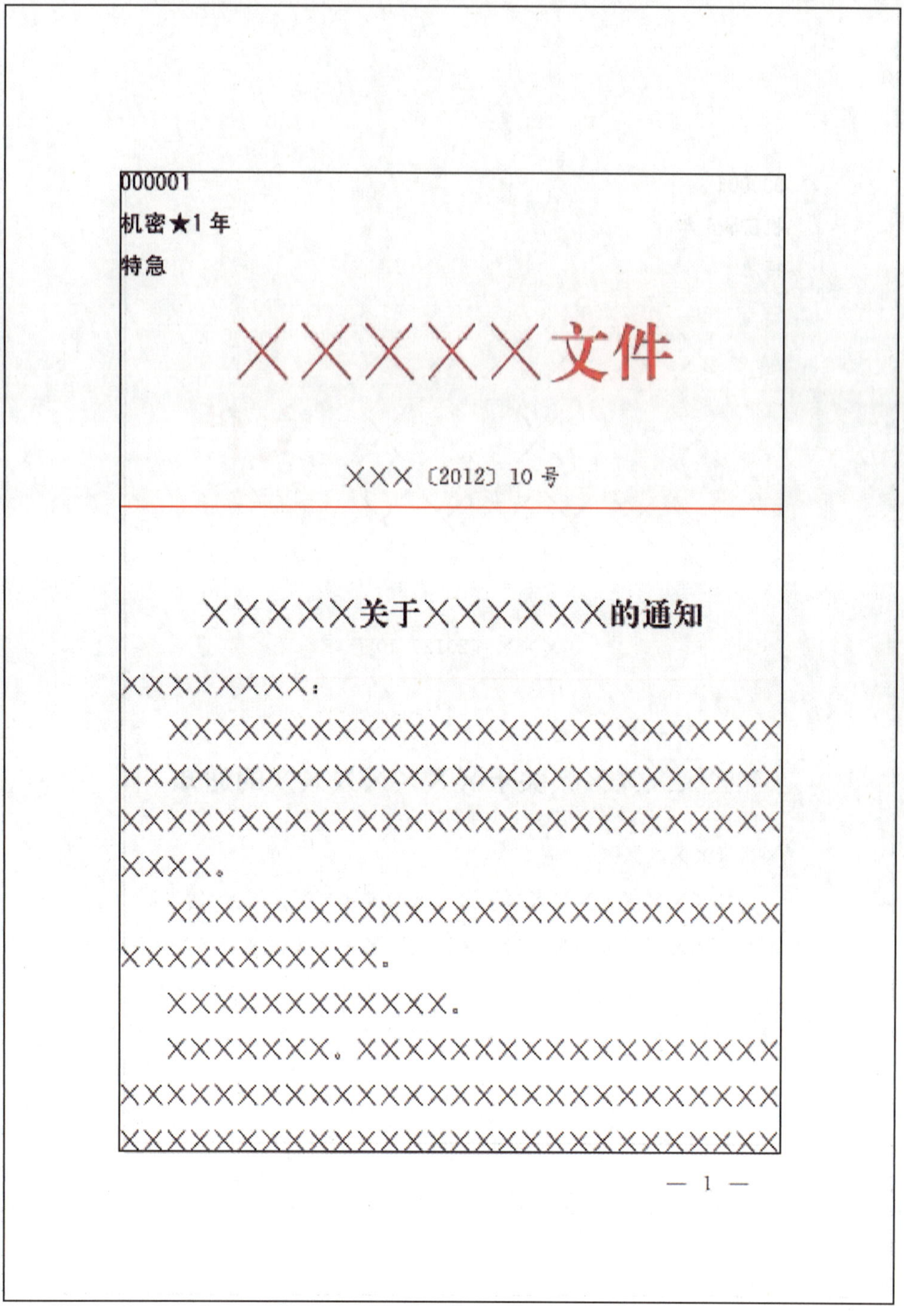

000001
机密★1 年
特急

XXXXX文件

XXX〔2012〕10 号

XXXXX关于XXXXXX的通知

XXXXXXXX：

XXXXXXXXXXXXXXXXXXXXXXXXXXXXXXXXXXXXXXXXXXXXXXXXXXXXXXXXXXXXXXXXXXXXXXXXXXXXXXXX。

XXXXXXXXXXXXXXXXXXXXXXXXXXXXXXXXXXXXX。

XXXXXXXXXXXXX。

XXXXXXX。XXXXXXXXXXXXXXXXXXXXXXXXXXXXXXXXXXXXXXXXXXXXXXXXXXXXXXXXXXXX

— 1 —

图 2　公文首页版式

注：版心实线框仅为示意，在印制公文时并不印出。

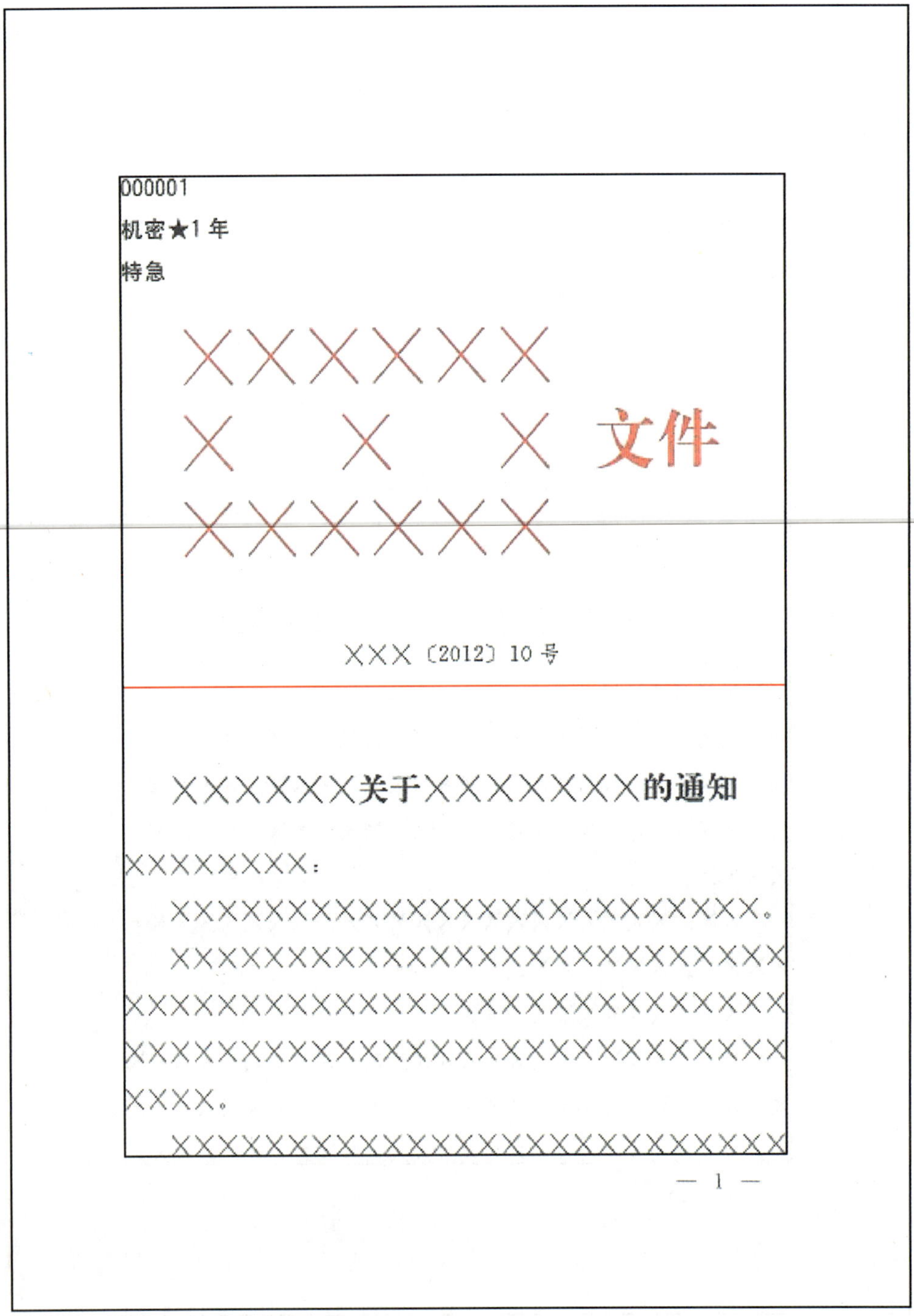
000001
机密★1年
特急

××××××
×　×　× 文件
××××××

×××〔2012〕10号

××××××关于×××××××的通知

××××××××：
××××××××××××××××××××××××××。
×××××××××××××××××××××××××××
××××××××××××××××××××××××××××
××××××××××××××××××××××××××××
××××。
×××××××××××××××××××××××××××

— 1 —

图 3　联合行文公文首页版式 1

注：版心实线框仅为示意，在印制公文时并不印出。

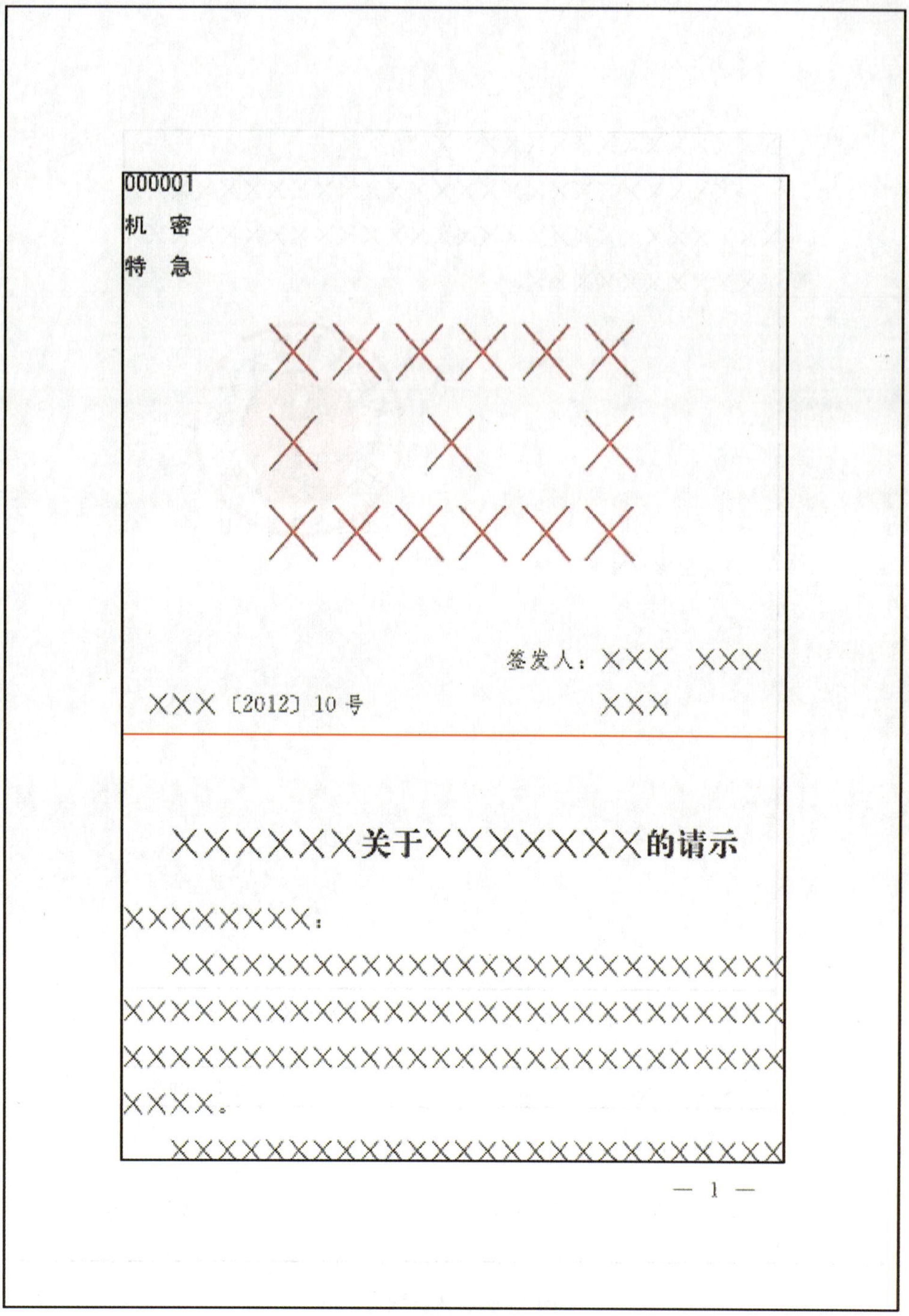

000001

机　密

特　急

××××××

×　×　×

××××××

签发人：×××　×××

×××〔2012〕10 号　　　　×××

××××××关于×××××××的请示

××××××××：

××。

××××××××××××××××××××××××××

— 1 —

图 4　联合行文公文首页版式 2

注：版心实线框仅为示意，在印制公文时并不印出。

XXXXXXXXXXXXXXX。

XXXXXXXXXXXXXXXXXXXXXXXXXXXXXXXXXXXXXXXXXXXXXXXXXXXXXXXXXXXXXXXXXXXXXXXX。

中华人民共和国××××部

××部

2012年7月1日

（XXXXX）

抄送：XXXXXXXX，XXXXXX，XXXXX，XXXXX，XXXXX。

XXXXXXXXX　　2012年7月1日印发

— 2 —

图5　公文末页版式1

注：版心实线框仅为示意，在印制公文时并不印出。

XXXXXXXXXXXXXXX。

　　XXXXXXXXXXXXXXXXXXXXXXXXXXXXXXXXXXXXXXXXXXXXXXXXXXXXXXXXXXXXXXXXXXX。

XXXXXXXXXXX

2012 年 7 月 1 日

（XXXXX）

抄送：XXXXXXXX，XXXXXX，XXXXX，XXXXX，XXXXX。

XXXXXXXXX　　2012 年 7 月 1 日印发

— 2 —

图 6　公文末页版式 2

注：版心实线框仅为示意，在印制公文时并不印出。

XXXXXXXXXXXXXXXX。

XXXXXXXXXXXXXXXXXXXXXXXXXXXXXXXXXXXXXXXXXXXXXXXXXXXXXXXXXXXXXXXXXXXXXXXX。

2012 年 7 月 1 日

（XXXXX）

抄送：XXXXXXXX，XXXXXX，XXXXX，XXXXX，XXXXX。
XXXXXXXXX　　2012 年 7 月 1 日印发

— 2 —

图 7　联合行文公文末页版式 1

注：版心实线框仅为示意，在印制公文时并不印出。

×××××××××××××××。

　　××。

2012 年 7 月 1 日

（×××××）

抄送：××××××××，××××××，×××××，×××××，×××××。

×××××××××　　2012 年 7 月 1 日印发

— 2 —

图 8　联合行文公文末页版式 2

注：版心实线框仅为示意，在印制公文时并不印出。

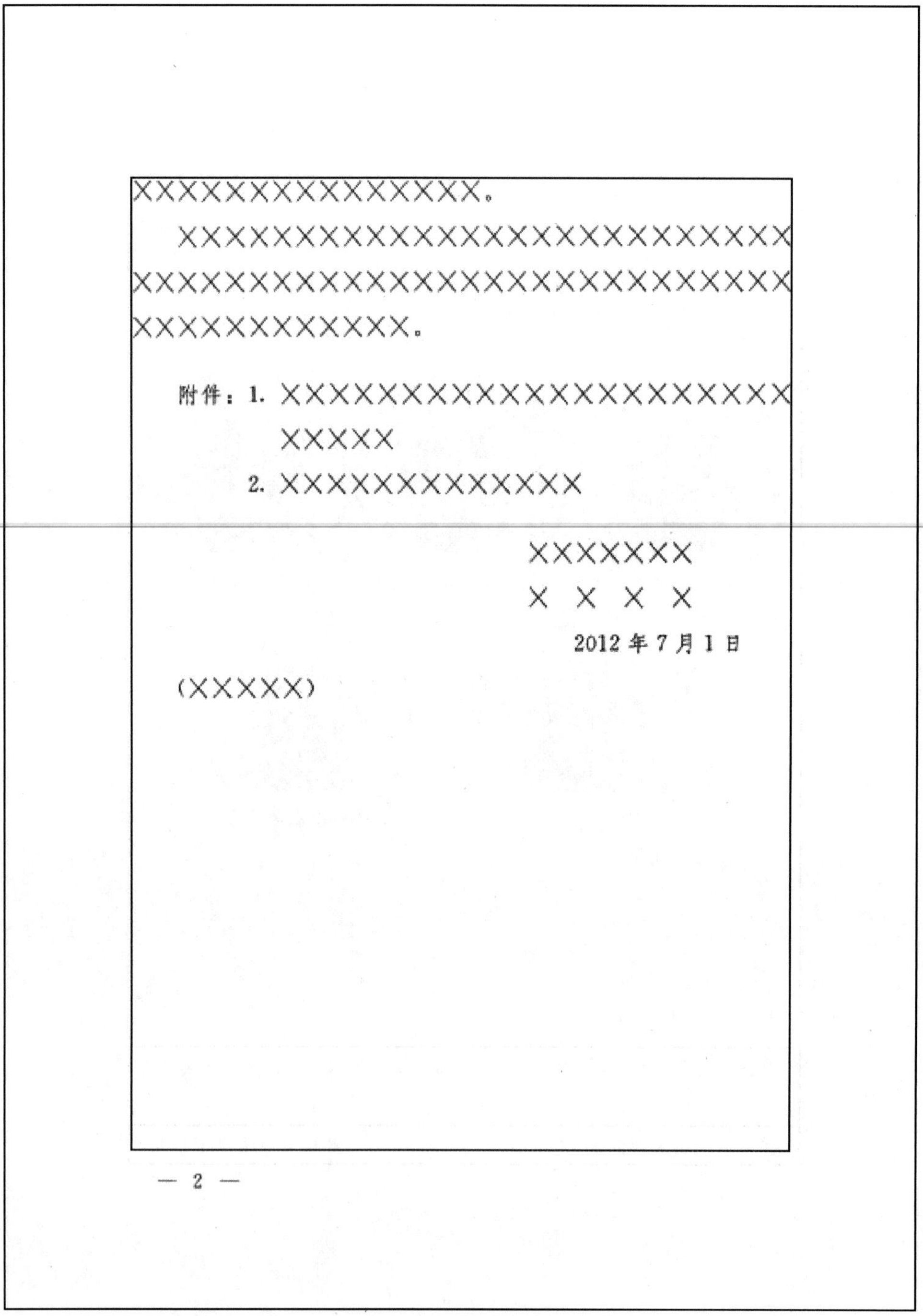

XXXXXXXXXXXXXXX。

XXXXXXXXXXXXXXXXXXXXXXXXXXXXXXXXXXXXXXXXXXXXXXXXXXXXXXXXXXXXXXXXXXXXXXXXXX。

附件：1. XXXXXXXXXXXXXXXXXXXXXXXXXXX

2. XXXXXXXXXXXXX

XXXXXXX

X X X X

2012年7月1日

（XXXXX）

— 2 —

图9　附件说明页版式

注：版心实线框仅为示意，在印制公文时并不印出。

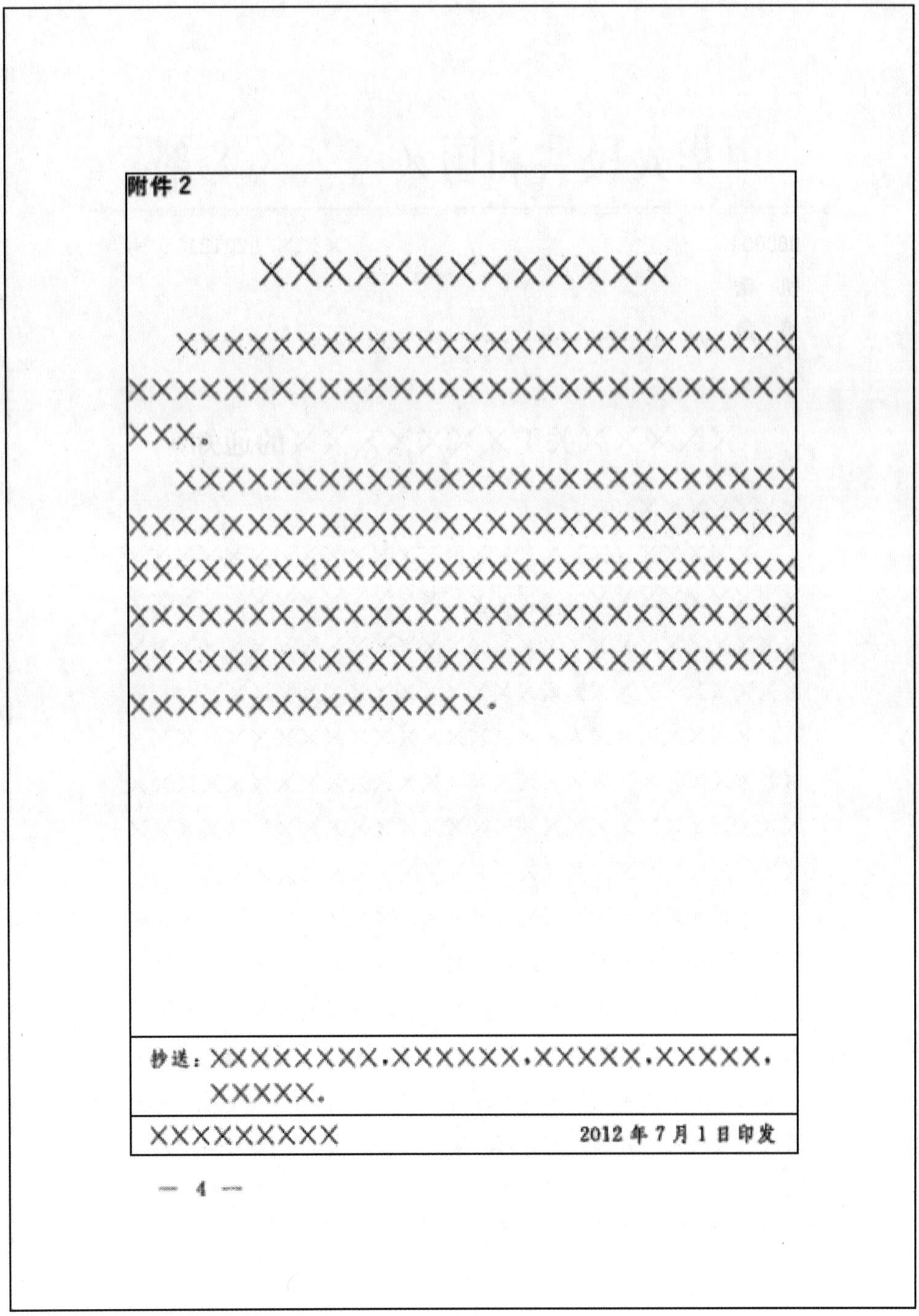

附件 2

XXXXXXXXXXXXXX

　　XXXXXXXXXXXXXXXXXXXXXXXXXX
XXXXXXXXXXXXXXXXXXXXXXXXXXXX
XXX。

　　XXXXXXXXXXXXXXXXXXXXXXXXXX
XXXXXXXXXXXXXXXXXXXXXXXXXXXX
XXXXXXXXXXXXXXXXXXXXXXXXXXXX
XXXXXXXXXXXXXXXXXXXXXXXXXXXX
XXXXXXXXXXXXXXXXXXXXXXXXXXXX
XXXXXXXXXXXXXXX。

抄送：XXXXXXXX，XXXXXX，XXXXX，XXXXX，
　　　XXXXX。

XXXXXXXXXX　　2012 年 7 月 1 日印发

— 4 —

图 10　带附件公文末页版式

注：版心实线框仅为示意，在印制公文时并不印出。

中华人民共和国××××××部

000001　　　　　　　　　　　　　　×××〔2012〕10号

机　密

特　急

××××××关于×××××××的通知

××××××××：

××。

××。

××。

图11　信函格式首页版式

注：版心实线框仅为示意，在印制公文时并不印出。

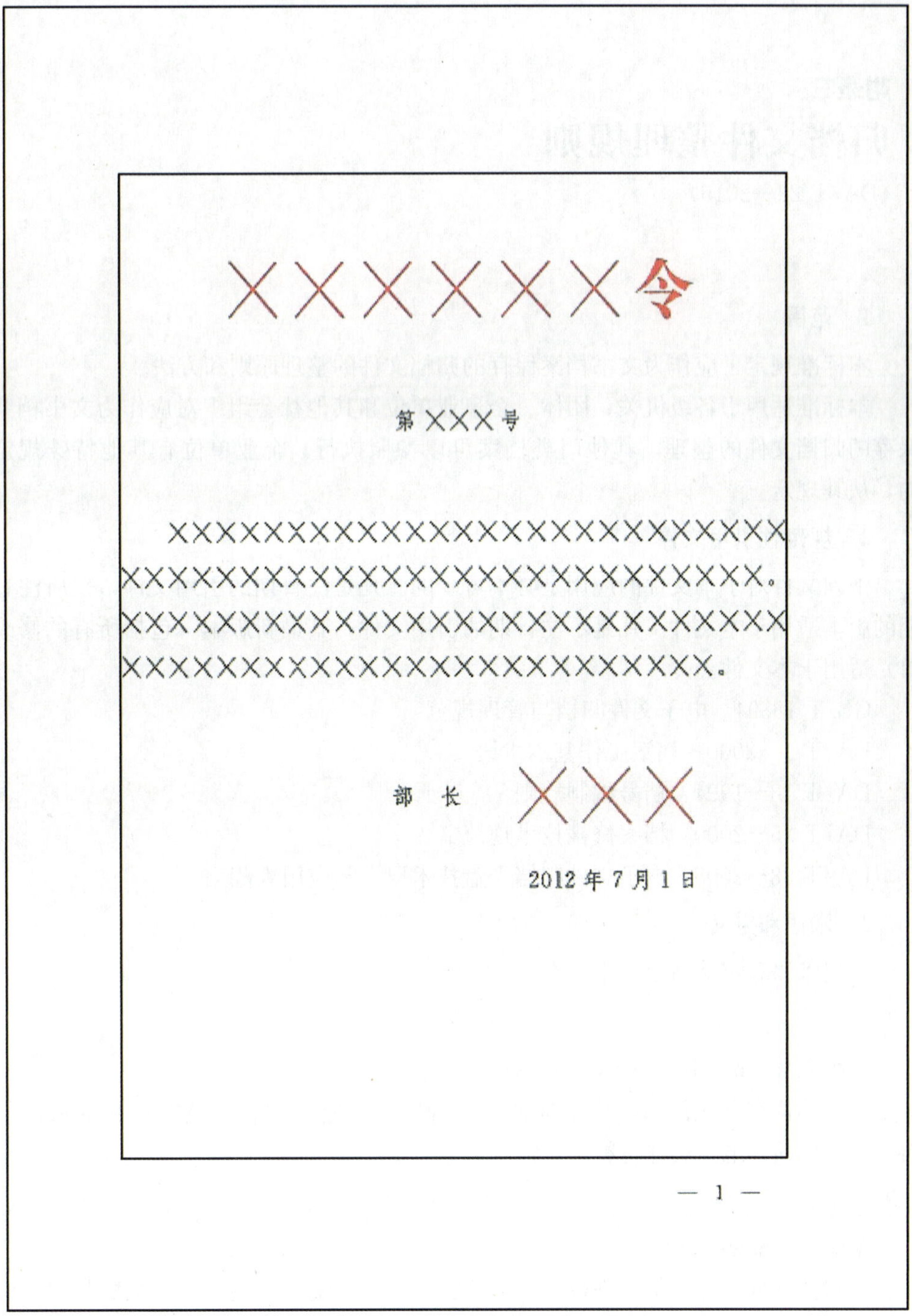

图 12　命令（令）格式首页版式

注：版心实线框仅为示意，在印制公文时并不印出。

附录 3

归档文件整理规则

(DA/T 22—2015)

1 范围

本标准规定了应作为文书档案保存的归档文件的整理原则和方法。

本标准适用于各级机关、团体、企事业单位和其他社会组织对应作为文书档案保存的归档文件的整理。其他门类档案可以参照执行。企业单位有其他特殊规定的,从其规定。

2 规范性引用文件

下列文件对于本文件的应用是必不可少的。凡是注日期的引用文件,仅所注日期的版本适用于本文件。凡是不注日期的引用文件,其最新版本(包括所有的修改单)适用于本文件。

GB/T 18894 电子文件归档与管理规范

DA/T 1—2000 档案工作基本术语

DA/T 13—1994 档号编制规则

DA/T 25—2000 档案修裱技术规范

DA/T 38—2008 电子文件归档光盘技术要求和应用规范

3 术语和定义

下列术语和定义适用于本标准。

3.1

归档文件 archival document(s)

立档单位在其职能活动中形成的、办理完毕、应作为文书档案保存的文件材料,包括纸质和电子文件材料。

3.3

整理 arrangement

将归档文件以件为单位进行组件、分类、排列、编号、编目等(纸质归档文件还包括修整、装订、编页、装盒、排架;电子文件还包括格式转换、元数据收集、归档数据包组织、存储等),使之有序化的过程。

3.3

件 item

归档文件的整理单位。

3.4

档号　archival code

在归档文件整理过程中赋予其的一组字符代码，以体现归档文件的类别和排列顺序。

4　整理原则

4.1　归档文件整理应遵循文件的形成规律，保持文件之间的有机联系。

4.2　归档文件整理应区分不同价值，便于保管和利用。

4.3　归档文件整理应符合文档一体化管理要求，便于计算机管理或计算机辅助管理。

4.4　归档文件整理应保证纸质文件和电子文件整理协调统一。

5　一般要求

5.1　组件（件的组织）

5.1.1　件的构成

归档文件一般以每份文件为一件。正文、附件为一件；文件正本与定稿（包括法律法规等重要文件的历次修改稿）为一件；转发文与被转发文为一件；原件与复制件为一件；正本与翻译本为一件；中文本与外文本为一件；报表、名册、图册等一册（本）为一件（作为文件附件时除外）；简报、周报等材料一期为一件；会议纪要、会议记录一般一次会议为一件，会议记录一年一本的，一本为一件；来文与复文（请示与批复、报告与批示、函与复函等）一般独立成件，也可为一件。有文件处理单或发文稿纸的，文件处理单或发文稿纸与相关文件为一件。

5.1.2　件内文件排序

归档文件排序时，正文在前，附件在后；正本在前，定稿在后；转发文在前，被转发文在后；原件在前，复制件在后；不同文字的文本，无特殊规定的，汉文文本在前，少数民族文字文本在后；中文本在前，外文本在后；来文与复文作为一件时，复文在前，来文在后。有文件处理单或发文稿纸的，文件处理单在前，收文在后；正本在前，发文稿纸和定稿在后。

5.2　分类

5.2.1　立档单位应对归档文件进行科学分类，同一全宗应保持分类方案的一致性和稳定性。

5.2.2　归档文件一般采用年度—机构（问题）—保管期限、年度—保管期限—机构（问题）等方法进行三级分类。

a）按年度分类

将文件按其形成年度分类。跨年度一般应以文件签发日期为准。对于计划、总结、预算、统计报表、表彰先进以及法规性文件等内容涉及不同年度的文件，统一按文件签发日期判定所属年度。跨年度形成的会议文件归入闭幕年。跨年度办理的文件归入办结年。当形成年度无法考证时，年度为其归档年度，并在附注项加以说明。

b）按机构（问题）分类

将文件按其形成或承办机构（问题）分类。机构分类法与问题分类法应选择其一适用，不能同时采用。采用机构分类的，应根据文件形成或承办机构对归档文件进行分类，涉及多部门形成的归档文件，归入文件主办部门。采用问题分类的，应按照文件内容所反映的问题对归档文件进行分类。

c）按保管期限分类

将文件按划定的保管期限分类。

5.2.3 规模较小或公文办理程序不适于按机构（问题）分类的立档单位，可以采取年度—保管期限等方法进行两级分类。

5.3 排列

5.3.1 归档文件应在分类方案的最低一级类目内，按时间结合事由排列。

5.3.2 同一事由中的文件，按文件形成先后顺序排列。

5.3.3 会议文件、统计报表等成套性文件可集中排列。

5.4 编号

5.4.1 归档文件应依分类方案和排列顺序编写档号。档号编制应遵循唯一性、合理性、稳定性、扩充性、简单性原则。

5.4.2 档号的结构宜为：全宗号-档案门类代码·年度-保管期限-机构（问题）代码-件号。

上、下位代码之间用“-”连接，同一级代码之间用“·”隔开。如“Z109-WS·2011-Y-BGS-0001”。

5.4.3 档号按照以下要求编制：

a）全宗号：档案馆给立档单位编制的代号，用4位数字或者字母与数字的结合标识，按照DA/T 13—1994编制。

b）档案门类代码·年度：归档文件档案门类代码由“文书”2位汉语拼音首字母“WS”标识。年度为文件形成年度，以4位阿拉伯数字标注公元纪年，如“2013”。

c）保管期限：保管期限分为永久、定期30年、定期10年，分别以代码“Y”、“D30”、“D10”标识。

d）机构（问题）代码：机构（问题）代码采用3位汉语拼音字母或阿拉伯数字标识，如办公室代码“BGS”等。归档文件未按照机构（问题）分类的，应省略机构（问题）代码。

e）件号：件号是单件归档文件在分类方案最低一级类目内的排列顺序号，用4位阿拉伯数字标识，不足4位的，前面用“0”补足，如“0026”。

5.4.4 归档文件应在首页上端的空白位置加盖归档章并填写相关内容。电子文件可以由系统生成归档章样式或以条形码等其他形式在归档文件上进行标识。

5.4.5 归档章应将档号的组成部分，即全宗号、年度、保管期限、件号，以及页数作为必备项，机构（问题）可以作为选择项（见图 A1[①]）。归档章中全宗号、年度、保管期限、件号、机构（问题）按照 5.4.3 编制，页数用阿拉伯数字标识（见图 A2）。为便于识记，归档章保管期限也可以使用“永久”“30 年”“10 年”简称标识，机构（问题）也可以用“办公室”等规范化简称标识（见图 A3）。

5.5 编目

5.5.1 归档文件应依据档号顺序编制归档文件目录。编目应准确、详细，便于检索。

5.5.2 归档文件应逐件编目。来文与复文作为一件时，对复文的编目应体现来文内容。归档文件目录设置序号、档号、文号、责任者、题名、日期、密级、页数、备注等项目。

a）序号：填写归档文件顺序号。

b）档号：档号按照 5.4.2—5.4.3 编制。

c）文号：文件的发文字号。没有文号的，不用标识。

d）责任者：制发文件的组织或个人，即文件的发文机关或署名者。

e）题名：文件标题。没有标题、标题不规范，或者标题不能反映文件主要内容、不方便检索的，应全部或部分自拟标题，自拟内容外加方括号“[ ]”。

f）日期：文件的形成时间，以国际标准日期表示法标注年月日，如 19990909。

g）密级：文件密级按文件实际标注情况填写。没有密级的，不用标识。

h）页数：每一件归档文件的页面总数。文件中有图文的页面为一页。

i）备注：注释文件需说明的情况。

5.5.3 归档文件目录推荐由系统生成或使用电子表格进行编制。目录表格采用 A4 幅面，页面宜横向设置（见图 B1）。

5.5.4 归档文件目录除保存电子版本外，还应打印装订成册。装订成册的归档文件目录，应编制封面（见图 B2）。封面设置全宗号、全宗名称、年度、保管期限、机构（问题），其中全宗名称即立档单位名称，填写时应使用全称或规范化简称。归档文件目录可以按年装订成册，也可每年区分保管期限装订成册。

6 纸质归档文件的修整、装订、编页、装盒和排架

6.1 修整

6.1.1 归档文件装订前，应对不符合要求的文件材料进行修整。

6.1.2 归档文件已破损的，应按照 DA/T 25—2000 予以修复；字迹模糊或易退变的，应予复制。

6.1.3 归档文件应按照保管期限要求去除易锈蚀、易氧化的金属或塑料装订用品。

6.1.4 对于幅面过大的文件，应在不影响其日后使用效果的前提下进行折叠。

6.2 装订

6.2.1 归档文件一般以件为单位装订。归档文件装订应牢固、安全、简便，做到

---

① 本附录的图均略去。

文件不损页、不倒页、不压字，装订后文件平整，有利于归档文件的保护和管理。装订应尽量减少对归档文件本身影响，原装订方式符合要求的，应维持不变。

6.2.2 应根据归档文件保管期限确定装订方式，装订材料与保管期限要求相匹配。为便于管理，相同期限的归档文件装订方式应尽量保持一致，不同期限的装订方式应相对统一。

6.2.3 用于装订的材料，不能包含或产生可能损害归档文件的物质。不使用回形针、大头针、燕尾夹、热熔胶、办公胶水、装订夹条、塑料封等装订材料进行装订。

6.2.4 永久保管的归档文件，宜采取线装法装订。页数较少的，使用直角装订（见图 C1、图 C2）或缝纫机轧边装订，文件较厚的，使用“三孔一线”装订。永久保管的归档文件，使用不锈钢订书钉或浆糊装订的，装订材料应满足归档文件长期保存的需要。

6.2.5 永久保管的归档文件，不使用不锈钢夹或封套装订。

6.2.6 定期保管的、需要向综合档案馆移交的归档文件，装订方式按照 6.2.4—6.2.5 执行。定期保管的、不需要向综合档案馆移交的归档文件，装订方式可以按照 6.2.4 执行，也可以使用不锈钢夹或封套装订。

6.3 编页

6.3.1 纸质归档文件一般应以件为单位编制页码。

6.3.2 页码应逐页编制，宜分别标注在文件正面右上角或背面左上角的空白位置。

6.3.3 文件材料已印制成册并编有页码的；拟编制页码与文件原有页码相同的，可以保持原有页码不变。

6.4 装盒

将归档文件按顺序装入档案盒，并填写档案盒盒脊及备考表项目。不同年度、机构（问题）、保管期限的归档文件不能装入同一个档案盒。

6.4.1 档案盒

6.4.1.1 档案盒封面应标明全宗名称。档案盒的外形尺寸为 310mm×220mm（长×宽），盒脊厚度可以根据需要设置为 20 mm、30mm、40mm、50mm 等（见图 D1）。

6.4.1.2 档案盒应根据摆放方式的不同，在盒脊或底边设置全宗号、年度、保管期限、起止件号、盒号等必备项，并可设置机构（问题）等选择项（见图 D2、图 D3）。其中，起止件号填写盒内第一件文件和最后一件文件的件号，起件号填写在上格，止件号填写在下格；盒号即档案盒的排列顺序号，按进馆要求在档案盒盒脊或底边编制。

6.4.1.3 档案盒应采用无酸纸制作。

6.4.2 备考表

备考表置于盒内文件之后，项目包括盒内文件情况说明、整理人、整理日期、检查人、检查日期。

a）盒内文件情况说明：填写盒内文件缺损、修改、补充、移出、销毁等情况。

b）整理人：负责整理归档文件的人员签名或签章。

c）整理日期：归档文件整理完成日期。

d）检查人：负责检查归档文件整理质量的人员签名或签章。

e）检查日期：归档文件检查完毕的日期。

6.5 排架

6.5.1 归档文件整理完毕装盒后，上架排列方法应与本单位归档文件分类方案一致，排架方法应避免频繁倒架。

6.5.2 归档文件按年度—机构（问题）—保管期限分类的，库房排架时，每年形成的档案按机构（问题）序列依次上架，便于实体管理。

6.5.3 归档文件按年度—保管期限—机构（问题）分类的，库房排架时，每年形成的档案按保管期限依次上架，便于档案移交进馆。

7 归档电子文件的整理要求

7.1 归档电子文件组件（件的组织）、分类、排列、编号、编目，应符合本《规则》“5 一般要求”的规定。

7.2 归档电子文件的格式转换、元数据收集、归档数据包组织、存储等整理要求，参照《数字档案室建设指南》（2014年）、GB/T 18894、DA/T 48、DA/T 38等标准执行。

7.3 归档电子文件整理，应使用符合《数字档案室建设指南》（2014年）、GB/T 18894等标准的应用系统。

附录 4

电子文件归档与管理规范

（GB/T 18894—2002）

1 范围

本标准规定了在公务活动中产生的，具有保存价值的电子文件的形成、积累、归档、保管、利用、统计的一般方法。

本标准适用于党政机关产生的电子文件的归档与管理，其他社会组织的电子文件管理可参照本标准。

2 规范性引用文件

下列文件中的条款通过本标准的引用而成为本标准的条款。凡是注日期的引用文件，其随后所有的修改单（不包括勘误的内容）或修订版均不适用于本标准，然而，鼓励根据本标准达成协议的各方研究是否可使用这些文件的最新版本。凡是不注日期的引用文件，其最新版本适用于本标准。

DA/T 18 档案著录规则

DA/T 22 归档文件整理规则

3 术语和定义

下列术语和定义适用于本标准。

3.1 电子文件 electronic records

指在数字设备及环境中生成，以数码形式存储于磁带、磁盘、光盘等载体，依赖计算机等数字设备阅读、处理，并可在通信网络上传送的文件。

3.2 归档电子文件 archival electronic records

指具有参考和利用价值并作为档案保存的电子文件（3.1）。

3.3 背景信息 context

指描述生成电子文件（3.1）的职能活动、电子文件的作用、办理过程、结果、上下文关系以及对其产生影响的历史环境等信息。

3.4 元数据 metadata

指描述电子文件（3.1）数据属性的数据，包括文件的格式、编排结构、硬件和软件环境、文件处理软件、字处理和图形工具软件、字符集等数据。

3.5 逻辑归档 logical filing

指在计算机网络上进行，不改变原存储方式和位置而实现的将电子文件（3.1）

的管理权限向档案部门移交的过程。

3.6 物理归档 physical filing

指把电子文件（3.1）集中下载到可脱机保存的载体上，向档案部门移交的过程。

3.7 真实性 authenticity

指对电子文件（3.1）的内容、结构和背景信息（3.3）进行鉴定后，确认其与形成时的原始状况一致。

3.8 完整性 integrity

指电子文件（3.1）的内容、结构、背景信息（3.3）和元数据（3.4）等无缺损。

3.9 有效性 utility

指电子文件（3.1）应具备的可理解性和可被利用性，包括信息的可识别性、存储系统的可靠性、载体的完好性和兼容性等。

3.10 捕获 capture

指对电子文件（3.1）进行实时收集和存储的方法与过程。

3.11 迁移 migration

指将源系统中的电子文件（3.1）向目的系统进行转移存储的方法与过程。

4 总则

4.1 电子文件自形成时应有严格的管理制度和技术措施，确保其真实性、完整性和有效性。

4.2 应对电子文件的形成、收集、积累、鉴定、归档等实行全过程管理与监控，保证管理工作的连续性。

4.3 应明确规定电子文件归档的时间、范围、技术环境、相关软件、版本、数据类型、格式、被操作数据、检测数据等要求，保证归档电子文件的质量。

4.4 归档电子文件同时存在相应的纸质或其他载体形式的文件时，应在内容、相关说明及描述上保持一致。

4.5 具有永久保存价值的文本或图形形式的电子文件，如没有纸质等拷贝件，必须制成纸质文件或缩微品等。归档时，应同时保存文件的电子版本、纸质版本或缩微品。

4.6 应保证电子文件的凭证作用，对只有电子签章的电子文件，归档时应附加有法律效力的非电子签章。

5 电子文件的真实性、完整性和有效性保证

5.1 应建立规范的制度和工作程序并结合相应的技术措施，从电子文件形成开始不间断地对有关处理操作进行管理登记，保证电子文件的产生、处理过程符合规范。

5.1.1 登记处理过程中相互衔接的各类责任者（如起草者、修改者、审核者、签发者等）。

5.1.2 登记处理过程中的各类操作者（打字者、发文者、收文者、存储管理者等）。

5.1.3 登记处理过程中产生的责任凭证信息（批示、签名、印章、代码等）。

5.1.4 登记电子文件传递、交接过程中的其他标识。

5.2 应采取可靠的安全防护技术措施，保证电子文件的真实性。

5.2.1 建立对电子文件的操作者可靠的身份识别与权限控制。

5.2.2 设置符合安全要求的操作日志，随时自动记录实施操作的人员、时间、设备、项目、内容等。

5.2.3 对电子文件采用防错漏和防调换的标记。

5.2.4 对电子印章、数字签署等采取防止非法使用的措施。

5.3 应建立电子文件完整性管理制度并采取相应的技术措施采集背景信息和元数据。

5.4 应建立电子文件有效性管理制度并采取相应的技术保证措施。

5.5 电子文件的处理和保存应符合国家的安全保密规定，针对自然灾害、非法访问、非法操作、病毒侵害等采取与系统安全和保密等级要求相符的防范对策，主要有：网络设备安全保证；数据安全保证；操作安全保证；身份识别方法等。

6 电子文件的收集与积累

6.1 收集积累要求

6.1.1 记录了重要文件的主要修改过程和办理情况，有查考价值的电子文件及其电子版本的定稿均应被保留。正式文件是纸质的，如果保管部门已开始进行向计算机全文的转换工作，则与正式文件定稿内容相同的电子文件应当保留，否则可根据实际条件或需要，确定是否保留。

6.1.2 当公务或其他事务处理过程只产生电子文件时，应采取严格的安全措施，保证电子文件不被非正常改动。同时应随时对电子文件进行备份，存储于能够脱机保存的载体上。

6.1.3 对在网络系统中处于流转状态，暂时无法确定其保管责任的电子文件，应采取捕获措施，集中存储在符合安全要求的电子文件暂存存储器中，以防散失。

6.1.4 对用文字处理技术形成的文本电子文件，收集时应注明文件存储格式、文字处理工具等，必要时同时保留文字处理工具软件。文字型电子文件以 XML、RTF、TXT 为通用格式。

6.1.5 对用扫描仪等设备获得的采用非通用文件格式的图像电子文件，收集时应将其转换成通用格式，如无法转换，则应将相关软件一并收集。扫描型电子文件以 JPEG、TIFF 为通用格式。

6.1.6 对用计算机辅助设计或绘图等设备获得的图形电子文件，收集时应注明其软硬件环境和相关数据。

6.1.7 对用视频或多媒体设备获得的文件以及用超媒体链结技术制作的文件，应同时收集其非通用格式的压缩算法和相关软件。视频和多媒体电子文件以 MPEG、AVI 为通用格式。

6.1.8 对用音频设备获得的声音文件，应同时收集其属性标识、参数和非通用格式的相关软件。音频电子文件以 WAV、MP3 为通用格式。

6.1.9 对通用软件产生的电子文件，应同时收集其软件型号、名称、版本号和相关参数手册、说明资料等。专用软件产生的电子文件原则上应转换成通用型电子文件，如不能转换，收集时则应连同专用软件一并收集。

6.1.10 计算机系统运行和信息处理等过程中涉及的与电子文件处理有关的参数、管理数据等应与电子文件一同收集。

6.1.11 对套用统一模板的电子文件，在保证能恢复原形态的情况下，其内容信息可脱离套用模板进行存储，被套用模板作为电子文件的元数据保存。

6.1.12 定期制作电子文件的备份。

6.2 电子文件的登记

6.2.1 每份电子文件均应在《电子文件登记表》中登记（见表 A.1 和表 A.2[①]）。

6.2.2 电子文件登记表应与电子文件同时保存。

6.2.3 电子文件登记表如果制成电子表格，应与电子文件一同保存，永久保存的电子表格应附有纸质等拷贝件并与相应的电子文件拷贝一起保存。

6.2.4 电子文件稿本代码：M——草稿性电子文件；U——非正式电子文件；F——正式电子文件。

6.2.5 电子文件类别代码：T——文本文件；I——图像文件；G——图形文件；V——影像文件；A——声音文件；O——超媒体链结文件；P——程序文件；D——数据文件。

7 电子文件的归档

7.1 归档要求

文件形成部门或信息管理部门应定期把经过鉴定符合归档条件的电子文件向档案部门移交，并按档案管理要求的格式将其存储到符合保管期限要求的脱机载体上。

7.2 鉴定

7.2.1 电子文件的鉴定工作，应包括对电子文件的真实性、完整性、有效性的鉴定及确定密级、归档范围和划定保管期限。

7.2.2 归档前应由文件形成单位按照规定的项目对电子文件的真实性、完整性和有效性进行检验，并由负责人签署审核意见，检验和审核结果填入《归档电子文件移交、接收检验登记表》（见表 A.3）。如果文件形成单位采用了某些技术方法保证

① 本附录的表均略去。

电子文件的真实性、完整性和有效性，则应把其技术方法和相关软件一同移交给接收单位。

7.2.3 电子文件的归档范围参照国家关于纸质文件材料归档的有关规定执行，并应包括相应的背景信息和元数据。

7.2.4 电子文件保管期限和密级的划分工作，参照国家关于纸质文件材料密级和保管期限的有关规定执行。电子文件的背景信息和元数据的保管期限应当与内容信息的保管期限一致。应在电子文件的机读目录上逐件标注保管期限的标识。

7.3 归档时间

逻辑归档可实时进行，物理归档应按照纸质文件的规定定期完成。

7.4 检测

在进行电子文件归档工作时，应对归档电子文件的基本技术条件进行检测，检测内容包括：硬件环境的有效性，软件环境的有效性及其信息记录格式、有无病毒感染等。

7.5 归档

电子文件的归档，按照鉴定标识进行。电子文件的归档可分两步进行，对实时进行的归档先做逻辑归档，然后定期完成物理归档。归档时，应充分考虑电子文件的技术环境、相关软件、版本、数据类型、格式、被操作数据、检测数据等技术因素。

7.5.1 逻辑归档

将电子文件的管理权从网络上转移至档案部门，在归档工作中，存储格式和位置暂时保持不变。

7.5.2 物理归档

7.5.2.1 凡在网络中予以逻辑归档的电子文件，均应定期完成物理归档。

7.5.2.2 把带有归档标识的电子文件集中，拷贝至耐久性好的载体上，一式3套，一套封存保管，一套供查阅使用，一套异地保存。对于加密电子文件，则应在解密后再制作拷贝。

7.5.2.3 本标准推荐采用的载体，按优先顺序依次为：只读光盘、一次写光盘、磁带、可擦写光盘、硬磁盘等。不允许用软磁盘作为归档电子文件长期保存的载体。

7.5.2.4 存储电子文件的载体或装具上应贴有标签，标签上应注明载体序号、全宗号、类别号、密级、保管期限、存入日期等，归档后的电子文件的载体应设置成禁止写操作的状态。

7.5.2.5 特殊格式的电子文件，应在存储载体中同时存有相应的查看软件。

7.5.2.6 将相应的电子文件机读目录、相关软件、其他说明等一同归档，并附《归档电子文件登记表》（见表A.4和表A.5）。

归档电子文件应以盘为单位填写《归档电子文件登记表》首页（见附录A的表

A.4)，以件为单位填写续页（见表A.5）。

7.5.2.7 对需要长期保存的电子文件，应在每一个电子文件的载体中同时存有相应的机读目录。

7.5.2.8 归档完毕，电子文件形成部门应将存有归档前电子文件的载体保存至少1年。

8 归档电子文件的整理

8.1 归档电子文件的整理按DA/T 22规定的要求进行。

8.2 归档电子文件以件为单位整理。

8.3 同一全宗内的电子文件按照年度—保管期限—机构（问题）或保管期限—年度—机构（问题）等分类方案进行分类。

8.4 按电子文件类别代码相对集中组织存储载体。

8.5 电子文件的著录应参照DA/T 18进行著录，同时按照保证其真实性、完整性和有效性的要求补充电子文件特有的著录项目和其他标识（参见本标准第5章中列举的责任者、操作者、背景信息、元数据等）。

8.6 将著录结果制成机读目录和纸质目录。

9 归档电子文件的移交、接收与保管

9.1 移交、接收与保管要求

对归档电子文件，应按有关规定进行认真检验。在检验合格后将其如期移交至档案馆等档案保管部门，进行集中保管。在已联网的情况下，归档电子文件的移交和接收工作可在网络上进行，但仍需履行相应的手续。

9.2 移交、接收检验

9.2.1 文件形成单位在移交电子文件之前，档案保管部门在接收电子文件之前，均应对归档的每套载体及其技术环境进行检验，合格率达到100%时方可进行交接。

9.2.2 检验项目如下：

——载体有无划痕，是否清洁；

——有无病毒；

——核实归档电子文件的真实性、完整性、有效性检验及审核手续；

——核实登记表、软件、说明资料等是否齐全；

——对特殊格式的电子文件，应核实其相关的软件、版本、操作手册等是否完整。

检验结果分别由移交单位、接收单位填入《归档电子文件移交、接收检验登记表》（见表A.3）的相应栏目。

9.2.3 档案保管部门应按照要求及检验项目对归档电子文件逐一验收。对检验不合格者，应退回形成单位重新制作，并再次对其进行检验。

9.3 移交手续

档案保管部门验收合格，完成《归档电子文件移交、接收检验登记表》（见表A.3）的填写、签字、盖章环节。登记表一式2份，一份交电子文件形成单位，一份由档案保管部门自存。

9.4 保管要求

归档电子文件的保管除应符合纸质档案的要求外，还应符合下列条件：

a）归档载体应作防写处理。避免擦、划、触摸记录涂层。

b）单片载体应装盒，竖立存放，且避免挤压。

c）存放时应远离强磁场、强热源，并与有害气体隔离。

d）环境温度选定范围：17℃～20℃；相对湿度选定范围：35％～45％。

归档电子文件在形成单位的保管，也应参照上述条件。

9.5 有效性保证

9.5.1 归档电子文件的形成单位和档案保管部门每年均应对电子文件的读取、处理设备的更新情况进行一次检查登记。设备环境更新时应确认库存载体与新设备的兼容性；如不兼容，应进行归档电子文件的载体转换工作，原载体保留时间不少于3年。保留期满后对可擦写载体清除后重复使用，不可清除内容的载体应按保密要求进行处置。

9.5.2 对磁性载体每满2年、光盘每满4年进行一次抽样机读检验，抽样率不低于10％，如发现问题应及时采取恢复措施。

9.5.3 对磁性载体上的归档电子文件，应每4年转存一次。原载体同时保留时间不少于4年。

9.5.4 档案保管部门应定期将检验结果填入《归档电子文件管理登记表》（见表A.6）。

9.6 迁移

随着系统设备更新或系统扩充，应及时对归档电子文件进行迁移操作，并填写《归档电子文件迁移登记表》（见表A.7）。

9.7 利用

9.7.1 归档电子文件的封存载体不应外借。未经批准任何单位或人员不允许擅自复制电子文件。

9.7.2 利用时应使用拷贝件。

9.7.3 利用时应遵守保密规定。对具有保密要求的归档电子文件采用联网的方式利用时，应遵守国家或部门有关保密的规定，有稳妥的安全保密措施。

9.7.4 利用者对归档电子文件的使用应在权限规定范围之内。

9.8 归档电子文件的鉴定销毁

9.8.1 归档电子文件的鉴定销毁，参照国家关于档案鉴定销毁的有关规定执行，且应在办理审批手续后实施。

9.8.2　属于保密范围的归档电子文件，如存储在不可擦除载体上，应连同存储载体一起销毁，并在网络中彻底清除。不属于保密范围的归档电子文件可进行逻辑删除。

9.9　统计

档案保管部门应及时按年度对归档电子文件的接收、保管、利用和鉴定销毁情况进行统计。

附录 5

标点符号用法

(GB/T 15834—2011)

1 范围

本标准规定了现代汉语标点符号的用法。

本标准适用于汉语的书面语（包括汉语和外语混合排版时的汉语部分）。

2 术语和定义

下列术语和定义适用于本文件。

2.1

标点符号 punctuation

辅助文字记录语言的符号，是书面语的有机组成部分，用来表示语句的停顿、语气以及标示某些成分（主要是词语）的特定性质和作用。

注：数学符号、货币符号、校勘符号、辞书符号、注音符号等特殊领域的专门符号不属于标点符号。

2.2

句子 sentence

前后都有较大停顿、带有一定的语气和语调、表达相对完整意义的语言单位。

2.3

复句 complex sentence

由两个或多个在意义上有密切关系的分句组成的语言单位，包括简单复句（内部只有一层语义关系）和多重复句（内部包含多层语义关系）。

2.4

分句 clause

复句内两个或多个前后有停顿、表达相对完整意义、不带有句末语气和语调、有的前面可添加关联词语的语言单位。

2.5

语段 expression

指语言片段，是对各种语言单位（如词、短语、句子、复句等）不做特别区分时的统称。

3 标点符号的种类

3.1 点号

点号的作用是点断，主要表示停顿和语气。分为句末点号和句内点号。

3.1.1 句末点号

用于句末的点号，表示句末停顿和句子的语气。包括句号、问号、叹号。

3.1.2 句内点号

用于句内的点号，表示句内各种不同性质的停顿。包括逗号、顿号、分号、冒号。

3.2 标号

标号的作用是标明，主要标示某些成分（主要是词语）的特定性质和作用。包括引号、括号、破折号、省略号、着重号、连接号、间隔号、书名号、专名号、分隔号。

4 标点符号的定义、形式和用法

4.1 句号

4.1.1 定义

句末点号的一种，主要表示句子的陈述语气。

4.1.2 形式

句号的形式是“。”。

4.1.3 基本用法

4.1.3.1 用于句子末尾，表示陈述语气。使用句号主要根据句段前后有较大停顿、带有陈述语气和语调，并不取决于句子的长短。

示例1：北京是中华人民共和国的首都。

示例2：（甲：咱们走着去吧？）乙：好。

4.1.3.2 有时也可以表示较缓和的祈使语气和感叹语气。

示例1：请你稍等一下。

示例2：我不由地感到，这些普通劳动者也同样是很值得尊敬的。

4.2 问号

4.2.1 定义

句末点号的一种，主要表示句子的疑问语气。

4.2.2 形式

问号的形式是“？”。

4.2.3 基本用法

4.2.3.1 用于句子末尾，表示疑问语气（包括反问、设问等疑问类型）。使用问号主要根据语段前后有较大停顿、带有疑问语气和语调，并不取决于句子的长短。

示例1：你怎么还不回家去呢？

示例2：难道这些普通的战士不值得歌颂吗？

示例3：（一个外国人，不远万里来到中国，帮助中国的抗日战争。）这是什么精神？这是国际主义的精神。

4.2.3.2 选择问句中，通常只在最后一个选项的末尾用问号，各个选项之间一般用逗号隔开。当选项较短且选项之间几乎没有停顿时，选项之间可不用逗号。当选项较多或较长，或有意突出每个选项的独立性时，也可每个选项之后都用问号。

示例1：诗中记述的这场战争究竟是真实的历史描述，还是诗人的虚构？

示例2：这是巧合还是有意安排？

示例3：要一个什么样的结尾：现实主义的？传统的？大团圆的？荒诞的？民族形式的？有象征意义的？

示例4：（他看着我的作品称赞了我。）但到底是称赞我什么：是有几处画得好？还是什么都敢画？抑或只是一种对于失败者的无可奈何的安慰？我不得而知。

示例5：这一切都是由客观的条件造成的？还是由行为的惯性造成的？

4.2.3.3 在多个问句连用或表达疑问语气加重时，可叠用问号。通常应先单用，再叠用，最多叠用三个问号。在没有异常强烈的情感表达需要时不宜叠用问号。

示例：这就是你的做法吗？你这个总经理是怎么当的？？你怎么竟敢这样欺骗消费者？？？

4.2.3.4 问号也有标号的用法，即用于句内，表示存疑或不详。

示例1：马致远（1250？—1321），大都人，元代戏曲家、散曲家。

示例2：钟嵘（？—518），颍川长社人，南朝梁代文学批评家。

示例3：出现这样的文字错误，说明作者（编者？校者？）很不认真。

4.3 叹号

4.3.1 定义

句末点号的一种，主要表示句子的感叹语气。

4.3.2 形式

叹号的形式是“！”。

4.3.3 基本用法

4.3.3.1 用于句子末尾，主要表示感叹语气，有时也可表示强烈的祈使语气、反问语气等。使用叹号主要根据语段前后有较大停顿、带有感叹语气和语调或带有强烈的祈使、反问语气和语调，并不取决于句子的长短。

示例1：才一年不见，这孩子都长这么高啦！

示例2：你给我住嘴！

示例3：谁知道他今天是怎么搞的！

4.3.3.2 用于拟声词后，表示声音短促或突然。

示例1：咔嚓！一道闪电划破了夜空。

示例2：咚！咚咚！突然传来一阵急促的敲门声。

4.3.3.3 表示声音巨大或声音不断加大时，可叠用叹号；表达强烈语气时，也可叠用叹号，最多叠用三个叹号。在没有异常强烈的情感表达需要时不宜叠用叹号。

示例1：轰！！在这天崩地塌的声音中，女娲猛然醒来。

示例2：我要揭露！我要控诉！！我要以死抗争！！！

4.3.3.4 当句子包含疑问、感叹两种语气且都比较强烈时（如带有强烈感情的反问句和带有惊愕语气的疑问句），可在问号后再加叹号（问号、叹号各一）。

示例1：这么点困难就能把我们吓倒吗?!

示例2：他连这些最起码的常识都不懂，还敢说自己是高科技人才?!

4.4 逗号

4.4.1 定义

句内点号的一种，表示句子或语段内部的一般性停顿。

4.4.2 形式

逗号的形式是“，”。

4.4.3 基本用法

4.4.3.1 复句内各分句之间的停顿，除了有时用分号（见4.6.3.1），一般都用逗号。

示例1：不是人们的意识决定人们的存在，而是人们的社会存在决定人们的意识。

示例2：学历史使人更明智，学文学使人更聪慧，学数学使人更精细，学考古使人更深沉。

示例3：要是不相信我们的理论能反映现实，要是不相信我们的世界有内在和谐，那就不可能有科学。

4.4.3.2 用于下列各种语法位置：

a）较长的主语之后。

示例1：苏州园林建筑各种门窗的精美设计和雕镂功夫，都令人叹为观止。

b）句首的状语之后。

示例2：在苍茫的大海上，狂风卷集着乌云。

c）较长的宾语之前。

示例3：有的考古工作者认为，南方古猿生存于上新世至更新世的初期和中期。

d）带句内语气词的主语（或其他成分）之后，或带句内语气词的并列成分之间。

示例4：他呢，倒是很乐观地、全神贯注地干起来了。

示例5：（那是个没有月亮的夜晚。）可是整个村子——白房顶啦，白树木啦，雪堆啦，全看得见。

e）较长的主语中间、谓语中间和宾语中间。

示例6：母亲沉痛的诉说，以及亲眼看到的实事，都启发了我幼年时期追求真理的思想。

示例7：那姑娘头戴一顶草帽，身穿一条绿色的裙子，腰间还系着一根橙色的腰带。

示例8：必须懂得，对于文化传统，既不能不分青红皂白统统抛弃，也不能不管精华糟粕全盘继承。

f）前置的谓语之后或后置的状语、定语之前。

示例9：真美啊，这条蜿蜒的林间小路。

示例10：她吃力地站了起来，慢慢地。

示例11：我只是一个人，孤孤单单的。

4.4.3.3 用于下列各种停顿处：

a）复指成分或插说成分前后。

示例1：老张，就是原来的办公室主任，上星期已经调走了。

示例2：车，不用说，当然是头等。

b）语气缓和的感叹语、称谓语和呼唤语之后。

示例3：哎哟，这儿，快给我揉揉。

示例4：大娘，您到哪儿去啊？

示例5：喂，你是哪个单位的？

c）某些序次语（"第"字头、"其"字头及"首先"类序次语）之后。

示例6：为什么许多人都有长不大的感觉呢？原因有三：第一，父母总认为自己比孩子成熟；第二，父母总要以自己的标准来衡量孩子；第三，父母出于爱心而总不想让孩了在成长的过程中走弯路。

示例7：《玄秘塔碑》所以成为书法的范本，不外乎以下几方面的因素：其一，具有楷书点画、构体的典范性；其二，承上启下，成为唐楷的极致；其三，字如其人，爱人及字，柳公权高尚的书品、人品为后人所崇仰。

示例8：下面从三个方面讲讲语言的污染问题：首先，是特殊语言环境中的语言污染问题；其次，是滥用缩略语引起的语言污染问题；再次，是空话和废话引起的语言污染问题。

4.5 顿号

4.5.1 定义

句内点号的一种，表示语段中并列词语之间或某些序次语之后的停顿。

4.5.2 形式

顿号的形式是"、"。

4.5.3 基本用法

4.5.3.1 用于并列词语之间。

示例1：这里有自由、民主、平等、开放的风气和氛围。

示例2：造型科学、技艺精湛、气韵生动，是盛唐石雕的特色。

4.5.3.2 用于需要停顿的重复词语之间。

示例：他几次三番、几次三番地辩解着。

4.5.3.3 用于某些序次语（不带括号的汉字数字或"天干地支"类序次语）之后。

示例1：我准备讲两个问题，一、逻辑学是什么？二、怎样学好逻辑学？

示例2：风格的具体内容主要有以下四点，甲、题材；乙、用字；丙、表达；丁、色彩。

4.5.3.4 相邻或相近两数字连用表示概数通常不用顿号。若相邻两数字连用为缩略形式，宜用顿号。

示例1：飞机在6 000米高空水平飞行时，只能看到两侧八九公里和前方一二十公里范围内的地面。

示例2：这种凶猛的动物常常三五成群地外出觅食和活动。

示例3：农业是国民经济的基础，也是二、三产业的基础。

4.5.3.5 标有引号的并列成分之间、标有书名号的并列成分之间通常不用顿号。若有其他成分插在并列的引号之间或并列的书名号之间（如引语或书名号之后还有括注），宜用顿号。

示例1："日""月"构成"明"字。

示例2：店里挂着"顾客就是上帝""质量就是生命"等横幅。

示例3：《红楼梦》《三国演义》《西游记》《水浒传》，是我国长篇小说的四大名著。

示例4：李白的"白发三千丈"（《秋浦歌》）、"朝如青丝暮成雪"（《将进酒》）都是脍炙人口的诗句。

示例5：办公室里订有《人民日报》（海外版）、《光明日报》和《时代周刊》等报刊。

4.6 分号

4.6.1 定义

句内点号的一种，表示复句内部并列关系分句之间的停顿，以及非并列关系的多重复句中第一层分句之间的停顿。

4.6.2 形式

分号的形式是"；"。

4.6.3 基本用法

4.6.3.1 表示复句内部并列关系的分句（尤其当分句内部还有逗号时）之间的停顿。

示例1：语言文字的学习，就理解方面说，是得到一种知识；就运用方面说，是养成一种习惯。

示例2：内容有分量，尽管文章短小，也是有分量的；内容没有分量，即使写得再长也没有用。

4.6.3.2 表示非并列关系的多重复句中第一层分句（主要是选择、转折等关系）之间的停顿。

示例1：人还没看见，已经先听见歌声了；或者人已经转过山头望不见了，歌声还余音袅袅。

示例2：尽管人民革命的力量在开始时总是弱小的，所以总是受压的；但是由于革命的力量代表历史发展的方向，因此本质上又是不可战胜的。

示例3：不管一个人如何伟大，也总是生活在一定的环境和条件下；因此，个人的见解总难免带有某种局限性。

示例4：昨天夜里下了一场雨，以为可以凉快些；谁知没有凉快下来，反而更热了。

4.6.3.3 用于分项列举的各项之间。

示例：特聘教授的岗位职责为：一、讲授本学科的主干基础课程；二、主持本学科的重大科研项目；三、领导本学科的学术队伍建设；四、带领本学科赶超或保持世界先进水平。

4.7 冒号

4.7.1 定义

句内点号的一种，表示语段中提示下文或总结上文的停顿。

4.7.2 形式

冒号的形式是“：”。

4.7.3 基本用法

4.7.3.1 用于总说性或提示性词语（如“说”“例如”“证明”等）之后，表示提示下文。

示例1：北京紫禁城有四座城门：午门、神武门、东华门和西华门。

示例2：她高兴地说：“咱们去好好庆祝一下吧！”

示例3：小王笑着点了点头：“我就是这么想的。”

示例4：这一事实证明：人能创造环境，环境同样也能创造人。

4.7.3.2 表示总结上文。

示例：张华上了大学，李萍进了技校，我当了工人：我们都有美好的前途。

4.7.3.3 用在需要说明的词语之后，表示注释和说明。

示例1：（本市将举办首届大型书市。）主办单位：市文化局；承办单位：市图书进出口公司；时间：8月15日—20日；地点：市体育馆观众休息厅。

示例2：（做阅读理解题有两个办法。）办法之一：先读题干，再读原文，带着问题有针对性地读课文。办法之二：直接读原文，读完再做题，减少先入为主的干扰。

4.7.3.4 用于书信、讲话稿中称谓语或称呼语之后。

示例1：广平先生：……

示例2：同志们、朋友们：……

4.7.3.5 一个句子内部一般不应套用冒号。在列举式或条文式表述中，如不得不套用冒号时，宜另起段落来显示各个层次。

示例：第十条　遗产按照下列顺序继承：

第一顺序：配偶、子女、父母。

第二顺序：兄弟姐妹、祖父母、外祖父母。

4.8 引号

4.8.1 定义

标号的一种，标示语段中直接引用的内容或需要特别指出的成分。

4.8.2 形式

引号的形式有双引号““ ””和单引号“‘ ’”两种。左侧的为前引号，右侧的为后引号。

4.8.3 基本用法

4.8.3.1 标示语段中直接引用的内容。

示例：李白诗中就有“白发三千丈”这样极尽夸张的语句。

4.8.3.2 标示需要着重论述或强调的内容。

示例：这里所谓的“文”，并不是指文字，而是指文采。

4.8.3.3 标示语段中具有特殊含义而需要特别指出的成分，如别称、简称、反语等。

示例1：电视被称作“第九艺术”。

示例2：人类学上常把古人化石统称为尼安德特人，简称“尼人”。

示例3：有几个“慈祥”的老板把捡来的菜叶用盐浸浸就算作工友的菜肴。

4.8.3.4 当引号中还需要使用引号时，外面一层用双引号，里面一层用单引号。

示例：他问：“老师，‘七月流火’是什么意思?”

4.8.3.5 独立成段的引文如果只有一段，段首和段尾都用引号；不止一段时，每段开头仅用前引号，只在最后一段末尾用后引号。

示例：我曾在报纸上看到有人这样谈幸福：

“幸福是知道自己喜欢什么和不喜欢什么。……

“幸福是知道自己擅长什么和不擅长什么。……

“幸福是在正确的时间做了正确的选择。……”

4.8.3.6 在书写带月、日的事件、节日或其他特定意义的短语（含简称）时，通常只标引其中的月和日；需要突出和强调该事件或节日本身时，也可连同事件或节日一起标引。

示例1：“5·12”汶川大地震

示例2：“五四”以来的话剧，是我国戏剧中的新形式。

示例3：纪念“五四运动”90周年

4.9 括号

4.9.1 定义

标号的一种，标示语段中的注释内容、补充说明或其他特定意义的语句。

4.9.2 形式

括号的主要形式是圆括号“（）”，其他形式还有方括号“［］”、六角括号“〔〕”和方头括号“【】”等。

4.9.3 基本用法

4.9.3.1 标示下列各种情况，均用圆括号：

a）标示注释内容或补充说明。

示例1：我校拥有特级教师（含已退休的）17人。

示例2：我们不但善于破坏一个旧世界，我们还将善于建设一个新世界！（热烈鼓掌）

b）标示订正或补加的文字。

示例3：信纸上用稚嫩的字体写着："阿夷（姨），你好！"

示例4：该建筑公司负责的建设工程全部达到优良工程（的标准）。

c）标示序次语。

示例5：语言有三个要素：（1）声音；（2）结构；（3）意义。

示例6：思想有三个条件：（一）事理；（二）心理；（三）伦理。

d）标示引语的出处。

示例7：他说得好："未画之前，不立一格；既画之后，不留一格。"（《板桥集·题画》）

e）标示汉语拼音注音。

示例8："的（de）"这个字在现代汉语中最常用。

4.9.3.2 标示作者国籍或所属朝代时，可用方括号或六角括号。

示例1：[英] 赫胥黎《进化论与伦理学》

示例2：〔唐〕杜甫著

4.9.3.3 报刊标示电讯、报道的开头，可用方头括号。

示例：【新华社南京消息】

4.9.3.4 标示公文发文字号中的发文年份时，可用六角括号。

示例：国发〔2011〕3号文件

4.9.3.5 标示被注释的词语时，可用六角括号或方头括号。

示例1：〔奇观〕奇伟的景象。

示例2：【爱因斯坦】物理学家。生于德国，1933年因受纳粹政权迫害，移居美国。

4.9.3.6 除科技书刊中的数学、逻辑公式外，所有括号（特别是同一形式的括号）应尽量避免套用。必须套用括号时，宜采用不同的括号形式配合使用。

示例：〔茸（róng）毛〕很细很细的毛。

4.10 破折号

4.10.1 定义

标号的一种，标示语段中某些成分的注释、补充说明或语音、意义的变化。

4.10.2 形式

破折号的形式是"——"。

4.10.3 基本用法

4.10.3.1 标示注释内容或补充说明（也可用括号，见4.9.3.1；二者的区别另见B.1.7）。

示例1：一个矮小而结实的日本中年人——内山老板走了过来。

示例2：我一直坚持读书，想借此唤起弟妹对生活的希望——无论环境多么困难。

4.10.3.2 标示插入语（也可用逗号，见4.4.3.3）。

示例：这简直就是——说得不客气点——无耻的勾当！

4.10.3.3 标示总结上文或提示下文（也可用冒号，见4.7.3.1、4.7.3.2）。

示例1：坚强，纯洁，严于律己，客观公正——这一切都难得地集中在一个人身上。

示例2：画家开始娓娓道来——

数年前的一个寒冬，……

4.10.3.4 标示话题的转换。

示例："好香的干菜，——听到风声了吗？"赵七爷低声说道。

4.10.3.5 标示声音的延长。

示例："嘎——"传过来一声水禽被惊动的鸣叫。

4.10.3.6 标示话语的中断或间隔。

示例1："班长他牺——"小马话没说完就大哭起来。

示例2："亲爱的妈妈，你不知道我多爱您。——还有你，我的孩子！"

4.10.3.7 标示引出对话。

示例：——你长大后想成为科学家吗？

——当然想了！

4.10.3.8 标示事项列举分承。

示例：根据研究对象的不同，环境物理学分为以下五个分支学科：

——环境声学；

——环境光学；

——环境热学；

——环境电磁学；

——环境空气动力学。

4.10.3.9 用于副标题之前。

示例：飞向太平洋

——我国新型号运载火箭发射目击记

4.10.3.10 用于引文、注文后，标示作者、出处或注释者。

示例1：先天下之忧而忧，后天下之乐而乐。

——范仲淹

示例2：乐浪海中有倭人，分为百余国。

——《汉书》

示例3：很多人写好信后把信笺折成方胜形，我看大可不必。（方胜，指古代妇女戴的方形首饰，用彩绸等制作，由两个斜方部分叠合而成。——编者注）

4.11 省略号

4.11.1 定义

标号的一种，标示语段中某些内容的省略及意义的断续等。

4.11.2　形式

省略号的形式是“……”。

4.11.3　基本用法

4.11.3.1　标示引文的省略。

示例：我们齐声朗诵起来：“……俱往矣，数风流人物，还看今朝。”

4.11.3.2　标示列举或重复词语的省略。

示例1：对政治的敏感，对生活的敏感，对性格的敏感，……这都是作家必须要有的素质。

示例2：他气得连声说：“好，好……算我没说。”

4.11.3.3　标示语意未尽。

示例1：在人迹罕至的深山密林里，假如突然看见一缕炊烟，……

示例2：你这样干，未免太……！

4.11.3.4　标示说话时断断续续。

示例：她磕磕巴巴地说：“可是……太太……我不知道……你一定是认错了。”

4.11.3.5　标示对话中的沉默不语。

示例：“还没结婚吧？”

“……”他飞红了脸，更加忸怩起来。

4.11.3.6　标示特定的成分虚缺。

示例：只要……就……

4.11.3.7　在标示诗行、段落的省略时，可连用两个省略号（即相当于十二连点）。

示例1：从隔壁房间传来缓缓而抑扬顿挫的吟咏声——

床前明月光，疑是地上霜。

…………

示例2：该刊根据工作质量、上稿数量、参与程度等方面的表现，评选出了高校十佳记者站。还根据发稿数量、提供新闻线索情况以及对刊物的关注度等，评选出了十佳通讯员。

…………

4.12　着重号

4.12.1　定义

标号的一种，标示语段中某些重要的或需要指明的文字。

4.12.2　形式

着重号的形式是“.”标注在相应文字的下方。

4.12.3　基本用法

4.12.3.1　标示语段中重要的文字。

示例1：诗人需要表现，而不是证明。

示例2：下面对本文的理解，不正确的一项是：……

4.12.3.2 标示语段中需要指明的文字。

示例：下边加点的字，除了在词中的读法外，还有哪些读法？

着急 子弹 强调

4.13 连接号

4.13.1 定义

标号的一种，标示某些相关联成分之间的连接。

4.13.2 形式

连接号的形式有短横线“-”、一字线“—”和浪纹线“～”三种。

4.13.3 基本用法

4.13.3.1 标示下列各种情况，均用短横线：

a）化合物的名称或表格、插图的编号。

示例 1：3-戊酮为无色液体，对眼及皮肤有强烈刺激性。

示例 2：参见下页表 2-8、表 2-9。

b）连接号码，包括门牌号码、电话号码，以及用阿拉伯数字表示年月日等。

示例 3：安宁里东路 26 号院 3-2-11 室

示例 4：联系电话：010-88842603

示例 5：2011-02-15

c）在复合名词中起连接作用。

示例 6：吐鲁番-哈密盆地

d）某些产品的名称和型号。

示例 7：WZ-10 直升机具有复杂天气和夜间作战的能力。

e）汉语拼音、外来语内部的分合。

示例 8：shuōshuō-xiàoxiào（说说笑笑）

示例 9：盎格鲁-撒克逊人

示例 10：让-雅克·卢梭（“让-雅克”为双名）

示例 11：皮埃尔·孟戴斯-弗朗斯（“孟戴斯-弗朗斯”为复姓）

4.13.3.2 标示下列各种情况，一般用一字线，有时也可用浪纹线：

a）标示相关项目（如时间、地域等）的起止。

示例 1：沈括（1031—1095），宋朝人。

示例 2：2011 年 2 月 3 日—10 日

示例 3：北京—上海特别旅客快车

b）标示数值范围（由阿拉伯数字或汉字数字构成）的起止。

示例 4：25～30g

示例 5：第五～八课

4.14 间隔号

4.14.1 定义

标号的一种，标示某些相关联成分之间的分界。

4.14.2　形式

间隔号的形式是“·”。

4.14.3　基本用法

4.14.3.1　标示外国人名或少数民族人名内部的分界。

示例1：克里丝蒂娜·罗塞蒂

示例2：阿依古丽·买买提

4.14.3.2　标示书名与篇（章、卷）名之间的分界。

示例：《淮南子·本经训》

4.14.3.3　标示词牌、曲牌、诗体名等和题名之间的分界。

示例1：《沁园春·雪》

示例2：《天净沙·秋思》

示例3：《七律·冬云》

4.14.3.4　用在构成标题或栏目名称的并列词语之间。

示例：《天·地·人》

4.14.3.5　以月、日为标志的事件或节日，用汉字数字表示时，只在一、十一和十二月后用间隔号；当直接用阿拉伯数字表示时，月、日之间均用间隔号（半角字符）。

示例1：“九一八”事变　“五四”运动

示例2：“一·二八”事变　“一二·九”运动

示例3：“3·15”消费者权益日　“9·11”恐怖袭击事件

4.15　书名号

4.15.1　定义

标号的一种，标示语段中出现的各种作品的名称。

4.15.2　形式

书名号的形式有双书名号“《》”和单书名号“〈〉”两种。

4.15.3　基本用法

4.15.3.1　标示书名、卷名、篇名、刊物名、报纸名、文件名等。

示例1：《红楼梦》（书名）

示例2：《史记·项羽本纪》（卷名）

示例3：《论雷峰塔的倒掉》（篇名）

示例4：《每周关注》（刊物名）

示例5：《人民日报》（报纸名）

示例6：《全国农村工作会议纪要》（文件名）

4.15.3.2　标示电影、电视、音乐、诗歌、雕塑等各类用文字、声音、图像等表现的作品的名称。

示例1：《渔光曲》（电影名）

示例2：《追梦录》（电视剧名）

示例3：《勿忘我》（歌曲名）

示例4：《沁园春·雪》（诗词名）

示例5：《东方欲晓》（雕塑名）

示例6：《光与影》（电视节目名）

示例7：《社会广角镜》（栏目名）

示例8：《庄子研究文献数据库》（光盘名）

示例9：《植物生理学系列挂图》（图片名）

4.15.3.3 标示全中文或中文在名称中占主导地位的软件名。

示例：科研人员正在研制《电脑卫士》杀毒软件。

4.15.3.4 标示作品名的简称。

示例：我读了《念青唐古拉山脉纪行》一文（以下简称《念》），收获很大。

4.15.3.5 当书名号中还需要书名号时，里面一层用单书名号，外面一层用双书名号。

示例：《教育部关于提请审议〈高等教育自学考试试行办法〉的报告》

4.16 专名号

4.16.1 定义

标号的一种，标示古籍和某些文史类著作中出现的特定类专有名词。

4.16.2 形式

专名号的形式是一条直线，标注在相应文字的下方。

4.16.3 基本用法

4.16.3.1 标示古籍、古籍引文或某些文史类著作中出现的专有名词，主要包括人名、地名、国名、民族名、朝代名、年号、宗教名、官署名、组织名等。

示例1：<u>孙坚</u>人马被<u>刘表</u>率军围得水泄不通。（人名）

示例2：于是聚集<u>冀</u>、<u>青</u>、<u>幽</u>、<u>并</u>四州兵马七十多万准备决一死战。（地名）

示例3：当时<u>乌孙</u>及西域各国都向<u>汉</u>派遣了使节。（国名、朝代名）

示例4：从<u>咸宁</u>二年到<u>太康</u>十年，<u>匈奴</u>、<u>鲜卑</u>、<u>乌桓</u>等族人徙居塞内。（年号、民族名）

4.16.3.2 现代汉语文本中的上述专有名词，以及古籍和现代文本中的单位名、官职名、事件名、会议名、书名等不应使用专名号。必须使用标号标示时，宜使用其他相应标号（如引号、书名号等）。

4.17 分隔号

4.17.1 定义

标号的一种，标示诗行、节拍及某些相关文字的分隔。

4.17.2 形式

分隔号的形式是“/”。

4.17.3 基本用法

4.17.3.1 诗歌接排时分隔诗行（也可使用逗号和分号，见4.4.3.1/4.6.3.1）。

示例：春眠不觉晓/处处闻啼鸟/夜来风雨声/花落知多少。

4.17.3.2 标示诗文中的音节节拍。

示例：横眉/冷对/千夫指，俯首/甘为/孺子牛。

4.17.3.3 分隔供选择或可转换的两项，表示“或”。

示例：动词短语中除了作为主体成分的述语动词之外，还包括述语动词所带的宾语和/或补语。

4.17.3.4 分隔组成一对的两项，表示“和”。

示例 1：13/14 次特别快车

示例 2：羽毛球女双决赛中国组合杜婧/于洋两局完胜韩国名将李孝贞/李敬元。

4.17.3.5 分隔层级或类别。

示例：我国的行政区划分为：省（直辖市、自治区）/省辖市（地级市）/县（县级市、区、自治州）/乡（镇）/村（居委会）。

5 标点符号的位置和书写形式

5.1 横排文稿标点符号的位置和书写形式

5.1.1 句号、逗号、顿号、分号、冒号均置于相应文字之后，占一个字位置，居左下，不出现在一行之首。

5.1.2 问号、叹号均置于相应文字之后，占一个字位置，居左，不出现在一行之首。两个问号（或叹号）叠用时，占一个字位置；三个问号（或叹号）叠用时，占两个字位置；问号和叹号连用时，占一个字位置。

5.1.3 引号、括号、书名号中的两部分标在相应项目的两端，各占一个字位置。其中前一半不出现在一行之末，后一半不出现在一行之首。

5.1.4 破折号标在相应项目之间，占两个字位置，上下居中，不能中间断开分处上行之末和下行之首。

5.1.5 省略号占两个字位置，两个省略号连用时占四个字位置并须单独占一行。省略号不能中间断开分处上行之末和下行之首。

5.1.6 连接号中的短横线比汉字“一”略短，占半个字位置；一字线比汉字“一”略长，占一个字位置；浪纹线占一个字位置。连接号上下居中，不出现在一行之首。

5.1.7 间隔号标在需要隔开的项目之间，占半个字位置，上下居中，不出现在一行之首。

5.1.8 着重号和专名号标在相应文字的下边。

5.1.9 分隔号占半个字位置，不出现在一行之首或一行之末。

5.1.10 标点符号排在一行末尾时，若为全角字符则应占半角字符的宽度（即半个字位置），以使视觉效果更美观。

5.1.11 在实际编辑出版工作中，为排版美观、方便阅读等需要，或为避免某一小节最后一个汉字转行或出现在另外一页开头等情况（浪费版面及视觉效果差），可适当压缩标点符号所占用的空间。

5.2　竖排文稿标点符号的位置和书写形式

5.2.1　句号、问号、叹号、逗号、顿号、分号和冒号均置于相应文字之下偏右。

5.2.2　破折号、省略号、连接号、间隔号和分隔号置于相应文字之下居中，上下方向排列。

5.2.3　引号改用双引号“﹃”“﹄”和单引号“﹁”“﹂”，括号改用“︵”“︶”，标在相应项目的上下。

5.2.4　竖排文稿中使用浪线式书名号“﹏”，标在相应文字的左侧。

5.2.5　着重号标在相应文字的右侧，专名号标在相应文字的左侧。

5.2.6　横排文稿中关于某些标点不能居行首或行末的要求，同样适用于竖排文稿。

附录 A （规范性附录）标点符号用法的补充规则

A.1 句号用法补充规则

图或表的短语式说明文字，中间可用逗号，但末尾不用句号。即使有时说明文字较长，前面的语段已出现句号，最后结尾处仍不用句号。

示例 1：行进中的学生方队

示例 2：经过治理，本市市容市貌焕然一新。这是某区街道一景

A.2 问号用法补充规则

使用问号应以句子表示疑问语气为依据，而并不根据句子中包含有疑问词。当含有疑问词的语段充当某种句子成分，而句子并不表示疑问语气时，句末不用问号。

示例 1：他们的行为举止、审美趣味，甚至读什么书，坐什么车，都在媒体掌握之中。

示例 2：谁也不见，什么也不吃，哪儿也不去。

示例 3：我也不知道他究竟躲到什么地方去了。

A.3 逗号用法补充规则

用顿号表示较长、较多或较复杂的并列成分之间的停顿时，最后一个成分前可用“以及（及）”进行连接，“以及（及）”之前应用逗号。

示例：压力过大、工作时间过长、作息不规律，以及忽视营养均衡等，均会导致健康状况的下降。

A.4 顿号用法补充规则

A.4.1 表示含有顺序关系的并列各项间的停顿，用顿号，不用逗号。下例解释“对于”一词用法，“人”“事物”“行为”之间有顺序关系（即人和人、人和事物、人和行为、事物和事物、事物和行为、行为和行为等六种对待关系），各项之间应用顿号。

示例：〔对于〕表示人，事物，行为之间的相互对待关系。（误）

〔对于〕表示人、事物、行为之间的相互对待关系。（正）

A.4.2 用阿拉伯数字表示年月日的简写形式时，用短横线连接号，不用顿号。

示例：2010、03、02 （误）

2010-03-02 （正）

A.5 分号用法补充规则

分项列举的各项有一项或多项已包含句号时，各项的末尾不能再用分号。

示例：本市先后建立起三大农业生产体系：一是建立甘蔗生产服务体系。成立糖业服务公司，主要给农民提供机耕等服务；二是建立蚕桑生产服务体系。……；三是建立热作服务体系。……。（误）

本市先后建立起三大农业生产体系：一是建立甘蔗生产服务体系。成立糖业服务公司，主要给农民提供机耕等服务。二是建立蚕桑生产服务体系。……。三是建立热作服务体系。……。（正）

A.6 冒号用法补充规则

A.6.1 冒号用在提示性话语之后引起下文。表面上类似但实际不是提示性话语的，其后用逗号。

示例1：郦道元《水经注》记载："沼西际山枕水，有唐叔虞祠。"（提示性话语）

示例2：据《苏州府志》载，苏州城内大小园林约有150多座，可算名副其实的园林之城。（非提示性话语）

A.6.2 冒号提示范围无论大小（一句话、几句话甚至几段话），都应与提示性话语保持一致（即在该范围的末尾要用句号点断）。应避免冒号涵盖范围过窄或过宽。

示例：艾滋病有三个传播途径：血液传播，性传播和母婴传播，日常接触是不会传播艾滋病的。（误）

艾滋病有三个传播途径：血液传播，性传播和母婴传播。日常接触是不会传播艾滋病的。（正）

A.6.3 冒号应用在有停顿处，无停顿处不应用冒号。

示例1：他头也不抬，冷冷地问："你叫什么名字？"（有停顿）

示例2：这事你得拿主意，光说"不知道"怎么行？（无停顿）

A.7 引号用法补充规则

"丛刊""文库""系列""书系"等作为系列著作的选题名，宜用引号标引。当"丛刊"等为选题名的一部分时，放在引号之内，反之则放在引号之外。

示例1："汉译世界学术名著丛书"

示例2："中国哲学典籍文库"

示例3："20世纪心理学通览"丛书

A.8 括号用法补充规则

括号可分为句内括号和句外括号。句内括号用于注释句子里的某些词语，即本身就是句子的一部分，应紧跟在被注释的词语之后。句外括号则用于注释句子、句群或段落，即本身结构独立，不属于前面的句子、句群或段落，应位于所注释语段的句末点号之后。

示例：标点符号是辅助文字记录语言的符号，是书面语的有机组成部分，用来表示语句的停顿、语气以及标示某些成分（主要是词语）的特定性质和作用。（数学符号、货币符号、校勘符号等特殊领域的专门符号不属于标点符号。）

A.9 省略号用法补充规则

A.9.1 不能用多于两个省略号（多于12点）连在一起表示省略。省略号须与多点连续的连珠号相区别（后者主要是用于表示目录中标题和页码对应和连接的专门符号）。

A. 9. 2 省略号和“等”“等等”“什么的”等词语不能同时使用。在需要读出来的地方用“等”“等等”“什么的”等词语，不用省略号。

示例：含有铁质的食物有猪肝、大豆、油菜、菠菜……等。（误）

含有铁质的食物有猪肝、大豆、油菜、菠菜等。（正）

A. 10 着重号用法补充规则

不应使用文字下加直线或波浪线等形式表示着重。文字下加直线为专名号形式（4. 16）；文字下加浪纹线是特殊书名号（A. 13. 6）。着重号的形式统一为相应项目下加小圆点。

示例：下面对本文的理解，不正确的一项是（误）

下面对本文的理解，不正确的一项是（正）

A. 11 连接号用法补充规则

浪纹线连接号用于标示数值范围时，在不引起歧义的情况下，前一数值附加符号或计量单位可省略。

示例：5 公斤～100 公斤（正）

5～100 公斤（正）

A. 12 间隔号用法补充规则

当并列短语构成的标题中已用间隔号隔开时，不应再用“和”类连词。

示例：《水星・火星和金星》（误）

《水星・火星・金星》（正）

A. 13 书名号用法补充规则

A. 13. 1 不能视为作品的课程、课题、奖品奖状、商标、证照、组织机构，会议、活动等名称，不应用书名号。下面均为书名号误用的示例：

示例 1：下学期本中心将开设《现代企业财务管理》《市场营销》两门课程。

示例 2：明天将召开《关于“两保两挂”的多视觉理论思考》课题立项会。

示例 3：本市将向 70 岁以上（含 70 岁）老年人颁发《敬老证》。

示例 4：本校共获得《最佳印象》《自我审美》《卡拉 OK》等六个奖杯。

示例 5：《闪光》牌电池经久耐用。

示例 6：《文史杂志社》编辑力量比较雄厚。

示例 7：本市将召开《全目食用天然色素应用研讨会》。

示例 8：本报将于今年暑假举行《墨宝杯》书法大赛。

A. 13. 2 有的名称应根据指称意义的不同确定是否用书名号。如文艺晚会指一项活动时，不用书名号；而特指一种节目名称时，可用书名号。再如展览作为一种文化传播的组织形式时，不用书名号；特定情况下将某项展览作为一种创作的作品时，可用书名号。

示例 1：2008 年重阳联欢晚会受到观众的称赞和好评。

示例 2：本台将重播《2008 年重阳联欢晚会》。

示例 3：“雪域明珠——中国西藏文化展”今天隆重开幕。

示例 4：《大地飞歌艺术展》是一部大型现代艺术作品。

A.13.3　书名后面表示该作品所属类别的普通名词不标在书名号内。

示例：《我们》杂志

A.13.4　书名有时带有括注。如果括注是书名、篇名等的一部分，应放在书名号之内，反之则应放在书名号之外。

示例 1：《琵琶行（并序）》

示例 2：《中华人民共和国民事诉讼法（试行）》

示例 3：《新政治协商会议筹备会组织条例（草案）》

示例 4：《百科知识》（彩图本）

示例 5：《人民日报》（海外版）

A.13.5　书名、篇名末尾如有叹号或问号，应放在书名号之内。

示例 1：《日记何罪！》

示例 2：《如何做到同工又同酬？》

A.13.6　在古籍或某些文史类著作中，为与专名号配合，书名号也可改用浪线式“﹏”，标注在书名下方。这可以看作是特殊的专名号或特殊的书名号。

A.14　分隔号用法补充规则

分隔号又称正斜线号，须与反斜线号“\”相区别（后者主要是用于编写计算机程序的专门符号）。使用分隔号时，紧贴着分隔号的前后通常不用点号。

附录B （资料性附录）标点符号若干用法的说明

B.1 易混标点符号用法比较

B.1.1 逗号、顿号表示并列词语之间停顿的区别

逗号和顿号都表示停顿，但逗号表示的停顿长，顿号表示的停顿短。并列词语之间的停顿一般用顿号，但当并列词语较长或其后有语气词时，为了表示稍长一点的停顿，也可用逗号。

示例1：我喜欢吃的水果有苹果、桃子、香蕉和菠萝。

示例2：我们需要了解全局和局部的统一，必然和偶然的统一，本质和现象的统一。

示例3：看游记最难弄清位置和方向，前啊，后啊，左啊，右啊，看了半天，还是不明白。

B.1.2 逗号、顿号在表列举省略的“等”“等等”之类词语前的使用

并列成分之间用顿号，末尾的并列成分之后用“等”“等等”之类词语时，“等”类词前不用顿号或其他点号；并列成分之间用逗号，末尾的并列成分之后用“等”类词时，“等”类词前应用逗号。

示例1：现代生物学、物理学、化学、数学等基础科学的发展，带动了医学科学的进步。

示例2：写文章前要想好：文章主题是什么，用哪些材料，哪些详写，哪些略写，等等。

B.1.3 逗号、分号表示分句间停顿的区别

当复句的表述不复杂、层次不多，相连的分句语气比较紧凑、分句内部也没有使用逗号表示停顿时，分句间的停顿多用逗号。当用逗号不易分清多重复句内部的层次（如分句内部已有逗号），而用句号又可能割裂前后关系的地方，应用分号表示停顿。

示例1：她拿起钥匙，开了箱上的锁，又开了首饰盒上的锁，往老地方放钱。

示例2：纵比，即以一事物的各个发展阶段作比；横比，则以此事物与彼事物相比。

B.1.4 顿号、逗号、分号在标示层次关系时的区别

句内点号中，顿号表示的停顿最短、层次最低，通常只能表示并列词语之间的停顿；分号表示的停顿最长、层次最高，可以用来表示复句的第一层分句之间的停顿；逗号介于两者之间，既可表示并列词语之间的停顿，也可表示复句中分句之间的停顿。若分句内部已用逗号，分句之间就应用分号（见B.1.3示例2）。用分号隔开的几个并列分句不能由逗号统领或总结。

示例1：有的学会烤烟，自己做挺讲究的纸烟和雪茄；有的学会蔬菜加工，做的番茄酱能吃到冬天；有的学会蔬菜腌渍、窖藏，使秋菜接上春菜。

示例2：动物吃植物的方式多种多样，有的是把整个植物吃掉，如原生动物；有的是把植物的大部分吃掉，如鼠类；有的是吃掉植物的要害部位，如鸟类吃掉植物的嫩芽。（误）

动物吃植物的方式多种多样：有的是把整个植物吃掉，如原生动物；有的是把植物的大部分吃掉，如鼠类；有的是吃掉植物的要害部位。如鸟类吃掉植物的嫩芽。（正）

B.1.5 冒号、逗号用于“说”“道”之类词语后的区别

位于引文之前的“说”“道”后用冒号。位于引文之后的“说”“道”分两种情况：处于句末时，其后用句号；“说”“道”后还有其他成分时，其后用逗号。插在话语中间的“说”“道”类词语后只能用逗号表示停顿。

示例1：他说：“晚上就来家里吃饭吧。”

示例2：“我真的很期待。”他说。

示例3：“我有件事忘了说……”他说，表情有点为难。

示例4：“现在请皇上脱下衣服，”两个骗子说，“好让我们为您换上新衣。”

B.1.6 不同点号表示停顿长短的排序

各种点号都表示说话时的停顿。句号、问号、叹号都表示句子完结，停顿最长。分号用于复句的分句之间，停顿长度介于句末点号和逗号之间，而短于冒号。逗号表示一句话中间的停顿，又短于分号。顿号用于并列词语之间，停顿最短。通常情况下，各种点号表示的停顿由长到短为：句号＝问号＝叹号＞冒号（指涵盖范围为一句话的冒号）＞分号＞逗号＞顿号。

B.1.7 破折号与括号表示注释或补充说明时的区别

破折号用于表示比较重要的解释说明，这种补充是正文的一部分，可与前后文连读；而括号表示比较一般的解释说明，只是注释而非正文，可不与前后文连读。

示例1：在今年——农历虎年，必须取得比去年更大的成绩。

示例2：哈雷在牛顿思想的启发下，终于认出了他所关注的彗星（该星后人称为哈雷彗星）。

B.1.8 书名号、引号在“题为……”“以……为题”格式中的使用

“题为……”“以……为题”中的“题”，如果是诗文、图书、报告或其他作品可作为篇名、书名看待时，可用书名号；如果是写作、科研、辩论、谈话的主题，非特定作品的标题，应用引号。即“题为……”“以……为题”中的“题”应根据其类别分别按书名号和引号的用法处理。

示例1：有篇题为《柳宗元的诗》的文章，全文才2 000字，引文不实却达11处之多。

示例2：今天一个“地球·人口·资源·环境”为题的大型宣传活动在此间举行。

示例3：《我的老师》写于1956年9月，是作者应《教师报》之约而写的。

示例4：“我的老师”这类题目，同学们也许都写过。

B.2 两个标点符号连用的说明

B.2.1 行文中表示引用的引号内外的标点用法

当引文完整且独立使用，或虽不独立使用但带有问号或叹号时，引号内句末点号应保留。除此之外，引号内不用句末点号。当引文处于句子停顿处（包括句子末尾）且引号内未使用点号时，引号外应使用点号；当引文位于非停顿处或者引号内已使用句末点号时，引号外不用点号。

示例 1“沉舟侧畔千帆过。病树前头万木春。”他最喜欢这两句诗。

示例 2：书价上涨令许多读者难以接受，有些人甚至发出“还买得起书吗?”的疑问。

示例 3：他以“条件还不成熟，准备还不充分”为由，否决了我们的提议。

示例 4：你这样“明日复明日”地要拖到什么时候?

示例 5：司马迁为了完成《史记》的写作，使之“藏之名山”，忍受了人间最大的侮辱。

示例 6：在施工中要始终坚持“把质量当生命”。

示例 7：“言之无文，行而不远”这句话，说明了文采的重要。

示例 8：俗话说：“墙头一根草，风吹两边倒。”用这句话来形容此辈再恰当不过。

B.2.2 行文中括号内外的标点用法

括号内行文末尾需要时可用问号、叹号和省略号。除此之外，句内括号行文末尾通常不用标点符号。句外括号行文末尾是否用句号由括号内的语段结构决定：若语段较长、内容复杂，应用句号。句内括号外是否用点号取决于括号所处位置：若句内括号处于句子停顿处，应用点号。句外括号外通常不用点号。

示例 1：如果不采取（但应如何采取呢?）十分具体的控制措施，事态将进一步扩大。

示例 2：3 分钟过去了（仅仅才 3 分钟!），从眼前穿梭而过的出租车竟达 32 辆!

示例 3：她介绍时用了一连串比喻（有的状如树枝，有的貌似星海……），非常形象。

示例 4：科技协作合同（包括科研、试制、成果推广等）根据上级主管部门或有关部门的计划签订。

示例 5：应把夏朝看作原始公社向奴隶制国家过渡时期。（龙山文化遗址里，也有俯身葬。俯身者很可能就是奴隶。）

示例 6：问：你对你不喜欢的上司是什么态度?

答：感情上疏远，组织上服从。（掌声，笑声）

示例 7：古汉语（特别是上古汉语），对于我来说，有着常人无法想象的吸引力。

示例 8：由于这种推断尚未经过实践的考验，我们只能把它作为假设（或假说）提出来。

示例9：人际交往过程就是使用语词传达意义的过程。（严格说，这里的“语词”应为语词指号。）

B.2.3 破折号前后的标点用法

破折号之前通常不用点号；但根据句子结构和行文需要，有时也可分别使用句内点号或句末点号。破折号之后通常不会紧跟着使用其他点号；但当破折号表示语音的停顿或延长时，根据语气表达的需要，其后可紧接问号或叹号。

示例1：小妹说：“我现在工作得挺好，老板对我不错，工资也挺高。——我能抽支烟吗？”（表示话题的转折）

示例2：我不是自然主义者，我主张文学高于现实，能够稍稍居高临下地去看现实，因为文学的任务不仅在于反映现实。光描写现存的事物还不够，还必须记住我们所希望的和可能产生的事物。必须使现象典型化。应该把微小而有代表性的事物写成重大的和典型的事物。——这就是文学的任务。（表示对前几句话的总结）

示例3：“是他——？”石一川简直不敢相信自己的耳朵。

示例4：“我终于考上大学啦！我终于考上啦——！”金石开兴奋得快要晕过去了。

B.2.4 省略号前后的标点用法

省略号之前通常不用点号。以下两种情况例外：省略号前的句子表示强烈语气、句末使用问号或叹号时；省略号前不用点号就无法标示停顿或表明结构关系时。省略号之后通常也不用点号，但当句末表达强烈的语气或感情时，可在省略号后用问号或叹号；当省略号后还有别的话、省略的文字和后面的话不连续且有停顿时，应在省略号后用点号；当表示特定格式的成分虚缺时，省略号后可用点号。

示例1：想起这些，我就觉得一辈子都对不起你。你对梁家的好，我感激不尽！……

示例2：他进来了，……一身军装，一张朴实的脸，站在我们面前显得很高大，很年轻。

示例3：这，这是……？

示例4：动物界的规矩比人类还多，野骆驼、野猪、黄羊……，直至塔里木兔、跳鼠，都是各行其路，决不混淆。

示例5：大火被渐渐扑灭，但一片片油污又旋即出现在遇难船旁……。清污船迅速赶来，并施放围栏以控制油污。

示例6：如果……，那么……。

B.3 序次语之后的标点用法

B.3.1 “第”“其”字头序次语，或“首先”“其次”“最后”等做序次语时，后用逗号（见4.4.3.3）。

B.3.2 不带括号的汉字数字或“天干地支”做序次语时，后用顿号（见4.5.3.2）。

B.3.3 不带括号的阿拉伯数字、拉丁字母或罗马数字做序次语时，后面用下脚点（该符号属于外文的标点符号）。

示例1：总之，语言的社会功能有三点：1. 传递信息，交流思想；2. 确定关系，调节关系；3. 组织生活，组织生产。

示例 2：本课一共讲解三个要点：A. 生理停顿；B. 逻辑停顿；C. 语法停顿。

B.3.4 加括号的序次语后面不用任何点号。

示例 1：受教育者应履行以下义务：（一）遵守法律、法规；（二）努力学习，完成规定的学习任务；（三）遵守所在学校或其他教育机构的制度。

示例 2：科学家很重视下面几种才能：（1）想象力；（2）直觉的理解力；（3）数学能力。

B.3.5 阿拉伯数字与下脚点结合表示章节关系的序次语末尾不用任何点号。

示例：3　停顿

3.1　生理停顿

3.2　逻辑停顿

B.3.6 用于章节、条款的序次语后宜用空格表示停顿。

示例：第一课　春天来了

B.3.7 序次简单、叙述性较强的序次语后不用标点符号。

示例：语言的社会功能共有三点：一是传递信息；二是确定关系；三是组织生活。

B.3.8 同类数字形式的序次语，带括号的通常位于不带括号的下一层。通常第一层是带有顿号的汉字数字；第二层是带括号的汉字数字；第三层是带下脚点的阿拉伯数字；第四层是带括号的阿拉伯数字；再往下可以是带圈的阿拉伯数字或小写拉丁字母。一般可根据文章特点选择从某一层序次语开始行文。选定之后应顺着序次语的层次向下行文，但使用层次较低的序次语之后不宜反过来再使用层次更高的序次语。

示例：一、……

（一）……

1.……

（1）……

①/a.……

B.4　文章标题的标点用法

文章标题的末尾通常不用标点符号，但有时根据需要可用问号、叹号或省略号。

示例 1：看看电脑会有多聪明，让它下盘围棋吧

示例 2：猛龙过江：本店特色名菜

示例 3：严防“电脑黄毒”危害少年

示例 4：回家的感觉真好

——访大赛归来的本市运动员

示例 5：里海是湖，还是海？

示例 6：人体也是污染源！

示例 7：和平协议签署之后……

附录 6

校对符号及其用法

（GB/T 14706—93）

1　主题内容与适用范围

本标准规定了校对各种排版校样的专用符号及其用法。

本标准适用于中文（包括少数民族文字）各类校样的校对工作。

2　引用标准

GB 9851　印刷技术术语

3　术语

3.1　校对符号　proofreader's mark

以特定图形为主要特征的、表达校对要求的符号。

4　校对符号及用法示例

编号	符号形态	符号作用	符号在文中和页边用法示例	说　明
		一、字符的改动		
1	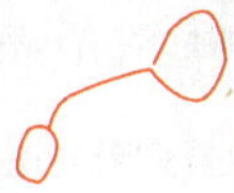	改　正	增高出版物质量。　提 改革开放　放	改正的字符较多，圈起来有困难时，可用线在页边画清改正的范围 必须更换的损、坏、污字也用改正符号画出
2		删　除	提高出版物物质质量	
3		增　补	要搞好校工作。　对	增补的字符较多，圈起来有困难时，可用线在页边画清增补的范围
4	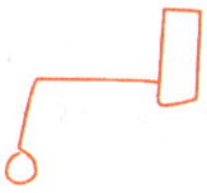	改正上下角	16 = 42　2 H_2SO4　4 尼古拉.费欣　· 0.25 + 0.25= 0·5　. 举例: 2×3=6　: X: Y=1 ： 2　、	

续前表

编号	符号形态	符号作用	符号在文中和页边用法示例	说　明
		二、字符方向位置的移动		
5	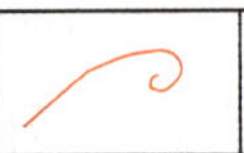	转　正	字符颠倒要转正。	
6	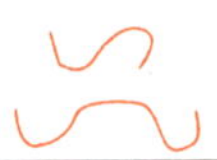	对　调	认真经验总结。 认真验结经总。	用于相邻的字词 用于隔开的字词
7		接　排	要重视校对工作， 提高出版物质量。	
8		另 起 段	完成了任务。明年 ……	
9	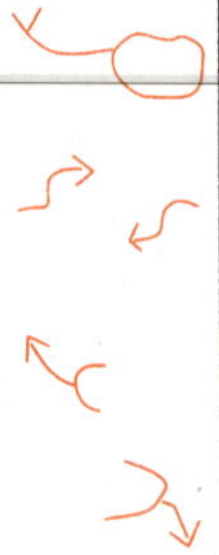	转　移	校对工作，提高出 版物质量要重视。 "。以上引文均见中文新版《 列宁全集》。 编者　年　月 …… 各位编委：	用于行间附近的转移 用于相邻行首末衔接字符的推移 用于相邻页首末衔接行段的推移
10	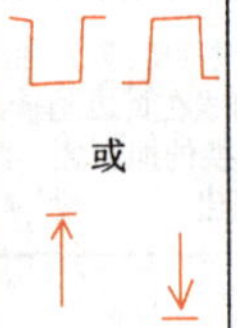	上 下 移	序号　名 称　数量 01　显微镜　2	字符上移到缺口左右水平线处 字符下移到箭头所指的短线处
11		左 右 移	←要重视校对工 作，提高出版物质量。 3 4　5 6　5 欢呼　歌　唱	字符左移到箭头所指的短线处 字符左移到缺口上下垂直线处 符号画得太小时，要在页边重标
12		排　齐	校对工作非常重要。 必须提高印刷 质量，缩短印制周 期。 国家标准	

续前表

编号	符号形态	符号作用	符号在文中和页边用法示例	说　明
13		排阶梯形	RH_2	
14		正　图		符号横线表示水平位置，竖线表示垂直位置，箭头表示上方

三、字符间空距的改动

编号	符号形态	符号作用	符号在文中和页边用法示例	说　明
15	∨ >	加大空距	←一、校对程序→ 校对胶印读物、影印书刊的注意事项：	表示在一定范围内适当加大空距 横式文字画在字头和行头之间
16	∧ <	减小空距	二、校对程　序 校对胶印读物、影印书刊的注意事项：	表示不空或在一定范围内适当减小空距 横式文字画在字头和行头之间
17	#	空1字距 空1/2字距 空1/3字距 空1/4字距	第一章校对职责和方法 1.责任校对	多个空距相同的，可用引线连出，只标示一个符号
18	Y	分　开	Goodmorning!	用于外文

四、其　他

编号	符号形态	符号作用	符号在文中和页边用法示例	说　明
19	△	保　留	认真搞好校对工作。	除在原删除的字符下画△外，并在原删除符号上画两竖线
20	○=	代　替	兰色的程度不同，从淡兰色到深兰色具有多种层次，如天兰色、湖兰色、海兰色、宝兰色…… ○=蓝	同页内有两个或多个相同的字符需要改正的，可用符号代替，并在页边注明
21	○○○	说　明	第一章 校对的职责 改黑体	说明或指令性文字不要圈起来，在其字下面圈，表示不作为改正的文字。如说明文字较多时，可在首末各三字下画圈

5 使用要求

5.1 校对校样，必须用色笔（墨水笔、圆珠笔等）书写校对符号和示意改正的字符，但是不能用灰色铅笔书写。

5.2 校样上改正的字符要书写清楚。校改外文，要用印刷体。

5.3 校样中的校对引线要从行间画出。墨色相同的校对引线不可交叉。

附录A

校对符号应用实例

（参考件）

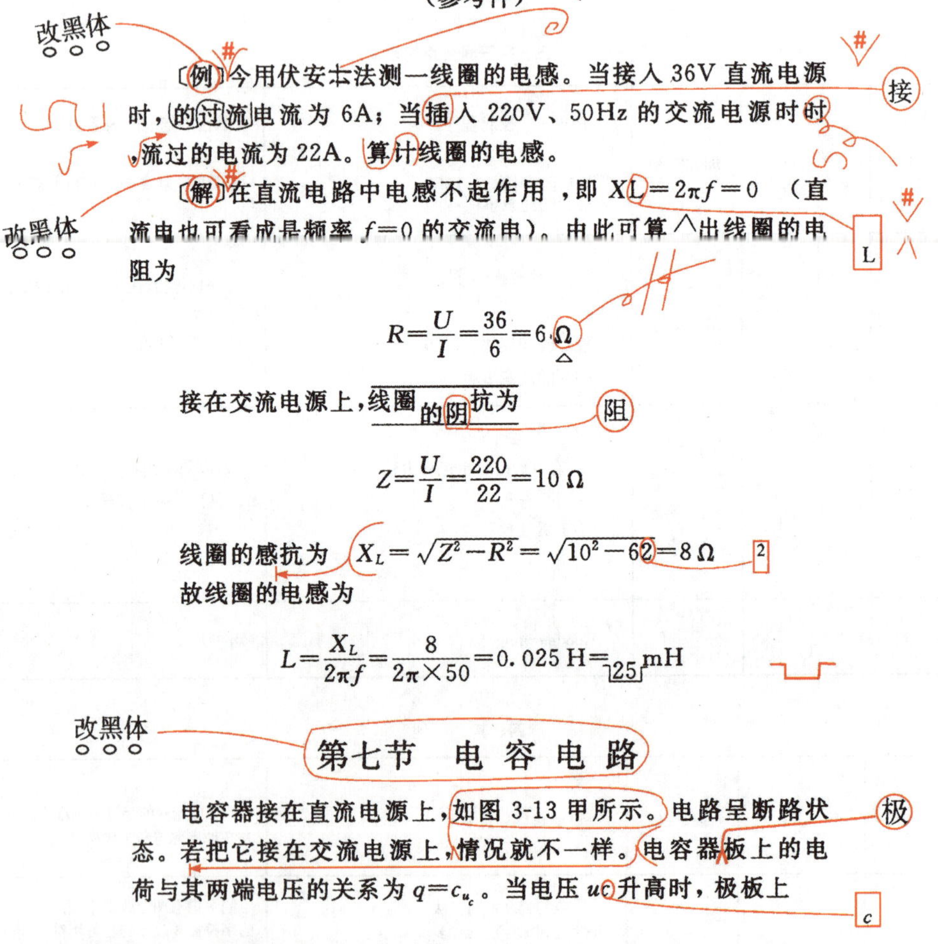

〔例〕今用伏安去法测一线圈的电感。当接入 36V 直流电源时，的过流电流为 6A；当插入 220V、50Hz 的交流电源时时，流过的电流为 22A。算计线圈的电感。

〔解〕在直流电路中电感不起作用，即 $XL=2\pi f=0$ （直流电也可看成是频率 $f=0$ 的交流电）。由此可算出线圈的电阻为

$$R=\frac{U}{I}=\frac{36}{6}=6\,\Omega$$

接在交流电源上，线圈的阴抗为

$$Z=\frac{U}{I}=\frac{220}{22}=10\,\Omega$$

线圈的感抗为 $X_L=\sqrt{Z^2-R^2}=\sqrt{10^2-62}=8\,\Omega$

故线圈的电感为

$$L=\frac{X_L}{2\pi f}=\frac{8}{2\pi\times 50}=0.025\ \text{H}=25\ \text{mH}$$

第七节 电 容 电 路

电容器接在直流电源上，如图 3-13 甲所示。电路呈断路状态。若把它接在交流电源上，情况就不一样。电容器板上的电荷与其两端电压的关系为 $q=c_{u_c}$。当电压 uc 升高时，极板上

附加说明：

本标准由中华人民共和国新闻出版署提出。

本标准由全国印刷标准化技术委员会归口。

本标准由人民出版社负责起草。

附录 7

相关标准、法律法规

为了帮助读者进一步了解公文写作，进一步了解相关标准和法律法规，本版教材新增汇集，共列入 71 项，供读者学习参考。选取内容以公文相关类为主，以文件管理类为辅，部分涉及档案管理。发布时间涵盖 1993—2020 年，原则上仅选取该时间段内的最新版本，已被修订或废除的版本不予列入。排序规则为类型—范围—时间，即首先划分为相关标准和法律法规两大类，其中标准又细分为国际标准、国家标准和行业标准；按照发布时间由远及近排序，但同系列标准不按时间分开编排。

一、相关标准

（一）国际标准

1. 信息与文献——电子办公环境中文件管理原则与功能要求——第 1 部分：概述和原则（ISO 16175—1：2010），国际标准化组织 2010 年发布（等同采用为 GB/T 34840.1—2017）。

2. 信息与文献——电子办公环境中文件管理原则与功能要求——第 2 部分：数字文件管理系统指南与功能要求（ISO 16175—2：2011），国际标准化组织 2011 年发布（等同采用为 GB/T 34840.2—2017）。

3. 信息与文献——电子办公环境中文件管理原则与功能要求——第 3 部分：业务系统中文件管理指南与功能要求（ISO 16175—3：2010），国际标准化组织 2011 年发布（等同采用为 GB/T 34840.3—2017）。

4. 信息与文献——文件管理系统——基本原理与词表（ISO 30300：2011），国际标准化组织 2011 年发布。

5. 信息与文献——管理记录元数据——第 3 部分：自评估方法（ISO/TR 23081—3：2011），国际标准化组织 2011 年发布。

6. 信息与文献——数字记录转换和迁移过程（ISO 13008：2012），国际标准化组织 2012 年发布。

7. 开放档案信息系统（OAIS）——参考模型（ISO 14721：2012），国际标准化组织 2012 年发布。

8. 信息与文献——文件处理与文件系统中的风险评估（ISO/TR 18128：

2014)，国际标准化组织 2014 年发布。

9. 信息与文献——记录管理系统——实施指南（ISO 30302：2015)，国际标准化组织 2015 年发布。

10. 信息与文献——文件管理——第 1 部分：概念与原则（ISO 15489—1：2016)，国际标准化组织 2016 年发布。

11. 信息与文献——可信任的数字文件第三方存储库（ISO 17068：2017)，国际标准化组织 2017 年发布。

12. 信息与文献——文件管理系统——需求（ISO 30301：2019)，国际标准化组织 2019 年发布。

（二）国家标准

13. 校对符号及其用法（GB/T 14706—1993)，国家技术监督局 1993 年发布。

14. CAD 电子文件光盘存储、归档与档案管理要求 第一部分：电子文件归档与档案管理（GB/T 17678. 1—1999)，国家质量技术监督局 1999 年发布。

15. CAD 电子文件光盘存储、归档与档案管理要求 第二部分：光盘信息组织结构（GB/T 17678. 2—1999)，国家质量技术监督局 1999 年发布。

16. 中文办公软件文档格式规范（GB/T 20916—2007)，中华人民共和国国家质量监督检验检疫总局、中国国家标准化管理委员会 2007 年发布。

17. 文书档案案卷格式（GB/T 9705—2008)，中华人民共和国国家质量监督检验检疫总局、中国国家标准化管理委员会 2008 年发布。

18. 信息与文献 文件管理 第 1 部分：通则（GB/T 26162. 1—2010)，中华人民共和国国家质量监督检验检疫总局、中国国家标准化管理委员会 2010 年发布。

19. 信息与文献 都柏林核心元数据元素集（GB/T 25100—2010)，中华人民共和国国家质量监督检验检疫总局、中国国家标准化管理委员会 2010 年发布。

20. 信息与文献 文件管理过程 文件元数据 第 1 部分：原则（GB/T 26163. 1—2010)，中华人民共和国国家质量监督检验检疫总局、中国国家标准化管理委员会 2011 年发布。

21. 标点符号用法（GB/T 15834—2011)，中华人民共和国国家质量监督检验检疫总局、中国国家标准化管理委员会 2011 年发布。

22. 党政机关公文格式（GB/T 9704—2012)，中华人民共和国国家质量监督检验检疫总局、中国国家标准化管理委员会 2012 年发布。

23. 电子文件管理系统通用功能要求（GB/T 29194—2012)，中华人民共和国国家质量监督检验检疫总局、中国国家标准化管理委员会 2012 年发布。

24. 电子文件系统测试规范 第 2 部分：归档管理系统功能符合性测试细则（GB/T 31021. 2—2014)，中华人民共和国国家质量监督检验检疫总局、中国国家标准化管理委员会 2014 年发布。

25. 文书类电子文件形成办理系统通用功能要求（GB/T 31913—2015)，中华人民共和国国家质量监督检验检疫总局、中国国家标准化管理委员会 2015 年发布。

26. 电子文件管理系统建设指南（GB/T 31914—2015），中华人民共和国国家质量监督检验检疫总局、中国国家标准化管理委员会 2015 年发布。

27. 电子文件归档与电子档案管理规范（GB/T 18894—2016），中华人民共和国国家质量监督检验检疫总局、中国国家标准化管理委员会 2016 年发布。

28. 电子文件存储与交换格式 版式文档（GB/T 33190—2016），中华人民共和国国家质量监督检验检疫总局、中国国家标准化管理委员会 2016 年发布。

29. 电子文件管理装备规范（GB/T 33189—2016），中华人民共和国国家质量监督检验检疫总局、中国国家标准化管理委员会 2016 年发布。

30. 党政机关电子公文格式规范 第 1 部分：公文结构（GB/T 33476.1—2016），中华人民共和国国家质量监督检验检疫总局、中国国家标准化管理委员会 2016 年发布。

31. 党政机关电子公文格式规范 第 2 部分：显现（GB/T 33476.2—2016），中华人民共和国国家质量监督检验检疫总局、中国国家标准化管理委员会 2016 年发布。

32. 党政机关电子公文格式规范 第 3 部分：实施指南（GB/T 33476.3—2016），中华人民共和国国家质量监督检验检疫总局、中国国家标准化管理委员会 2016 年发布。

33. 党政机关电子公文标识规范（GB/T 33477—2016），中华人民共和国国家质量监督检验检疫总局、中国国家标准化管理委员会 2016 年发布。

34. 党政机关电子公文应用接口规范（GB/T 33478—2016），中华人民共和国国家质量监督检验检疫总局、中国国家标准化管理委员会 2016 年发布。

35. 党政机关电子公文交换接口规范（GB/T 33479—2016），中华人民共和国国家质量监督检验检疫总局、中国国家标准化管理委员会 2016 年发布。

36. 党政机关电子公文元数据规范（GB/T 33480—2016），中华人民共和国国家质量监督检验检疫总局、中国国家标准化管理委员会 2016 年发布。

37. 党政机关电子印章应用规范（GB/T 33481—2016），中华人民共和国国家质量监督检验检疫总局、中国国家标准化管理委员会 2016 年发布。

38. 党政机关电子公文系统建设规范（GB/T 33482—2016），中华人民共和国国家质量监督检验检疫总局、中国国家标准化管理委员会 2016 年发布。

39. 党政机关电子公文系统运行维护规范（GB/T 33483—2016），中华人民共和国国家质量监督检验检疫总局、中国国家标准化管理委员会 2016 年发布。

40. 信息与文献 文件管理体系 基础与术语（GB/T 34110—2017），中华人民共和国国家质量监督检验检疫总局、中国国家标准化管理委员会 2017 年发布。

41. 信息与文献 文件管理体系 要求（GB/T 34112—2017），中华人民共和国国家质量监督检验检疫总局、中国国家标准化管理委员会 2017 年发布。

42. 信息与文献 电子办公环境中文件管理原则与功能要求 第 1 部分：概述和

原则（GB/T 34840.1—2017），中华人民共和国国家质量监督检验检疫总局、中国国家标准化管理委员会 2017 年发布。

43. 信息与文献 电子办公环境中文件管理原则与功能要求 第 2 部分：数字文件管理系统指南与功能要求（GB/T 34840.2—2017），中华人民共和国国家质量监督检验检疫总局、中国国家标准化管理委员会 2017 年发布。

44. 信息与文献 电子办公环境中文件管理原则与功能要求 第 3 部分：业务系统中文件管理指南与功能要求（GB/T 34840.3—2017），中华人民共和国国家质量监督检验检疫总局、中国国家标准化管理委员会 2017 年发布。

45. 党政机关电子公文归档规范（GB/T 39362—2020），中华人民共和国国家市场监督管理总局、中国国家标准化管理委员会 2020 年发布。

（三）行业标准

46. 档案著录规则（DA/T 18—1999），国家档案局 1999 年发布。

47. 公务电子邮件归档与管理规则（DA/T 32—2005），国家档案局 2005 年发布。

48. 文书类电子文件元数据方案（DA/T 46—2009），国家档案局 2009 年发布。

49. 版式电子文件长期保存格式需求（DA/T 47—2009），国家档案局 2009 年发布。

50. 基于 XML 的电子文件封装规范（DA/T 48—2009），国家档案局 2009 年发布。

51. 取证与鉴定文书电子签名（GA/T 977—2012），中华人民共和国公安部 2012 年发布。

52. 建设电子档案元数据标准（CJJ/T 187—2012），中华人民共和国住房和城乡建设部 2012 年发布。

53. 档案关系型数据库转换为 XML 文件的技术规范（DA/T 57—2014），国家档案局 2014 年发布。

54. 档案信息系统运行维护规范（DA/T 56—2014），国家档案局 2014 年发布。

55. 电子档案管理基本术语（DA/T 58—2014），国家档案局 2014 年发布。

56. 归档文件整理规则（DA/T 22—2015），国家档案局 2015 年发布。

57. 文书类电子档案检测一般要求（DA/T 70—2018），国家档案局 2018 年发布。

58. 政府网站网页归档指南（DA/T 80—2019），国家档案局 2019 年发布。

59. 基于文档型非关系型数据库的档案数据存储规范（DA/T 82—2019），国家档案局 2019 年发布。

60. 档案数据存储用 LTO 磁带应用规范（DA/T 83—2019），国家档案局 2019 年发布。

61. 政务服务事项电子文件归档规范（DA/T 85—2019），国家档案局 2019 年发布。

二、法律法规

62. 电子公文传输管理办法（国办函〔2003〕65 号），国务院办公厅 2003 年发布。

63. 机关文件材料归档范围和文书档案保管期限规定（国家档案局令第 8 号），2006 年发布。

64. 电子文件管理暂行办法（中办国办厅字〔2009〕39 号），中共中央办公厅、国务院办公厅 2009 年发布。

65. 党政机关公文处理工作条例（中办发〔2012〕14 号），中共中央办公厅、国务院办公厅 2012 年发布。

66. 军队机关公文处理工作条例（中央军委 2017 年 7 月 16 日修订发布），中央军委 2017 年发布。

67. 电子公文归档管理暂行办法（国家档案局令第 14 号），国家档案局 2018 年发布。

68. 党政机关电子公文处理工作办法（中办国办厅字〔2019〕7 号），中共中央办公厅、国务院办公厅 2019 年发布。

69. 中国共产党重大事项请示报告条例，中共中央 2019 年发布。

70. 国务院关于在线政务服务的若干规定（国令第 716 号），国务院 2019 年发布。

71. 中华人民共和国档案法（中华人民共和国主席令第 47 号），2020 年发布。

72. 重大活动和突发事件档案管理办法（国家档案局令第 16 号），国家档案局 2020 年公布，自 2021 年 6 月 1 日起施行。

参考文献

（一）专著、教材

1. 姬瑞环．公文写作与处理．5 版．北京：中国人民大学出版社，2019.

2. 杨霞．公文写作规范与例文解析．2 版．北京：北京大学出版社，2013.

3. 国际档案理事会．电子办公环境中文件管理原则与功能要求．王健，等译．北京：中国人民大学出版社，2012.

4. 王健．文书学．3 版．北京：中国人民大学出版社，2015.

5. 赵国俊．公文写作与处理．北京：中国人民大学出版社，2011.

6. 周振华．文件学．修订本．扬州：广陵书社，2007.

7. 周耀林，张煜明，任汉中．文书学教程．武汉：武汉大学出版社，2009.

8. 冯惠玲，赵国俊，等．中国电子文件管理：问题与对策．北京：中国人民大学出版社，2009.

9. 裴燕生．历史文书．2 版．北京：中国人民大学出版社，2009.

10. 王健．文书学．北京：中国人民大学出版社，2007.

11. 张林华．现代文件学．上海：上海大学出版社，2007.

12. 曹润芳．文件写作与处理．北京：中国档案出版社，2006.

13. 王健．创新与拓展：档案管理 e 化之路．北京：中国档案出版社，2004.

14. 冯惠玲．政府电子文件管理．北京：中国人民大学出版社，2004.

15. 杨霞．现代文件管理．北京：中国档案出版社，2003.

16. 刘家真．电子文件管理理论与实践．北京：科学出版社，2003.

17. 王健．电子时代机构核心信息资源管理：OA 环境中的文件、档案一体化管理战略．北京：中国档案出版社，2003.

18. 郭建平．现代文书学．沈阳：辽宁大学出版社，2002.

19. 黄霄羽．魂系历史主义：西方档案学支柱理论发展研究．北京：中国人民大学出版社，2006.

20. 黄霄羽．外国档案工作纵横论．北京：中国档案出版社，2002.

21. 郭树银．归档文件整理工作指南．北京：中国大百科全书出版社，2001.

22. 闵庚尧．中国公文研究．北京：中国社会科学出版社，2000.

23. 比尔曼．电子证据：当代机构文件管理战略．王健，等译．北京：中国人民大学出版社，2000.

24. 赵国俊，陈幽泓．机关管理的原理与方法．3 版．北京：中国人民大学出版社，2012.

25. 何嘉荪，傅荣校．文件运动规律研究：从新角度审视档案学基础理论．北京：中国档案出版社，1999.

26. 赵国俊，魏娜，谢明，王健．文件工作的科学管理．北京：中国经济出版社，1993.

27. 松世勤．文书学基础．修订本．北京：中国人民大学出版社，1996.

28. 殷钟麒．中国档案管理新论．翻印本．北京：中国人民大学，1958.

（二）学术论文

29. 安小米．文件连续体模式对电子文件最优化管理的启示．档案学通讯，2002（3）.

30. 林鹏，安小米. 新旧 ISO 15489－1 文件管理标准比较. 中国档案，2016（8）.

31. 甘乃光．文书档案连锁办法之试验．行政效率，1934（11）.

32. 张宁．文件连续体理论之比较研究//中国首届档案学博士论坛论文集编委会．21 世纪的社会记忆：中国首届档案学博士论坛文集．北京：中国人民大学出版社，2001.

33. UPWARD F. Structuring the records continuum：post custodial principles and properties. Archives and manuscripts，1996，24（2）.

34. 国际视野｜借鉴与警示：美国档案与文件局检查美国疾控中心研发档案的管理状况. （2021－01－30）［2021－01－30］. https：//mp. weixin. qq. com/s/gwCCBswgYYtkea8nHSzIwQ. gwCCBswgYYtkea8nHSzIwQ.

关键术语索引

图书在版编目（CIP）数据

文书学/王健，徐拥军主编 . -- 4 版 . -- 北京：
中国人民大学出版社，2021. 4
新编 21 世纪档案学系列教材
ISBN 978-7-300-29259-5

Ⅰ. ①文… Ⅱ. ①王… ②徐… Ⅲ. ①文书学一高等
学校一教材 Ⅳ. ①C931. 46

中国版本图书馆 CIP 数据核字（2021）第 058898 号

"十二五"普通高等教育本科国家级规划教材
北京高等教育精品教材
新编 21 世纪档案学系列教材
文书学（第四版）
主编　王　健　徐拥军
Wenshuxue

出版发行	中国人民大学出版社		
社　　址	北京中关村大街 31 号	**邮政编码**	100080
电　　话	010－62511242（总编室）		010－62511770（质管部）
	010－82501766（邮购部）		010－62514148（门市部）
	010－62515195（发行公司）		010－62515275（盗版举报）
网　　址	http://www. crup. com. cn		
经　　销	新华书店		
印　　刷	天津鑫丰华印务有限公司	**版　　次**	2005 年 6 月第 1 版
开　　本	787 mm×1092 mm　1/16		2021 年 4 月第 4 版
印　　张	26. 25 插页 1	**印　　次**	2025 年 6 月第 5 次印刷
字　　数	546 000	**定　　价**	65. 00 元

中国人民大学出版社　管理分社

教师教学服务说明

中国人民大学出版社管理分社以出版工商管理和公共管理类精品图书为宗旨。为更好地服务一线教师，我们着力建设了一批数字化、立体化的网络教学资源。教师可以通过以下方式获得免费下载教学资源的权限：

★ 在中国人民大学出版社网站 www.crup.com.cn 进行注册，注册后进入“会员中心”，在左侧点击“我的教师认证”，填写相关信息，提交后等待审核。我们将在一个工作日内为您开通相关资源的下载权限。

★ 如您急需教学资源或需要其他帮助，请加入教师 QQ 群或在工作时间与我们联络。

中国人民大学出版社　管理分社

教师 QQ 群：648333426(工商管理)　114970332(财会)　648117133(公共管理)
教师群仅限教师加入，入群请备注 (学校+姓名)

联系电话：010-62515735，62515987，62515782，82501048，62514760

电子邮箱：glcbfs@crup.com.cn

通讯地址：北京市海淀区中关村大街甲 59 号文化大厦 1501 室（100872）

管理书社　　人大社财会　　公共管理与政治学悦读坊